U0791203

泰州水利

大事记

《泰州水利志》编纂委员会 编

黄河水利出版社

·郑州·

内容提要

本书贯通古今、图文并茂地反映了泰州(含三市四区)从远古至2015年发生的水利大事条目,按照略古详今的原则,浓墨重彩地记叙了中华人民共和国成立后特别是泰州地级市组建以来,泰州治水的实践和重点,反映了泰州水利人为水利事业奋斗不息的精神面貌。

本书可供水利业界、泰州史研究工作者和关心泰州水利发展的各界人士阅读参考。

图书在版编目(CIP)数据

泰州水利大事记/《泰州水利志》编纂委员会编. — 郑州:黄河水利出版社,2018.11

ISBN 978-7-5509-2183-2

Ⅰ.①泰… Ⅱ.①泰… Ⅲ.①水利建设-大事记-泰州 Ⅳ.①F426.9

中国版本图书馆CIP数据核字(2018)第244754号

组稿编辑：王路平　电话：0371-66022212　E-mail：hhslwlp@126.com

出 版 社：黄河水利出版社　网址：www.yrcp.com

地址：河南省郑州市顺河路黄委会综合楼14层　邮编：450003

发行单位：黄河水利出版社

发行部电话：0371-66026940、66020550、66028024、66022620（传真）

E-mail：hhslcbs@126.com

承印单位：江苏苏中印刷有限公司

开本：890mm×1 240mm　1/16

印张：26.75

字数：280千字　印数：1—2 000

版次：2018年11月第1版　印次：2018年11月第1次印刷

定价：260.00元

《泰州水利志》编纂委员会

主　任： 胡正平

副主任： 张加雪　肖俊东　龚荣山　田　波　钱卫清　陆铁宏　蔡　浩　周国翠　朱晓春

编　委： 褚新华　包振琪　陈永吉　胡万源　张　剑　朱建平　祁海松　吴　刚　印华健　刘　剑　储有明　居　敏　周其林　高　鹏　陈敢峰　陈建勋　王玉忠　潘秀华　季爱民　张　敏　姚　剑

顾　问： 董文虎　唐勇兵　许书平　储新泉　丁煜城　徐　丹　宦胜华

《泰州水利志》编纂办公室

编纂办公室主任： 蔡　浩

编纂办公室副主任： 朱鸿宇

编纂办公室成员： 董文虎　周光明　徐　剑　张琪梅

《泰州水利大事记》编写人员

主　　编：胡正平

副 主 编：蔡　浩

执　　笔：周光明　朱鸿宇

封面、插图、合成设计：董文虎

资料采集：徐　剑

序 一

经市与各市区水利局的通力协作，以及所有参编人员的不懈努力，泰州有史以来第一部水利大事记终于面世，这是泰州水利发展史上一件大事，也是泰州文化建设的重要成果，可喜可贺！

泰州南倚大江、北接淮水、东近（曾临）大海，是江、淮、海三水造就了泰州。沧海桑田，今日之泰州已成为长江三角洲中一颗璀璨的明珠，一座名副其实的水城。泰州境内雨量丰沛、气候温和，水网纵横、湖池星布，是泰州大地上的水，滋生了泰州生灵，养育了泰州人民！水是泰州的万物之母，水是泰州的文明之源！可是，也因泰州冬、夏降雨悬殊较大，里下河、通南地势高差不同，两地区常年水旱不均，加之地处江淮下游，系江淮洪水走廊，洪涝灾害极易突发。泰州治水历史可追溯至4000多年前，先人为取水而用、治水而安，不断兴修水利。但因受生产力水平和社会制度的制约，发展相对缓慢，水利工程又多以挖河、筑（圩）堤的土方为主，功能单一，规模不大。清末、民国时期更是疏于治理，以致境内原有水利工程大量失修，毁损严重，水旱灾害频发，乃至民不聊生。

中华人民共和国成立后，境内各级党委和政府狠抓水利建设，其成绩历历在目。地级泰州市组建以来，市委、市政府充分认识作为水城、水乡的水，对文昌水秀之泰州的作用，十分重视水利工作；市水利部门也在认真总结前人治水经验的基础上，秉承“标本兼顾、综合治理”的理念，提出“人水和谐、功能双重，重视规划、分步实施，南堤北圩、城乡并治”的观点，积极推进现代治水，科学治水，依法管水，使泰州的水利事业得到快速发展，水利的基础设施和基础产业地位得到显著加强。泰州水利，在全市国民经济、社会发展和“四个名城”建设中发挥了不可替代的作用！泰州水利，特别是泰州水文化建设,在全省和全国已进入先进的行列。

数载努力,春华秋实。这部《泰州水利大事记》填补了泰州地方史志的空白,完成了历史赋予泰州水利人的一个使命。

《泰州水利大事记》反映了泰州水利建设旧貌换新颜、翻天覆地的快速巨变;反映了泰州水利人为水利事业奋斗不息的精神面貌,它的出版意义更为重大!

《泰州水利大事记》贯通古今,内容丰富,语言流畅,叙述简要,图文并茂,较为准确地反映了泰州水利工作的面貌。按照略古详今的原则,浓墨重彩地记叙了中华人民共和国成立后特别是地级泰州市组建以来,泰州治水的实践和重点,是泰州水利历史的真实记录,给涉及和关心泰州水利的人们提供了丰富的信息!

《泰州水利大事记》体现了理论创新、思想创新和形式创新,具有重要的应用价值和科研价值,是泰州水利人必备的工具书,是实用性很强的地情书,是人们进一步认识泰州、了解泰州、研究泰州、宣传泰州的亮丽名片!

以铜为镜可以正衣冠,以史为镜可以知兴替。总结历史是为了更好地开辟未来!我希望,《泰州水利大事记》能有助于全市水利工作者总结过去,以史为鉴、继往开来,凝心聚力、解放思想、开拓创新,梯进目标、认真规划、务实工作,继续发扬“干平凡工作,创一流业绩”的泰州水利精神,创造泰州水利更加灿烂的明天!

是为序。

泰州市人民政府副市长 陈明冠

2018年6月

序　二

水是万物之源，也是泰州之本。泰州因水而生，傍水而建，水使泰州成了钟灵毓秀之地。泰州与水利相伴相生，因水利而安、因水利而利、因水利而美！泰州兴修水利已有4000多年的历史。但是，因受生产力水平和社会制度的制约，在古代，水利工程功能单一，规模不大，发展缓慢；清末、民国时期又疏于治理，以致工程残缺不全，毁损严重，水旱灾害频发，民不聊生。中华人民共和国成立后，特别是地级泰州市组建以来，泰州的水利事业得到快速发展，水利的基础设施和基础产业地位得到显著加强，泰州水利在全市国民经济、社会发展和“四个名城”建设中发挥了不可替代的作用！

我们专门整理、编撰、出版这本大事记，就是要为关注泰州水利的人们了解历史、总结过去、传承经验提供一份翔实可信的史料，以方便他们阅览，参考，研究，借鉴！

打开《泰州水利大事记》，一股清新之气扑面而来。

《泰州水利大事记》记载了几千年来泰州水利事业的进程。4000年前，泰州先民就开始在潟湖中捞浅垒高，垒出了泰州最古老的农田水利工程——垛田；2100多年前，泰州先人就跟着吴王刘濞开挖盐运河（南），打开了泰州运输盐和粮的水上通道；1070年前，泰州人开挖的城壕，让入侵者望水兴叹，确保了泰州的平安；980多年前，在江淮置制发运副使兼泰州知府张纶、兴化县令范仲淹等人的努力下，建成捍海堰（今称范公堤），使沿海潟卤之地变为良田；610年前，泰州前人又在泰州城北赵公桥至东台海边串场河，开挖了一条盐运河（即今泰东河），使淮南和滨海盐场之盐直达泰州，并转运全国。中华人民共和国成立后，我们的前辈加高堤防、调整水系、导淮入江、联圩并圩、导流入海、拆坝建涵、并港建闸、机电灌排、筑渠挖沟、开挖新通扬运河、使沤田改“旱”、旱田种稻……作出了极其艰辛的努力，极大地繁荣了泰州经济。地级泰州市成立20年来，我们当代水利人，建成了国际先进、国内一流、泰州有史以来最大的调引江水工程——泰州引江河；建设了300里高标江堤，8000里达标圩堤，10000里节水灌渠；开挖了文化蕴涵丰富的凤凰河，拓浚了留有多座文化印记桥梁的卤汀河，利用世行贷款展宽浚深了泰东河；在市区，建成了3个国家级水利风景区；在全省，首先做到了“水利进城”；在全国，首提水利要“双重功能并重”……我们用才智、用汗水做到了为水城泰州的建设保驾护航，为名城泰州的辉煌添光增彩。

《泰州水利大事记》还记载了几千年以来泰州人对水的依存，与水旱等自然灾害作斗争的艰辛；记载了一代又一代水利决策者、策划者、设计者、施工者任怨任劳、百折不挠、矢志治水的情怀和他们闪光的足迹；同时，也记载了当代水利人开全国之先河，研究什么是水利现代化、什么是文化水工程的拳拳之心，记载了他们对中国水文化研究所做的努力和贡献！

《泰州水利大事记》资料翔实可靠，略古详今，语言流畅，体例科学，编排得当，叙述简要准确，反映了泰州水利的概貌，突出了泰州治水的重点，给涉及和关心泰州水利的人们提供了丰富的信息。该书，理念创新，见物见人；格式创新，图文并茂。全书28万字，以时间为序编排，有些类似事件做了必要的合并；全书配了600多幅图片，与文字相辅相成，相得益彰。

《泰州水利大事记》是泰州有史以来第一部反映泰州水利历史和现状的资料书，也是泰州水利人的工具书，同时还是介绍水城泰州的一张亮丽名片！

我希望全市水利工作者认真阅读此书，学习泰州先人以天下为己任的治水精神和以“水”治水的科学态度，进一步总结前人治水的宝贵经验，不断攀登泰州治水高峰，为书写泰州水利事业辉煌的明天而努力奋斗！

谨为序。

泰州市水利局局长 胡正平

2018年6月

凡　例

一、本大事记以马克思列宁主义、毛泽东思想、邓小平理论、“三个代表”重要思想、科学发展观、习近平总书记系列重要讲话精神为指导，坚持实事求是的原则。

二、本大事记上限尽量追溯到水利的起源，下限记述至2015年。

三、本大事记地域范围主要为1996年组建的地级泰州市的范围。对地级泰州市成立前，历代泰州（海陵）管辖范围内的水利大事适当记载。

四、行政区划、地名、机构、货币及职务等一般依当时名称（必要处加注）记。第一次出现时用全称，其后均用简称。其中，中华人民共和国简称新中国，中国共产党简称党，中共江苏省委简称省委，中共泰州（地）市委简称（地）市委，人民政府简称政府。1996年8月12日前文中“泰州”乃指县级泰州市。

五、各种数字以国家质量监督检验检疫总局、国家标准化管理委员会2011年7月29日发布，2011年11月1日起实施的《出版物上数字用法》为准。计量单位一律使用法定计量单位。农田面积仍用亩。

六、本大事记资料主要来源于省市有关档案、志书、报刊、专著，市委和政府文件及有关市（区）《水利志》资料，一般不注明出处。

七、本大事记统计数据以统计部门、市水利局及相关部门数据为准。

八、水利机构的入录范围：市级（含泰州隶属扬州时的扬州水利机构）、县级（泰州市所属各市、区）水利机构。

九、水利工程的入录范围：市及各县级市（区）骨干工程；跨市、县（区）或边界工程；沿江江堤建设、里下河圩堤工程；城市重点水利工程；泰州出工境外的工程。

十、表彰及出版物的入录范围:厅级及其以上相关部门表彰的先进单位、先进个人,水利科技研究成果;境内水利部门、水利工作者在正规出版单位出版的有关水利的书刊。

十一、任免的入录范围:市局副处级以上(含副处),共青妇任职不录入;县及各市(区)水利局科级正职。

十二、上级来人、外地来访的入录范围 :厅级以上(含厅级)个人或单位来访。

十三、自然灾害的入录范围:导致人员死亡 ;受灾10万亩以上。

目 录

一、公元前21世纪至1949年9月

一、公元前21世纪至1949年9月

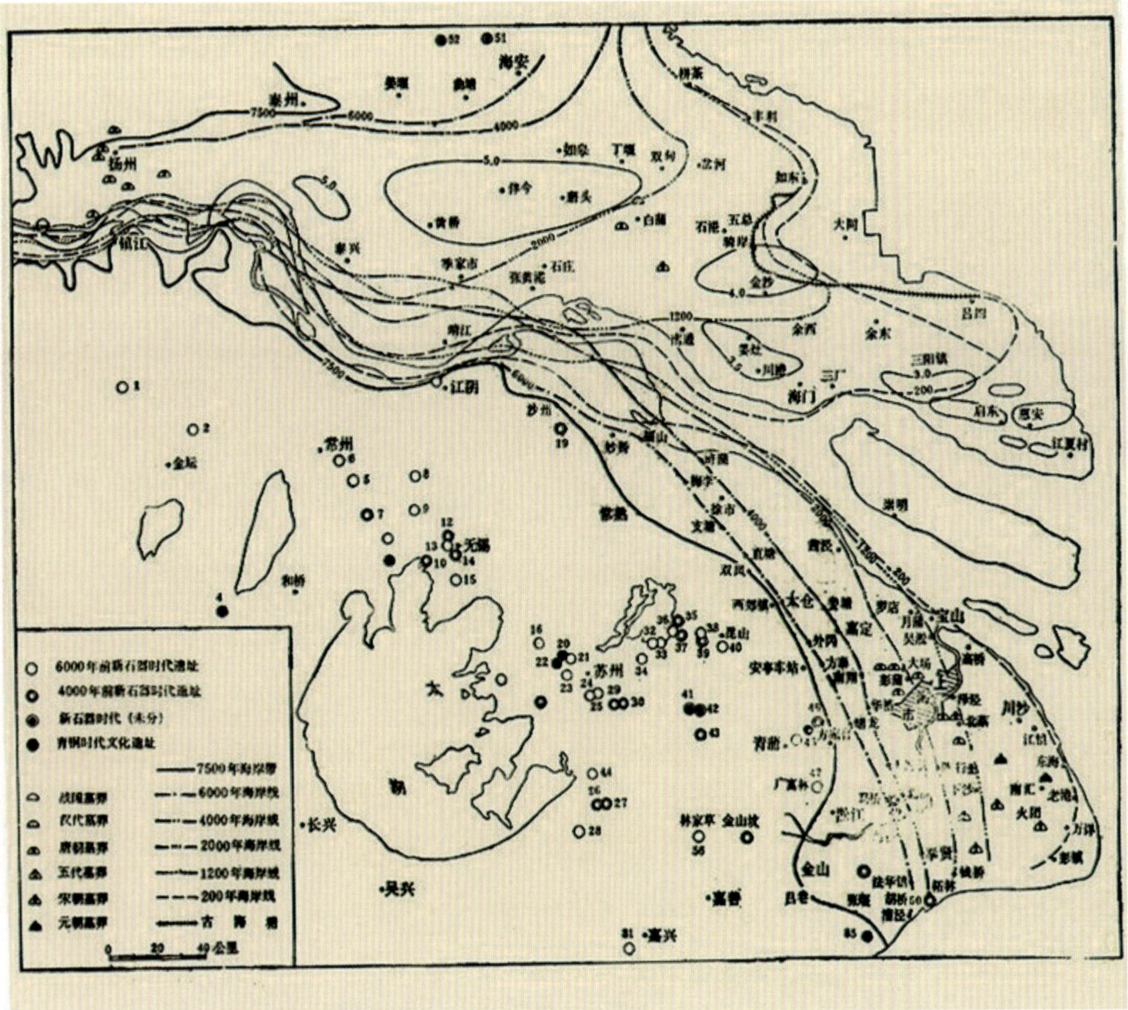

全新世长江三角洲各个时期的古海岸线

公元前21世纪

鲧、禹治水于东南沿海，覆盖泰州。《史记·五帝本记》载：鲧被流放羽山“以变东夷”。后来，鲧之子禹接任治水。《史记·夏本纪》载：禹治水从河北“冀州始”，曾不断向东南推进，“淮、沂其治……淮海维扬州：彭蠡既都，阳鸟所居；三江既入，震泽致定”。《尚书·禹贡》载禹“导淮自桐柏，东汇于泗、沂，东入于海”。

公元前12世纪

第四纪最后一次冰期结束，海面开始回升。距今7000年左右，海侵达到最大规模，前次冰期低海面时出露成陆的泰州地区几乎全被海淹没。

公元前5世纪

长江河口沙坝中心在扬州红桥至泰州口岸，泰州渐又成陆。“（泰）州东有长泽州，又东有扶海州，今堙”。

商　　周

公元前1200年左右

西周时期，天目山筑有古城。该城分为内城与外城，外城呈长方形，面积约2.3万平方米，外城外侧有护城河，南北约200米，东西约170米。

姜堰天目山遗址

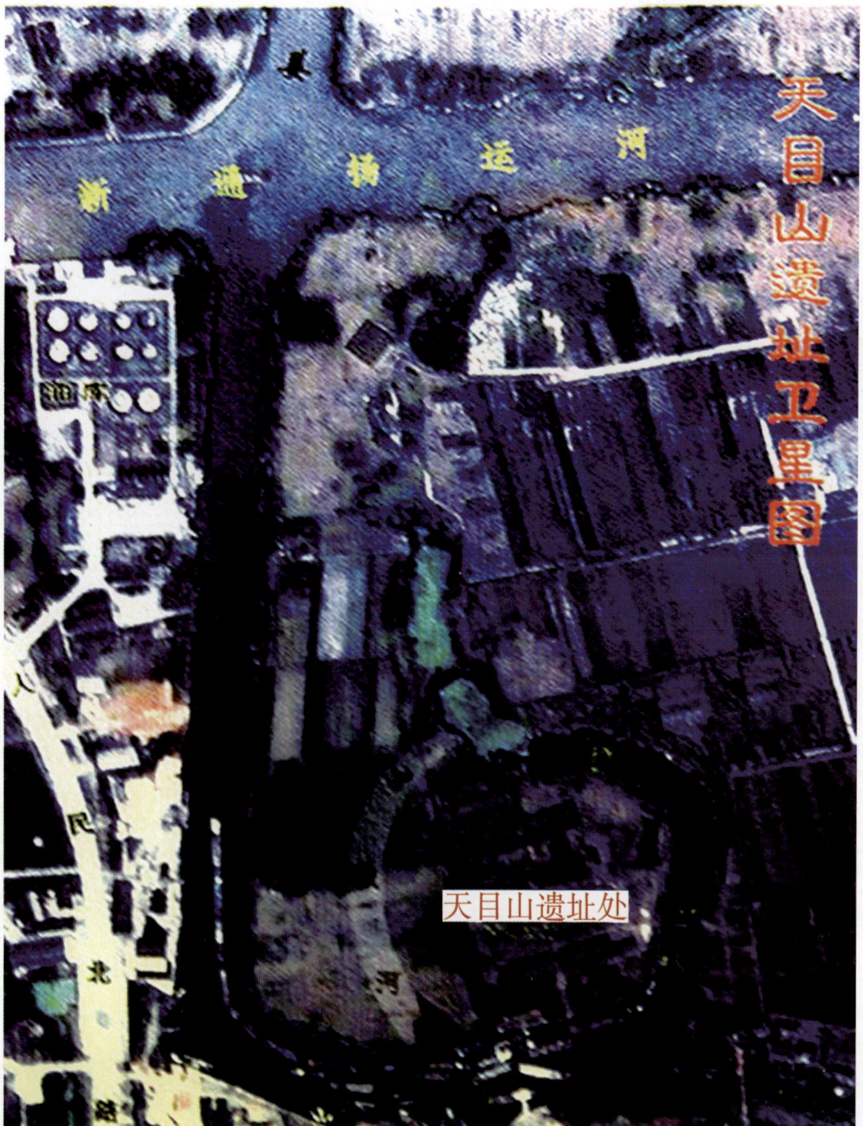

天目山遗址卫星图

秦

秦王政二十四年(公元前223)

泰州市境归秦。其后,秦分广陵县,地置晦(“海”“晦”二字古通)陵县(今海陵区),海陵县初隶薛郡(治鲁县,今曲阜)。

西安书法艺术博物馆藏秦封泥“晦陵丞印”(“晦”“海”二字古通)

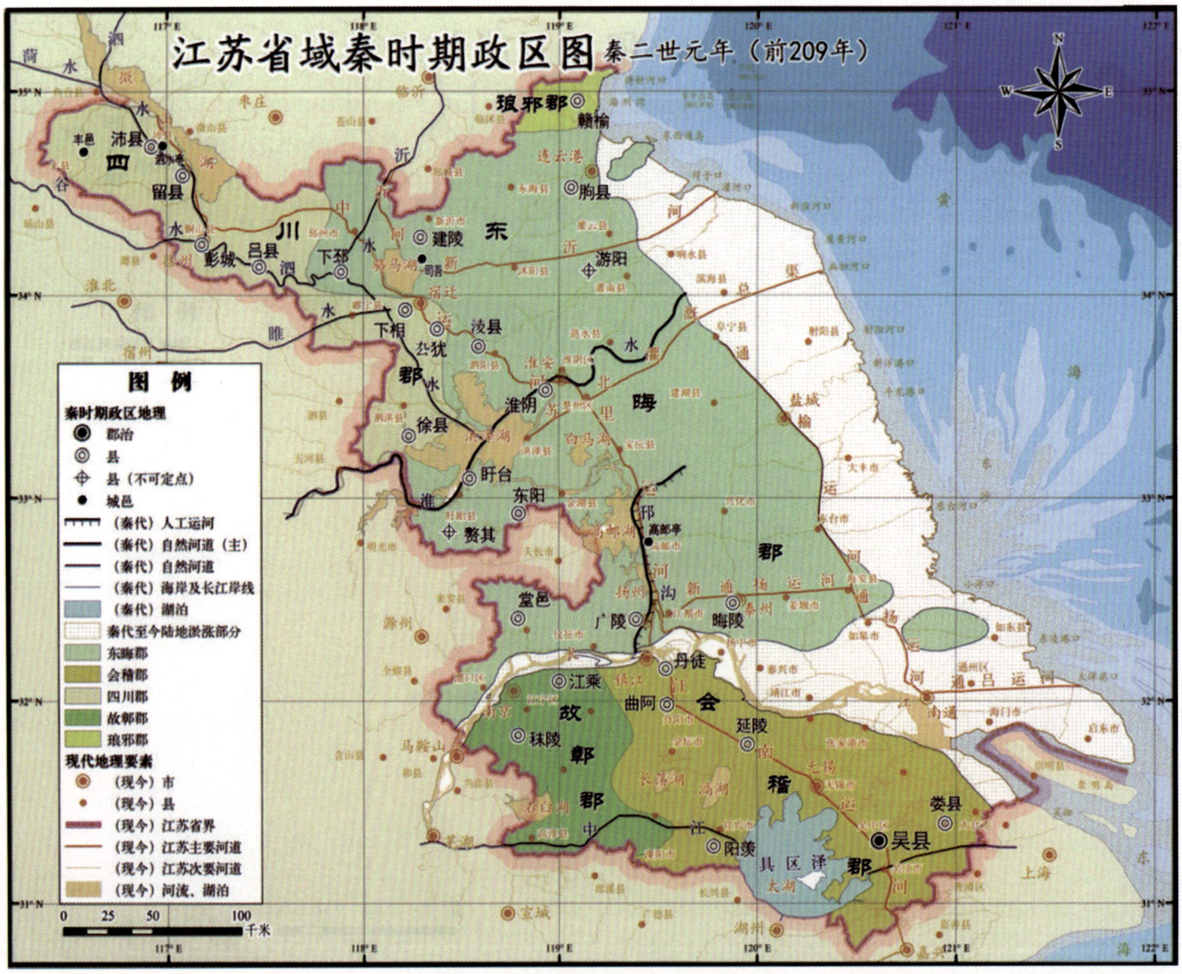

江苏省域秦时期政区图

西　　汉

高祖十二年(前195)

吴王刘濞“东煮海水为盐”,在海陵建太仓(即海陵仓)。

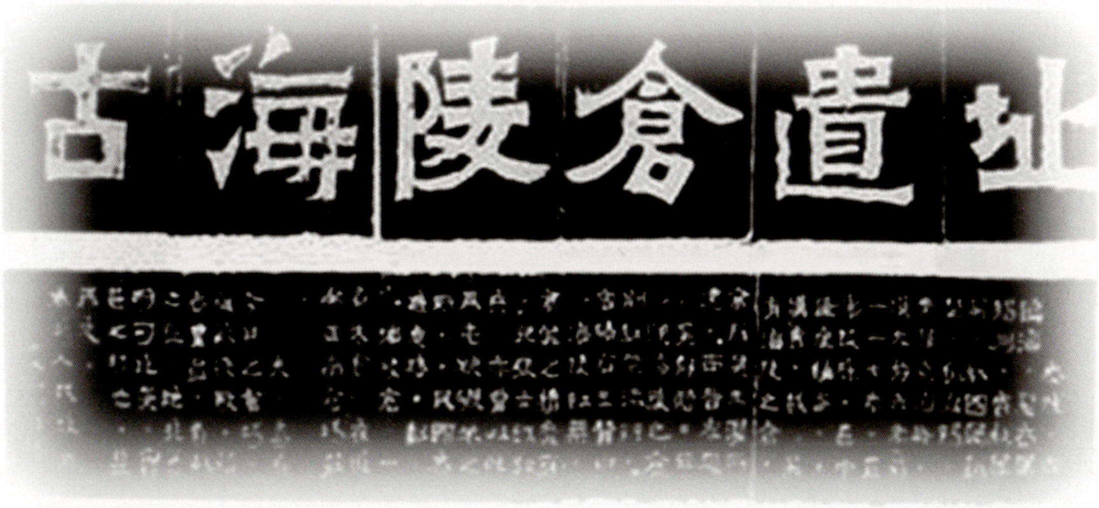

古海陵仓设计效果图

文帝元年～景帝三年(前179～前154)

为便利盐运,吴王刘濞开挖邗沟支道。邗沟支道西起广陵茱萸湾(今湾头),通海陵仓。后延至如皋蟠溪、白蒲。隋、宋之后,逐步延伸到南通。此河又称盐运河,即今境内最早的人工运河——老通扬运河。

横贯泰州的盐运河(老通扬运河)

武帝元狩六年(前117年)

《汉书·地理志》记载:置临淮郡,辖海陵等29县。始见海陵县名。

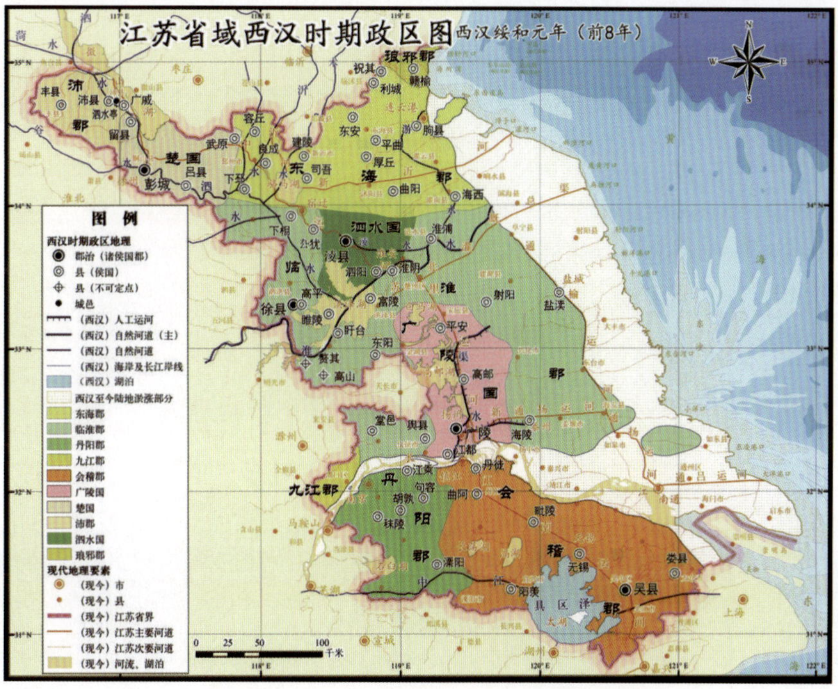

江苏省域西汉时期政区图

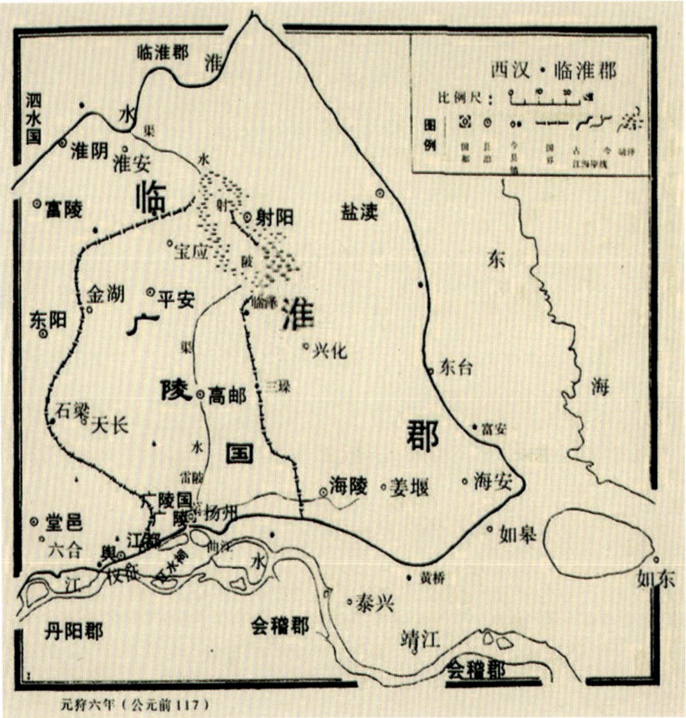

西汉·临淮郡

东　　汉

明帝永平十四年(71)

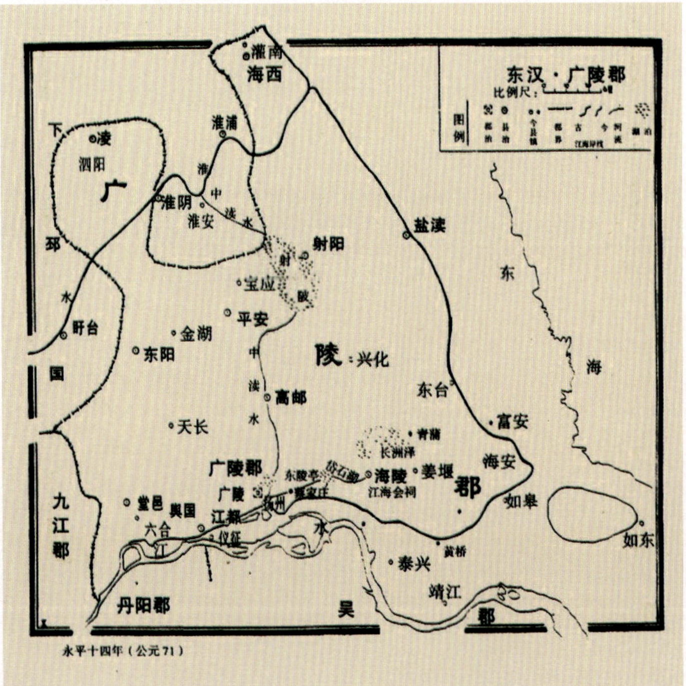

东汉·广陵郡

三　国

魏黄初三年、吴黄武元年(222)

十月　曹丕遣张辽和曹休,率部乘舟至海陵。

吴赤乌元年(238)前

马驮沙(靖江古名)涨于扬子江。

晋及十六国

东晋元帝大兴二年(319)

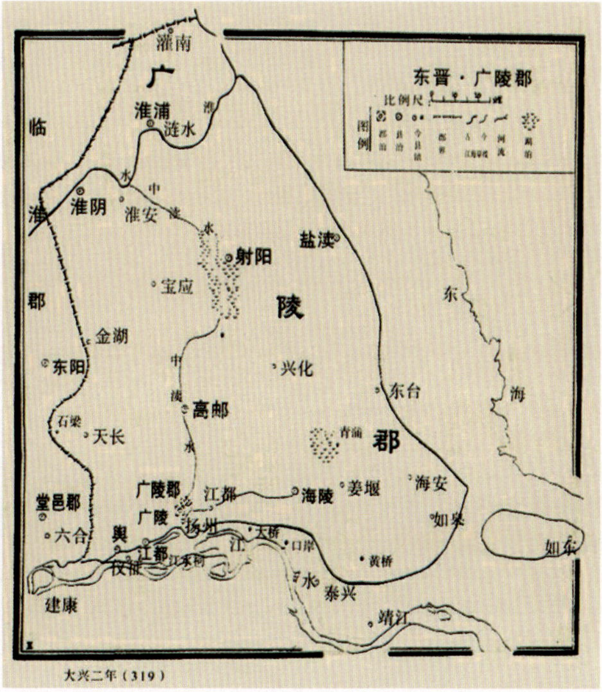

东晋·广陵郡

南　北　朝

北齐文宣帝天保四年(553)

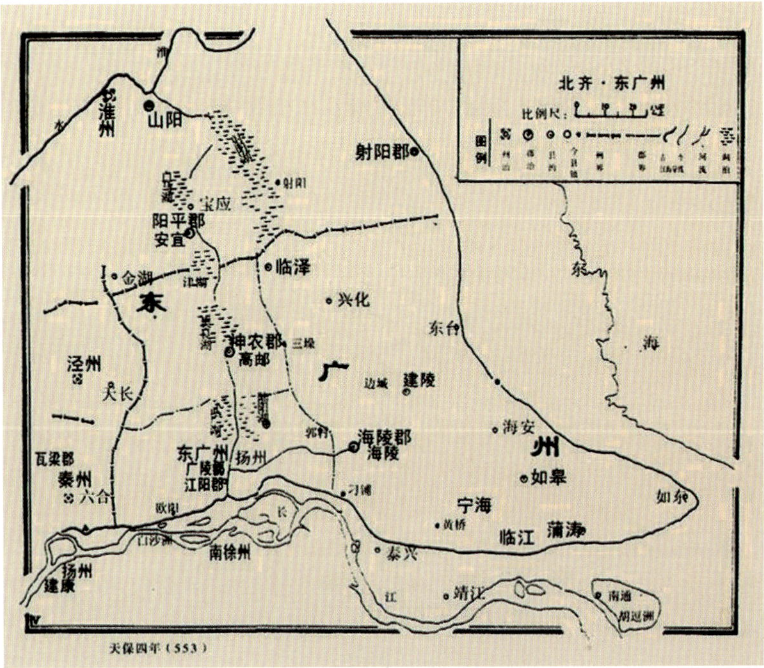

北齐·东广州

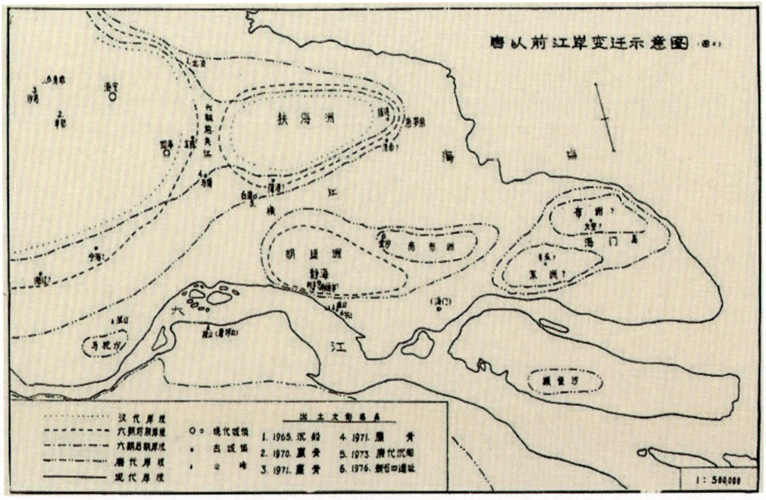

唐以前江岸变迁示意图

唐

玄宗开元二十五年(737)

颁行《水部式》,这是中国现已发现的第一部水利法典。现存《水部式》残卷共35条,约2600余字,内容包括农田水利管理,碾硙的设置及用水量的规定,航运的船闸和桥梁、渡口的管理和维修,渔业管理以及城市水道管理等。

代宗大历元年~十四年间(766~779)

淮南西道黜陟使李承组织民夫修筑常丰堰(亦称海陵堰、捍海堰)。此堰,北起盐城阜宁沟墩,南抵海陵(今大丰县刘庄附近),长142里。堰成之后,障蔽潮汐,兴化东部地区渐成农田。此堰系江苏苏北地区最早的一条抵御海潮入浸、规模宏大的水利工程。

文宗开成三年(838)

七月二日　日本和尚圆仁等乘第十五次遣唐使船抵达“扬州海陵县白潮

镇桑田乡东梁丰村”，沿运盐河向西，二十三日抵海陵西池寺。二十四日离海陵西行扬州。后以亲身经历撰成《入唐求法巡礼行记》一书。

五代十国

杨吴顺义四年(924)

江苏省域南唐吴越后周峙立时期政区图

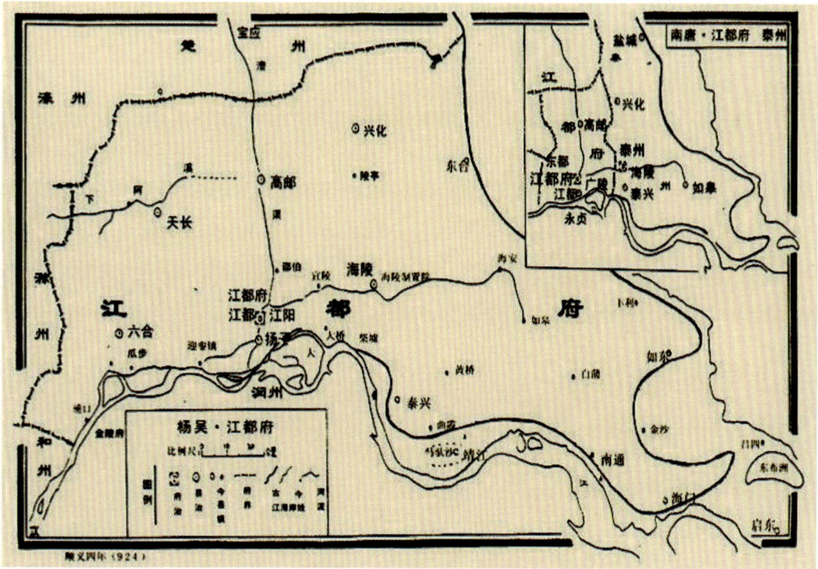

南唐·江都府　泰州

南唐昇元元年(937)

十一月　置泰州,治海陵县。盐城县、兴化县划属泰州。

是年　划海陵南5乡置泰兴县,属泰州。

泰州刺史褚仁规主持开筑子城、开挖城濠。工程结束后,撰写《泰州重展筑子城记》并镌其于碑。子城高约6.9米,城濠周长4里有余,深3米以上、宽9米以上。

北　宋

真宗咸平三年~徽宗宣和二年(1000~1120)

为"潴运河水,北至西溪,通运盐以达上河",乡人聚资筑堰于天目山前,取名姜堰。嘉祐二年(1057),泰州州守王纯臣,移堰近南宋庄侧。宣和二年(1120)大水,堰移于罗塘港,近运河口。

仁宗天圣元年(1023)

江淮置制发运副使张纶采纳监泰州西溪镇盐仓范仲淹建议,奏请朝廷修筑捍海堰。宋仁宗准奏,1024年,调升范仲淹任兴化县令,并委派其主持修堰。同年,范仲淹组织民工4万余人,在小海寨东南至耿庄长90公里段开工筑堤。此间,在泰州任从事的滕子京,曾至筑堤一线,助范安定筑堰人之心。范虽历经艰辛,但堤未能告竣。1026年,范母谢氏病故,范离任回籍守丧。他在家又书呈张纶,再陈筑堤之利。1027年,张纶再呈朝廷,获准续修此堤并兼泰州知府。他与淮南转运使胡令仪共同督率兵夫继续筑堤。1028年(天圣六年)堤成。堤长143里,底宽3丈(合10米),高1.5丈(合5米),顶宽1丈(合3.3米)。堤成后作用显著,海滨沮洳潟卤之地化为良田。后人为缅怀范仲淹等人的历史功绩,称该堤为“范公堤”。

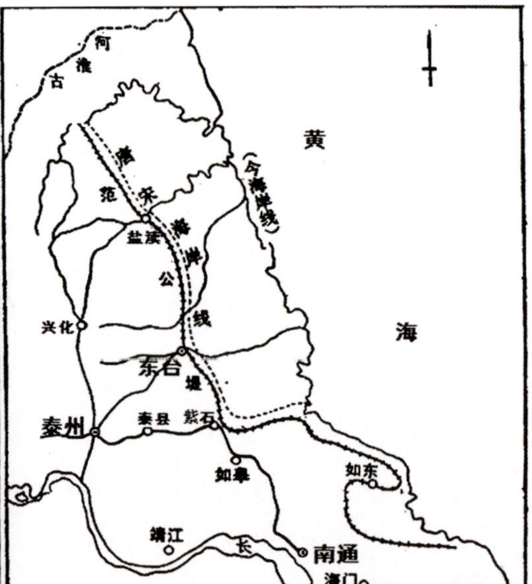

民国时期范公堤位置示意图

嘉祐年间（1056～1063）

淮南江浙荆湖制置发运副使徐的调兵夫浚治泰州、海安、如皋县漕河（即今老通扬运河），该河成为西自扬州、东达通州的盐运、漕运干道。

神宗熙宁二年（1069）

海陵等地执行王安石颁布的《农田利害条约》（习称农田水利法），鼓励民众开荒垦田，兴修水利。

熙宁九年（1076）

泰州疏通运盐河。自州城至如皋长170多公里，动员民工2.9万余人。

元丰四年（1081）

泰州飓风大雨，漂没州城，损坏房屋数千间。

哲宗元祐元年（1086）

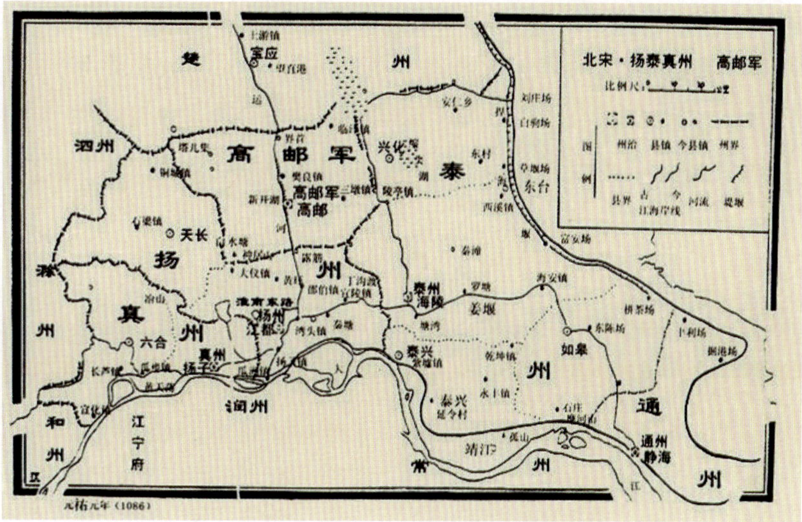

北宋·扬泰真州 高邮军

绍圣四年（1097）

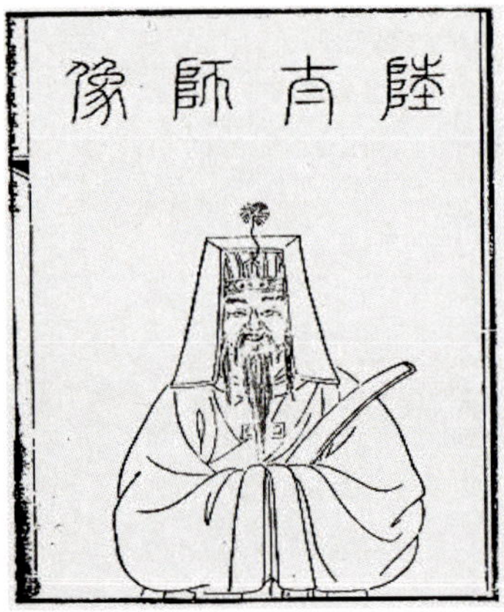

泰州知州陆佃兴建贡院，拓浚凤凰池。此池，宋代诗人晁说之称乃汉代遗迹，是泰州最早人工开挖的池塘。

宣和年间（1119～1125）

海潮冲决范公堤，淹没沿海田庐300里。

宣和三年（1121）

诏发运使赵亿以东畎水运河享伯于真州、瓜洲、海陵河口作三坝。海陵河口作一堤以复茱萸。

南　宋

高宗建炎元年～绍兴十年（1127～1140）

兴化知县黄万顷主持兴筑南北塘。南塘通高邮，北塘通盐城，“俱绵亘数百里”。史称“绍兴堰”。堰长52.5公里，设闸两座，堤护良田，闸备旱涝。后屡有兴废。

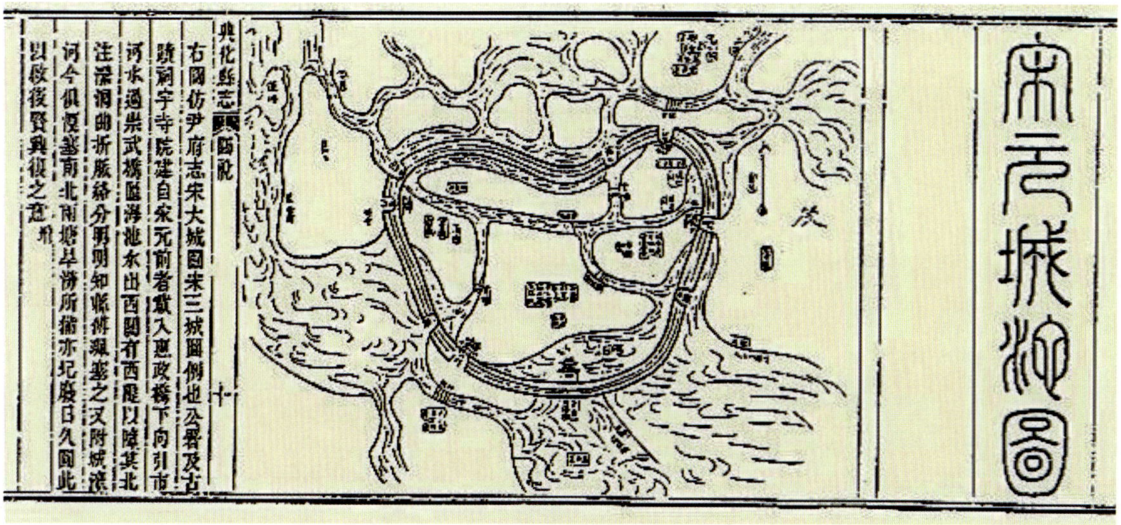

宋元兴化城池图

建炎四年(1130)

泰州治城北四里,潴运河水,建炎中移在北门外;绍兴二十五年,守王扬英于清化桥南创开运河支流直近域北。

绍兴元年(1131)

张荣与贾虎、孟威、郑握等率山东义兵与金兵自梁山转战南下,张荣以舟师伏击于兴化城东缩头湖,大获全胜,湖遂更名“得胜湖”。

绍兴四年(1134)

宋高宗赵构下诏烧毁扬州湾头港口堰、泰州姜堰、通州白蒲堰等,务要不通敌船。

绍兴十年(1140)

泰州知州王唤主持开挖城内东、西市河,所出之土垒成山,以州名称之为泰山;并建藕花洲,嘉定桥。

孝宗乾道七年(1171)

海潮复冲击范堤2000余丈,泰州知州徐于宣兴工修治。

淳熙三年(1176)

四月　宋孝宗赵眘下诏筑泰州月堰,以遏潮水。次年,泰州知州魏钦绪主持修筑泰州月堰。

淳熙四年(1177)

十月　泰州筑桑子河堰。

光宗绍熙五年(1194)

黄河在河南原阳武县决口夺淮,淮水全流南泄,从此里下河地区深受旱涝灾害,淮田多沮洳。淮东提举(官名)陈损之请于柴墟建斗门,将来泰州之(淮)水,引由海陵向南至泰兴,泄于江。此为导淮入江之先声。陈损之主持筑堤,保良田数百万顷。

宁宗开禧元年(1205)

九月　淮水泛滥,兴化境内死者几乎一半。

嘉定元年(1208)

泰兴旱,大饥,无食物,饿死很多人。

嘉定十三年(1220)

泰州知州李骏主持开新河(光孝寺东)。

理宗宝庆元年(1225)

兴化知县陈垓主持挖城河,筑土城,周长约6.5公里。

宝庆三年(1227)

泰州州守陈垓主持创开东、西、北城外濠,浚南濠,通14里(按宋制468米1里计算,约6552米。——编者注),面24丈(74.88米),深1.5丈(4.68米),形成环城河,并在南、北门外濠上架吊桥,东、西门外濠上设官渡。

端平元年(1234)

风涛逆猛,范公堤损毁400余丈。修筑用钱16700缗,米1940石。

端平年间(1234~1236)

泰州州守赵汝擢增治城壕,未竟。继任州守许堪继之,四角为月河,深广皆倍,河面达到48丈(约150米),深3丈(约9.5米)。

端宗景炎元年(1276)

三月　右丞相文天祥从元军营脱险，经泰州运盐河乘船奔通州入海，南下归宋，留有与泰州相关诗10余首。

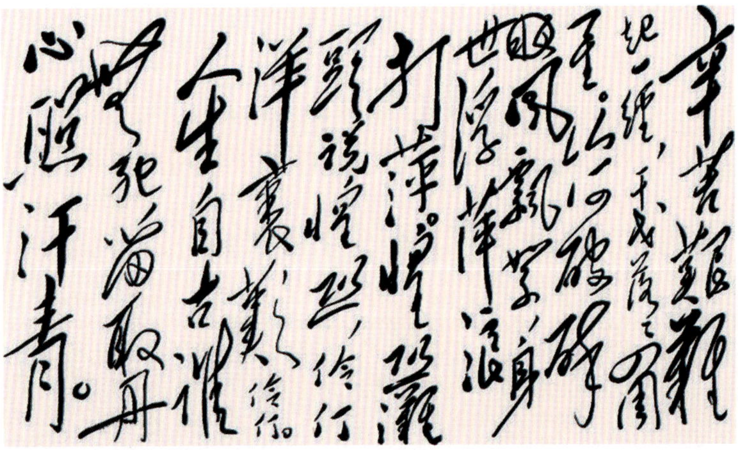

七月　淮东制置使、扬州知州李庭芝自扬州突围，率兵进泰州。泰州守臣孙贵等开城门降元，李庭芝跳莲池就义，水浅未死，后被押往扬州，慷慨就义。

是年　泰兴旱，大饥，人相食。

元

世祖至元十六年(1279)

兴化知县詹士龙主持续修捍海堰(范公堤)300余里。“数郡赖之”。

至元二十六年(1289)

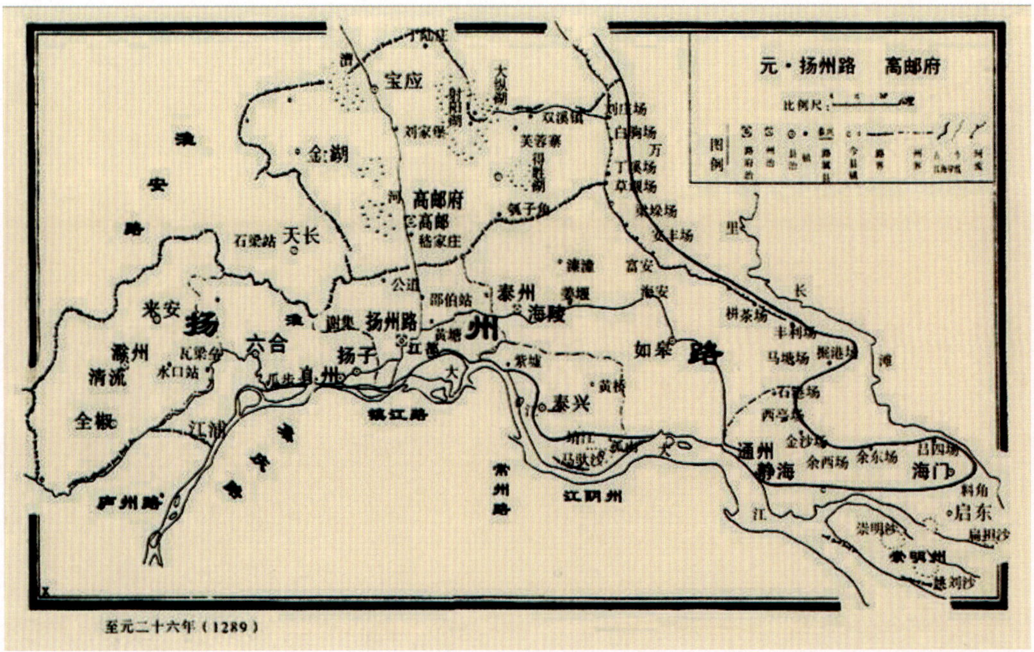

元·扬州路　高邮府

成宗大德五年(1301)

七月　暴风,江水大溢,高四五丈。崇明通泰之地,庐舍漂没,3.48万余户受灾。是月,戊戌朔昼晦,暴风起东北,雨雹兼发,江湖泛溢。东起通州、泰州、崇明,西至真州,34800余户遭灾,民被溺者不可胜计。

顺帝至正元年(1341)

六月　泰州、通州等地海潮涌溢,淹死1600余人,赈钱11820余缗。

至正二年(1342)

八月　泰兴一夕江(此“江”应非长江主泓——编者注)竭。

至正十六年(1356)

张士诚之弟张士德遣将朱定、徐太二人驻马驮沙筑水寨以对抗朱元璋。水寨旧址为今靖江靖城镇。

至正二十五年(1365)

朱元璋部将徐达率兵至大江口(今口岸镇),因水道不通,调兵从长江口开济川河(今南官河)7.5公里,以通舟师。济川河直抵泰州南门湾。

明

太祖洪武元年(1368)

泰州疏浚济川河,使之由口岸抵南门,直达下河。

洪武二十二年(1389)

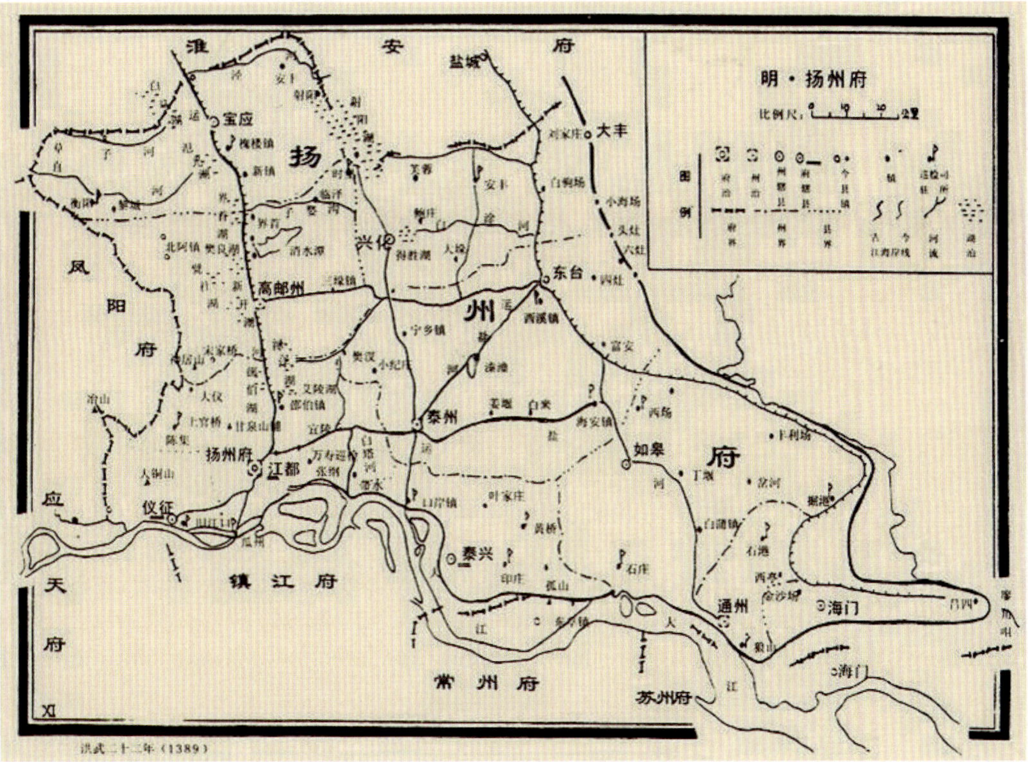

洪武·扬州府

洪武二十三年(1390)

捍海堤坏,潮变,死者3万余人。

洪武二十五年(1392)

泰州在城北门外下官运盐河入口处筑东、西两坝，以防江水直冲下河，从此来往客运船须在此过坝。

泰州建渔行闸、溱潼闸、西溪闸，遏制南来江潮。

成祖永乐二年(1404)

十一月　泰兴修筑沿江圩堤6650丈(22.17公里)，堤高1.5丈(7.5米)。

是年　兴化修南北堤。

是年　泰州修河塘1.8万丈(60公里)；开泰州运盐河(北——编者注)，即今泰东河。河由赵公桥至边城，入东台界串场河。

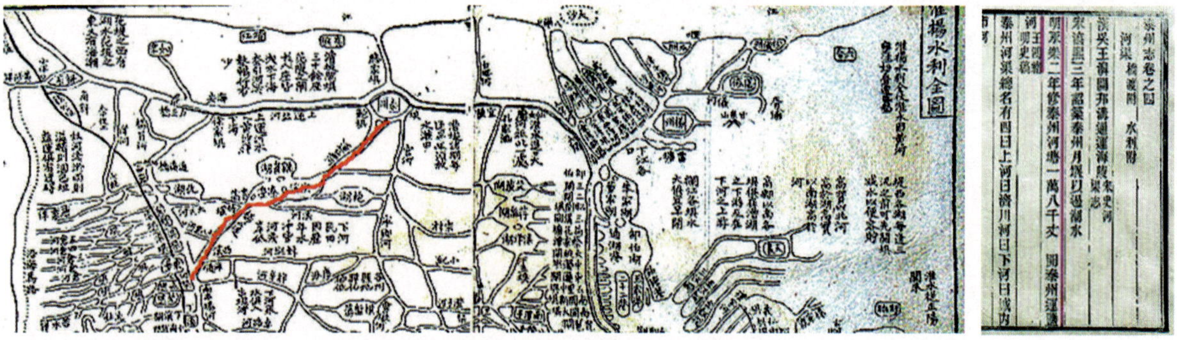

划红线处为泰东河(图为上南下北)

永乐三年(1405)

泰兴3900余丈(约13公里)江岸沦于江。

永乐四年(1406)

平江伯陈瑄督漕运，主持开泰兴北新河(今两泰官河)。此河接泰州鸭子河，经李秀河至泰兴城环城河，由新河（天星港）至王家港入江。

永乐七年（1409）

十二月　风潮冲决泰兴江堤，堤坍3900余丈（约13公里），州府派员视察后，修筑泰兴挡洪堤，并浚泰兴县南达江诸河4500余丈（约15公里）。

永乐九年（1411）

海门（经泰州）到盐城130里海水溢，海堤倒塌。陈瑄以40万士兵修复捍潮海堤18000余丈（60多公里）。

永乐十二年（1414）

陈瑄在运堤上设数十座减水坝。

英宗正统三年（1438）

泰兴疏浚顺德乡三渠，引江水灌溉农田。

正统八年（1443）

三月　漕运总兵官武兴、巡抚周忱组织民工15.5万人疏浚泰兴北新河为漕河，四月竣工。

宪宗成化二年（1466）

七月六日　通（州）、泰（州）等地海水溢，冲毁捍海堰69处，盐丁溺死247人。

成化七年(1471)

靖江首任知县张汝华率民于水寨旧址挖城河,并建土城周3里许。

成化十年(1474)

靖江疏浚城河,修筑城墙。

成化十五年(1479)

监察御史杨澄奏请朝廷修筑泰东河北堤,获准。二月,工程开工,4个月后全面竣工。堤高7尺(2.33米),树以万柳。此工程为运盐河捍堰,从泰州渔行庄到东台两溪,全长30公里;用桩木4300根,韦草7万余束;并在渔行庄和溱潼分别造土坝、水闸1座,坝以蓄水备旱,闸以泄水防洪;沿堤设邮亭10座。为缅怀杨澄功绩,人们称该堤为杨公堤。

成化十六年(1480)

兴化知县刘廷瓒主持修治绍兴堰,竣工后连续3年农业丰收。后人为纪念刘廷瓒的功绩,称绍兴堰为“刘堤”。

成化十八年(1482)

十二月　泰兴知县蔡暹组织县民8000人,修筑西南江堰16925丈(156.42公里),宽3.5丈(11.67米),高1丈(3.33米)。沿江40公里农田受益。

成化二十年(1484)

泰州、泰兴大旱,河水枯竭,斗粟易子女。

成化年间(1465～1487)

泰州知州彭福浚东河(现名老东河)。河在州治东3里,通北运河。

成化二十三年(1487)

泰兴知县吴钟主持浚新河(原泰兴环城河向南接王家港)。

孝宗弘治元年(1488)

五月　靖江大雨风潮,溺死2951人,毁民房1543间。是年,长江靖江段北汊壅涨,靖江孤山并陆连洲。

弘治四年(1491)

泰兴漕河枯竭,都御史组织10万民工疏浚,竣工后,6万人定居泰兴。

弘治十四年(1501)

泰兴知县罗贤浚县西南新河。

弘治十八年(1505)

靖江、泰兴大旱。泰兴飞蝗蔽天,食田禾殆尽,人相食。

武宗正德七年(1512)

七月　泰州大风,海水溢,淹没场亭庐舍,人死千计。盐场发动6000盐工修筑捍海堰。

世宗嘉靖元年(1522)

七月二十三日　靖江大风雨,连续3天潮涨如海,民房崩塌,庐舍漂没,死者数万。相传“弘治元年之潮不及其半”。

嘉靖八年(1529)

八月二十三日　靖江大风走沙石,江涸(应非长江主泓——编者注)半晌。江边农民奔取江中物,回顾江岸如山,俄顷水涨,有多人不及抵岸而死。

嘉靖十二年(1533)

泰兴知县朱篪组织县民增筑庙港(今南官河)至过船港江堤。堤长7630丈(约25.4公里)。

嘉靖十四年(1535)

泰兴知县朱篪主持浚县西南马桥河,河距县治12.5公里。

嘉靖十八年(1539)

闰七月初三　兴化大风,秋禾倒伏。是日,兴化、泰州海潮涌溢,高达2丈余(约6.67米)。兴化淹没田禾,漂没房屋、牲畜不可胜计,被淹土地十余年不能种稻。泰州溺死数千人。

是年　海潮暴至,陆地水深丈余。漂庐舍,没亭场,灶丁溺死者凡数千人。

嘉靖二十一～二十五年(1542～1546)

靖江连续5年大旱,米价涨3倍。

嘉靖二十五年(1546)

泰兴知县朱重光,主持浚县北通泰河。

嘉靖二十八年(1549)

靖江两沙原以长江靖江段中汊为界。是年,中汊渐涨为陆,两沙始合为一,形成境域东西约65余公里,南北约15余公里的整体版块。

嘉靖三十二年(1553)

八月　泰兴知县姚邦材增置城守,开挖护城河,防县治遭倭寇荼毒。河宽8丈(26.7米),深1丈(3.3米),1年竣工。

嘉靖四十年(1561)

泰兴知县奚世亮主持辟建北水关。北水关引水,西水关排水,百害祛而百利兴,两关闭,邑水西流不入于城。

嘉靖四十一年(1562)

泰州会同江都县疏浚运盐河。

穆宗隆庆三年(1569)

闰六月　靖江涨大潮。潮势如海,漂没民房无数,溺死万余人。

七月十五至十八日　靖江大雨,平地水深5尺,禾苗皆死,岁大荒。

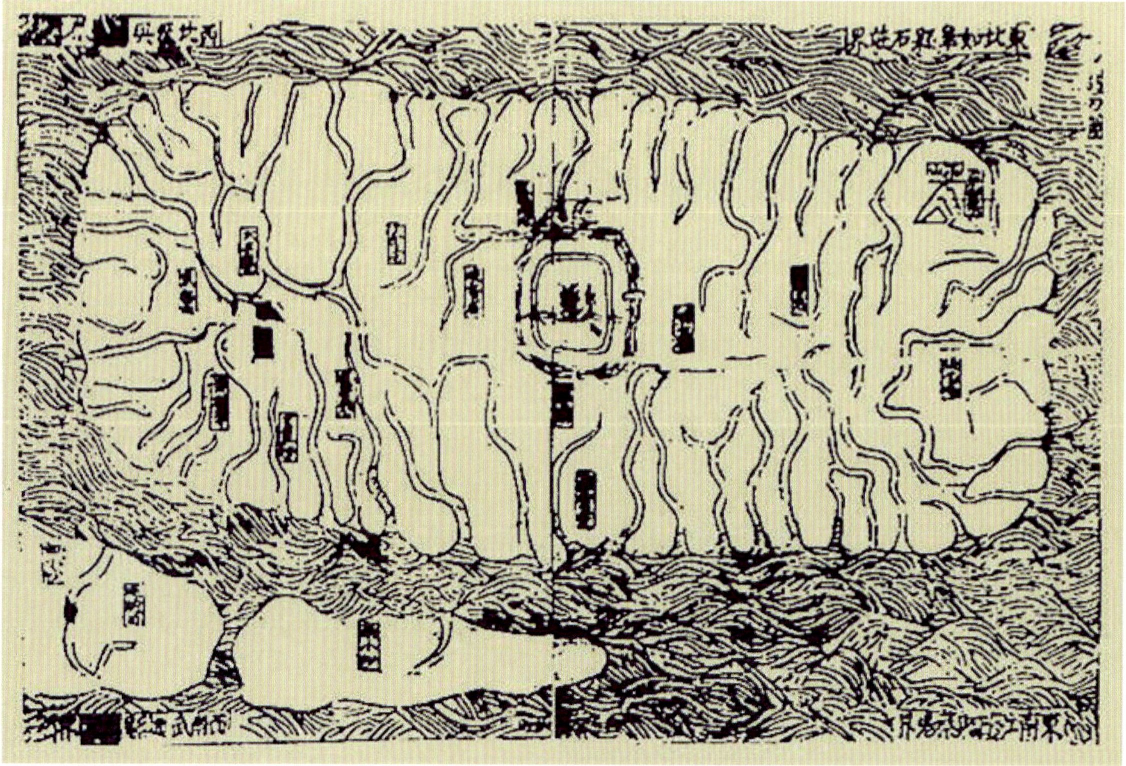

隆庆·靖江疆域图

神宗万历六年(1578)

兴化创筑新堤,该堤由兴化至高邮,长百余里,虽一时减缓两地之水患,但使泰州城区“受曲防之害”——来自西方宿水不得渲泄。

万历九年(1581)

八月十五日　大风潮,靖江沿江堤破,人淹死,东沙尤多。泰兴狂风,屋瓦飞，骤雨如注，坡塘圩埂尽决，漂浸屋舍数千间，死者无数。

万历十年（1582）

七月　淮南北各盐场（海州、安东、山阳、盐城、泰州、如皋、通州等）海啸，淹死2600余人。

是年　巡抚监察御史姚士观命泰州知州李裕建丁溪海口闸、白驹海闸，以泄本州境内宿水。

是年　总漕都御使凌云获准修筑范公堤，建泄水涵洞水渠17处，石闸1座，用帑银4.24万两。

万历十一年（1583）

两淮巡盐御史任养心条陈4事，第一件为：浚运河自吕四场至泰州以东。

万历十二年（1584）

二月初　泰兴知县冯渠在县治大西门建天井河河闸，六月初六竣工。

是年　兴化知县凌登瀛主持浚丁溪场海口，引车路河水入海。继又浚白驹场海口，导兴化腹地之水下白驹场南北二闸，趋牛弯河入海。

万历十四年（1586）

五月　泰州暴风雨20天不止，城墙崩塌480多丈（1600米），房屋严重损坏，居民浮木栖身。

是年　泰兴知县段尚绣筑县治北滚水坝，从此，可引水入内城河，经北门通江桥出西水关排出。

万历十八年(1590)

富安场浚灶河2道,梁垛场浚灶河2道,安丰场浚灶河5道,栟茶场浚出场河1道。

万历十九年(1591)

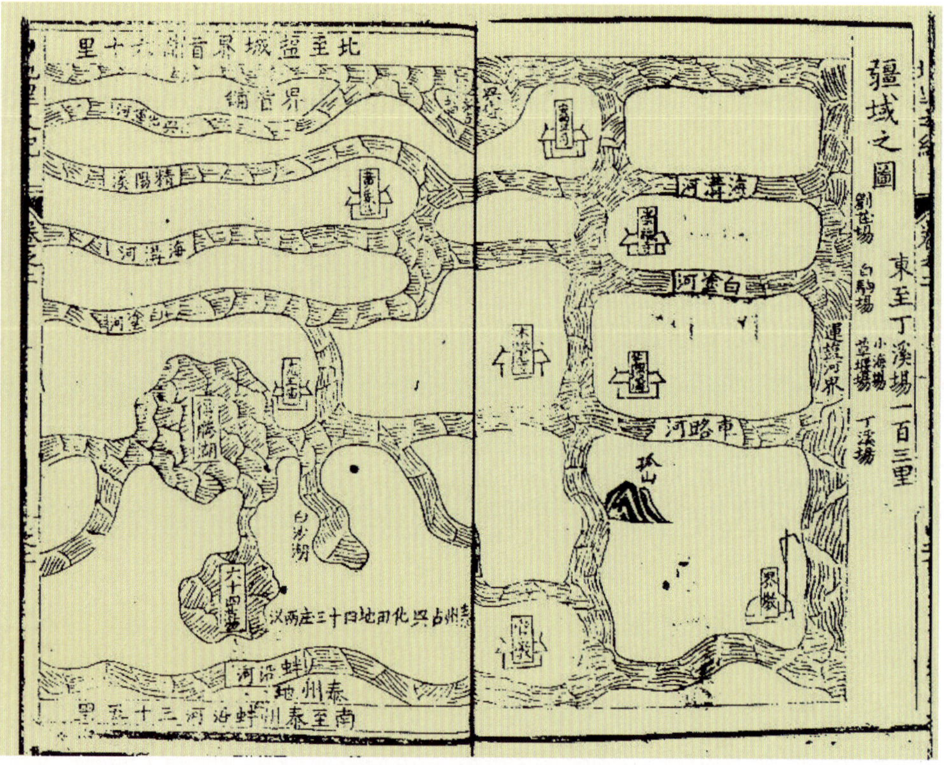

万历·兴化疆域之图

万历二十年(1592)

兴化知县欧阳东风主浚沙沟黄土沟至射阳神台场海口故道,计支公帑14600余两。

万历二十三年(1595)

里下河大水,民居田禾,荡析殆尽,兴化“大水围城,闾阎骚然,十去九死”。

万历二十四年(1596)

泰兴知县陈继畴主持翻建滚水坝。

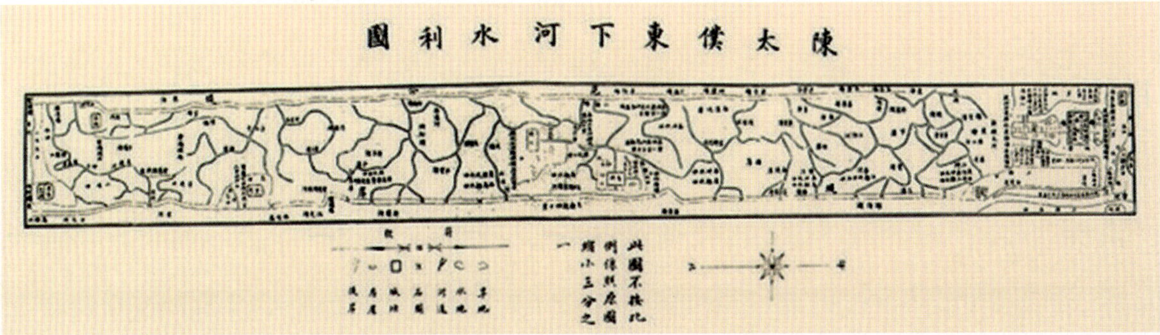

万历·陈太仆东下河水利图

万历二十五年(1597)

巡盐御史康丕扬在泰州组织民工挑浚运盐河,建青龙闸。

万历二十七年(1599)

凤阳巡抚李三才在泰州设凤阳巡抚军使院(察院),并主持疏浚泰州中、东、西市河。

万历二十八年(1600)

总河漕尚书刘东星重申他以前在规划中所提分黄导淮之议,认为于通州、泰兴、海门修江、海诸堰,作用与捍海堰相似,既可增加良田,又可为官府增加税赋收入。

万历三十一年(1603)

泰州州守李存信为防私开宜陵坝危及农田,将此坝改建成石坝。

万历三十五年(1607)

海潮至泰州丁溪内泛,井水皆咸。

熹宗天启年间(1621~1627)

靖江西北始涨连泰兴,东与如皋渐渐接壤。泰兴向南排水通道受阻,两县边界矛盾日增。为平息县界争端和解决泰兴涝水的出路问题,两县剖沙为界,开挖靖泰界河,两县多年争界纠纷始息。此河宽5丈(16.7米),深3丈(10米),东西长50余里。由此,泰兴县内南流20多条通江河道,统改归界河入江。

天启元年(1621)

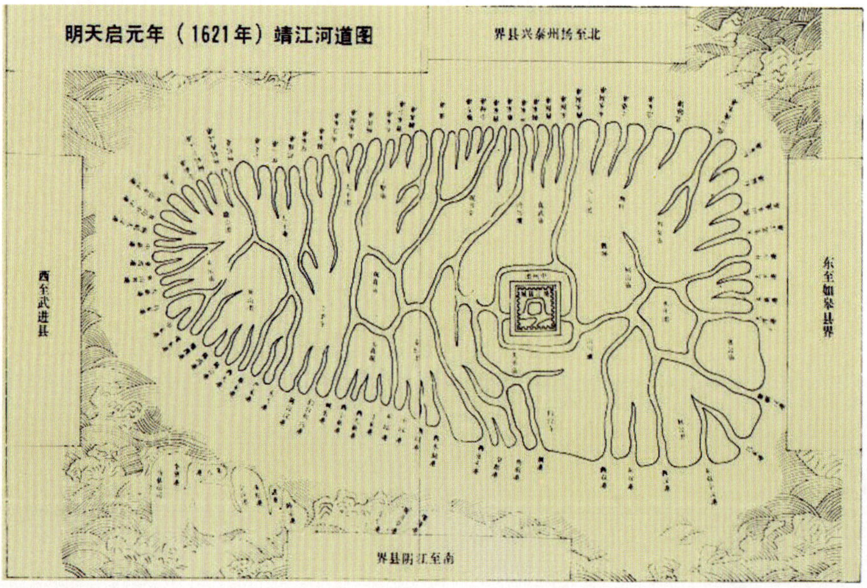

天启·靖江河道图

天启七年(1627)

十一月　靖江大风数日，江(应非长江主泓——编者注)涸如带。

思宗崇祯元年(1628)

七八月间　泰兴连续大风19天，沿江田地半坍于江。

是年　靖江知县叶柱国主持浚阜民河，并有《阜民河记》《江外河功成记》存世。河长45公里多。

崇祯四年(1631)

夏　淮黄交溃，高(邮)、宝(应)运堤大决，滔滔洪水直灌兴化、泰州等地。加之淫雨倾盆，数日之内，兴化水深2丈(6.67米)，千村万落，漂没一空。

崇祯五年(1632)

八月　淮河堤大决，兴化及高、宝、盐为壑；海潮复逆，冲范公堤，军民商灶，死者无法计算；泰县漂禾稼，是年饥，流殍载道。

崇祯六年(1633)

六月二十五日　靖江大风雨，江水暴涨，淹死人畜、漂没民房无数。

是年　淮洪再次泻入里下河地区，民田尽没水底。

崇祯七年(1634)

靖江新涨沙田21909.62亩。泰兴、靖江两县争端又起。靖江知县唐尧俞除主动割地数百顷给泰兴外,复对界河拓宽加深,两县纷争平息。

崇祯九年(1636)

界河之东涨连如皋。靖、泰界争又起,杀伤颇多。靖江知县陈函辉做出重大让步,遂定界河东段靖、泰界址;又在靖境开陈公河,北通界河,南达长江,并建控制闸,利及两县。两县各建陈公堂以示纪念。

崇祯十一年(1638)

靖江开团河,两月告浚。河宽5丈(16.7米),深1.5丈(5米),东西绵亘70余里,联络全县10团。知县陈函辉作《开团河〈靖议枢〉小引》。

崇祯十二年(1639)

靖江知县陈函辉在县城西南约1里、长安团境内澜港主持建寒山闸。翌年,在苏家港杨湾建东山闸,在小沙缪家港建平山闸。3闸建设费用2000余金,出自陈函辉俸锾(工资)及公帑,未派民间一缗(贯)钱。

崇祯十七年(1644)

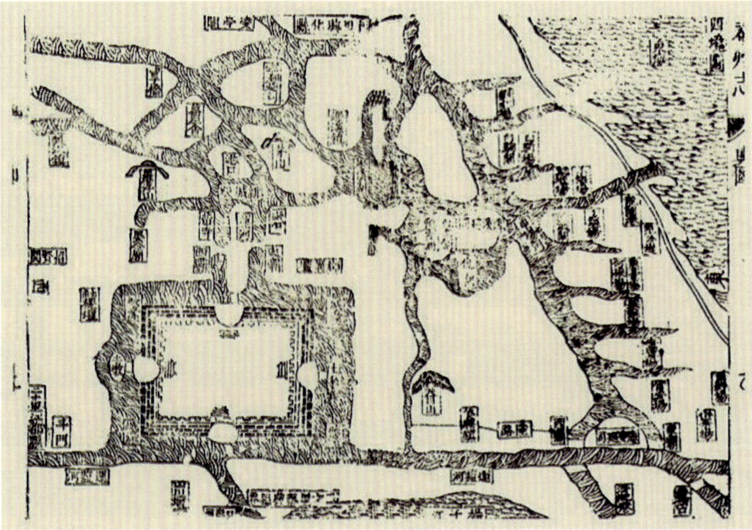

崇祯·泰州四境图

清

世祖顺治年间(1644～1661)

泰州城南古济川坝改名为滕家坝,设挡收税。

顺治五年(1648)

六月十九日　靖江城西龙卷风大作,有老农牧牛于河北,牛被风提举立于河南,牛吃草如故。顷刻雨点如拳,10余亩豆苗尽卷空中。大风途经一庙,卷去诵经的二僧。

顺治十一年(1654)

六月二十二日　泰州、通州等地海啸,平地水深丈余,民房漂没无数,溺死百姓万余口。靖江县西和尚港钓台寺被漂没。

圣祖康熙四年(1665)

七月　泰州飓风拔树,海潮高数丈,漂没亭场、庐舍及灶丁数万人。

康熙五年(1666)

泰兴知县李馨、靖江知县郑重就泰兴南部借道靖江排水入江要开挖、疏浚河道一事,请扬州、常州两府官员实施查勘,两府官员商定:由泰兴购靖江县挖河土地660亩,付靖江失地百姓挖废田亩补偿费银2182.32两,开靖境蔡家港、庙树港、石碇港、柏家港导水入江。河宽5丈、深2丈。开河用田亩应上缴的粮、赋,由泰兴缴纳。

如皋借道靖江开挖夏仕港，开废平田170亩，付挖废田亩补偿费银595两。靖江知县郑重作《开五港记》一文，详细记述此事。

靖江知县郑重组织民力疏浚团河。

康熙六年(1667)

泰兴知县李馨重修北关滚水坝。

康熙七年(1668)

高邮清水潭决，兴化环城水高2丈，淹死民众无数。

康熙十五年(1676)

五月　大风雨，黄河、淮河汛涨，洪水蜂拥下河，兴化水骤涨丈余，舟行市中，汪洋600余里。自堤以东，茫无际涯。漂没县民、庐舍不计其数。

康熙十八年(1679)

三至四月　靖江大旱，知县胡必蕃向城乡绅董募捐，设厂施粥赈饥。

胡必蕃组织民力全县疏浚团河70余里。

康熙二十三年(1684)

八月　兴化知县张可立组织县民浚市河，经3个月竣工。县衙晓喻全城士民，禁向河中投垃圾和其他脏物等，并要求县以下相关官员组织市(乡)民定出保护河道的乡规民约。张可立有《浚市河记》存世。

是年　泰州大水成灾，田地被淹，百姓流徙，征赋维艰。童希圣趁康熙南巡，十一月一日，带领泰州灾民在南京雨花台前冒死挡驾，上书陈述泰州灾情，请求减免国家征收的银两和粮食，获准。泰州前后共免银两和粮食5年，蠲免40万金。

康熙二十五年(1686)

秋　国子监博士孔尚任协助工部侍郎孙在丰在泰州治水，并结交遗老，著《桃花扇》。

康熙二十六年(1687)

泰州知州施士纶开浚下河。

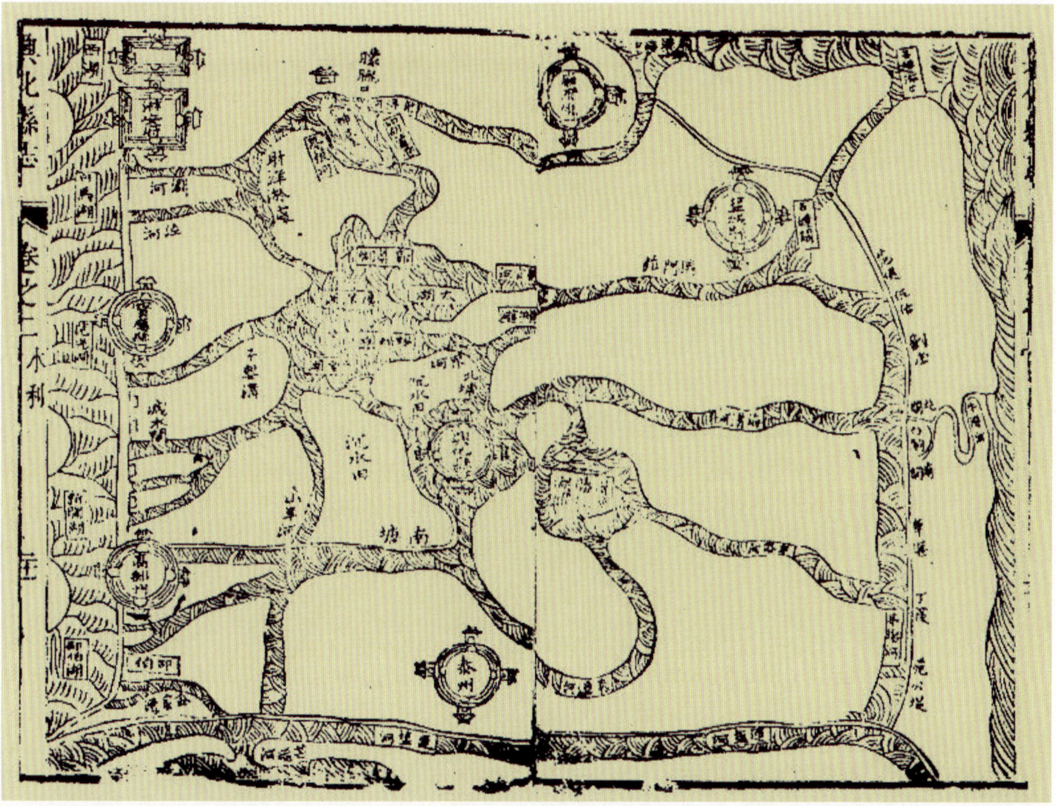

康熙·兴化水利图

康熙二十七年（1688）

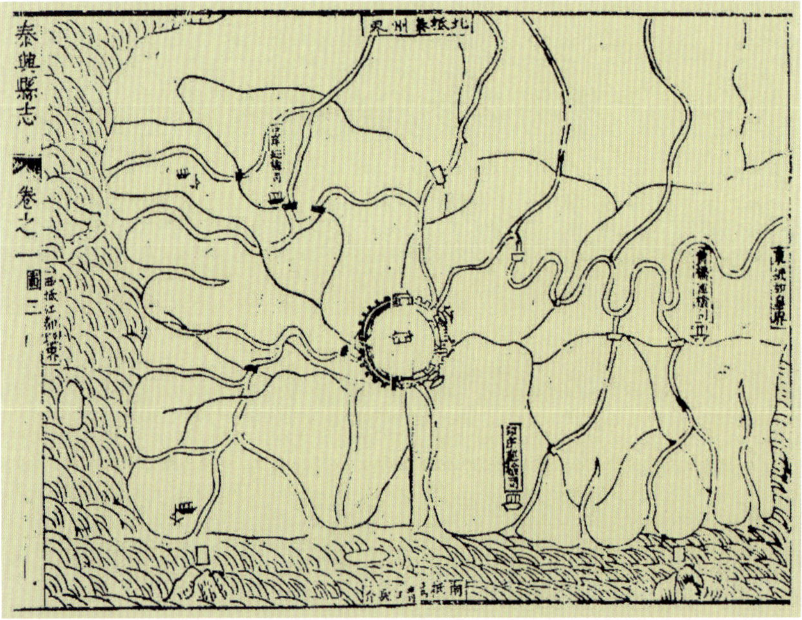

康熙·泰兴舆图第一

康熙三十九年（1700）

泰州挑淤溪以下河道，引积水归海。

康熙四十六年（1707）

发帑分员疏浚泰州安丰场串场河。

康熙四十七年（1708）

徽商余维璿、郭紫柯等，灶衿徐发大、李成季等首倡借帑挑浚泰州安丰场灶河。

康熙五十一年（1712）

泰兴知县宋生会同靖江县疏浚靖江县境内蔡家港、庙树港、石碇港、柏家港，工程总长10560丈（35.2公里）。泰兴出工七成。

世宗雍正二年（1724）

七月十八、十九日　风雨交加，海潮暴涨，冲决范公堤。沿海盐场溺死近5万人，漂没房屋、牲畜无数。

兴化淹溺4万余人，漂没民田800余顷。

泰州安丰场盐商捐资挑浚串场河。

雍正三年（1725）

泰州改为散州，不再辖县。

雍正六年（1728）

泰州挑南门至如皋丁堰段上运盐河，开王家港。

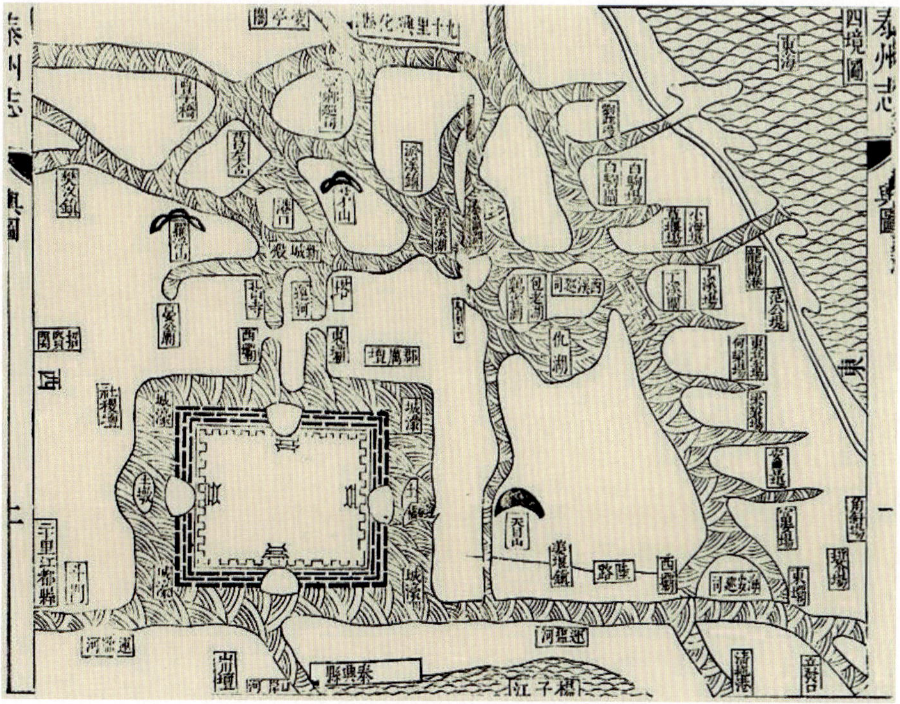

雍正·泰州四境图

雍正十年(1732)

江苏布政使白钟山奏令沿海沙洲居民筑墩防潮,谓之“救命墩”。

雍正十二年(1734)

四月十三日　靖江大雨、雹。大雹径三四尺(1~1.33米),小雹径尺(0.33米)。树木毁折,屋瓦皆碎,毙行人甚多。(见〔光绪〕靖江志载,雹之径“尺”疑为“寸”。——编者注)

是年　河道总督高斌,培土范公堤64000余丈(19.2公里)。

高宗乾隆五年(1740)

总办江南水利工程的钦差大臣汪漋,主持修范公堤,开泰州小纪、宗村二河,溱潼串场河等归海行河。

乾隆六年(1741)

靖江在澜港(今八圩港北口)设置救生船1只,以迎送来往官员,传递官方文书,装载钱粮及营救堕江者。

乾隆七年(1742)

运河堤决、大水,一昼夜直抵捍海堰。兴化城中水深数尺,漂没民众和房屋无数。

乾隆十一年(1746)

两淮盐政吉庆奏准修筑通泰盐场避潮墩148座。此年潮灾颇得其益,又增筑85座。

乾隆十八年(1753)

七月　车逻坝石脊封土前后决开60余丈,诸坝齐开,里下河地区农田尽淹。

秋　通、泰、淮三属盐场遭水灾,淮商捐银30万两备赈。

乾隆十九年(1754)

靖江江(应非长江主泓——编者注)涸,约半小时。

乾隆二十年(1755)

兴化筑安丰镇东北圩。尔后,中圩、西圩、合塔圩、南圩、唐子镇圩、苏皮圩、林潭圩、韩家窑圩相继筑成。

乾隆二十三年(1758)

盐政高恒主修杨公堤南堤60里,并开挖涵洞,以增泄水。

乾隆二十八年(1763)

泰州修杨公堤,建渔行坝。

乾隆四十六年(1781)

六月十九日　靖江大风雨潮3昼夜,沿江庐舍倒塌,溺死者无数。

是年　靖江坍江纵深10余里。

乾隆五十年(1785)

三月～次年一月　境内大旱。兴化斗米值千钱,志载“人相食”。泰州河港尽涸,民大饥,米石价十千,麦石价五千。

乾隆五十三年(1788)

为防偷税漏税,泰州筑实滕家坝。从此,济川河与上运盐河不能通航,往来物资须翻坝。

仁宗嘉庆年间(1796～1820)

兴化在卤汀河与樊川之间开斜丰港,长45里。

嘉庆四年(1799)

七月　兴化大风雨,海水漂没县民及房屋无数。

是年　靖江西部刘闻段有沙洲突起江心,取名磨盘沙。

嘉庆十一年(1806)

六月　邵伯荷花塘决,漂没下河地区田庐无法计算。岁大歉。

嘉庆十二年(1807)

靖江知县李廷芳组织县民浚五大港及东团河,陕西布政使朱勋(靖江人)偕同侄儿基纬、基绂、基纯及侄孙式金,捐银8000两。

嘉庆十六年(1811)

江宁蕃司史积容查勘下河斜丰港通盐场海口,经总督、河道会议,次年疏浚。

泰兴知县朱一慊离任后,析俸金留浚鸭子河。

嘉庆十八年(1813)

靖江江坍纵深3余里,南门外天后宫、关帝庙及文峰塔先后坍入江中,从江边迎春桥至城墙脚仅存43丈。两江总督百龄、江苏巡抚朱理、总河吴璥奉旨至靖会勘坍情,并将治理方案和修改方案两奏朝廷,获批准。次年二月起,靖江自澜港至苏家港筑防坍石堤731丈,历时70天,耗银8.59万两。其后,靖江人、陕西巡抚朱勋之侄基纬、基纯及侄孙式金、维镛,捐银1万两,以

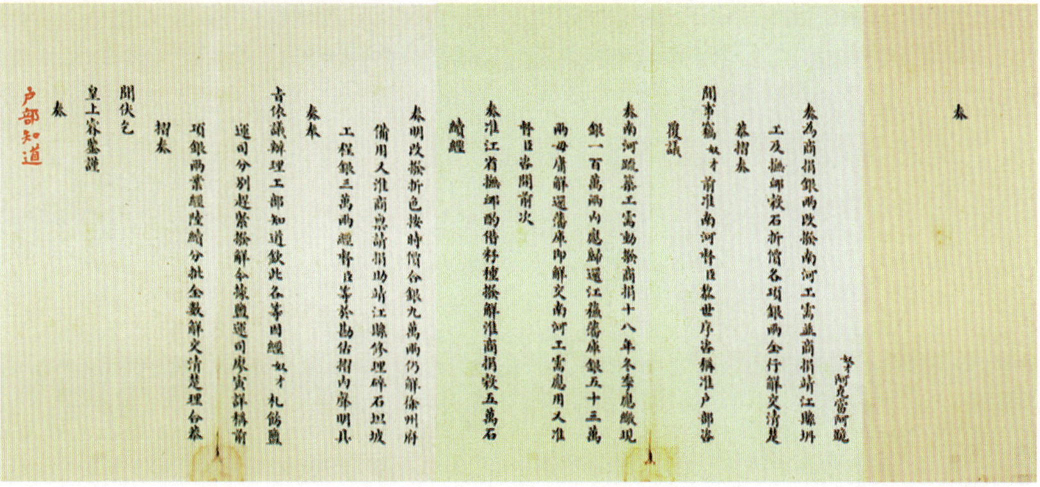
奏
奴才阿克當阿跪
奏為商捐銀兩改撥南河工需並商捐靖江縣坍
工及撫卹被石折價各項銀兩全行解交清楚
恭摺奏
聞事竊奴才前准南河督臣黎世序咨稱准戶部咨
覆議
奏南河歲搶工需動撥商捐十八年冬季應繳現
銀一百萬兩內應歸還江藩庫銀五十三萬
兩毋庸解還藩庫即解交南河工需應用又准
督臣咨開前次
奏准江省撫卹酌借籽種撥解淮商捐輸五萬石
續經
奏明改撥折色按時價合銀九萬兩仍解徐州府
備用又淮商忠誠捐助靖江縣修理碎石坍坡
工程銀三萬兩經督臣等於勘估摺內聲明具
奏奉
旨依議辦理工部知道欽此各等因經奴才札飭鹽
運司分別趕緊撥解今據鹽運司庫實詳稱前
項銀兩業經陸續分批全數解交清楚理合恭
摺奏
聞伏乞
皇上睿鑒謹
奏
戶部知道

靖江治江耗银中有3万两系由盐商捐赠的,已拨到位经仁宗御批后的奏折

助大功。完工后，江苏布政使接朱勋的信后拨公款9000两，由县内各典当具领生息，作该工程的岁修之用。

泰州鲍家坝决口。知州方恩承率民工筑堵。

嘉庆十九年（1814）

泰州知州方恩承、许乃東相继组织县民在斜堤外，樊汉至兴化凌亭阁修筑斜丰港堤。堤长22.5公里。此项工程，属两江总督百龄、河督黎世序二人“奏办下河水利”案中所列工程之一，通过借用国库内资金兴筑完成。

兴化疏浚梓辛、车路、白涂、海沟及兴盐界河5河，皆自东向西三四十里不等。工程总计花费银275500余两，其中借公帑82760两，初定分8年征还。后于嘉庆二十四年（1819年）、道光十五年（1835年）分别蠲免1041.8991两、25690.5两，实际还银54374.8851两。此项耗费巨大的工程，却未能达到预期目的，挑出之土堆积岸根，天雨淋漓，不断泻入河心，河道依旧逐节阻滞。

嘉庆二十一年（1816）

泰州分别挑筑下河归海各道及民田堤堰，以通归海水道。

嘉庆二十四年（1819）

兴化筑唐子圩、苏皮圩、林潭圩和新庄圩。

宣宗道光元年（1821）

七月七日　泰州大雨，鲍家坝决，运盐河水泄入下河。知州克实泰率众筑实。

夏秋　泰兴水灾，瘟疫流行，有时一天死几十人，有的一家数口皆染病而亡。

是年　泰兴知县张先甲组织县民开西磨垛河。

道光二年(1822)

泰兴人冷旭初浚毗芦市界河。

道光三年(1823)

七月三日　泰州大雨,平地水深数尺,鲍家坝决,下河农作物被淹。

道光六年(1826)

六月　淮水涨溢。三十日,高邮5坝齐开,下河田庐尽被淹没,兴化城内积水2丈余,可乘舟入市。姜堰镇至海安镇一带较高地带亦淹入水中,村庐漂荡,民人四散,百年未见。

道光七年(1827)

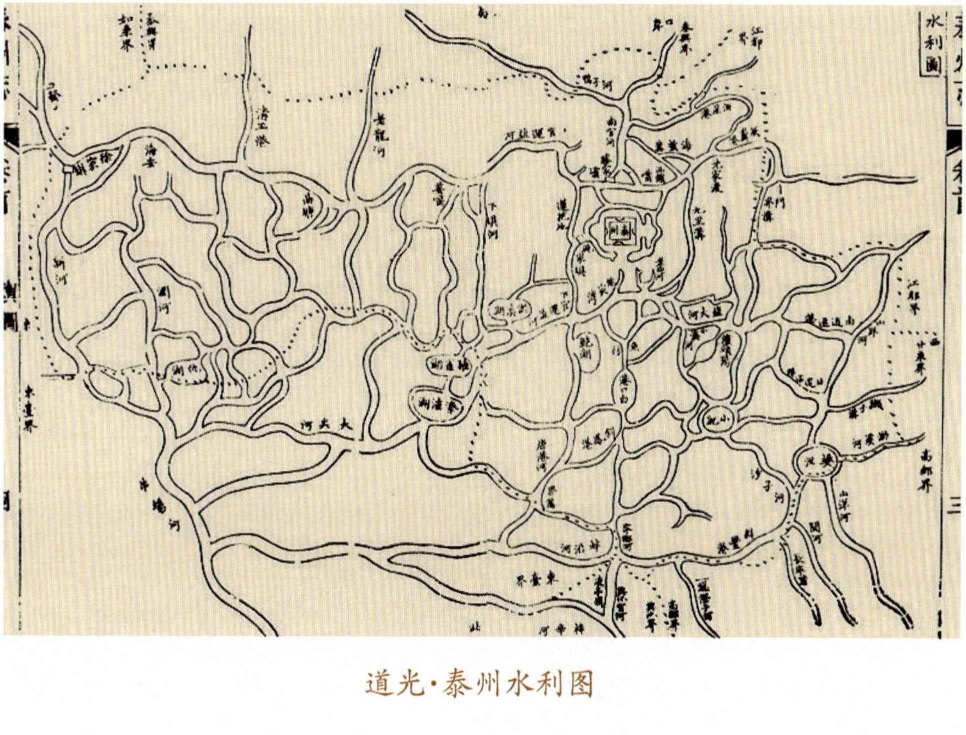

道光·泰州水利图

道光十一年(1831)

六月十八日　运河马棚湾决,次日张家沟复溢,下河地区田多淹没。

两淮各场水灾,两江总督陶澍奏拨盐义仓谷10余万石,赈济煎丁、运户、捆工。

兴化大水,乡民逃亡过半。

道光十二年(1832)

春　泰州大饥荒,斗米钱五百,民食榆皮草根及观音粉,饿殍载道。

道光十四年(1834)

靖江刘闻沙涨滩,向西与泰兴连成洲,向东陆续涨过县城连老岸,嗣后涨连如皋南江口。垦田20万亩余。

道光十五年(1835)

两江总督陶澍奏请拨款挑浚通、泰盐场运盐河道,宣宗允。

道光十六年(1836)

夏秋　兴化湖水暴涨,河督完颜麟庆令刻期开坝。兴化知县徐林春据理力争,使坝缓开,以保秋收。

道光十八年(1838)

泰州州牧陈玉成募捐银18000余两,修理泰州城墙,疏浚城河。泰州人夏荃力主拆去北濠占用濠身所建的房屋，未能得到支持，导致北城河束窄。陈玉成因摄海门厅事，未能主持这一工程，回泰州后见状十分不满，认为“河身陡窄”，“淤垫之患，不出十年，恐吾身犹及亲见之也”。

道光十九年(1839)

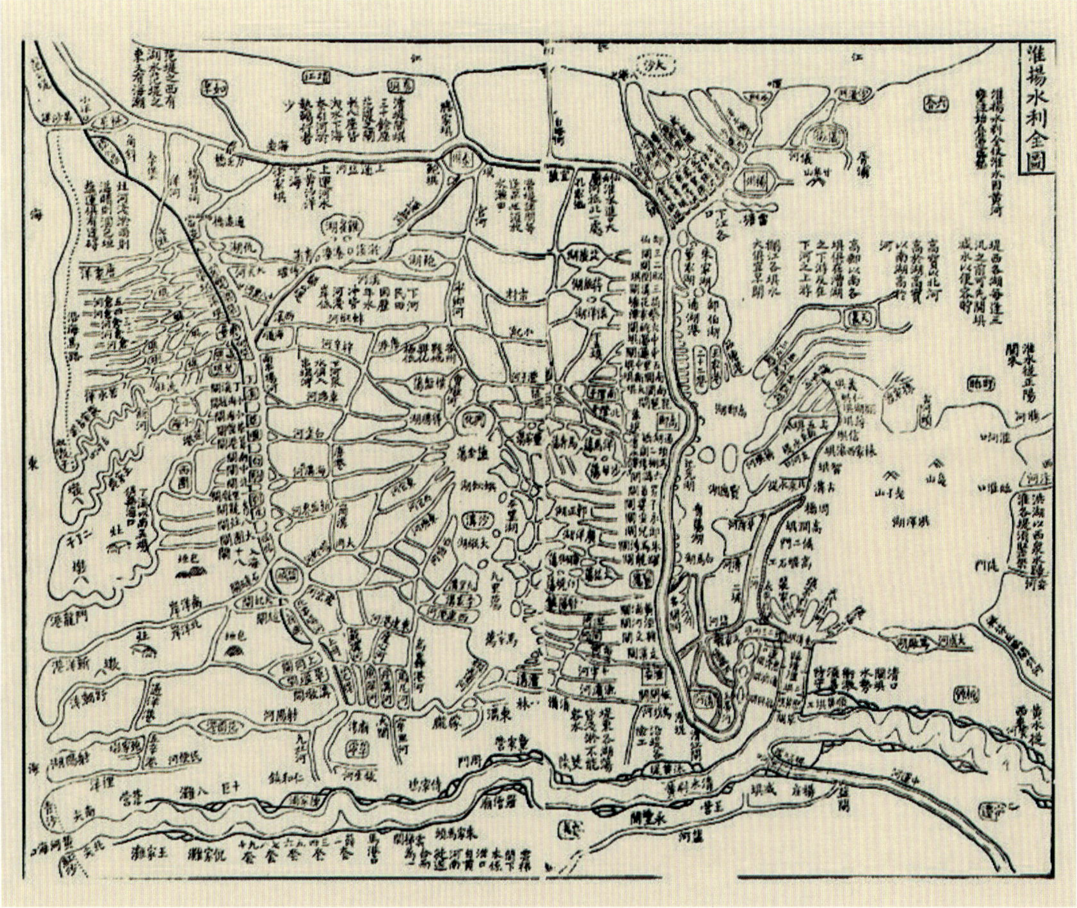

道光·淮扬水利全图

（此图取自清代水利学家冯道立《淮扬水利全图》。道光十九年佚名绘淮扬水利图说。原图说明文字为:淮扬水势，四渎中，江、淮、河，已有其三。淮水发源于豫之胎簪，历七十二山，河齐集于山阳之高堰。其在北者，与黄同入海；在南者，与高宝诸湖共入江。若夫，由昭关、车逻等坝向东者，乃江海路塞，姑假道于民田也！余昔著淮扬治水论，分四路下水法，无非顺其就下之性，专以不伤民田为主。但测蠡之见，未知可许问津。兹缘，本学祝补斋先生，关心水利，命具各图以献爰，绘总图于前，余图附后。倘见者，教而正之则。）

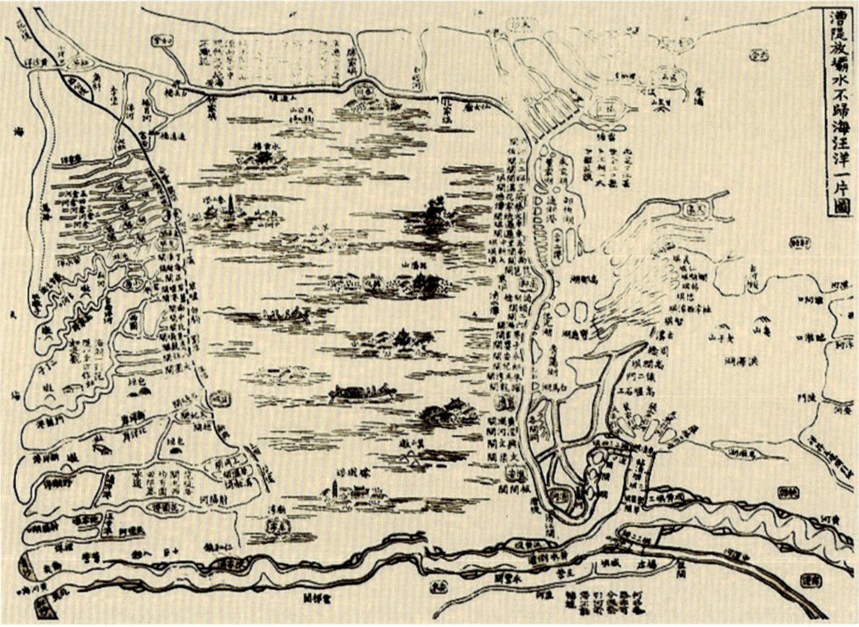

道光·漕堤放坝水不归海汪洋一片图

道光二十四年(1844)

泰州绅士陈琥、程祥芝等向州府提出修筑斜丰港港堤的建议,知州张之杲采纳并制定了“循照旧堤分段,按亩派夫摊捐一千五百丈”“挑挖田土,每筑堤一丈,贴钱五百文”的民间负担和官方补贴相结合的政策,完成筑堤工程。

道光二十五年(1845)

泰州知州张之杲组织县民“逐段修整”斜丰港堤,1850年竣工。张之杲还发动沿堤百姓“捐置”沿堤民田1706亩,官田4348亩,为今后岁修取土之用。

道光二十八年(1848)

六月　久雨且大风,洪泽湖大涨。二十四日,开车逻等4坝泄水;七月二十八日，又开昭关坝。大批登堤保坝农民遭清政府枪杀。兴化、泰州等地一片汪洋，数十万农民流离失所，纷纷南渡。

道光二十九年(1849)

五、六月　兴化淫雨连旬，河督李星沅拟开高邮五坝。时值新谷将结实，如开坝，里下河地区必遭水灾，尤以兴化为重。兴化刚上任的知县魏源，请求两江总督陆建瀛速开沿邵伯至清口运河东岸24闸，分路泄洪。并提出：即使开坝，也要等新谷登场之后。获准。魏源冒大风雨，亲率民工护堤保坝。启坝延迟半月，下河地区7州县新谷幸得收成。为颂扬魏源为民保坝的功绩，兴化百姓把秋后登场的早稻称之为“魏公稻”。

道光三十年(1850)

泰兴知县张行澍组织县民修筑北自庙湾港、南至王家港(今天星桥南)段江堤。堤长26.7公里，高3.33米，顶宽1.67米，堤脚宽10米。人称“张公堤”，以志其功。

泰兴连续几年遭旱涝灾害，岁大饥，灾民无奈“吃大户”，时称“吃麻雀儿会”，实为农民暴动之举。

泰州下游13庄，公修九里沟涵。

文宗咸丰元年(1851)

泰州知州张之杲动员三洋河东有田产、家业之各户，捐钱6800余千文，修筑三洋河堤，并堵闭斜丰港各口门。景光锡、葛绍云、夏嘉瑞、宋推生4人具体承办。此堤自樊汉镇南起接三洋河，长15里。

咸丰二年(1852)

靖江、泰兴两县联合疏浚夹港。

靖江知县齐在镕主持疏浚团河和大新港(今大靖港),泰兴知县张行澍组织助工,并贴费三成。工程参加者、靖江人士孙瞻洛留有《开河记》,记载颇为详实。

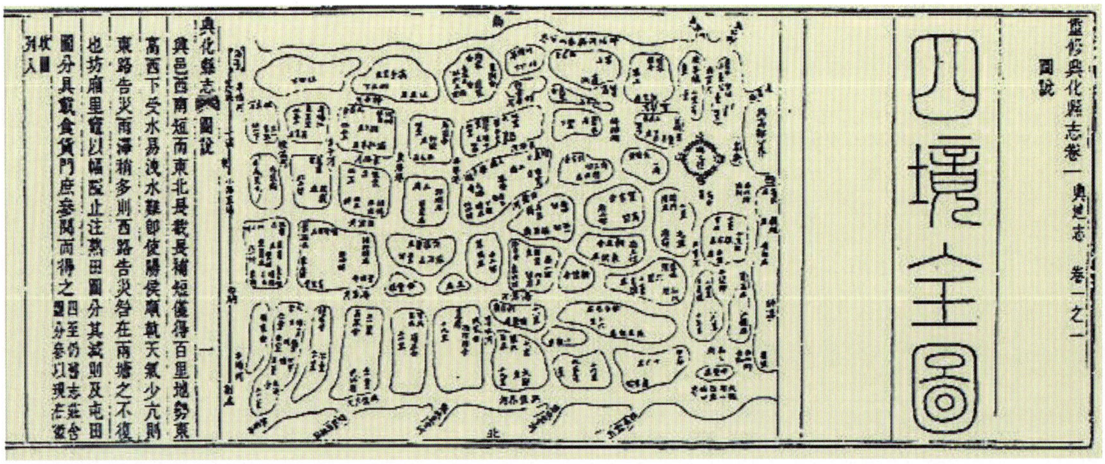

咸丰·兴化四境全图

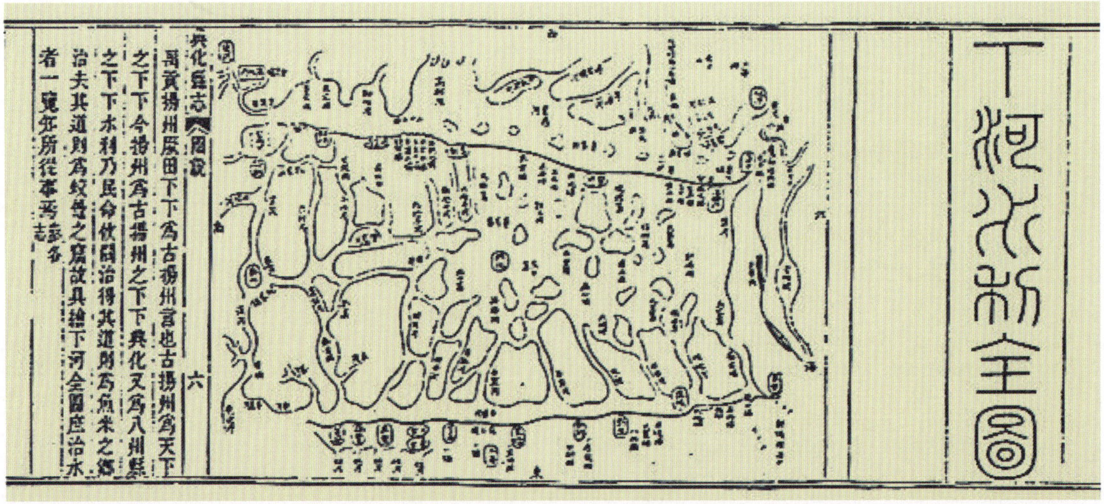

咸丰·兴化下河水利全图

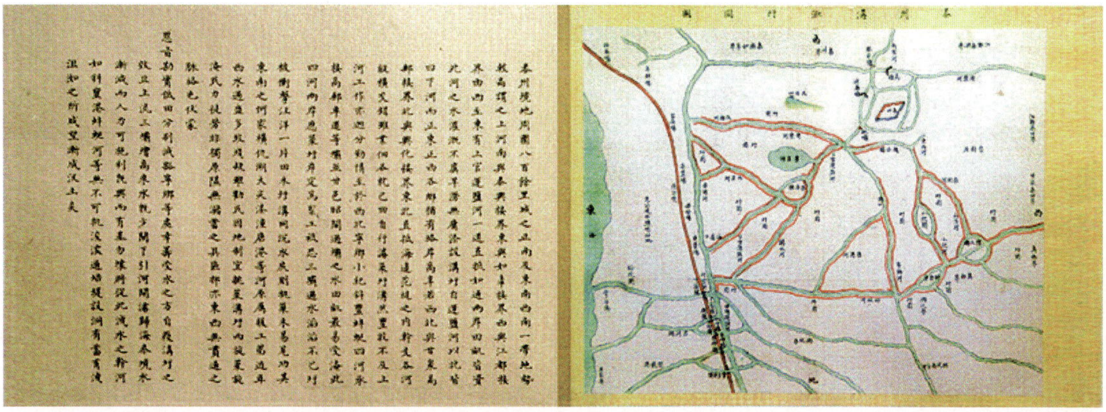

泰州沟洫圩图(年代不详)

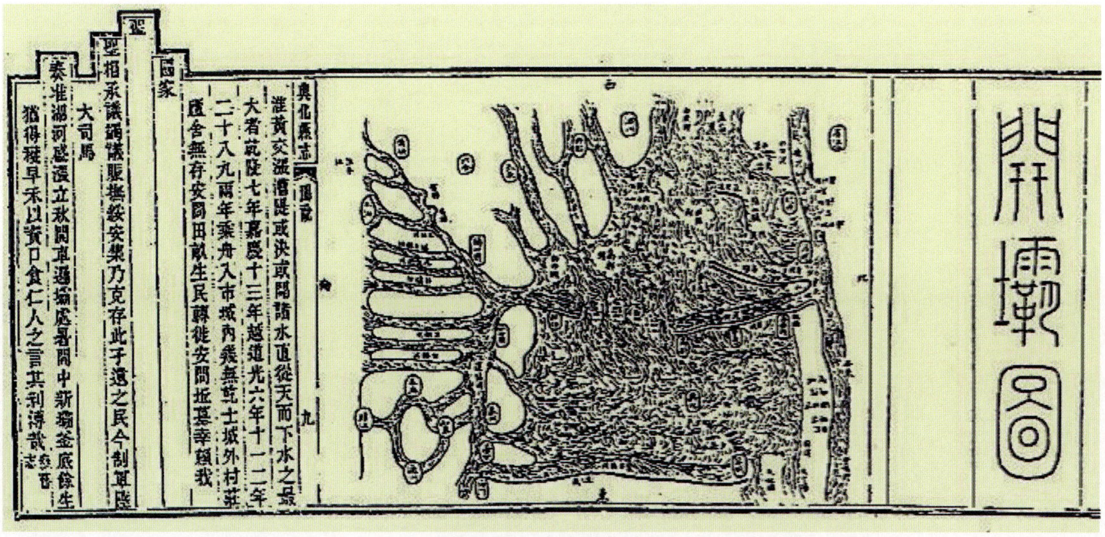

咸丰·兴化开坝图

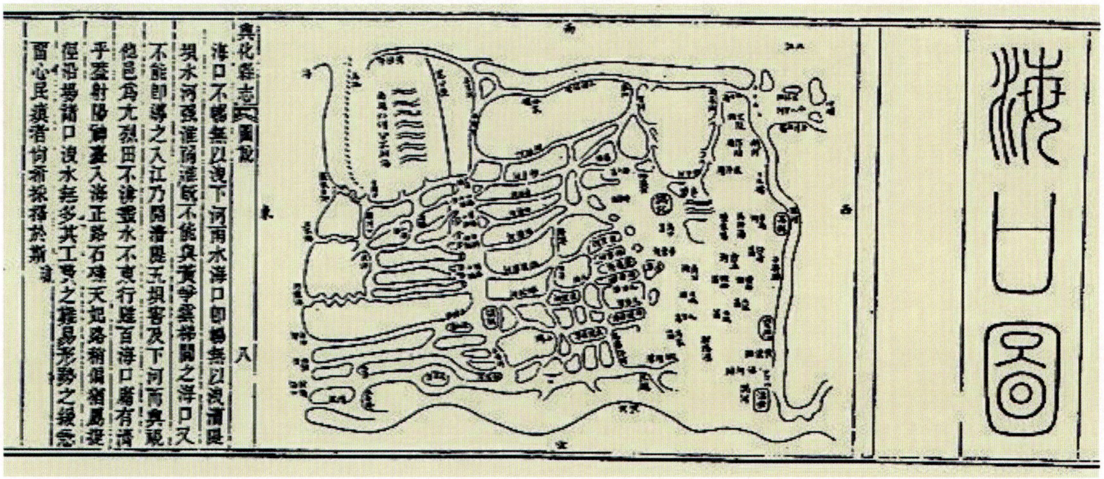

咸丰·兴化海口图

咸丰六年(1856)

五至八月　泰州大旱,大运河干涸,赤地千里。是年,五谷不生,飞蝗蔽日,米石价八千。冬,有民毙于市。

是年　海潮倒灌,直抵兴化海南、平旺等地,持续数月。此间,河水不能饮用,农田卤化,大多绝收,地中盐分需10年左右才能冲刷掉。

咸丰九年(1859)

靖江疏浚如靖界河。

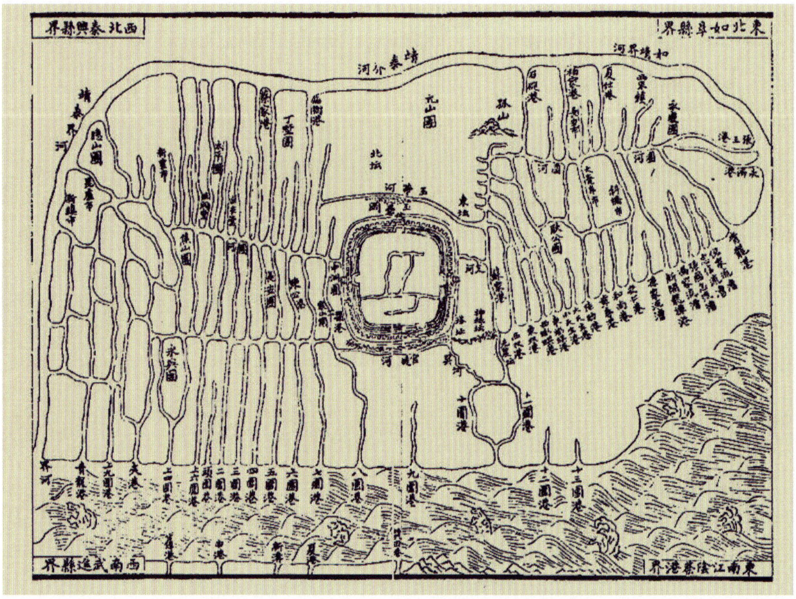

咸丰·靖江河道图

穆宗同治四年(1865)

泰州挑浚运盐河。

同治五年(1866)

六月二十七、二十八日　先后启车逻坝、南关坝。兴化东乡8圩先后被冲破，农田庐舍被淹殆尽，人畜溺毙无数。

秋　湖水盛涨，清水潭决。下河地区田庐漂没，禾稼尽淹。

同治八年（1869）

夏　兴化旱。文生顾增龄呈文请求挑浚南塘港，获知县俞麟年批准、支持。新河面宽2丈（6.67米），深4尺（1.33米），长8.43公里。

德宗光绪元年（1875）

靖江江堤初步形成。堤高1丈（3.33米），底宽3丈（10米），顶宽5尺（1.67米）。

光绪五年（1879）

泰州知府刘汝贤在整治斜丰港、三洋港后，又议定了《众议章程10则》。其主要内容为：工程余款九千余千，发典生息以作岁修之用；加强堤防工程管理，堤坡不得耕翻种植；开口引江灌溉后封堵、巡堤，防汛物资储备等。

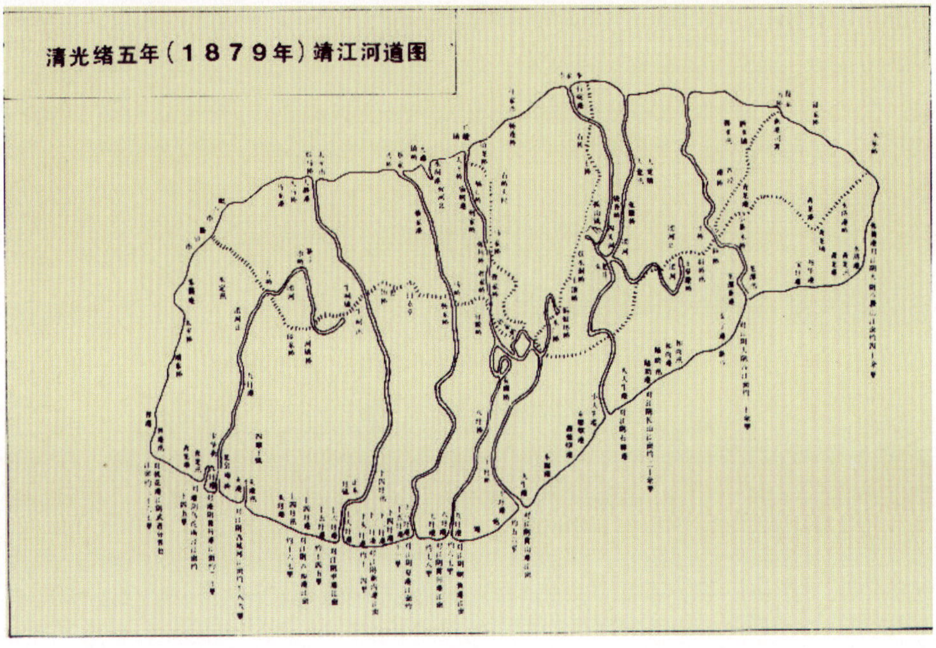

光绪·靖江河道图

光绪九年(1883)

泰兴知县陈谟组织县民修北自庙港、南至界河(靖泰界河)的江堤。堤长1.4万余丈(46.67公里),高1丈(3.33米),顶宽3尺(1米),脚宽5尺(1.67米),后称“皇岸”。江堤建成后,陈谟还制定了“至是因公”的管理制度,包括禁止近堤耕种,堤外坎地植细柳、苎蔴,堤外滩地植芦苇以蔽雨而护堤身等。

靖江江堤溃决80余里,淹没田禾30余图(图,相当于现代乡一级的行政建制)。

光绪十年(1884)

为束北流来水,泰兴知县陈谟主持建县北护龙桥,桥为石结构。陈谟还于县城广福寺设义渡总局,于王家港、小河港、口岸庙港、太平洋三澛港、育婴洲港设义渡分局;他捐出俸金2000缗,并请救生局拨义渡船7条,救生船1条,在长江泰兴段免费助行人过河过江。

靖江救生局添造大小船只4条,在八圩港与江阴对渡,后称义渡。

光绪十一年(1885)

七月　泰兴暴风潮溢。庙湾港至凌家港、复成洲、连成洲和洋思港等多处决堤,知县杨激云发动民工,修复如故。

光绪十二年(1886)

三月　泰兴知县杨激云主持修筑李公祠段堤岸。

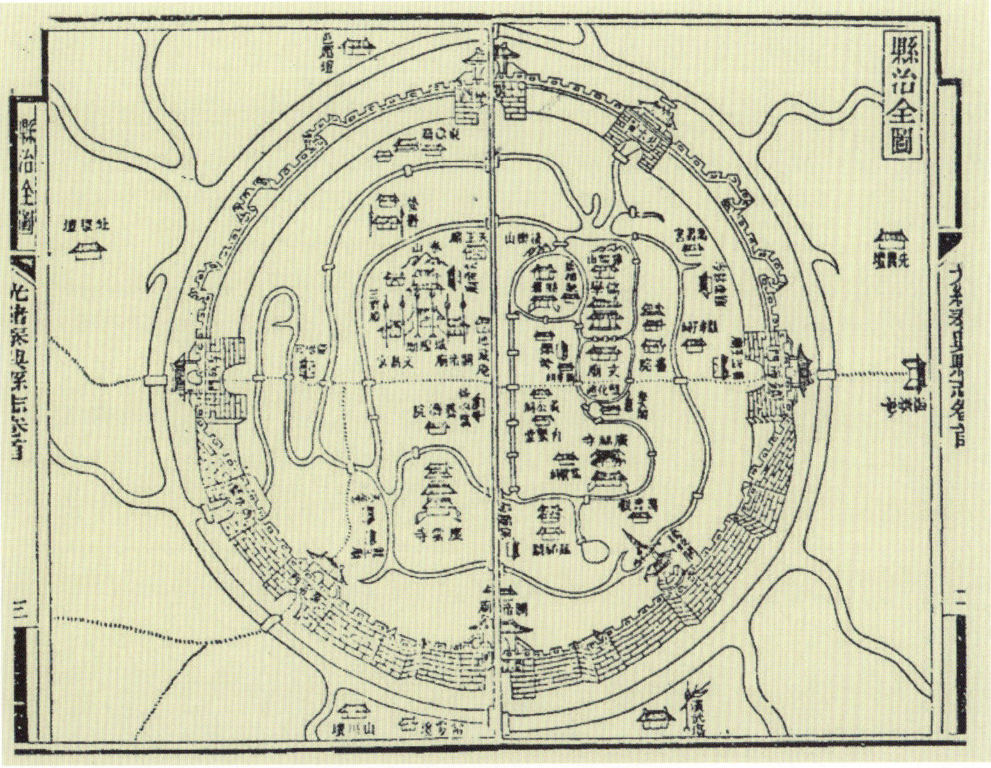

光绪·泰兴县治全图

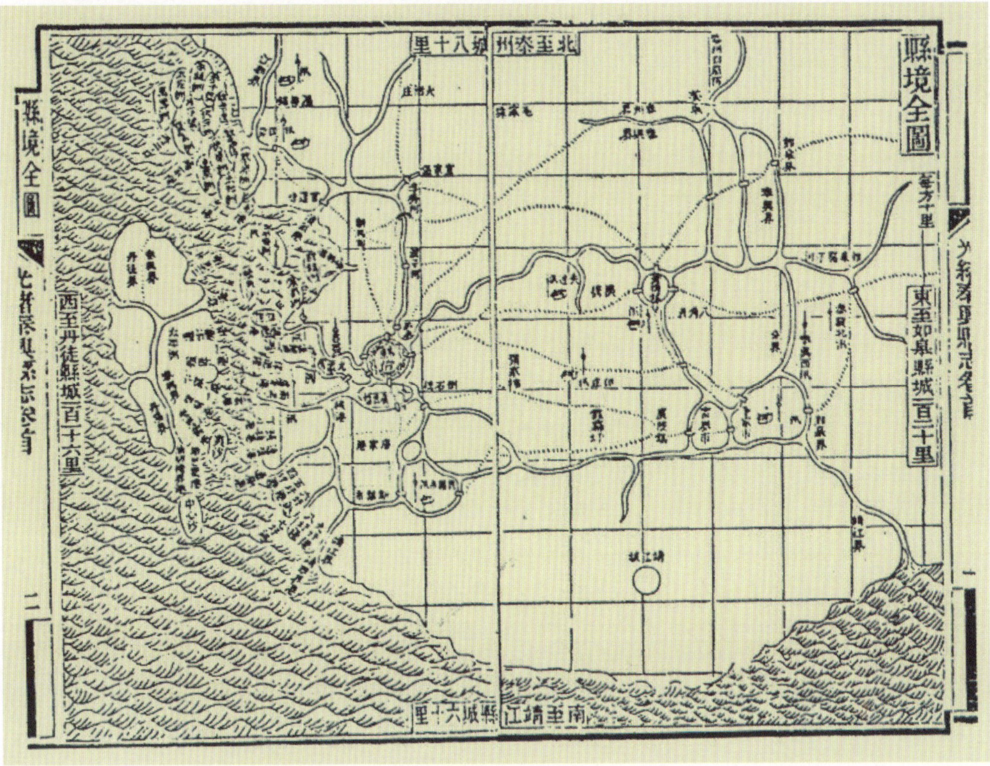

光绪·泰兴县境全图

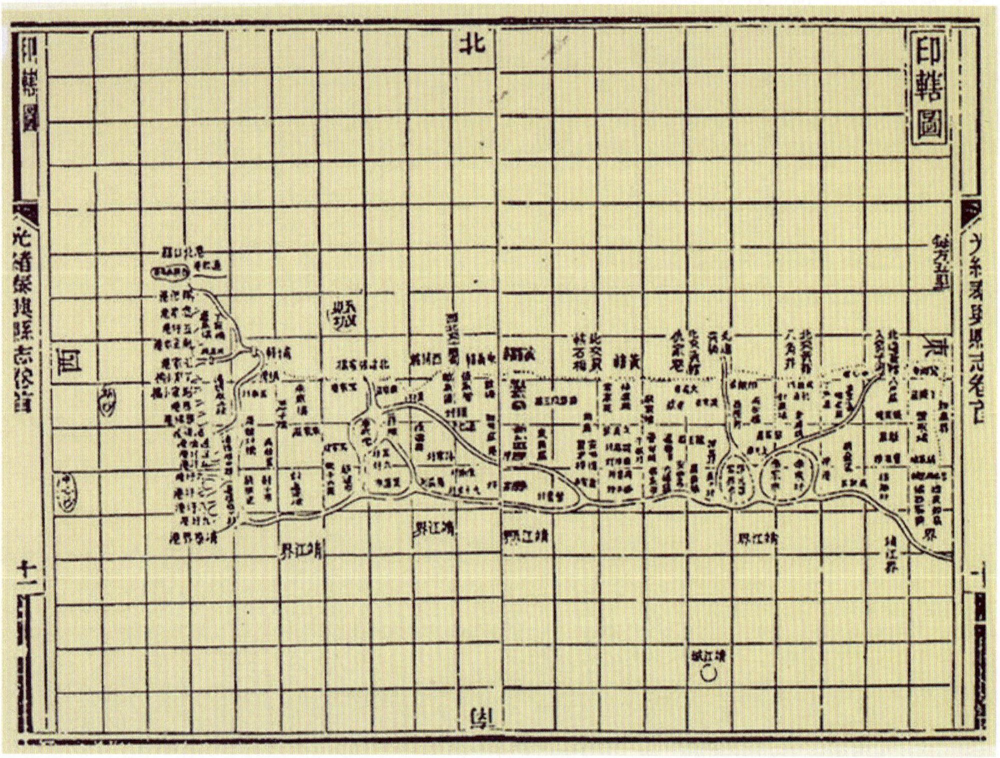

光绪·泰兴印辖图

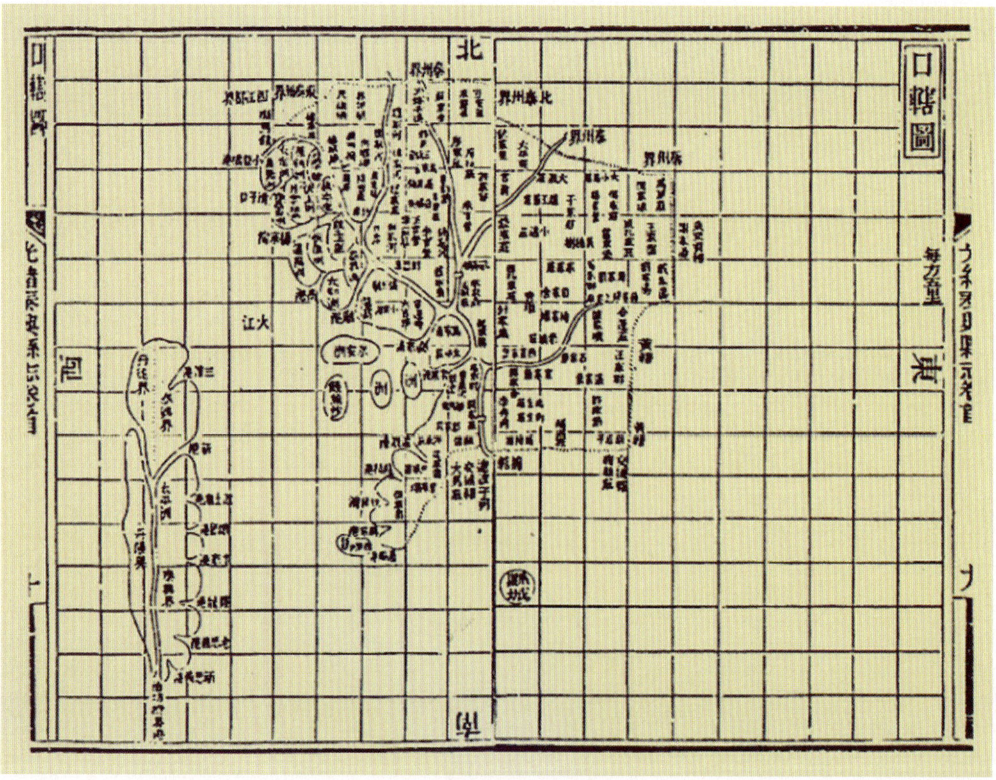

光绪·泰兴口辖图

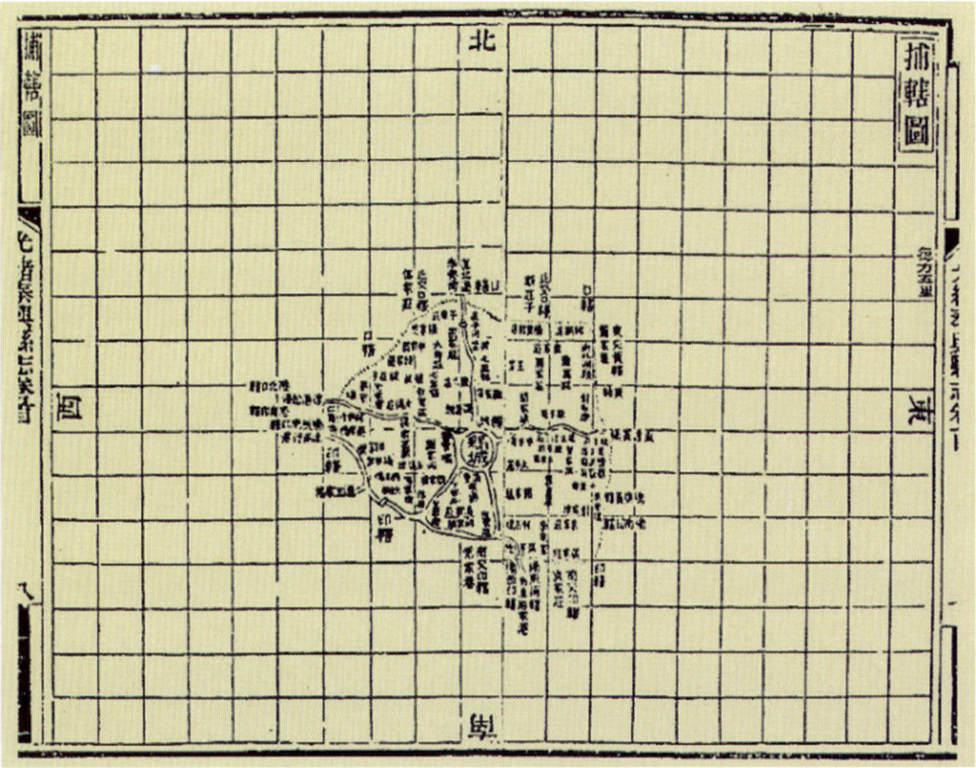

光绪·泰兴捕辖图

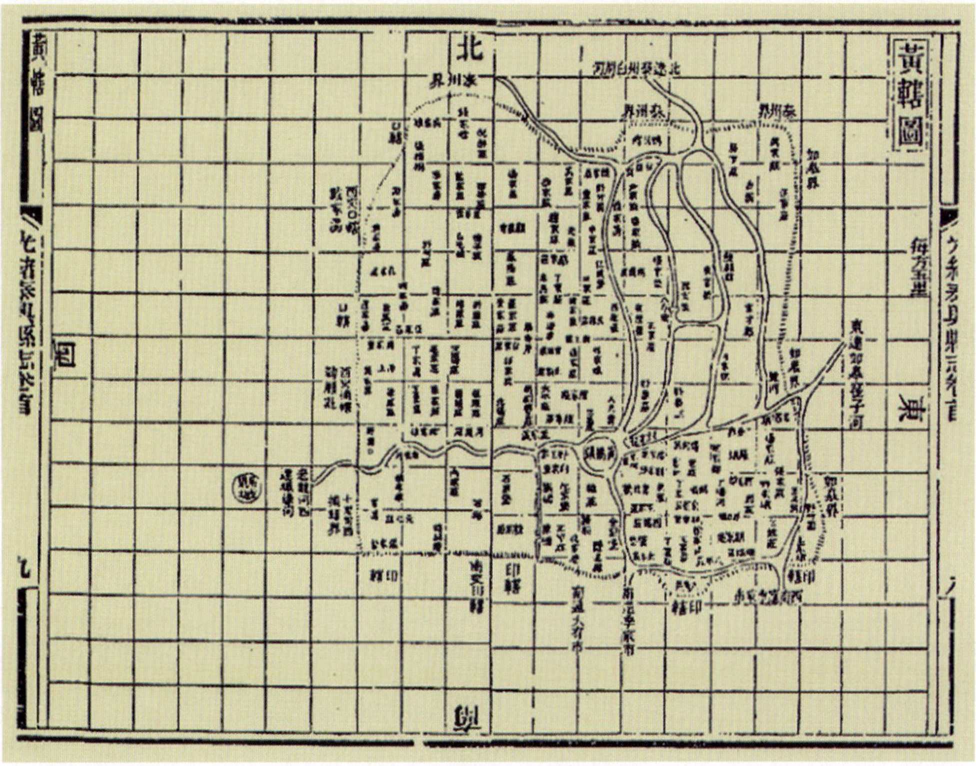

光绪·泰兴黄辖图

光绪十三年(1887)

泰州疏浚中市河。

光绪十四年(1888)

正月至三月　泰兴知县甘调鼎先后主持修筑凌家港等处沿江坍堤,浚蔡家桥河道和城西陆家港,开挖段港。

是年　泰州修斜丰港和蚌蜓河堤。

光绪十五年(1889)

四月　通州知府陈谟发文,指令泰兴知县马光勋修筑江堤。是年,泰兴修筑了口岸、上北洲、龙窝港、杨家埭、天星桥、龙梢港、灌溉港、尹家园等处江港堤。

光绪十六年(1890)

闰二月　泰兴江岸沦坍,知县郝炳纶主持迁筑湾港以下东南至官蓬寺小港及连成洲、三十四圩、万福洲、尹家园子、李家港、过船港、洋思港等处堤防,并浚大孙桥一带河道。

十月　浚朱家港等港河。

光绪十七年(1891)

三月　泰兴迁筑龙梢港至沙条港段江堤。

光绪十八年(1892)

二月　泰兴迁筑复成洲、界港、五十一圩堤防。

九月　泰兴浚灌溉港、蒋家港。

是年　泰州改老虎坝为涵洞,樊汉建延寿闸。

光绪十九年(1893)

二月　泰兴迁筑马甸港至龙梢港段沿江堤防。

光绪二十三年(1897)

二月　泰兴知县黄金钺主持开浚铁索桥港。

光绪二十四年(1898)

泰兴知县汤曜主持开浚王家港及县城内5条内、外河道。

光绪二十五年(1899)

兴化赵柏年,在其父赵复心对县上呈《浚河呈略》无果后,自费发动民众疏浚北唐港10里许。

光绪二十七年(1901)

六月　泰兴知县龙璋请上海测绘人员张文廉(泰兴籍)、朱凤翔测量泰兴地势、河港,并绘制成图。

光绪二十八年(1902)

二月　靖江、泰兴两县合浚毗芦市、新镇市段靖泰界河。

泰兴知县龙璋主持浚口岸、庙港、龙梢、七圩、马甸等港,浚县北通泰河、渡子河、纪家沟通马甸出江河道;疏浚江口淤垫,浚城南太平庄、李家桥、张家桥等处河道。

十二月　泰兴修筑太平洲、三浚港堤岸。

是年　泰兴增高全县江港堤防1.5尺(0.5米),计44公里,次年复加厚。

光绪二十九年(1903)

十月　泰兴知县龙璋行文各乡劝民开港修圩,以工代赈。

是年　泰兴知县龙璋上书督抚,请修水利,有《上督抚文》留世。

泰兴知县龙璋主持开王家港,浚5条城内、外河道。

光绪三十一年(1905)

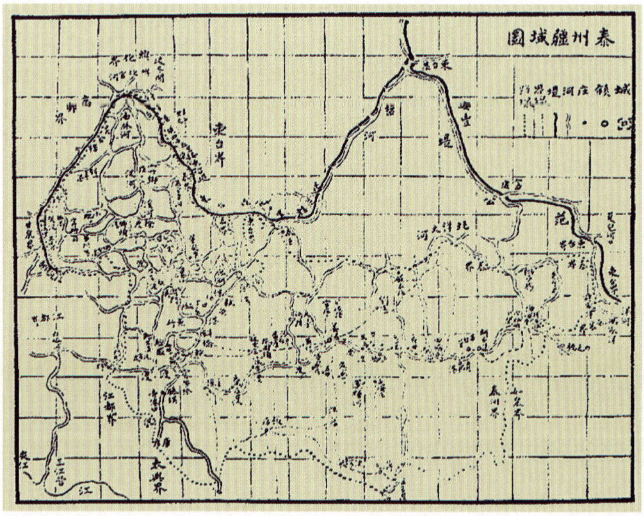

光绪·泰州疆域图

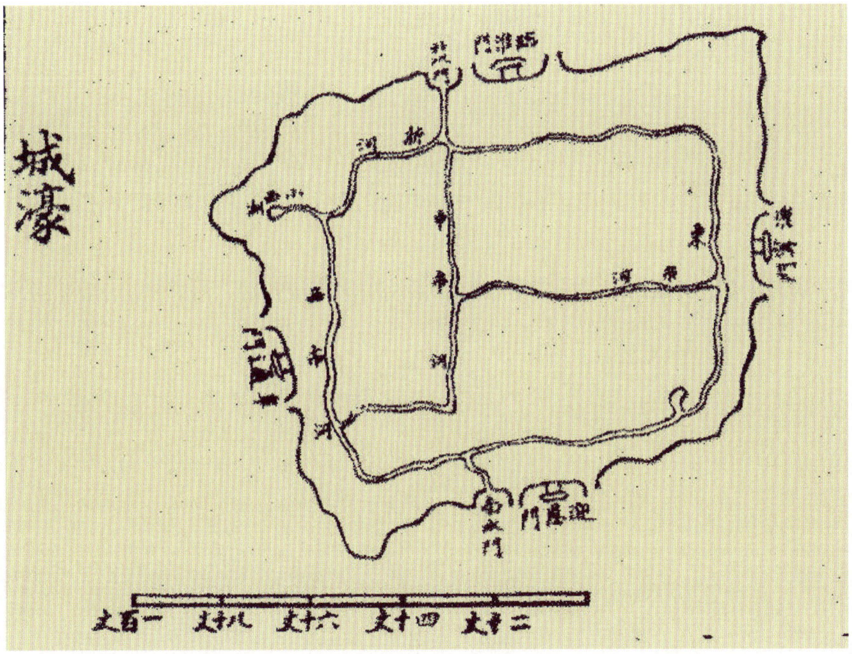

光绪·泰州城濠图

光绪三十二年(1906)

秋　泰州大雨,高邮湖涨溢,车逻、五里等坝俱开,下河地区农田、民房尽数淹没,三麦不能下种。次年春大饥,粮价奇贵。

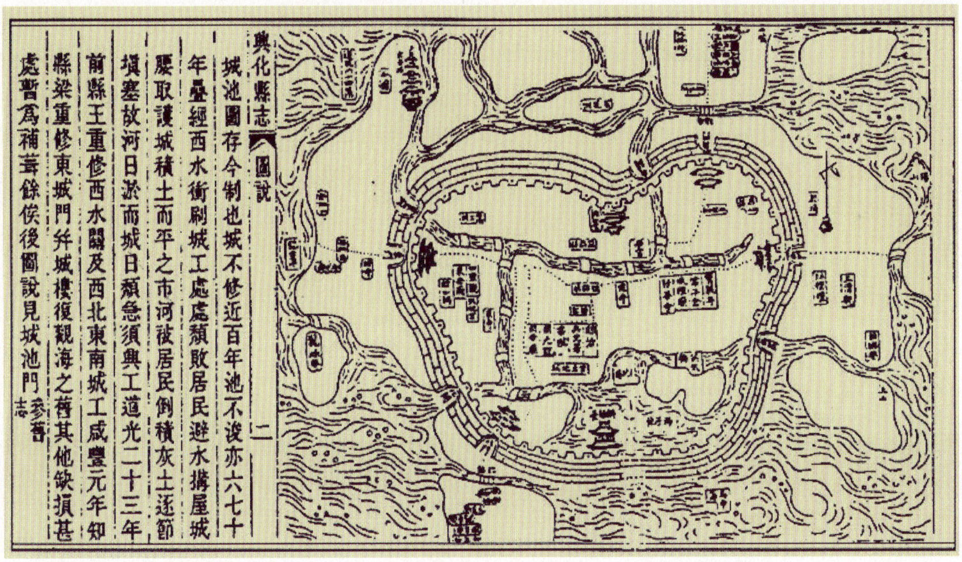

光绪·兴化城池图

光绪三十四年(1908)

九月　泰兴知县王元之主持重开李秀河,并浚李家庄、苏垡等处小港。

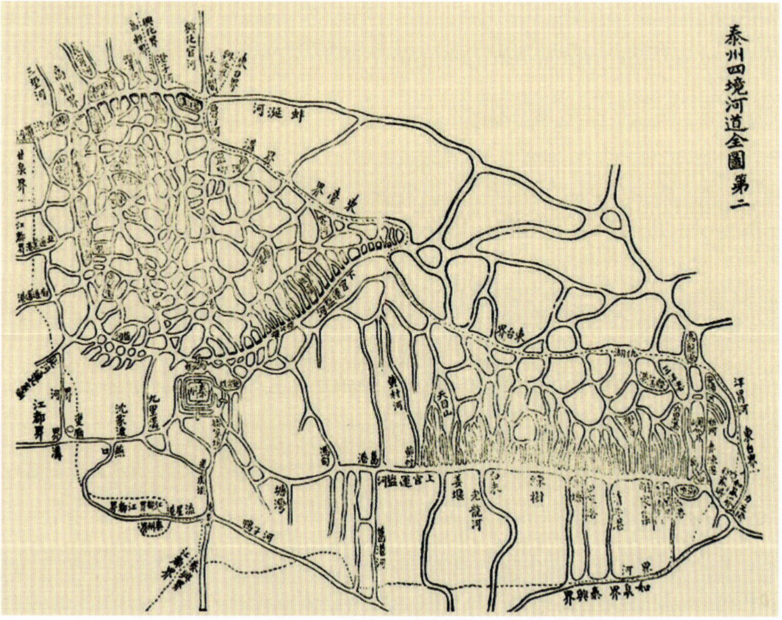

光绪·泰州四境河道全图

宣统三年(1911)

为便轮船行驶,姜堰商会丁植卿会同南通大达轮船公司张謇出资雇工疏浚姜堰至海安官河,3个月竣工。由此,此河更名为通扬运河。

泰州建斜丰港三洋河涵洞。

中华民国

民国元年(1912)

1月　泰州将小宝带桥涵改建成桥,济川河与通扬运河恢复通航。

11月　改泰州为泰县。

是年　靖江县成立民政公署，其中实业科司水利事宜。

民国3年(1914)

5月　海水倒灌至兴化西鲍镇，9月底逐渐退去。河水因此而不能饮，农田被卤化。

是年　泰州商会协同南通盐场商会、大达轮船公司筹款，在姜堰设通扬运河工程总局。工程总局决定分段疏浚通扬运河。其中，泰县分19段施工，工期两个月，共完成土方7万余立方米；总投资4.6万元(银元)(南通盐场商会支助1.5万银元，大达公司支助1.8万银元，泰县地方暨三商会支助1.3万银元)。

民国5年(1916)

农历6月17日　大潮，泰县海边地区上水，平地1人深，河路不分，房屋被冲走，人上潮墩。

7月　大雨连绵，街区水深尺许，能行小船。

7月中旬　大运河水涨，启车逻坝。27日，南风怒吼，雷暴雨至，高宝河湖顶涨。里下河地区破圩，洪水冲没田舍不计其数。

民国8年(1919)

清末状元，中国近代实业家、政治家、教育家张謇发表《江淮水利施工计划书》，主张淮水七分入江，三分入海。他还规划了入江入海路线。

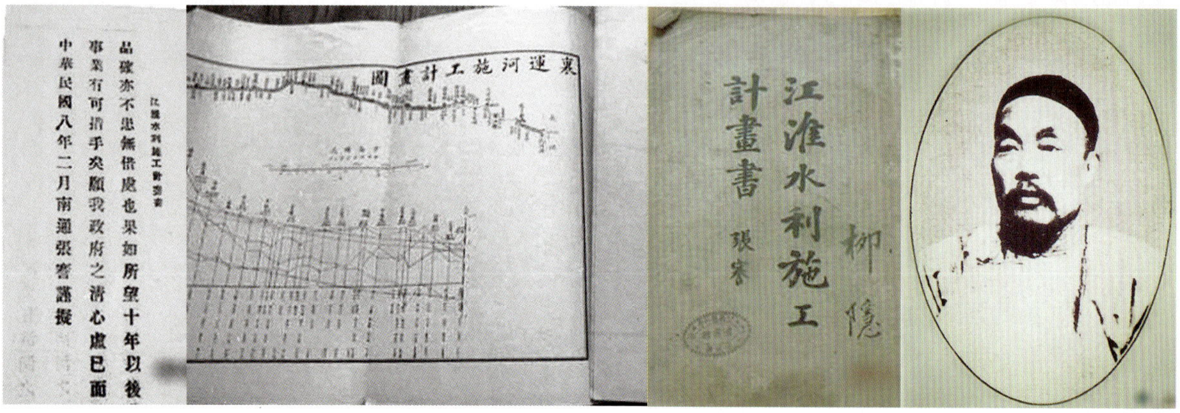

张謇及其发表的《江淮水利施工计划书》

民国10年(1921)

7月　靖江雷雨、秋潮、台风,沿江堤岸决口多处,淹没农田10万亩,毁坏房屋1000间,死50人,灾民3万余人,总损失120万元。

7~8月　境内连降大雨,水势迅涨。其中,兴化积水达1.4尺,西北乡田禾淹没,东乡沟皆满。8月12日,开车逻坝,后继启南、新两坝,兴化全境尽入水中,平地水深四五尺,城内仅县署四周未淹没,直至岁暮河港始复。

8月21日　靖江长江水位高达4.98米,沿江堤岸决口多处,淹没农田10万亩,毁损房屋1000余间,死50人,灾民达3万余人,总损失120万元(银元)。

9月1日　斜丰港等堤岸崩溃,淹没晚禾。

9月19日下午　泰州城内清化桥北稻河河水上岸,城北一片汪洋。10月下旬水虽稍退,但已逾种麦之期,次年夏收损失殊巨。

民国11年(1922)

运河工程局派员测量下河地区河道及泰兴黄村口流量。

民国12年(1923)

7月6日　泰州鲍家坝崩,下河水势骤涨,居民于迎春桥及北关吊桥筑土坝堵水。

民国13年(1924)

秋　长江委员会讨论会会长张謇和弃官回乡的原民国直隶臬司王清穆在南通发起长江下游9县治江会议,靖江选定教师刘藕舲,士绅孙干城、盛翕如参加(后盛因故未去)。会议重点讨论英国工程师鲍威尔的"缩江计划"。江阴、常熟支持这一计划,靖江、如皋反对,会议未形成决议。

是年　泰县改建黄村闸为上、下河运粮通道。

民国14年(1925)

3月　张謇在上海再次召开长江下游9县会议,商讨治江事宜。靖江代表刘藕舲坚持反对英国工程师鲍威尔的"缩江计划",认为"南涨则北坍"造成对靖江、如皋的影响,使"圩民不遑宁处"。会议形成"停止筑坝,先行测量"相对统一的意见。

9月　江苏省省长韩国均在南京召开第三次会议,仍因江阴、常熟坚持封堵南夹,问题未能解决。靖江、如皋两县公推刘藕舲执笔写《抗议宣言》交会议,并毅然退出会团。当时上海《时报》刊登了宣言全文。鲍威尔计划未能实施。

是年　全国水利局发表《治淮计划》。

海安王锡光兴工挑挖由曲塘至海安段上官运盐河,河长20余里,底宽2丈5尺(8.33米),海平面下2尺2寸(0.7米),真高负0.73米。

民国16年(1927)

是年　江苏省成立建设厅。靖江县成立建设局(境内其他各县也于是年至次年相继成立),主管县内交通、农田水利等。

民国17年(1928)

10月27日　泰兴县成立建设局,主管县内交通、农田水利等,每月行政经费226元,为二等局。

民国18年(1929)

入春以来,兴化数月无雨,夏播后雨泽全断,稻秧插后立成枯槁,旱情普遍,无一幸免。秋无收,全县80%以上地区成灾。乌巾荡、车路河、海河等均已变成人行大道。县内疾疫流行,县民死亡无数。

7月1日　国民政府在南京成立“导淮委员会”,提出导淮工程计划,决定江海分流,以入江为主。

民国20年(1931)

6月下旬　境内连续风雨,江淮并涨。7月11日,兴化暴雨,全县半数田地被淹。8月3~5日,启高邮南车逻、南关大坝及新坝,水势建瓴而下,兴化全境成灾。8月25日,兴化狂风暴雨,运河大堤溃决27处。一昼夜,兴化全境淹没,一片汪洋,水位最高时达4.6米,百姓死亡无数。至次年春,此水未退,夏季无麦收。

1931年兴化大水(淮委收藏)

6至9月　靖江总降雨量1006.3毫米,死50人,淹没农田26.35万亩,毁坏房屋3700间,灾民8.77万人,经济损失165万元(关金券)。

7月　泰兴沿江圩田地区一片汪洋,腹部低洼地区陆地行舟,全县受灾面积达四分之一。

8月31日　兴化县救济灾荒会致电南京、上海、镇江各慈善团体和各报馆乞赈。

8月　里运河堤决。泰州城区西仓、城北一带,舟泊往返无阻。全泰县淹没农田150万亩以上,毁坏房屋10万余间,灾民40万人,死亡300人,下河地区淹死2500多人,为百年罕见之灾。

9月5日　国民党兴化县党部致电上海《民国时报》,请求劝募救灾。

9月19日　世界救世军兴化赈灾团在该县城体育场设大规模粥厂。

9月26日　国民政府内政部卫生署署长刘瑞恒到兴化查看灾情。

10月2日　刘庄居士高鹤年在兴化县东部成立水灾临时救命团，同时联络刘庄、白驹、安丰、大邹、竹泓及中圩、下圩、永丰圩等地善友成立水灾救生会，并在刘庄、白驹成立耕牛寄养所和难民收容所。

10月7日　国民政府救灾会卫生防疫组江北区卫生工作队分队长尤秩庸，抵兴化设所施诊。

是年　侨居泰州的美国传教士托马斯·汉斯伯格（Thomas harnsberger，中文名何伯葵），腾出校舍收容灾民，并亲去高邮，实地考察运堤毁坏情况，写成调研报告，报送上海华洋义赈会（China Intern ational Famine Relief Commission，CIFRC），请求捐助重建大堤，获批。义赈会拨银元40万，用于修复运堤。

美国传教士何伯葵、上海华洋义赈会及何伯葵修运堤时全家居住的船

民国21年（1932）

2月　何伯葵任华洋义赈会灾后复建总监，携全家离泰州赴高邮负责运堤复建工程。

7月中旬　泰州午间气温高达36摄氏度以上，最高时达39摄氏度。霍乱流行。东乡崔母镇一带，土地干裂，农民车水灌秧有中暑倒毙者。下河周家庄一带河皆浅塞，轮船难通，支流皆涸，河底可以步行。

是年　泰兴县以工代赈，浚过船港。

民国22年(1933)

1月15日　泰州大雪，积雪3尺(1米)多，继又降数日。天气奇寒，气温降至零下11摄氏度，城乡河面封冻断航月余，蔬菜麦苗冻死。据老人言，如此严寒已40年未见。

是年　靖江县政府组织疏浚团河、岳前港、大靖港、水洞港、永济港、芦泾港北段、西来镇及县城市河。其中，上六圩港由该县实业家刘国钧捐资助浚。

民国23年(1934)

靖江县设立征工浚河委员会。

靖江县疏浚中天生港(今罗家桥港)、夹港、如靖界河、八圩港、芦泾港南段、渔婆港、庙树港、陆家港、玉带河、横河、芦场港。

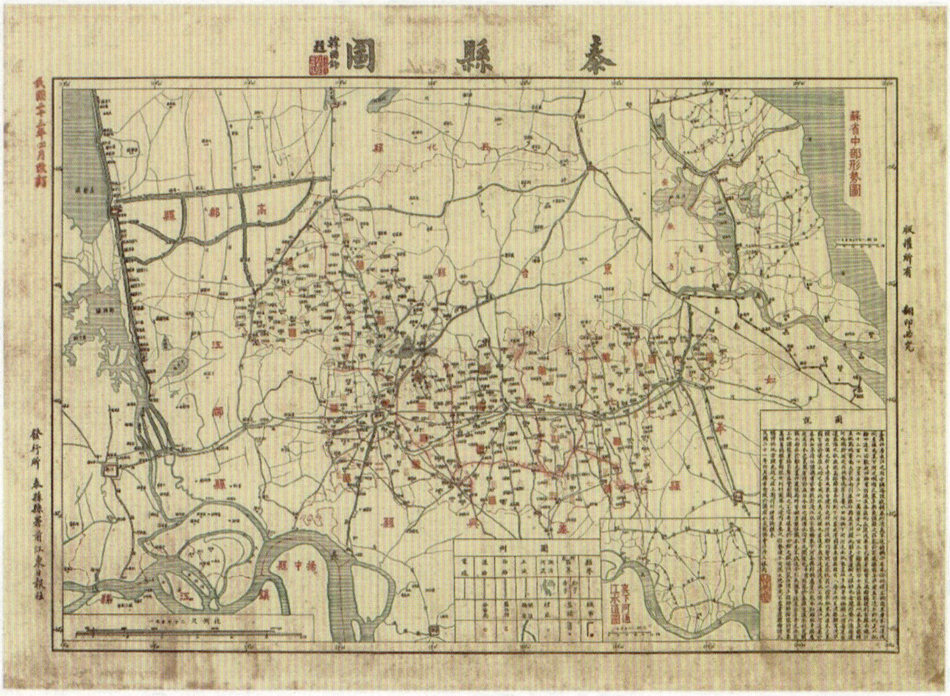

民国23年·泰县图

民国24年(1935)

春　泰兴以工代赈浚众安港、姜黄河等,6月竣工。雇工浚南官河庙港段,截去中段环溪一弯,6月借用挖泥机船挖除南官河下游浅滩。

8月　江水暴涨。泰兴天星二圩江堤倒塌,在陈家湾险要处筑退堤。

9月　泰兴整治疏竣南官河、庙港、众安港、姜黄河等12条河道。工程总长24公里,征集民工9200人,完成土方75850立方米,总投资77.1万元。

12月13日　兴化民工至阜宁东坎土套附近,参加导淮工程二期施工。

冬　泰兴修筑堤防1公里,征集民工1100人,完成土方30000立方米。

是年　靖江县疏浚安宁港、百花港、四圩港、范家港、上天生港、张方港、陈湾港、展四港、陆三港、横河、二圩港。

民国25年(1936)

8月7日　中午,泰县受飓风袭境。全县共死10多人,伤570多人。塘湾受灾最重,受灾500余户,死6人,伤212人。曲塘、梅兴、姜堰、海安次之。

民国26年(1937)

夏　泰兴大水,陆地水深3至4.5尺,全县受灾面积28万亩。

民国27年(1938)

6月6日　国民党军队炸开黄河花园口堤防。7月,运河西一片汪洋。8月,开车逻坝、新坝,里下河地区洼地积水1米左右,秋熟作物损失近3成,房舍损失1万余间，灾民达10万多人（其中：运河西6万人，运河东4万多人）。

7月4日　泰兴暴风急雨，江潮暴涨，圩堤溃决成灾。接着，雨涝一个月，洪水位1.3米，约四分之一的土地被淹。

12月　兴化、泰县等县，因黄河决口，田亩均成泽国，村庄浸在水中，死人极多。

民国31年（1942）

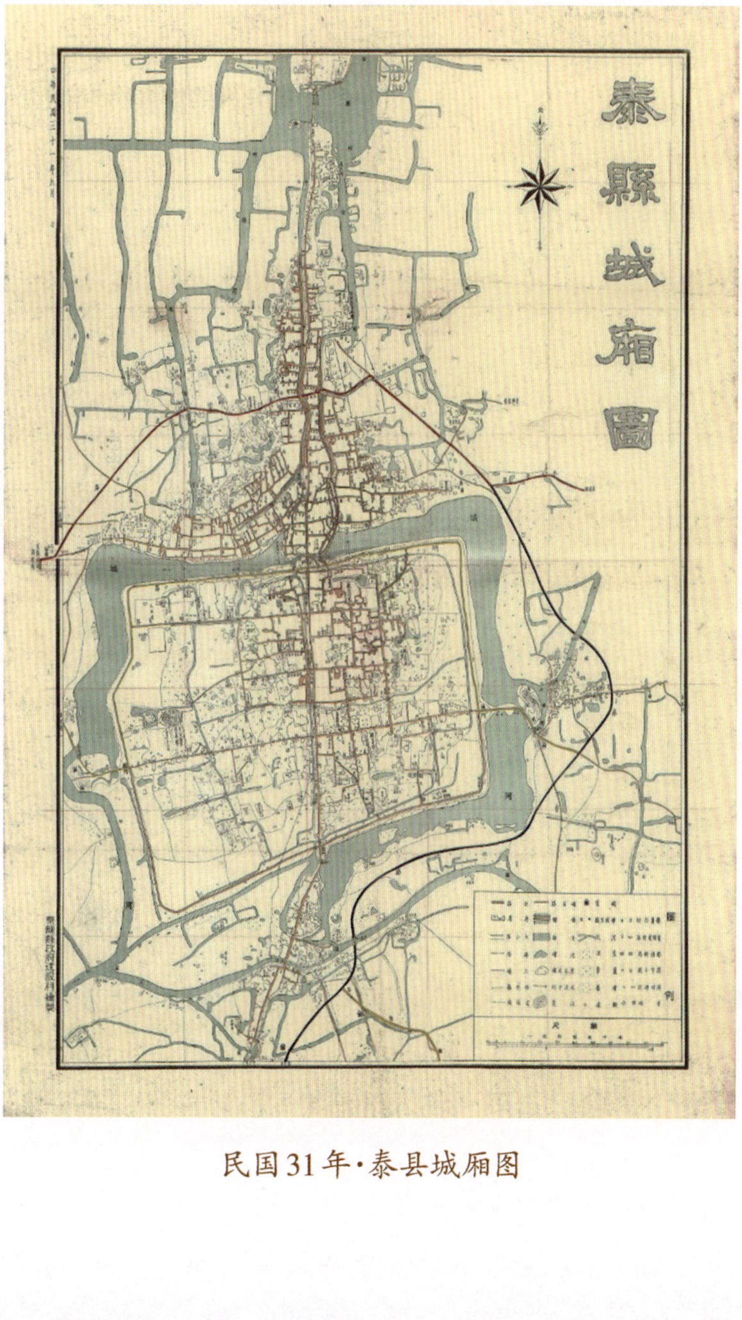

民国31年·泰县城厢图

民国32年(1943)

5月18日　兴化县抗日民主政府做出水利救荒农贷工作的具体布置，要求冬闲时兴修圩堤。各区成立修圩工程局，向殷实富户筹集大米解决部分经费，县府补助每区抗币1000元。

9月　中共兴化县委领导根据地人民开展反“扫荡”、反“清乡”斗争，在重要河道上筑坝，改造地形，以阻止日伪军汽艇的行动。至翌年2月，全县出动58万人次，筑封锁坝79条、交通坝417条。

民国33年(1944)

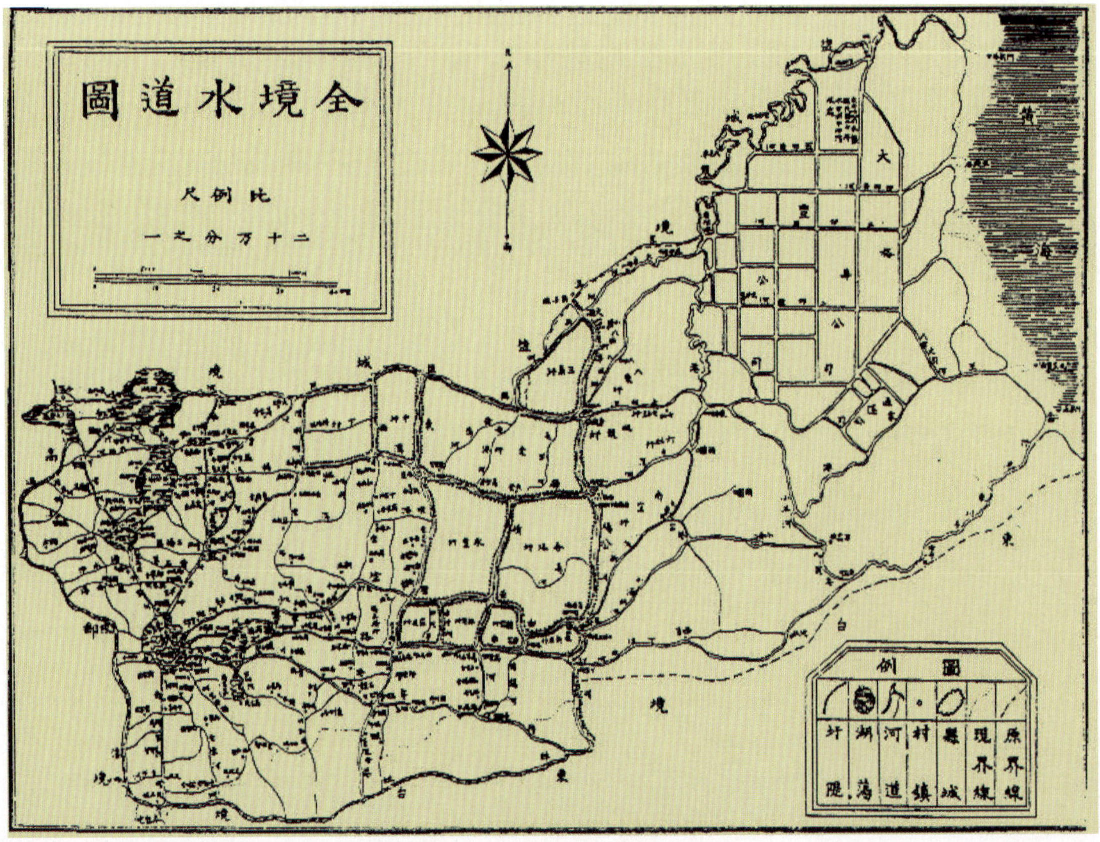

民国33年·兴化全境水道图

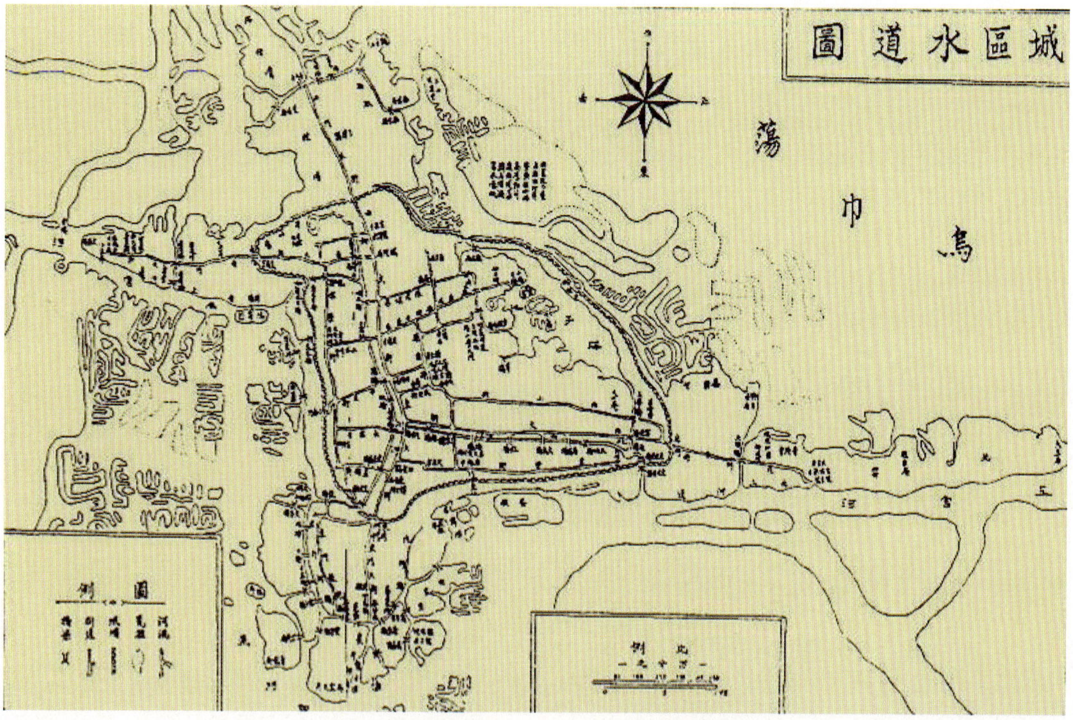

民国33年·兴化城区水道图

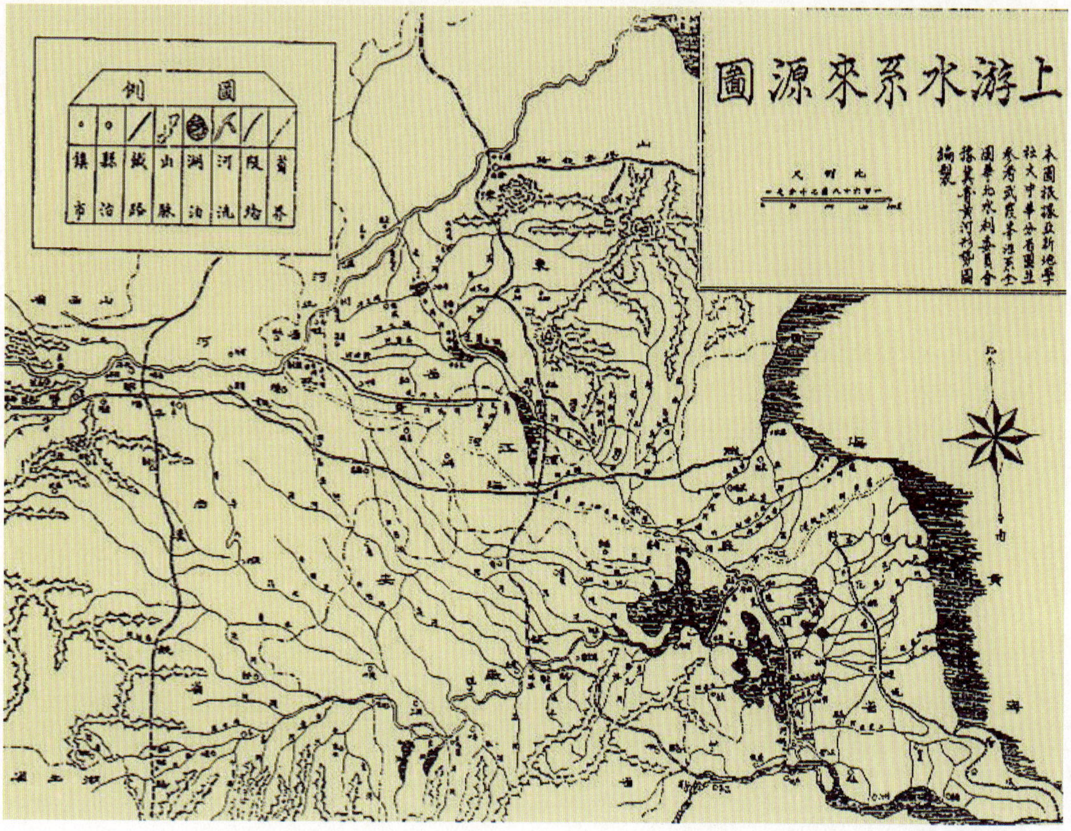

民国33年·兴化上游水系来源图

民国33年·下游水系分泄图

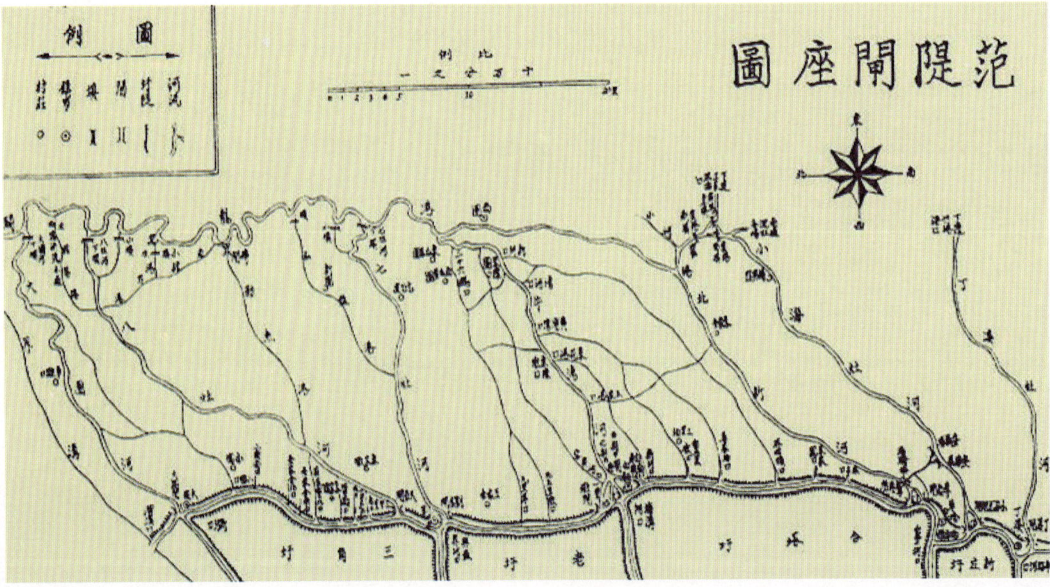

民国33年·范堤闸座图

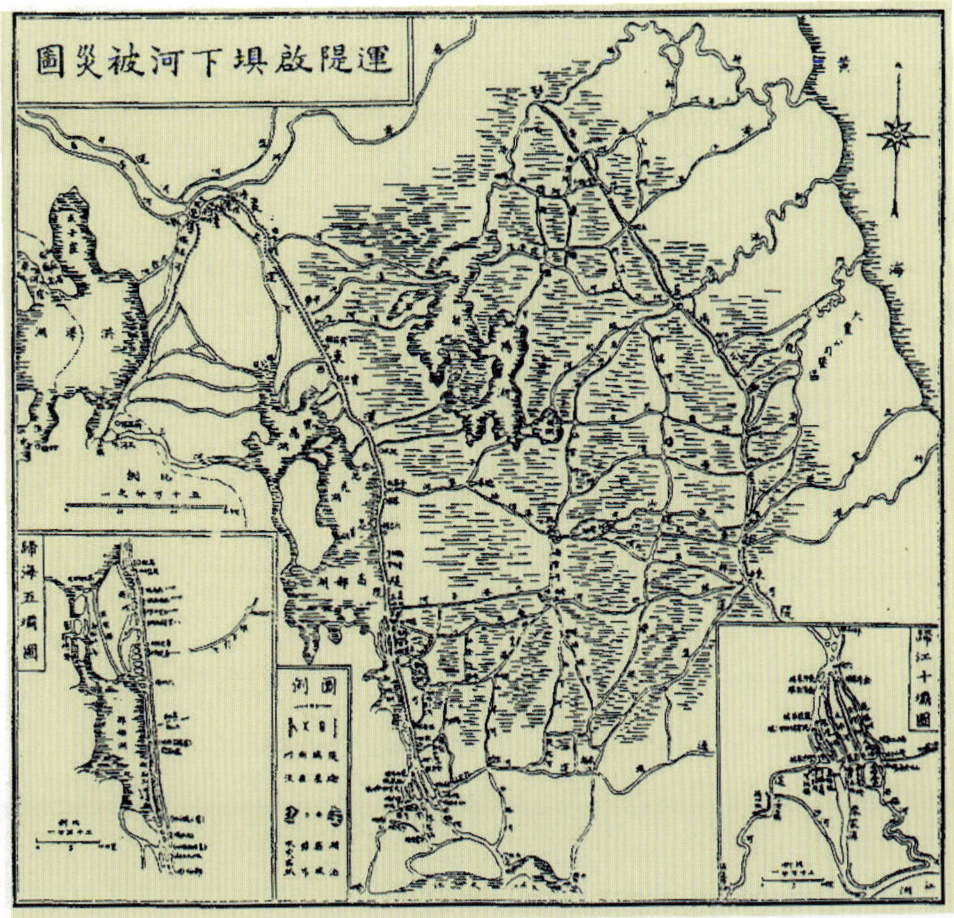

民国33年·运堤启坝下河被灾图

民国34年(1945)

冬　苏皖边区政府动员沿运人民修整运堤,准备防汛,保卫解放区。

是年至1947年　靖江连续3年大水,江堤年年溃决成灾。

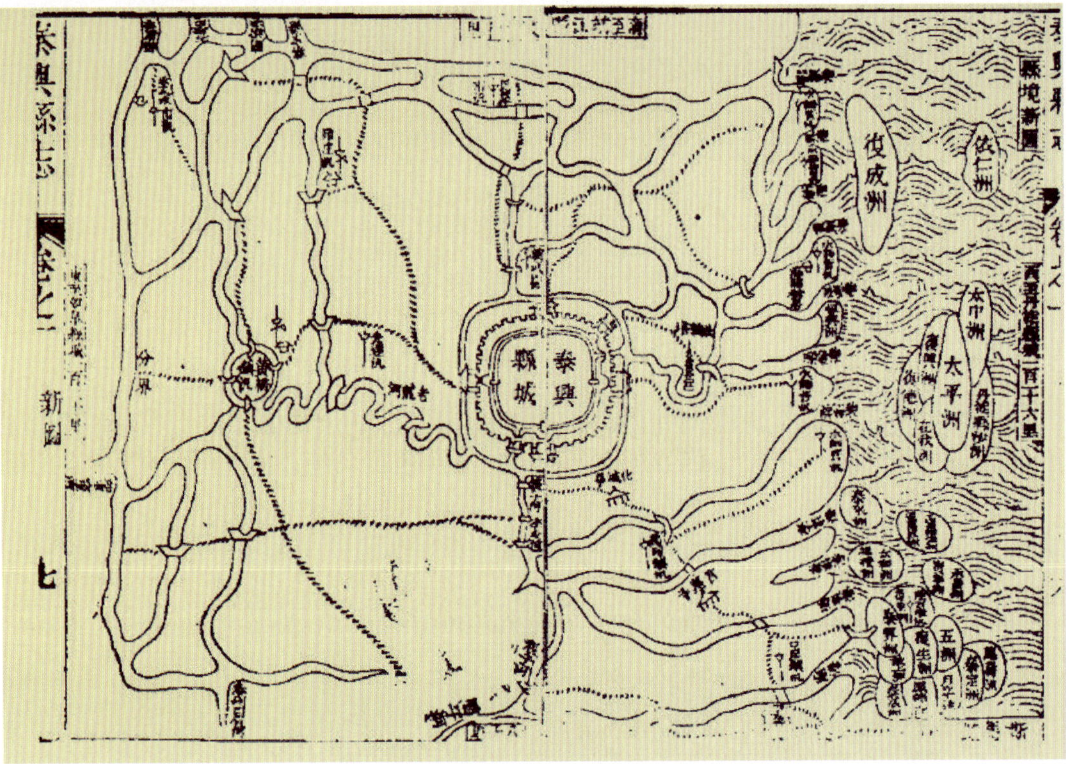

民国34年·泰兴县境新图

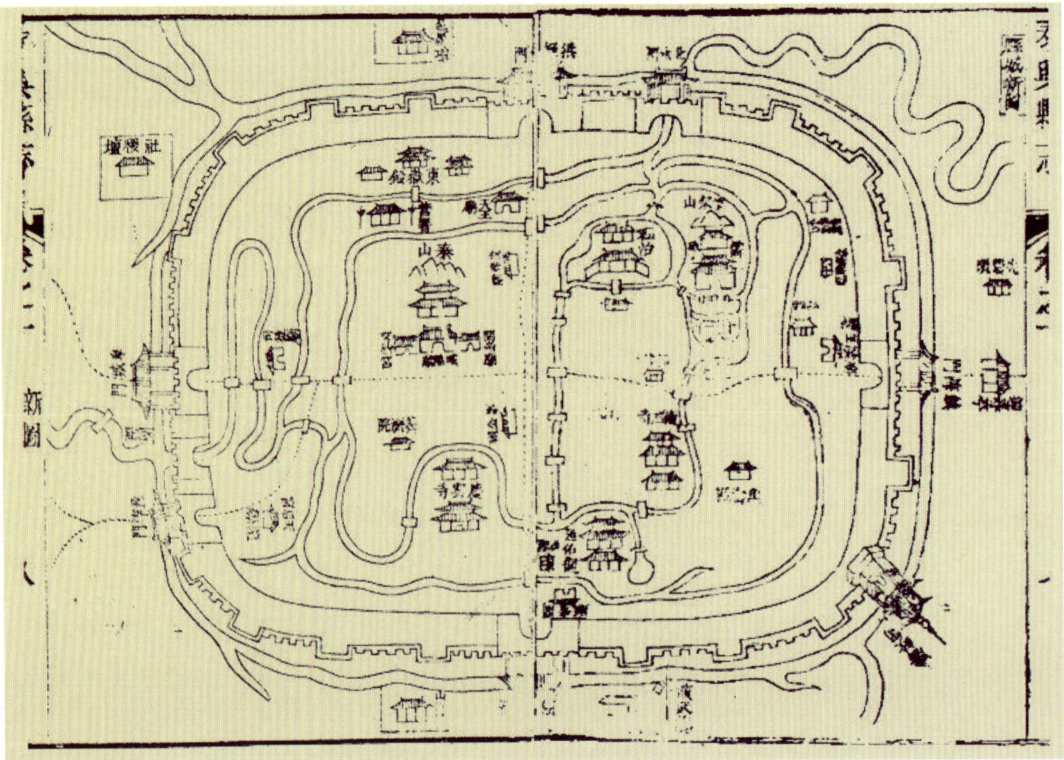

民国34年·泰兴县城新图

民国35年(1946)

苏北大雨,江淮并涨。兴化受灾农田47.47万亩,灾民21.83万人。苏北灾情严重,苏皖边区急电报告周恩来,周恩来两次电告国民党行政院“呼吁开放沿江各坝,并制止轰炸和阻挠运河修堤工程”。

苏皖边区政府动员4万民工,对300多公里运河堤进行加固。共修复残缺堤岸247处,修筑埽工护岸21处,整修闸坝7座。

民国37年(1948)

7月22日　为防水灾,中共兴化县委、县民主政府发出紧急通知,动员广大干部群众修筑圩堤,填补缺口,抢修险工险段。同时,挖开交通封锁坝,疏通兴盐界河(大邹以东)、海沟河及东西唐港。

冬　为支援渡江战役,泰兴、泰县民工冒雪疏浚东姜黄河,次年3月5日竣工。

民国36～37年(1947～1948)

7月22日　中共兴化县委、县民主政府动员广大干部群众修筑圩堤,填补缺口,抢修险工险段。同时,挖开交通封锁坝,疏通兴盐界河(大邹以东)、海沟河及东西唐港。

靖江组织疏浚庙树港、八圩港、横港、县城市河及西护城河、龙潭港(今夏仕港)、芦泾港、下六圩港。

12月13日　兴化城解放。

民国38年(1949)

1月21日　泰州城解放。22日,设泰州市,属华中行政办事处第一行政区。原泰县农村析置新泰县和海安县。至年底,泰州市辖城市7镇和叶甸、苏陈、塘湾、港口、泰西5个区。

1月24日凌晨　泰兴县城解放。

1月28日　靖城县城解放。

2月　华中行政办事处生产建设处下设水利局。

3月5日　东姜黄河疏浚结束,恢复通航。

4月21日　苏北行政公署成立。公署生产建设处内设水利局。不久,生产建设处分为交通处和农林水利处,农水处下设农业局、水利局、运河工程局。

4月　原华中第一行政区改称苏北泰州行政区,设专员公署(简称泰州专署),专员黄云祥,副专员蔡美江。泰州行政区辖:泰州市和泰县、泰兴、靖江、东台、台北、海安、如皋7县。

5月1日　原中共华中第一地委改称中共泰州区地方委员会(简称泰州地委,属中共苏北地区委员会领导),书记谢克西,副书记江一真。

5月　靖江县人民政府设立建设科,负责工业、农业、水利、交通等项工作。

江潮暴涨,台风袭击,靖江县江堤港岸决口4处,溃长185米;港堤溃决156处,长1714米。15.34万亩农田受淹。

6月15日　泰兴县人民政府成立修复江堤委员会，县公安局副局长王震任主任，沿江各区区长兼任委员。

6月下旬至9月　泰州地区连续大雨，江河湖水猛涨，长江水位高达5.16米，488处江堤、港堤决口，灾情严重。兴化县农田被淹180万亩，其中无收面积58.6万亩，失收粮食近2亿公斤，灾民高达31万人，次年夏收前，80万人缺粮断炊。泰兴县被淹农田27.4万亩，其中沿江3万余亩颗粒无收，损失粮食2020万斤，12.3万人受灾。靖江县平地水深2米，受灾面积16.07万亩，失收面积2.55万亩。泰县30万亩农田受涝，其中15.3万亩成灾、6万亩失收，粮食减产5000万斤。泰州市受灾面积17.62万亩，其中2.9万亩失收。

泰州地委、专署多次发出指示，要求各地做好防汛抢险工作。地委、专署领导亲赴一线指挥抢险。专署还拨大米54吨支援靖江抢险。泰兴县县长朱星率县地方武装部队到沿江各地组织4万多人抢险、培修。靖江组织修复江堤险段37里，其中13里为特险段。各地奋战一个月，抢救稻禾13万亩。

是年　长江局组织人员测量江堤，泰兴境内堤长48.82公里。

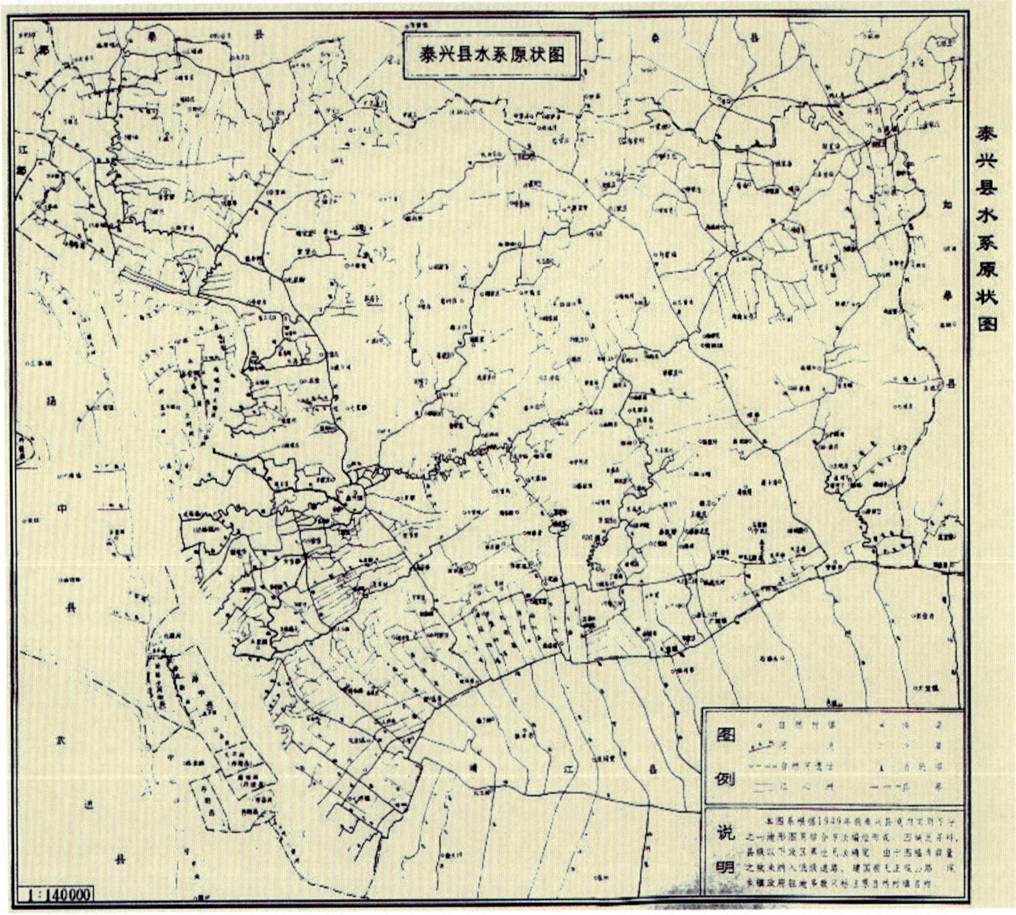

民国38年·泰兴县水系原状图

二、新中国成立至地级泰州市成立前

二、新中国成立至地级泰州市成立前

(一)1949年10月~1959年12月

1949年(10~12月)

11月13日　全地区开始执行中共苏北区党委、苏北行署、中国人民解放军苏北军区司令部、政治部发布的《苏北大治水运动总动员令》和苏北行署颁布的《苏北治水人员奖惩条例》。

11月　兴化县政府以建设科兼管水利。刘永福任科长。

12月3日　泰县成立治水做圩委员会,统一领导全县治水做圩工作。

1950年

1月11日　泰州、扬州两专员公署合并,称苏北泰州行政区专员公署(驻泰州,简称泰州专署,下同)。泰州专属辖泰州、扬州两市和泰县、泰兴、靖江、兴化、高邮、宝应、仪征、六合、江都9县。原泰州专署所辖如皋、海安两县划归南通专区,东台、台北两县划归盐城专区。是月,中共扬州地方委员会与泰州地方委员会合并为中共苏北区泰州地方委员会,地委书记陈扬,机关驻泰州。

3月5日　东姜黄河疏浚结束，恢复通航。

是月　泰州地委成立运河春修工程指挥部和长江复堤指挥部，组织民工10万多人、泰州军分区指战员1500多人，对103公里的运河河堤和179公里的江堤进行普修复堤，同时堵塞归江三坝，共完成土方4.3万多立方米。

是月　靖江动员民工1.27万人加固全县56.4公里江堤子堰工程，实做土方40余万立方米。

4月9日　泰州专署发出紧急训令，调拨粮食1000万斤，支援淮阴地区治沂工程。

4～5月　兴化组织1750名民工参加疏浚盐城小洋河工程，完成土方9万立方米，累计工日7万个。

春～1953年春　泰兴加高加厚原有江、圩堤，共完成土方102万立方米，补助民工粮食14.65万公斤。修建后，江堤总长42.2公里，高5.66米，顶宽3米，外坡1:3，内坡1:2。

5月8日　泰州市和泰县合并，称泰县。10月7日，恢复泰州市、泰县建制。

5～9月　兴化组织民工600人，参加兴修范公堤石闸工程，完成土方1万立方米，累计工日1.5万个。

泰州地委副书记戴为然（右三）

8月5日　高邮中坝出现险象。泰州地委、专署紧急动员各市、县支持高邮县中坝抢险。

8月5～20日　高邮中坝高水位持续十几天。泰州地委书记陈扬、副书记戴为然等连续半个月奋战在高邮中坝抢险第一线，带领沿堤万余干群奋力抢险。

肖望东

8月10日　苏北区党委及行署负责人肖望东、万众一、惠浴宇等亲临高邮中坝现场，急调苏北军区特务二团数百名战士和江都县民工1000人，连夜赶到中坝，参与抢险。其间华东水利部副部长钱正英也亲赴中坝现场指挥，大坝终于安度汛期。

8月11日　泰县集中碎砖5万箩，麻袋7.4万只，蒲包21.2万只，船301条，运往高邮中坝。同时，组织1400余人参加高邮中坝抢修，计完成土方30万立方米，累计工日20万个。

8月15日　泰县组织民工5025人，支援兴化县修筑蚌蜒河堤6.25公里，完成土方2.43万立方米，合计工日2.52万个。

是日　三河闸上游以6470立方米每秒流量的洪水直下高宝湖，高邮湖最高水位达8.58米，超过危险水位0.12米，泰州专署发出紧急防汛指示。

是月　靖江县政府设农林科，12月15日泰县县政府设建设科，两科皆为兼管水利的工作部门。

10月14日　今起执行政务院发布的《关于治理淮河的决定》。《决定》明确指出“蓄泄兼筹，以达根治之目的”的治淮方针。

11月～次年1月　靖江修筑下四圩～下五圩长江退堤，完成土方4.7万立方米。

11月　兴化县县长殷炳山亲率民工至范公堤，整修刘庄、草堰、镇南、丁溪等9座23孔石闸。次年1月，范公堤所有石闸改由大丰县管理。

是年～次年春　里下河地区普遍进行培修圩堤和清除明暗坝埂等工程。其中，兴化组织3.79万人，开挖干河上坝头112座，完成土方11.45万立方米；后陆续开挖支河上的坝头，使水系畅通。

靖江县水系图

1951年

1～3月　兴化组织民工1000人参加里运河春修保运堤防淮洪工程，完成土方35万立方米，累计工日30万个。

5月31日　政务院邵力子率领中央人民政府治淮视察团一行32人抵达扬州，慰问治淮民工，将毛泽东主席亲笔题词“一定要把淮河修好”的锦旗赠送给苏北治淮委员会，并发表《告淮河流域同胞书》。

11月6日　泰兴成立治淮总队部，县长朱星兼任总队长。

11月9日　原治淮委员会下游工程局被撤销，同时成立治淮委员会苏北治淮工程指挥部，指挥惠浴宇。1952年1月5日改为苏北治淮总指挥部，6月1日由淮安迁扬州，与苏北水利局合署办公。1953年1月27日，改名为江苏省治淮指挥部；1954年7月13日又改称江苏省治淮总指挥部。1956年9月，指挥部由扬州迁南京，与江苏省水利厅合署办公。1953年至1956年间，管文蔚、高峰先后任指挥。

惠浴宇

管文蔚与粟裕合影

11月26日　泰兴组织2.45万人疏浚两泰官河深沟头至李秀河段。次年2月2日，组织民工4500人，疏浚两泰官河李秀河至阚家庄段，工程长1.24公里；12月17日，疏浚阚家庄至猫儿獾子桥段，工程长7.16公里。

11月　靖江组织民工400人，疏浚横港十圩港，次年1月15日竣工。工程长12公里，疏浚土方19.93万立方米。

11月～次年5月　泰县、泰兴和兴化计组织18.83万民工开挖苏北灌溉总渠。共完成土方1085万立方米，累计工日451.76万个。

1952年

7月3日　水利部治淮委员会“淮工工字第927号通知”批准兴建泰州船闸。

7月　杨雨成兼任兴化县人民政府建设科科长。

秋季　泰县动员民工1.29万人支持江都县邵仙引河工程，完成土方63万立方米。秋汛期，动员民工2.5万人，用去草、蒲包39.5万只，堵塞沿通扬运河的黄村、虹桥河、亮桥等闸涵和其他涵洞6处。

9月25日　泰州开工建船闸，1953年8月建成，12月8日正式开通，使隔断了560年之久的上、下河航道重新通航。泰县组织民工5500人参加泰州船闸工程，完成土方8.3万立方米，累计工日3万个。

泰州船闸(20世纪80年代)

肖仁油画泰州船闸

11月　泰县成立治水总队部，县长练元章兼总队长。

12月1日　全区突遭寒潮袭击，农作物受到严重危害。靖江、泰兴、泰县、江都冻死耕畜986头。地委派出工作组分赴各县检查，研究补救办法。

12月17日　两泰官河泰兴阚家庄至猫儿獾子桥段、众安港南新街至丁庄八字桥段疏浚工程开工，工程分别长7.16公里和10.6公里，两处共动用民工8000人。

12月19日　寒流过境，雨雪交加，气温骤降，地冻3寸左右，境内越冬作物严重受损。

12月28日　靖江长江堤防3段退建工程竣工，共筑土方15.8万立方米。

是年　靖江沿江西界河至八圩港出现了不同程度的冼坍现象，而下青龙港以下则出现了淤涨现象，最宽处涨800米左右，一般200米左右。

是年　靖江县组织疏浚横港十圩港以西22公里河道，浚河土方6.9万立方米。

是年　苏北治淮指挥部开始在兴化开展水稻生长期需水量实验。

1953年

1月1日　江苏省水利厅成立，厅长计雨亭。原苏北、苏南水利局被撤销。

是日　中共泰州地委改称中共扬州地委，泰州专署改称扬州专署。专署下设建设科，殷炳山任副科长。5日，地委、专署机关由泰州市迁驻扬州市。泰州、兴化、泰县、泰兴、靖江隶属扬州专署。

2~6月　兴化组织民工7996人参加建三河闸工程，完成土方89万立方米，累计工日130万个。

2月　泰县组织1.7万民工疏浚东姜黄河12.4公里，完成土方57.1万立方米。次年运走两岸积土5.7万立方米，复垦土地4631亩。

3~5月　泰州市重建盖顶式九里沟涵洞，由市政府建设科负责设计施工，耗资1.83万元。

4月28日　靖江组织8000余民力加高培厚堤防，完成土方12.74万立方米。

是月　苏联水利专家布可夫来兴化，察看风力水车及水利情况。华东水利部部长钱正英陪同。

80年代钱正英(右三)

是月　卤水倒灌兴化3次。老圩、合塔及沿串场河9个乡秧苗遭灾，有30%的耕地碱化，粮食减产约2成。老圩、合塔、永丰等高田地区抗旱达1月有余，境内50多条浅沟小河脱水。

5月下旬~7月上旬　境内各地先后发生旱情。靖江连续干旱49天，县内主要港道均分段打坝蓄水；泰县连续46天无雨，河道水位陡跌，浅河断流，组织5.6万人，在通扬公路沿线抢修涵洞10多座，挖沟104条，引水入里下河灌溉。

10月9日　省治淮指挥部专门小组全面考察兴化地理条件，调查了解旱、涝、卤、碱等自然灾害情况，水利纠纷、小型农田水利建设及航运情况等，1954年1月18日结束。

11月27日　兴化组织155人的丁草闸堵浚工程队，堵塞丁溪闸3孔，并开挖浚深草堰北闸上游引河，历时25天。

12月8日　泰州船闸竣工通航。至此，隔断561年的上、下河航道重新沟通。

是年　泰州疏浚通扬运河界沟到泰州段，拆除民房34户、108.5间。

1954年

1月3日　靖江组织5000民工开工修复江堤险段，5月12日竣工，完成土方12万立方米，修复涵洞45座。

春　扬州专区治淮分指挥部成立，蔡美江兼指挥，殷炳山任副指挥。

殷炳山(左图右)和兴化分管水利副市长陆兆厚(右图中)在大运河和苏北灌溉总渠工地

春季　泰县新建通扬公路过水涵洞13处,改善了公路两侧15万亩低洼田的排水条件。

5月18日~9月　境内连降大雨,且江淮并涨,江淮最大来水量和最高水位都超过历史最大来水量和最高水位。江港决堤260多处,受灾农田达299万余亩,倒塌房屋1.3万余间、损坏338间(不含泰兴),死240人,伤252人(不含泰兴)。兴化受灾人数高达19万人。灾情发生后,各地发动群众,抽调抽水机、水车等投入排涝。

7月6日　兴化县成立防汛防旱指挥部。

7月17日　在防汛斗争中,泰县白米区青年团员曹洪喜光荣献身。《新华日报》介绍了他的事迹,团省委号召全省团员青年向他学习,并追认其为烈士,小东庄涵也被命名为曹洪喜涵。

7月22日　界沟坝出现坝底掏空漏水,泰县连夜动员搬运工人400人,船只725只次,动用麻袋3616只,进行堵塞,完成土方1万立方米,抛丢瓦砾366立方米。九里沟坝因高度不足,先后抛丢瓦砾170立方米,倒土2487立方米。

7月　兴化组织民工4.7万人参加灌溉总渠防洪抢险工程,完成土方44

万立方米，累计工日35万个。

7～8月　兴化组织民工2000人参加里运河堤防防汛抢险工程，完成土方5万立方米，累计工日5万个。

8月1～14日　泰县组织1.25万人参加修建苏北灌溉总渠南堤，工程长2公里，共完成土方11.64万立方米。8月14日，动员居民收集碎砖4000多立方米，支援江都段大运堤防汛。

是月　兴化县农林科更名农林水利科，行使水利职能。

11月18日　靖江全面加高培厚长江大堤工程开工，计组织民工6.1万人，完成土方40万立方米，国家补助经费40万元。

11月23日　兴化冬季联圩并联工程开工，共组织民工7319人，历时33天，完成土方150.24万立方米。

11月29日　泰兴环城河疏浚工程开工，长4.83公里，动员民力4345人，完成土方13.54万立方米。

11月30日　成立扬州专区水利工程指挥部，组织民工进行江、运、湖、河、洲、港复堤工程。

1955年

1月　境内大雪连降7天，寒流袭境，最低温度零下19摄氏度。

2月4日　泰兴动员6.3万人开工修复江、港、洲堤。江堤于3月8日竣工，港、洲堤于5月16日结工。修复总长361.9公里。

3月　泰兴县成立长江复堤总队部，副县长戴新廉兼任总队长。

3～6月　泰兴、兴化和泰县民工近4万人出征扬州凤凰河一期工程。共

完成土方243.29万立方米，累计工日203.92万个。次年3月至8月，靖江、泰兴、泰县民工5.4万余人出征凤凰河二期工程，完成土方241.66万立方米，累计工日210.17万个。

4月11日　泰兴完成江堤水泥管涵及石涵54个。

4月12日　泰兴县组织民工1.5万余人疏浚天星港。完成土方23.5万立方米，建桥4座、涵5座。共投资4.29万元，其中国家补助3.22万元。

4月　泰兴和靖江2.4万民工参加江浦线复堤工程，5月份竣工。共完成土方85.94万立方米，累计工日29.67万个。

6月30日　靖江长江雅桥港、旺桥港封口涵结工。

9月　兴化单设水利科，任荣泰任科长。

10月　兴化县人民委员会举办水利骨干训练班2期，培训286人。

11月1日　靖江组织民工2000余人，疏浚上六圩港横港至生祠镇北，12月1日竣工。工程长5公里，疏浚土方7万立方米。

11月18日　靖江出动民工5000余人，至如皋境内，全面加高培厚西界河至张黄港56.4公里的主江堤，实做土方116.68万立方米，次年1月20日竣工。

1956年

1月　泰州市、泰县联合成立泰州市泰县电灌委员会，5月底建成鲍坝、花园、九龙3个灌区，受益面积5528亩。

2月17、24日　泰兴分别组织民工6300人和4350人，整治分黄河秀才港至花园桥段和焦土港江口至羌溪河段，工程长分别为7.5公里和11.75公里，分黄河工程还结合修筑公路9公里。

2月下旬　靖江组织5500余民工加高培厚夏仕港，完成土方12.01万立方米，4月25日竣工。

4月30日　靖江组织8000民工突击培修沿江低矮港岸，计完成土方32.75万立方米。

是月　扬州专员公署按春季水利规划，要求兴化“旱改水”2万～3万亩，改善灌溉面积17万亩，改善排水面积5万亩，完成土方600万立方米。

5月23日　兴化成立灌溉管理所。

6月　兴化县水利科改建为兴化县水利局。次年10月，刘永福任局长。

8月14日　原扬州专署农田水利工程队及专区治淮分指挥部合并为扬州专署水利局，保留治淮指挥部名义，改称江苏省扬州专区治淮指挥部。

10月～次年1月　泰县、兴化、泰兴6.5万民工参加里运河一期工程，完成土方433.87万立方米，累计工日259.03万个。

11月25日　南官河一期整治工程开工，疏浚泰州西仓桥至十三圩段航道，计20.5公里，次年初完成。动用民工约2万名，完成土方136.45万立方米。

是年　兴化在全县农村逐步推行“沤改旱”，至1970年，全县150多万亩一熟沤田基本改为三熟田。

“沤改旱”船机抽排涝水

1957年

2月　泰兴开工建焦土闸，次年6月竣工。扬州建筑公司承建。同期，口岸南官河块石护岸工程施工，工程长0.6公里。

2～5月　泰县组织2.4万民工，参加里运河一期遗留工程，完成土方260.7万立方米，累计工日140.2万个。

1956年谢邦佐（右二）接待外宾时留影

3月　省农林厅副厅长（兼泰兴县委副书记）谢邦佐率省、专区农水部门工程技术人员会同靖江、泰兴、泰县等水利局有关人员组成通扬运河以南规划小组（驻泰兴办公）。小组编制的《通扬运河以南地区水利规划报告》获省人民委员会批准。

4月28日　靖江江堤险段春修工程基本竣工，完成土方10.6万立方米，石方1596立方米。

7～11月　泰兴组织1.2万民工参加京杭运河的整治工程，计完成土方28万立方米，累计工日24.57万个。

泰兴马甸节制闸

10月13日　泰兴开工建马甸节制闸，次年8月竣工，造价85.64万元。

10月18日　泰州市城河至稻河之间的臭沟头涵洞开工，铺设直径1米的涵洞管道142米。

10月　泰兴成立县机电灌办公室。1958年12月31日改名为泰兴县机电排灌工程处，主任周昌云(兼)。

11月　靖江组织5600民工疏浚小夏仕港，计完成土方41万立方米，12月30日竣工。

是月　泰兴开工建口岸节制闸，1958年5月建成。总造价102.20万元。

是月　泰县开工疏浚生产河西段，次年1月底竣工。

12月21日　泰州南官河航道整治工程竣工。工程长20.52公里，挖土136万多立方米，总投资120万元。

冬　泰兴组织民工8.8万人疏浚马甸港，两泰官河南段同期整治。工程长1公里，完成土方14.71万立方米，国家补助3万元。

冬　通南地区实行并港建闸。泰兴建马甸港、口岸等5座节制闸，次年5～7月陆续完成；姜堰在通扬公路线上建黄村闸、界沟闸，均于次年6月份完成。

1958年

1月中旬　泰兴组织万余人疏浚焦土港，完成土方107.28万立方米。工程长11.75公里，国家补助11.5万元。

是月　靖江开工建夏仕港节制闸，7月竣工，投资144.73万元。同期建成夏仕港配套工程安宁港和丹华港两座节制闸。12月，国务院副总理陈毅为该闸题词："跨上时代的骏马，勇往直前，奔向社会主义。"

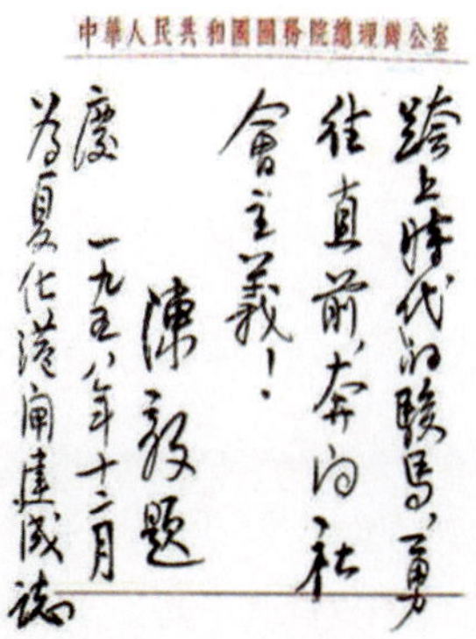

陈毅题词

靖江夏仕港节制闸

2月2日　扬州建筑工程学校师生800多人，到泰兴支援电灌站建设工程。

2月初　泰兴第一座电灌站（城北电灌站）开工。该工程动员民工2500人，5月中旬竣工，造价5万元，装机3台110千瓦，可灌溉农田近万亩。

2月中旬　泰兴组织民工4.1万人整治东、西姜黄河和季黄河。3项工程总长42.55公里，完成土方593.51万立方米，5月中下旬先后竣工。

3月14日　兴化组织民工1.2万人参加盐城整治新洋港工程，5月27日结工。

是月　泰兴整治众安港（古马干河前身）、王庄子河工程开工，两河施工长7.27公里,共完成土方167.38万立方米,国家补助60.92万元(含建桥费),5月上旬竣工。

是月　靖江、泰兴联合整治夏仕港,5月31日竣工。靖江季市季黄河口到如皋白龙镇段7.7公里由泰兴县施工,如皋白龙镇到江边如靖界河段10.5公里由靖江县施工。其中,靖江动员民工2.8万人,完成土方242.5万立方米。

是月　兴化组织160人,测量河道2000余公里。

春　泰县组织民工3.2万人疏浚东西姜黄河、生产河东段,5月底竣工。完成土方342万立方米,实做168万工日,国家补助43.8万元。

3~5月　兴化组织1.2万余民工参加整治新洋港工程,完成土方205万立方米,累计工日67.3万个。

3~12月　泰县、泰兴组织2万民工,参加淮沭新河二河段工程,完成土方311.8万立方米,累计工日207万个。

4月19日　泰州农林水利科分设为泰州市农林局和水利科。

4月21日　泰县撤销水利科,成立水利局。

6月24日　泰州界沟闸竣工放水,总耗资31.65万元。闸共3孔,每孔净宽4.0米。

8月29日　中共中央发布关于水利工作的指示,明确在贯彻执行"小型为主、以蓄为主、社办为主"的方针时,应该注意到在以小型工程为基础的前提下,适当地发展中型工程和必要的可能的某些大型工程,并使大中小工程互相结合,有计划地逐渐形成比较完整的水利工程系统。

是月　靖江撤销水利科,成立水利局。

是月　泰兴县水利局办红专大学，培训农民水利科技员1328人。

是月　泰兴开工建造口岸船闸，1959年8月建成，造价148.40万元。该工程在拆卸脚手架时，便桥断塌，多人落水，死2人，重伤20多人，轻伤40多人。

泰兴口岸船闸

9月15日　泰兴组织民工2.3万人开挖如泰运河周桥至黄桥段，工程长18.8公里；12月11日，泰兴镇至过船节制闸段开工，两段民工增至3.6万人，共完成土方695.97万立方米。

9月20日　江苏省扬州水利电力学校正式开学。金子平兼校长，顾震任副校长，张俭任教务科长，设农田水利与电力两个专业，学员350人。1962年被撤销，学生毕业后大部分分配在扬州(含泰州)所属各县市。

1982年水电部部长李伯宁(右二)与金子平(中)

是日　京杭运河泰州工程总队成立。

10月13日　泰州电灌办公室成立；24日，泰州机电灌溉管理处成立。

10月14日　靖江内部发行的《靖江水利志》出版，中共靖江县委副书记丁荫伯任总编。

10月中旬　省委在泰兴召开水利工具绞关化现场会。各地委书记、扬州地区各县委书记出席会议。省委书记江渭清到会并作重要讲话，省水利厅副厅长熊梯云主持会议。与会者参观了朱李乡、古溪乡河网化和如泰运河施工现场。

10月　泰兴县水利十化建设指挥部成立，泰兴县委书记任文彬兼任政委，县长孙佩藩兼任指挥。指挥部下辖13个兵团，124个营，944个连，民工16万人。

10月31日　兴化抽调13个乡45047人在兴南乡搞河网化工程，食宿田头1个月，报称完成土方979万立方米，且造成全县仿效。1960年贯彻中共中央《关于农村人民公社当前政策问题的紧急指示》后，局部情况有所改变，但遗留问题严重。1962年该县人民委员会在向省人民委员会及水利厅的报告中指出此项工程大部分是错误的。

11月17～22日　水利电力部党组书记杨继先率中央水利视察团先后视察如泰运河、泰兴朱李乡河网化施工现场、兴化河网化重点工程。省、地区负责人陪同。

11月中旬　引江河工程开工。该工程从江口至泰州寺巷口南，长11公里。泰兴组织民工3万余人，完成土方29万立方米。下旬，因民工调往新通扬运河和宣堡港施工，该工程中途下马。

是月　泰兴开工建天星港节制闸，1959年8月竣工，造价41.7万元。

是月　泰州、泰县共组织5.7万民工参加新通扬运河第一期工程，次年4月因春耕停工。1960年2月，泰州县组织1.36万民工参加第一期续建工程（森森庄至泰东河口），4月3日竣工。河道总长7.68公里，计完成土方137.6万立方米，累计工日71.9万个。

江苏省通扬运河泰州县工程总队部洋桥工程营
奖给先进工作者戚汝卿(水利民工)的奖品——日记本

11～12月　兴化组织民工8.5万人参加邵伯大控制工程,完成土方70万立方米,累计工日50万个。

12月29日　国务院决定,泰州市、泰县合并为泰州县。

是月　泰县动员8万民工开挖周山河西段,次年5月竣工。工程长26.5公里,实做396万工日,完成土方919万立方米,建人行便桥3座,机耕桥1座,公路桥3座。国家补助102.3万元。

1959年

1月13日　下午4时左右,泰兴突然灰沙漫天,过船、天星交界段(天星洲东汊——编者注)江水大落,江底几乎朝天,除中泓留有白色带状的水槽外,余为沙底。江上航轮搁浅中泓,汽笛长鸣。约2个小时后,江水汹涌而来。

2月　泰兴开挖天星港节制闸内外引河。工程长2.5公里,完成土方9.37万立方米;开工建过船节制闸。

春　泰兴新建10座国营电灌站，建成10个大灌区，水稻面积由原来19万亩扩大到30万亩。

3月29日　靖江十圩港疏浚工程竣工。工程长17.5公里，动用民工2万人，疏浚土方244万立方米。北段与石碇港衔接，工期4个多月。

5月5日　扬州专区在泰兴召开水文服务现场会，各县水利局长、水文站长等80余人参加了会议。

5月15日　泰州县组织7000余人赴江都参加里运河西堤露筋段块石护坡工程，7月10日结束，合计22.99万工日，完成土杂方31.43万立方米。

是日　兴化县在海沟河设立安丰基本雨量站，在沙沟设立基本水位站。

5月16日　扬州市机电灌联合办公室成立，陈浩然任主任。

5月21日　泰州县成立旱改水办公室。

6月　泰州县政府设水利局。

7月初~8月底　靖江全县少雨，30万亩农田受旱，12万亩成灾。全县15万人投入抗旱，动用抽水机133台、水车15650部、牛车343部、风车107部。

8月29日~9月2日　兴化县受第4号台风影响，损失棉花9万余亩、中稻6.3万亩，倒伏晚稻、黄豆、晚玉米等1.7万余亩，倒塌房屋7890间、风车3634部，受伤55人。家禽、家畜也受到不同程度损伤。

是月　兴化县灌溉管理所改为兴化县机电排灌管理所。

9月~1961年8月　泰州县组织万余民工参加里运河整治第三期工程，计完成石方2.04万吨，土方508.35万立方米，实做279.7万工日。

10月　水电部副部长钱正英、省水利厅副厅长熊梯云视察泰兴县古溪公社河网化工程，并以水电部、水电工会全国委员会名义，向古溪公社颁发了“乘风破浪，奋勇前进”的奖状。

1938年熊梯云在上海暨南大学毕业后从事地下工作时的照片

是月～1961年10月　靖（江）泰（兴）泰（县）、兴化计组织民工12.6万人参加京杭运河整治工程，计完成土方147.29万立方米，累计820万个工日。

是月　泰兴县水利机械厂厂长谢辉出席全国群英会，荣获全国劳模称号。

是月　泰兴整治天星港（西起羌溪河东至周王庄段），全长12.89公里。因中途民工调往新通扬运河工程，仅开成底宽4米、底高程零米的输水河，暂时解决焦荡、常周电灌站送水问题。

11月　靖江开工兴建十圩节制闸。国家投资56.95万元。该闸3孔，孔宽5米，设计流量111立方米每秒，次年7月15日竣工。

是月　靖江组织民工1.5万人疏浚十圩港北段（石碇港），完成土方16万立方米，次年1月6日竣工。

是月　靖江县组织民工1300余人，疏浚横港十圩港至罗家桥港段4.8公里，完成土方7.68万立方米。

11月～次年4月　泰州县组织2.4万民工，参加里运河整治第二期工程。工长2.5公里，实做179.49万工日，完成土方125.9万立方米。

11月～次年10月　兴化组织民工1.9万人参加万福闸控制入江水道工程，完成土方120万立方米，累计工日360万个。

冬　泰兴开挖宣堡港口岸至两泰官河段。工程长9.5公里，动员民工2.09万人，完成土方68.96万立方米。

是年　泰兴组织100余条木船，200多吨船皮，参加苏北引江工程施桥船闸、万福闸、邵伯闸、芒稻闸施工，共运输砂石20多万吨，连续3年被扬州专区评为先进单位。

（二）1960年1月～1969年12月

1960年

3月21日　泰州县成立机电灌溉工程指挥部。

3月29日　扬州专区建立常备水利民兵师，殷炳山任指挥兼政委，所属各县相应成立水利民兵师。兴化县为第一师，张文祥任政委兼师长；泰兴县为第七师，副县长周昌云任师长兼政委。

3月～1962年9月　泰兴组织民工1.8万人参加通扬运河二期工程，完成土方132.89万立方米，累计工日87.3万个。

4月30日　靖江建成电灌站用房125间，进、出水池46座，分水闸146座，渡槽116座。

5月26日　泰兴成立“泰兴县农田水利科学研究所”，赵宸兼所长。

5～6月中旬　靖江持续1个多月干旱，地下水位降至田面以下1.7～1.9米，部分河道干涸，全县受旱面积18万亩，成灾10万亩，减产粮食1.5万吨。

7月12～13日上半夜　大风暴雨袭击泰州县、泰兴，风力9级以上。泰州县倒塌房屋1033间、砸伤31人，雷电击伤2人；泰兴倒塌房屋1600余间，死1人，伤107人。

7月31日　靖江下青龙港闸竣工。

8月4～5日　兴化暴雨，雨量269.1毫米，河水陡涨，全县农田围水21万亩，凑口（内外水持平）15.8万亩，淹没20.5万亩，倒塌房屋1715间，死5人，伤8人。

8月20日　泰兴在永安洲穿心港建成胜利闸。

8月31日　下午6时起，泰州县遭强台风（风力9至10级）和暴雨袭击。倒塌房屋113间，倒墙1395处，刮去屋顶、烟囱1899处，损坏风车19部、农用船44条，死2人，伤21人，死耕牛2头。

12月20日　靖江开工兴建上六圩闸，次年5月15日竣工。

是月　靖江、江都两县水利民兵师共同完成京杭运河东堤向家墩改线工程。工程从邵伯镇至向家墩，长2.3公里。堤顶高11米，顶宽10米。

冬　泰兴天星港整治工程羌溪河至陈桥段开工。工程长14.14公里，动员民工3.11万人，完成土方246万立方米。

冬～次年4月5日　靖江建成电灌站55座，新增动力2352千瓦，架设高压输电线路91.1公里,新建降压站一座,整修干支渠道251条、计323公里,建造分散建筑物346处,共投入民工1.5万人,投资120万元,完成土方143万立方米。

是年　泰州县叶甸公社仓南大队原占耕地面积86%的沤田,全部改成稻麦两熟田,为里下河地区沤改旱提供了经验。

1961年

2月下旬　靖江开工拓浚十圩港北段(石碇港),3月22日竣工。动员民工800人,完成土方7万立方米。

3月中旬~6月　境内开始退赔农村"一平二调"时所平调的水利方面的各种财物,除将适用的农业生产资料、物资器材、大中型水利工具折价退赔外,另有现金退赔,其中如泰运河沿线退赔30万元。

4月1日　下午3时左右,泰州县遭大风袭击,风力8级,阵风9级以上,2.28万户受灾,房屋损坏3.06万间,伤30人。

水电部副部长钱正英(前中)视察水利工作

4月　水电部副部长钱正英一行7人,察看兴化严家公社陆家大队风车抽水和沙沟下官河,并调研兴盐界河东段兴化地区排水出路问题。省、地区负责人陪同。

5月20日　泰州县泰东宫家涵闸竣工。闸长10米,净宽3米,1孔,用启闭式木闸门。

6月30日　靖江下七圩港封口涵建成。

7月22日　泰州县机电灌总站成立,隶属水利局领导。

是日　泰州县在老通扬运河白米桥东,建挡水坝1道,阻止水向东流。通过黄村、白米、界沟3座闸引水0.5亿立方米补给里下河。

7月　6月初以来,泰州县城区连续49天未下雨,水井枯竭,农村沟塘干涸。全县受旱农田35.65万亩,占秋熟作物面积的44%。

秋　泰兴旱,受旱面积70万亩,粮食严重减产。

1962年

1月18日　泰州县红旗农场水利工程委员会成立。

3月27日　国务院决定撤销泰州县,恢复泰州市、泰县建置。同月,泰县成立水利局。

3月28日　靖江动员民工6418人开始培修江堤,历时1个月,完成土方30余万立方米。

4月10日　兴化改建安丰镇西大桥,结合开挖上下游引河,扩大东唐港入海沟河口门。开坝复圩改善沿途7个公社的引排和交通,并处理1958年开挖盐靖河的遗留问题。共做土方3.79万立方米。

6月11日　兴化配套和发展中圩夏家、成甫,海南胡家、高家、张舍,西鲍平旺,下圩野邹、李季,兴西马港,安丰黄庄等10个电灌区,配电98千瓦。

7月9日　兴化在原有电灌站中增加电船7艘,配电70千瓦,架设输电线路20.56公里。

7月13日　泰州红旗农场水利工程交接验收，接收单位为0937部队。

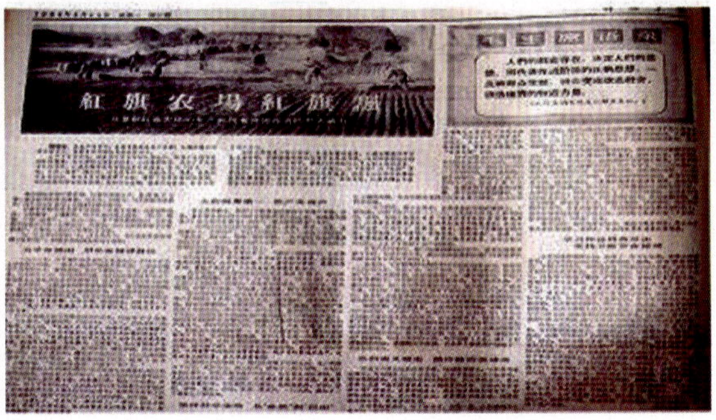

紅旗農場紅旗飄

泰州红旗农场

7月下旬～8月上旬　泰兴受5号、8号台风袭击，倒塌房屋1880间，死4人，伤8人，冲坏桥梁942座，秋收作物生长受很大影响。

是月　泰州市成立农林水利局。次年4月6日，泰县水利局、农机局合并仍称水利局。

是月　兴化县设农机灌溉管理局，与农机灌溉公司合署办公；水利局改建为水利科。

8月6日　8号台风过境，靖江江堤54处出险，房屋倒塌415间，死1人，伤5人，2个小孩失踪。

9月1～7日　兴化遭13号台风和大暴雨袭击，灾情严重。1～2日平均降雨209毫米，其中戴南镇陡降雨400毫米。7日续降暴雨，雨量达391.12毫米，水位涨至2.91米。全县77万亩农田受淹，损失粮食500万公斤，倒塌房屋6.5万余间，伤137人，死13人；53个联圩中，仅兴西郭西圩未破，其余均沉没。

9月1～5日　泰州、泰县遭受13号、14号强台风和特大暴雨袭击，9月1日，泰县溱潼公社最大雨量483.5毫米。泰州15万亩农作物受灾，房屋倒塌5608间，死7人，伤330人。泰县49.5万亩农田受涝，9万亩无收，冲毁鱼池

214处,毁坏桥梁700余座、房屋16.18万间,死21人,伤834人。

9月5~6日　泰兴、靖江遭14号强台风和大雨袭击。泰兴最大日雨量136.7毫米,全县72.3万亩农田受涝,其中积涝失收6.3万亩,倒塌房屋5.3万间,冲毁桥梁924座,死4人,伤102人,政府拨款64.91万元救灾。靖江30万亩农田受涝,成灾10万亩,减产粮食2万吨,倒塌房屋5305间,倒墙6.8万堵,伤27人。

9月5日　省委书记江渭清在兴化召开里下河地区县委书记会议,研究里下河水利治理问题。

10月16日　凌晨两点,江阴"澄交"7号拖轮强行进靖江夏仕港闸被撞沉。次日下午,3只木船违章停靠夏仕港闸翼墙时撞闸墩倾覆,1人落水死亡。

10月25日　扬州专署水利局在兴化召开兴化、高邮水利会议。会议决定在李健公社季家庄、王帮金两处拆坝建桥,以利高邮排水。

11月5日　中共中央书记处候补书记刘澜涛来兴化视察农田水利工程及城南公社宦家村居民点。

11月28日　省水利厅拨给泰县培修里下河地区圩堤以工代赈经费36万元,原粮计划90万市斤。

11月30日　兴化对1959年以来兴修水利中拆迁的农民住房4.2万余间实施退赔。其中整庄、整舍拆迁的167个。

11月　为解决兴化因涝减产、农民生活困难的问题,江苏省水利厅和扬州专署水利局批复,采取以工代赈的方法,核定兴化土方500万立方米,每方

2角,共补助100万元。

11月～次年3月　泰兴组织民工1200人参加邵伯闸工程,完成土方6万立方米,累计工日20万个。

11月～1964年5月　泰兴组织民工1500人参加江都西闸工程,完成土方8万立方米,累计工日80万个。

1963年

2月　泰县组织民工3200人参加兴建宜陵节制闸工程，5月建成。同年6月开工建五里窑船闸。

3月8日　国家投资7.8万元,解决新通扬运河水系遗留问题。

3月～1965年5月　兴化组织民工2500人参加邵伯交叉工程江都枢纽配套工程,完成土方116.9万立方米,累计工日110.9万个。

春　泰兴过船闸首次对启闭机进行改革,将手摇改为电动,通航孔8吨丝杆式启闭改为绳股式启闭,此后在各闸推广应用。

5月1日　靖江原社管电灌站、机船及油米厂全部划归县水利局管理。

8月14日　兴化县水利科改为水利局,次年5月,任命刘永福为局长。

10月23～26日　扬州专署在江浦县召开丘陵冈区冬春农田水利现场会,要求各地本着“小型水利要干大”的精神,多做一些土方。

11月～次年1月 兴化组织民工8000人参加戛粮河疏浚工程,完成土方40.2万立方米,累计工日32万个。

是年　靖江全县除敦义公社外,全部实行电力灌溉。

1964年

1~7月　泰县组织民工1300人参加邵仙河东西堤加固工程，工程长3.2公里，完成土方22.4万立方米。

2月11日　国家投资37.5万元在姜堰溱潼地区兴建溱湖北等16个电力排灌站，增加机泵18台套，252千瓦。

2~5月　兴化组织民工1500人参加卤汀河整治工程，完成土方10万立方米，累计工日7万个；组织民工8000人参加新通扬运河拓浚工程，完成土方79万立方米，累计工日30万个。

3月3日　南官河第二次整治工程开工，总投资500多万元，计疏浚河道25公里、新开河道1.44公里，完成土方120.38万立方米，动用泰州、泰县、泰兴民工4.18万人，分三期施工。第一期工程疏浚周山河至泰兴西港口段，4月1日竣工；第二期工程11月21日开工，1965年1月15日竣工，裁泰州西门桥烈士墓至南门砖瓦厂弯道；第三期工程1966年2月21日开工，3月16日竣工，疏浚泰州西仓桥至周山河及泰兴西港口至长江边航道。

3月~次年4月　兴化组织2000民工参加盐邵河整治航道工程。

4月17、18日　大风、冰雹袭击兴化，毁房屋31540间，死21人，伤87人。

是月　江苏省水利厅里下河地区规划室编写印发《风车调查》《兴化县机电灌排调查》《里下河南部地区水系调查》等专题报告，并完成《里下河水利规划报告》。

5月底　泰县撤销水利局，建立农机水利局。

9月～次年4月　泰兴组织民工1000人参加芒稻节制闸工程，完成土方6万立方米，累计工日24万个。

9月～次年7月　泰兴组织民工2000人参加芒稻船闸工程，完成土方18万立方米，累计工日50万个。

10月　在兴化西鲍三角圩开工兴建里下河第一座圩工泵站——平旺电排站，次年3月建成。

1965年

1月10日　泰县撤销农机水利局，改建水利局，另建农机公司。

2月10日　泰县、兴化组织民工1.3万余人参加新通扬运河第二期工程，4月10日，完成江都西闸至江都闸和宜陵闸至王庄家桥段且通过验收；合计完成土方87.73万立方米，石方1.1万立方米。

施工队伍修补浪坎、浪洞

4月　靖江组织1.36万人突击培修江堤险工险段，完成土方4.5万立方米，修补浪坎浪洞893处。

8月20～21日　13号台风袭击泰州、泰县和兴化。泰州最大风力12级，3天连降暴雨171.8毫米，倒塌房屋866间，田间农作物全部倒伏。兴化水位涨至2.90米，棉花失收6.5万亩，损失粮食4100万公斤，倒塌民房近7万间，损毁风车3293部、农船694艘，砸伤326人。泰县受涝面积21.6万亩，投入排涝的工具有风力人力水车2108部，机电动力7262千瓦，支出排涝经费80.88万元。

10月～次年3月　泰兴、泰县、兴化组织民工4.74万人参加斗龙港一期工程，完成土方738.8万立方米，累计工日543.36万个。

11月11日　扬州地委召集兴、高、宝3县负责水利的县长开会，研究解决圩内防洪、排涝问题。议定兴化冬季建闸6座、桥4座，挖坝水下方2000立方米，于1966年汛前完成。1967年10月兴化结合武装圩分圩在桂庄北建桥1座，以利潼河向郭正湖排水。

是年　兴化清除明坎暗埂合计土方6.7万立方米，费用12.5万元。

11月30日　靖江上六圩港疏浚工程开工，次年1月8日竣工。工段长13.5公里，疏浚土方72.92万立方米，动员民工1.2万人，投入经费93.66万元，其中县财政24万元。

12月10日　靖江上六圩港至下三圩港块石护坡、护坎工程竣工。

是年　兴化县水利局携其设计并实施的装配式混凝土机耕桥、人行便桥图集及资料，参加全国水利先进技术交流会。顾彪、胡炼出席会议。会间，全体代表受到毛泽东等党和国家领导人接见，并合影留念。

1966年

1月　徐永德任兴化县水利局局长。

2月4日　国家投资20万元在泰县溱潼、俞垛、兴泰公社发展电力排灌动力300千瓦。

6月17日　泰州船闸扩建工程（在原闸下将闸室接长100米，并建下闸道）竣工，恢复通航。

6～10月　靖江、泰县、泰兴组织民工3.3万余人参加淮沭新河工程，完成土方299.43万立方米，累计工日179.36万个。

7月~次年1月　泰兴组织民工2000人参加二河越闸工程，完成土方6万立方米，累计工日42万个。

10月　兴化制成兴排Ⅱ型圬工泵，净扬程2米，14千瓦，流量为0.41立方米每秒。至1968年底，兴化改泵建站达346座。

10月~次年4月　兴化、泰县组织民工4.1万人参加斗龙港二期工程，完成土方812.1万立方米，累计工日524.5万个。

11月6日　泰县在白米、顾高、蒋垛等处打坝蓄水，维持南官河通航水位。

11月~次年9月　靖江、兴化、泰兴组织民工2.2万人参加洪泽湖复堤工程，完成土方200.61万立方米，累计工日152.7万个。

20世纪60年代泰州市群众疏浚河道

12月7日　两泰官河整治工程开工。泰县疏浚李秀河至张甸黄桥河，长21公里；黄桥河至黄村闸，下达新通扬运河，长15.7公里；完成土方226万立方米；1967年5月竣工。总经费61.98万元，其中国家补助45.5万元。泰兴疏浚李秀河至深沟头段，长6.12公里。同时，开挖马甸闸至两泰官河段，长3.88公里，完成土方65.19万立方米，国家补助5.84万元。

冬　泰兴动员9820人整治古马干河西段（马甸闸至李秀河），工程长3.9

公里。同期，开挖马甸节制闸至深沟头段，工程长10公里；整治如泰运河过船闸内外引河和泰兴城河，两处工程长6公里，完成土方46万立方米。

1967年

2月1日　泰州自来水厂建设工程竣工，3月1日供水。

3月30日　中国人民解放军接管扬州地委、专署机关，成立江苏省扬州专区军事管制委员会，下设生产委员会，抓水利工作。

4月17日　靖江县水利局由县军事管制委员会生产指挥组接管。

是月　泰兴机灌队改称为县农机公司抗旱排涝站，拥有船机18条，座机20台。

6月8日　靖江八圩港至七圩港江堤护坡、护坎工程竣工，国家投资4.5万元，共做护坎890米，护坡500米。

7月8～10日　扬州专署在靖江召开防汛工作现场会。

10月～次年9月　泰兴组织民工1000人参加江都抽水三站工程，完成土方12万立方米，累计工日33万个。

冬　泰县组织1.2万人开挖周山河东段，次年1月5日竣工。工程长8.9公里，完成土方110.03万立方米，实做43万工日，建人行便桥6座。国家投资22万元。

冬　靖江县进行（解放后）第二次江堤全面培修，完成土方152.29万立方米。

冬　泰兴组织4000民工整治分黄河，完成土方49.8万立方米，工程长11公里。

冬　泰兴在马甸镇北东夹江上筑两道拦江大坝。一在泡泡沙北端，坝长761米；一在马甸镇西，坝长362米。围垦东夹江北段，使永安洲与陆地相连，缩短防洪线14.8公里，永安洲西侧8.5公里洲堤遂成为主江堤。

1968年

1月2日　靖江安宁港疏浚工程竣工。工程动用民工8350名，疏浚土方45万立方米，国家投资20万元。

1月上旬　省水利厅在泰县召开里下河圩区农田水利现场会。扬州、盐城、淮阴三地区14个县的代表参加会议。会议期间，与会代表参观了沈高公社河横大队圩、闸、沟、渠、站、平、管配套工程。

3月23日　扬州专区革命委员会成立，下设生产指挥部农水组。

4月30日　靖江下二圩港至三圩港堤防块石护坡护坎工程竣工。

5月1日　靖江县革命委员会成立农水组。

6月16日　靖江上六圩港下口、下二圩港下口、章春港上口3道丁坝竣工。分别长50米、28米、72米，共抛石73000吨。

8月17日　兴化县革命委员会撤销水利局，建立农水革命领导小组；同月，靖江县水利局改称靖江县水利江滩革命委员会。

8月　泰兴开工建龙窝闸，1969年9月竣工。

10月8日　泰县水利工程队革命领导小组成立。

10月～次年1月　泰州续开新通扬运河泰东河口至白米郁家圩段，工程全长30.57公里，动用民工2.9万人，实做140万工日，完成土方353.7万立方米。同时对新通扬运河西段进行拓宽加深，至此，新通扬运河泰州段全线告成。

10月～次年2月　兴化组织民工3900人参加新通扬运河续建工程，工程长9.45公里，完成土方302万立方米，累计工日222万个。

10月　泰兴马甸小闸开工，1969年7月竣工。

11月　靖江县组织民工7250人疏浚十圩港北段，工段长7公里，完成土方42万立方米。

11月～次年1月　泰县组织2.6万人疏浚西姜黄河。工程长25.3公里，完成土方116.1万立方米，实做55.9万个工日，国家补助47万元。

12月31日　靖江石碇港套闸建成，石碇港疏浚工程竣工，共完成土方42万立方米。

冬　泰兴开挖天星港闸口至羌溪河段，工程长11.28公里，动用民工1.5万人。

1969年

4～12月　靖江、兴化、泰兴组织民工3.55万人参加淮河入江水道工程，完成土方310万立方米，累计工日55万个。

7月3～16日　靖江连日降雨计320毫米，全县36万亩农田受涝，8万亩成灾，减产粮食1.5万吨。

7月17日　靖江部分地区遭龙卷风袭击，1830户受灾，2751间房屋倒塌。死1人，重伤43人，轻伤136人。该县紧急拨款1万元和木材、石灰、煤炭等物资支援灾区。

8月　泰县机、电、水利系统合并，成立泰县革命委员会水电科。

9月～次年1月　兴化组织民工3万人参加大汕子隔堤入江水道工程，完成土方356万立方米，累计工日302.9万个。

10月12日～12月下旬　泰县组织2万民工，参加淮河入江水道工程。工段在金湖县塔集、闵桥两公社境内，全长11.18公里。计完成土方201万立方米，石方1.13万立方米。

10月22日　兴化整治雄港第一期工程开工，动用民工1万人，全长10.7公里，1970年1月15日竣工。第二期工程于1977年11月至次年1月进行，工段全长4.5公里，动用民工0.78万人。

11月30日　泰县生产河中、西段疏浚工程竣工，1970年1月30日，东段疏浚工程完成。

11月　靖江万福桥港闸、天生港闸、渔婆闸开工兴建，次年5月先后竣工，均为1孔5米。

是月　扬州专区革命委员会水电处成立。

12月　兴化设立水电局筹建小组,次年6月建水电局。

12月30日　泰县淮河入江水道工程结工。

冬至1970年春　泰兴疏浚宣堡港、两泰官河至龙风河段,工程长9.5公里,动用民工2.4万人,完成土方140万立方米。开挖天星港东段,从羌溪河到季黄河,工程长19.95公里,动用民工4.27万人,完成土方235万立方米。

(三)1970年1月~1979年12月

1970年

3月13日　泰兴县革命委员会决定以公社为单位建立水电站,性质为集体,每站3人。原8个国营农机中心,改建为10个国营水电管理站。

5月1日　扬州专区革委会在泰县沈高公社河横大队召开全区"学大寨赶河横"誓师大会,并宣读《关于向农业学大寨的一面旗帜——河横大队学习的决定》。河横大队沤改旱2800多亩耕地,粮食亩产超过了《全国农业发展纲要》。

7月　泰兴兴建七圩节制闸。

9月~次年6月　兴化、泰兴、泰县组织民工6.4万人参加凤凰河三期工程,完成土方685.3万立方米,累计工日802.03万个。

10月29日　泰兴县革委会“关于筹集水利基本建设资金的通知”中规定，每亩0.4元，由县统一掌握使用。

11月14日　泰兴组织民工5.6万人开挖增产港。工程长22.3公里。22日，分界团部一炊事员于煮饭时不慎跌入锅里烫死。

11月　兴化拓浚西唐港和渭水河。西唐港：南起昌荣东丁，北至安丰耿家，全长7.86公里；渭水河：北起海南娄子，南至林湖马家簖，全长7.8公里。国家补助两工程经费10万元。

是月　靖江上四圩港节制闸动工兴建，该闸1孔7米，次年5月28日竣工。

12月1～20日　靖江疏浚下六圩港，出动民工近1.4万人，完成土方90.62万立方米。

12月5日　泰兴开工建过船港套闸，1972年7月竣工。

12月　靖江县水利江滩革命委员会与县革委会供电局合并，成立“靖江县革命委员会水电局”。

1971年

2月1～5日　扬州专区革委会在泰县召开全区农业学大赛经验交流会，与会者参观泰县河横大队、夹河大队、泰兴县大元大队及增产港施工工地，交流泰县、高邮县及一批大队开展农业学大赛运动经验。

3月15日　泰县西干河建成。

4月30日　靖江县7000余人培修江堤，今日全部竣工，计完成土方35万立方米。

4月～次年5月　泰兴组织民工1.5万人参加芒稻河切滩工程，完成土方180万立方米，累计工日112万个。

5月31日　靖江下六圩港闸竣工放水。该闸由靖江县水电局设计，靖江建筑公司承建，县筹经费14.97万元。

6月14～7月下旬　泰县组织民工800人，农船50条，抢堵运河西堤梁家港缺口。

6月30日　靖江永济港改涵建闸工程竣工，该闸1孔，孔宽4.2米。

6月～次年5月　泰兴组织民工2500人参加庄台王港漫水闸工程，完成土方10万立方米，累计工日67.5万个。

7月　兴化组织民工1000人参加梁家港西堤加固工程，完成土方4万立方米，累计工日4万个。

8月　泰兴受冰雹台风袭击，倒塌房屋214间，折断电杆211根，刮翻帆船10只，死5人，伤34人。

是月　扬州地区治淮指挥部成立。

10月～次年1月　泰县组织1.3万民工参加万福闸下游切滩工程，完成土方82.24万立方米，累计工日59.25万个。

10月～次年2月　兴化组织6050民工参加芒稻河贾港裁弯工程，完成土方53.5万立方米，累计工日39.5万个。

10月～次年4月　兴化组织民工1.5万人参加大运河西堤加固工程，完成土方128.2万立方米，累计工日103.1万个。

11月15日　泰兴组织2.2万人开挖古马干河东段（西姜黄河至私盐港）。工程长14.37公里，1972年1月竣工，共完成土方406.7万立方米、石方246立方米、混凝土300立方米，新建桥梁8座。国家补助65万元。

11月　泰县组织3万民工开挖南干河，完成土方401万立方米，实做190.1万工日。配套造公路桥2座，人行便桥10座。国家补助55万元。

11月～次年1月　靖江组织5000人参加廖家沟切滩工程，完成土方48.62万立方米。

12月15日　泰县组织1560民工，配合兴建太平闸，在工时间7个月。

12月26日　泰东河淤溪夹河段拓宽工程竣工。

是日　靖江罗家桥港疏浚工程竣工。该工程动用9500余民工，完成土方43.02万立方米，国家投资14万元。

12月　泰兴全面培修江堤。标准是：按1954年最高洪水位5.37米超高1米，顶宽3米，内坡1∶2，外坡1∶3；闸外港堤按超高0.5米加固；共完成土方261.71万立方米。

12月～次年6月　泰县组织民工1600人参加太平闸工程。

冬　兴化西唐港、渭水河工程同时开工。两工程总长16.3公里，动用民工11.8万人，合计使用经费35万元。

是年　靖江组织民工7000人参加邵伯湖切滩工程。

1972年

1月20日　泰县南干河工程竣工。同月中旬，该县完成淮河入江水道万福闸下游切滩工程。

6月1日　泰县水电科改称泰县革命委员会水电局。

7月3日　泰兴14小时降雨242.2毫米。全县受涝面积达63.7万亩，其中成灾面积9万亩。倒房7947间，死1人，伤74人。靖江降雨93.4毫米，全县15万亩农田受涝，重灾3万亩。

10月～次年4月　泰兴组织民工4700人参加六合滁河工程，完成土方75万立方米，累计工日42.5万个。

10月～次年6月　泰县组织民工4200人参加金湾闸工程，完成土方50.28万立方米，石方24184立方米。卸运砂石12.56万吨，配合浇筑预制混凝土10862立方米，平均完成定额117%，累计工日62.93万个。

11月15日　泰兴、泰县分别出民工3.5万人和2.3万人，开挖马甸抽水站下游引河（从马甸至江口段），工程总长5.74公里，共完成土方332万立方米，并建桥2座。共投资110.3万元，其中国家补助80.3万元。

11月　兴化雌港整治工程开工。该工程投入7万民工，全长8.33公里，历时3个多月，共做工日141.5万个，完成土方201万立方米，国家下达经费65万元。

上世纪70年代，林一山（右一）与长江委的同志在葛洲坝勘察

11月　中央水电部军事管制委员会张文碧主任、长江流域规划办公室林一山等一行，视察泰兴马甸抽水站筹建工程和马甸30万千瓦电厂地址。

11月　兴化组织民工9200人参加滁河、马汊河分洪工程，完成土方72.5万立方米，累计工日78万个。

是月　宣堡港口岸段裁弯取直工程开工，同时筑好口岸新大街路基。该工程长1.1公里，泰兴投入民力3700人。

11月～次年2月　泰县组织民工3万人参加马甸翻水站引河工程，完成土方206万立方米，累计工日175.3万个。

12月12日　泰县治淮工程团万福闸器材仓库失火，烧毁库棚74间及机电材料若干，损失约5万元。

冬　破永安洲，新开一条马甸翻水站通江引水港道，流量100立方米每秒。开河结合筑马甸闸外港堤10.4公里。

是年　靖江组织民工5000人，参加滁河工程。

1973年

2月　靖江开工建夹港节制闸，7月下旬竣工。

是月　泰兴开工建马甸翻水站，1975年5月全部建成。

6月30日　靖江县突击修复长江大堤特险地段11.4公里，培修土方26.9万立方米。

7月9日　省治淮指挥部副指挥沈国治召开扬州地区水电处、南通地区农水局及靖江、如皋两县革委会、水利局负责人会议，就如皋焦港闸闸外引河改道从靖江永济港东直线入江问题形成协议。

9月8日　扬州地区革委会作出关于向农田水利建设先进单位——泰县沈高公社夹河大队、泰兴县元竹公社大元大队学习的决定。

11月15日　泰兴组织民工3.5万人整治如泰运河向阳闸至周桥段。工程长9.32公里，在泰兴城区段建护坡790米，建迎幸桥（水电局建桥队承建）。同时筑大庆路路基和汽车站地基。

11月下旬　靖江县横港首期疏浚工程开工，工程全长164公里，完成土方计91万立方米，动用民工1.2万人，国家投资30万元。

11月～次年4月　泰县、泰兴、兴化、靖江组织民工5.44万人参加三阳河一期工程，完成土方417.99万立方米，累计工日309.84万个。

1974年

2月15日　靖江组织8700人动工培修江堤干支衔接堤坝，累计工段长22.25公里，实做土方83.14万立方米，4月8日竣工。

4月15日　靖江侯河横港疏浚工程竣工。

4月18日　兴化成立治淮工程团，编制7人。

是月　余德寿任兴化县水电局局长。

是月　泰兴县水利局建桥队首次出县至三阳河工程施工，承建樊川、大同、团结等6座桥梁。

是月　兴化跨越上官河的水乡大桥开工兴建。桥全长162.5米。次年5月竣工，为里下河地区最长的公路桥。

4月～次年6月　泰县、泰兴、兴化、靖江组织民工1.37万人参加三阳河二期工程，完成土方100.64万立方米，累计工日99.92万个。

春　泰兴筑蔡港北侧拦江大坝，长330米。

7月8日　泰兴县成立县革委会治淮工程团，高华梁任团长。

7月20日　靖江八圩段1650米长江干堤块石护坡工程竣工，完成石块量1.26万吨。

8月20日　大汛，长江水位猛涨，靖江夏仕港最高潮位达5.03米，超过1954年的最高潮位。共倒堤、涵、坝11处，成灾5处，受涝农田1.2万亩。2158户、8924人受灾，死1人，倒塌房屋1065.5间，造成危房903间，210吨粮食霉变。六助港、天生港等闸的闸门因水位差压力大而损坏，十圩套闸上下游施工坝被冲垮，损失20余万元。靖江县革委会成立"前线抢险指挥部"，动员3000多民工堵口筑坝，8月25日，该坝合龙。

是日　泰兴过船港出现最高洪水位5.43米，友谊闸闸门崩裂，当日封闭。

9月27日　扬州地区组织各县水利、农业局负责人参观靖江侯河公社齐心大队秋播农田水利现场。

10月　省革委会在泰兴召开全省水利工作会议，贯彻“小型为主、配套为主、社队自办为主”的方针。省革委会副主任许家屯到会作报告，省水电局负责人陈克天主持会议，与会人员参观了泰兴小型水利工程。

许家屯

陈克天

11月15日～次年6月15日　泰县组织3000民工参加三阳河二期工程，共做29.60万工日，完成土方24.0万立方米。

11月20日　靖江十圩港北段（界河至靖城）疏浚工程开工。该工程动用民工14310人，实浚土方156.5万立方米。1975年1月20日竣工。

是日　兴化县盐靖河、中引河疏浚工程上马，扬州地区革委会财政处共补助经费11万元。

11月　泰兴按1954年型最高洪水位5.37米超高1.5米，顶宽3米的标准，全面加固江、港堤防71.5公里。

11月　泰县组织民工9140人，疏浚周山河西段（西起南官河，东止西干河以西700米处），长8.9公里。次年1月完成，完成土方47.8万立方米，累计工日29.15万个。国家补助32万元。

12月20日　靖江靖泰界河水洞港闸竣工，该闸单孔5米。

冬至次年春　靖江县进行解放后靖江全县第三次江堤全面培修，完成土方257万立方米，国家补助经费42万元。

是年　经验收，靖江县完全达到高产稳产、旱涝保收标准的农田有18.5

万亩,基本达到的13万亩。

1975年

1月　泰县周山河西段疏浚结束。

3月7日　交通部澄西船厂在江阴夏港入江口围堰,省计委组织省水电局等8个单位和科研院校工程技术人员16人,前往查勘,认定围堰对靖江江岸会产生影响,必须增做靖江江岸平抛护岸工程。

4月7日　泰县动员500民工增援江都枢纽工程拆坝。

5月1日　靖江县成立堤防管理所。

5～10月　兴化组织民工1020人参加樊川东船闸工程。

6月21～27日　靖江、泰兴、泰县连降暴雨,累计雨量达1031.6毫米,受涝面积132.66万亩。黄桥出现新中国成立以来内河最高水位4.46米,通扬运河泰县最高水位达4.68米。境内损失惨重。泰兴倒塌房屋2875间,死亡6人,伤27人,损失粮食175吨。25日,泰县与海安县交界处的陆家涵洞决口,口宽8米左右,水深4米以上,经与海安县协同抢堵,于30日晚合龙。

7月7日　省委第一书记兼澄西船厂筹建指挥部指挥彭冲在靖江县有关人员陪同下,抵澄西船厂围堰建厂实地视察。国家交通部于是年及1982年冬,下达靖江长江护岸工程经费200万元,加固下三圩至炮台圩8.7公里江岸。加固工程1984年12月竣工。

10月12日　靖江十圩套闸通过验收。该闸由靖江县水利局设计，靖江建筑公司承担土建工程、闸门及启闭机安装，水利局修理车间负责钢闸门制作。设计流量60立方米每秒，闸室宽12米、长134.4米，闸首宽10米，造价121.31万元。该闸于1973年动工兴建。

10月～次年4月　泰县、泰兴、兴化、靖江组织民工4.7万人参加三阳河三期工程，完成土方400.09万立方米，累计工日219.39万个。

11月1日　泰兴开工建羌溪河套闸，1976年冬竣工，国家投资34.05万元。

11月19日　靖江十圩港南段疏浚工程开工，1976年1月11日竣工。工程全长10.7公里，挖土方87万立方米，出动民工1.2万人。

是日　靖江夹港疏浚工程开工，1976年1月15日竣工。工程全长13公里，疏浚土方101万立方米，出动民工9000人。

11月27日　泰州开展大规模的平隔并隔工程，全市抽调6000多工人、干部参加劳动。该工程12月29日竣工，挖土50多万立方米，开生产河、沟9条，平整隔田600多亩。

是月　泰县组织3万民工开挖中干河，次年1月竣工。完成土方355.6万立方米，累计工日144.8万个。

11月～次年1月　泰县组织里下河地区7000民工，参加三阳河第三期工程，完成开挖675米河道、两岸块石护坡和宜陵北闸拆坝土方等任务。共完成土方58.39万立方米，实做30.95万工日。

加固改造后的宜陵北闸

12月5日　泰兴新宣堡港工程开工，工程长23.2公里，动用民工5.76万人，1976年1月8日竣工。同期开挖新曲河南新街至宣堡港段，该工程长4.81公里，动用民工1.54万人。

12月12日　兴化反修河、幸福河和龙江河列为扬州地区1976年农田水利重点工程项目，共补助经费20万元。

12月31日　泰县在杨庄公社东南圩交叉河道兴建拱桁架结构十字机耕桥，次年完成。

冬　兴化渭水河第三期续建工程开工，次年4月竣工。工程长23.27公里，核拨经费58.85万元。

冬　泰兴县在口岸建造第一座5个流量的固定排涝站。

冬　筑东夹江西岸拦江大坝（又名木库大坝），长210米，使北沙与永安洲相连。

是年　泰州全面疏浚玉带河，改道西市河出口。工程西接南官河，建东、西市河翻水站。

1976年

2月　靖江开工建城南套闸，1978年12月竣工。

3月～次年5月　泰县出动民工6000人参加盐邵河船闸工程，完成土方128.2万立方米，累计工日126.8万个。

4月～次年1月　泰兴出动民工640人参加三阳河建桥工程，完成土方3.5万立方米，累计工日9.3万个。

7月　扬州地区京杭运河防震指挥部成立，何仁华兼指挥，杨可夫兼副指挥。

秋　王家骥、顾乃奎任副指挥，组织常备民工驻堤，加固险段、积土防震。

11月2日　凌晨5时25分，兴化县与盐城市交界的大纵湖发生4.7级地震。

11月下旬　靖江组织民工1.6万人疏浚下六圩港至上六圩港段（横港二期工程），工程长4.8公里，完成土方99万立方米。

11月　泰县动员民工1.5万人开挖中干河通扬公路至周山河段（二期工程），工程长5.2公里，次年1月竣工。完成土方145万立方米，累计工日79万个。配建公路桥2座，机耕桥11座，人行便桥4座。国家补助88.11万元。

11月～次年1月　泰兴、兴化、靖江出动民工3.55万人参加三阳河四期工程，完成土方324.02万立方米，累计工日172.59万个。

11月～次年6月　兴化出动民工800人参加樊川节制闸工程，完成土方10万立方米，累计工日10万个。

12月20日　泰兴动员民工1万人开挖宣堡港东段。工程长3.9公里，于1977年1月竣工。

是日　泰兴县动员8.6万人开挖新焦土港。该工程全长36.23公里。

1977年

1月　泰县开工建姜堰套闸，6月建成。完成土方10.08万立方米，混凝土3842立方米，造价103万元。

姜堰套闸

3月23日　靖江西界河至小掘港666米的江堤外滩突然坍至堤脚，坍处长200余米，宽12米。该县新桥公社组织民力1500人突击抢筑退堤。

3月25日　泰兴县水利局建桥工程队在建造珊瑚公社东河大队的焦土港桥时，发生触电事故，死5人，重伤12人，轻伤21人。

3月下旬　兴化唐港河第三期疏浚工程竣工。工程长21公里，组织民工2.02万人，完成土方356.2万立方米，使用经费119.6万元。

是月　兴化水电局分拆为水利局、供电局、农业机械管理局。

4月14日　兴化舍陈公社在水力运土的基础上，试验水力冲土开河，出土结合填平废沟塘，省水利局提供试验经费2万元。

4月30日　靖江丹华港至张家圩江堤护坡工程竣工。

4月~次年10月　泰兴组织民工460人参加新通扬运河建桥工程，完成土方3.5万立方米，累计工日5.76万个。

5月3日　扬州专区革命委员会水利局成立，金子平任局长。

6月30日　泰县姜堰套闸建成，并通过验收交接。

7月9日　泰县水电局改名为泰县革命委员会水利局。农机、供电的管理工作划归农机、供电部门。

10月11日　兴化县水利局与治淮工程团合署办公。

10月31日　中干河泰县公路桥建成。

10月~次年3月　泰县组织4100民工参加江都新东闸工程，完成土方49.82万立方米，累计工日39.42万个。

11月25日　泰兴县组织8万人开挖古马干河中段（两泰官河至西姜黄河），1978年1月中旬竣工。该工程长18.64公里，完成土方688.7万立方米、石方6900立方米、混凝土2040立方米，建桥17座，累计工日374.4万个，投资124.5万元，其中国家补助65万元。

11月　泰兴县组织4.36万人按新规划线开挖羌溪河，该工程长13.2公里。同时组织5300人整治羌溪河向东一段的天星港，工程长4.76公里。共完成土方311.07万立方米，建桥17座，建涵洞4座，投资73.2万元，其中国家补助10万元。

冬和次年冬　靖江实施横港第三期和第四期工程。工程长11.8公里，共动用民工2.4万人，完成土方165.4万立方米，共投资108.3万元。

1978年

2月25日　南官河整治第三期工程开工，5月竣工。工程长13.8公里，疏浚刁铺至老通扬运河口段，同时全面整修块石挡土墙。整治后达到河底高程负1米，周山河以南河底宽20米，周山河以北河底宽15米。

2月　兴化整治塘港河第四期工程竣工，工程全长7.9公里，组织民工1.23万人，完成土方122.2万立方米，使用经费49万元，其中，国家补助经费29万元。

4月3日　兴化制造仿荷74型绞吸式挖泥机船1条。此船在拆坝建桥工作中，使用效果较好。扬州地区水利局要求兴化代制5艘，1979年4月29日，扬州地区行政公署下达生产5艘的经费56.5万元。

5月6日　兴化久旱。为缓解旱情，扬州地区在兴化进行人工降雨试验。至9月5日，共作业27次，成效显著。

5月29日　国务院南水北调审查组一行130人，视察三江营河口、通扬运河、三阳河及考察沿运南水北调可行性。

5～9月　泰兴100多天无雨，受旱面积达86.74万亩。6月，马甸节制闸五孔全开，抢潮引水，最大进闸流量达398立方米每秒。由于古马干河河床不相适应，两泰官河淤塞，河坡不稳定，倒塌河床9公里（马甸闸至薛马中沟），土方78万立方米，损坏桥梁4座。

9月1日　泰县批拨抗旱经费108.5万元，减免农业税52.5万元。泰县连续出现春旱、伏旱和秋旱，长期少雨，8月份仅降水18.7毫米，并持续高温，出现严重旱情。

10月5日　靖江八圩港至九圩港482米护岸和11号丁坝加固工程竣工。护岸面积2.65万平方米，抛石4.4万吨。同日，该县老夹港翻水站建成。

10月30日　泰兴县成立农田基本建设指挥部，李少卿兼任指挥，周昌云兼任副指挥。

11月1日　泰兴开工建靖泰界河节制闸，1979年9月竣工，国家投资21万元。闸单孔，净宽7米，最大过水能力为66立方米每秒，设计排灌面积为10万亩。

12月1日　泰兴动员3.39万人按新线开挖如泰运河东段（季黄河至如泰界河），废分黄河。工程长12 .38公里，完成土方398.6万立方米，石方1752.3立方米；总投资237.96万元，其中国家补助145.56万元。

12月～次年7月　泰县、兴化组织民工4100人参加江都西闸切滩工程，完成土方21.7万立方米，累计工日25.67万个。

是年　兴化大旱，汛期雨量为历年同期的1/3，全年降水为常年平均雨量的1/3。兴化全县干部群众全力投入抗旱，在大旱之年夺得丰收。

1979年

1月17日　泰县组织300民工，参加南京秦淮河治理工程。

1月18日　泰县生产河东段及前进河的开挖工程竣工，建成周山河大桥，延伸塘湾至白马公社公路。

2月5日　泰县组织500名民工，参加江都西闸抛块石、切滩和配合挖泥机船施工。

3月2日　靖江县治淮工程团和靖江县水利局合署办公。

大冯套闸

3月8日　泰县大冯套闸竣工。

8月　省委副书记周泽和省革命委员会水利局局长陈克天在泰县姜堰镇主持召开通南地区水利工作座谈会。会后，省委补助3000万元，用于通南高沙土地区中小型水利工程建设。

9月20日　泰县水利学会成立。

9月27日　扬州地区行政公署水利局、扬州地区治淮指挥部合署办公。

11月～次年1月　兴化、泰兴、泰县组织民工6.99万人参加新通扬运河西段拓浚工程，完成土方352.61万立方米，累计工日392.42万个。

12月5日　靖江县夏仕港套闸工程开工，1981年停工缓建。1984年1月9日复工续建。1985年10月27日竣工并投入运行。

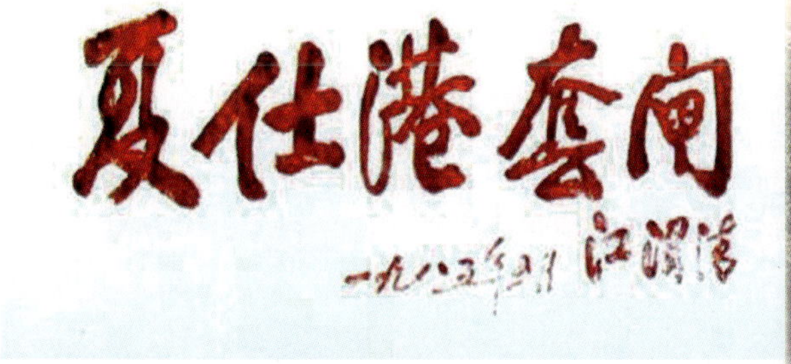

1985年江渭清(原中顾委常委、江苏省委书记)题写夏仕港套闸名

12月21日　省革命委员会水利局副局长高鉴在兴化召开盐城、扬州两地区及兴化县水利局、东台县水利工程团等单位负责人会议,就西塘河拓浚工程施工中有关问题进行协商并签署会议纪要。由西塘河工程指挥部一次性补助有关大队耕地挖、压费11.99万元,补助建筑物配套经费30万元。

(四)1980年1月~1989年12月

1980年

泰州市图

2月　兴化唐港河第五期疏浚工程竣工，工程全长2.06公里，动员民工0.4万人，完成土方32万立方米，地区补助经费13.5万元。

6月14日　兴化县水利机械厂研制的14ZLJ-100型轴流泵（简易抢排泵）技术鉴定会在兴化召开。省水利厅、华东水利学院、江苏农学院等各方面专家、工程技术人员25人应邀参加。会议通过测试、检验和试运行，认定该泵性能良好，基本符合设计要求，同意投入批量生产。

6月28日　受暴风雨袭击，靖江17万亩农田积水，重涝2.5万亩，损坏房屋2000余间，1000多吨粮食受潮。

6～7月　泰兴3次受暴雨袭击，最大日雨量100毫米，全县倒塌涵洞757座，仅干河、中沟河坡、青坎流失土方81.3万立方米，损失农田2121亩。

7～8月　兴化组织4000民工参加里运河西堤护坡工程，完成土方6.6万立方米，累计工日13.5万个。

8月29日　泰兴县永安公社盘头、北沙大队发生坍江。坍口长120米，宽20米。

8月　省水利厅厅长熊梯云一行十余人至泰兴，视察宣堡港肖林点的河坡养护现场，赞扬泰兴河坡养护管理工作做法好，决定将泰兴列为农水补助重点县。其后连续3年补助泰兴共260万元。泰兴坡面植被达到92%。

秋　扬州水利系统技术干部技术职称评定委员会成立。

12月13日　省水利厅在兴化召开圩区规划治理座谈会。

是月　泰兴开工加高培厚江堤84.33公里，次年3月竣工。江堤按1954年最高洪水位超高2米，顶宽4.5米，外坡1∶5，内坡1∶2标准修复。

是年　靖江组织民工4000余人拓浚横港夹港以西段4.4公里，完成土方19万立方米，投入资金26.5万元。

1981年

4月上、中旬　水利部、淮委、山东和江苏省水利厅组成的南水北调查勘组，实地考察泰州引江河线路，以及向北、向东送水的线路，如新通扬运河、泰东河、卤汀河。

5月1日　18时左右，泰县、泰兴、靖江遭狂风暴雨和冰雹袭击，雹径大至2.5厘米。泰县倒坏房屋3500余间，伤2人；泰兴成灾面积达41.29万亩，倒坏房屋2970间，倒断电杆645根，倒涵7座，死2人，伤56人；靖江倒房723间，32万亩三麦（元、大、小麦）严重倒伏。

5月18日　省政府派员会同靖江、如皋两县水利、民政、财经部门负责人协商靖、如两县江滩（东小岛）划界事宜，并达成协议。

7月　扬州全市水利工程"三查三定"工作于下半年开始，至1984年11月底基本结束。

11月11日　今起执行省政府批转省水利厅的《关于加强堤防管理的意见》。

12月中旬　泰兴开挖两泰官河戴巷桥至如泰运河岔口，使两泰官河与羌溪河成一直线。次年2月竣工。河长2.12公里，并砌两岸护岸块石直立墙3.1公里。动用民工1万余人，完成土方4.5万立方米，石方0.54万立方米，国家补助30万元。

是月　泰州进行全市水资源调查。

是年　靖江完成炮台圩节点、和尚港等坍江地段抛石护岸工程，共抛石5.36万吨，国家投资38万元。

1982年

3月15日　泰县泰东河淤溪夹河段拓浚工程开工，跨河建淤溪南、北公路桥两座，国家投资35万元。

3月　靖江、泰兴各公社成立水利站；5月，兴化和泰县各公社成立水利站。

4月2日　今起执行省政府批转省水利厅的《江苏省水利工程水费收交使用和管理实施办法（试行）》。

7月19日　靖江普降大暴雨，雨量均在200毫米左右；内河水位猛涨，25万亩农田积水成涝，孤北洼地尤为严重；死1人，伤8人。

7月28日　泰兴天星公社新星段江堤外滩发生突发性崩坍，坍段长450余米，宽110余米。9月23日，该段江堤再次发生崩坍。

10月15日　泰兴县政府成立农田水利建设指挥部，指挥叶绍岚，副指挥刘景良、徐先、陈侠。

10月20日　靖江县成立长江复堤工程指挥部，副县长孙力行兼任指挥。

是月　泰兴组织2.24万民工参加京杭大运河中埂切除工程。

11月29日　靖江复堤工程全面动工，1984年1月30日土方工程竣工。共出动民工16万人，工程合计长101.9公里，完成土方549万立方米。次年3月，结合取土开挖精养鱼池1000多亩；植水杉等树木29.4万株，开全省堤防绿化之先河。

11月30日　泰兴开工整治如泰运河羌溪河口至方阡段，次年1月5日竣工、拆坝。工程长6.2公里，完成土方86万立方米，动用民工1.8万人。

11～12月　泰县组织1.45万民工，参加京杭运河宝应段整治工程，工程长3.70公里，完成土方95万立方米。

12月16日　靖江十圩闸钢结构闸门阴极防腐技术获1983年省水利科技成果四等奖。

冬　靖江新开北横港。该工程长3.4公里，开挖土方25.0万立方米。

冬　省水利厅厅长熊梯云、副厅长李子健视察靖江长江复堤工程，扬州市水利局副局长陈泽甫、靖江县副县长朱月初、复堤工程指挥部办公室主任翟浩辉等陪同。

熊梯云（左三）、李子健（右四）、陈泽甫（左二）

是年　扬州市委书记傅宗华视察京杭运河中埂切除工程泰县段。扬州市水利局局长徐善焜、泰县水利局局长李庆芝陪同。

傅宗华(右二)、徐善焜(左二)

1983年

1月　卤汀河泰州渔行段护岸工程竣工，工程全长532米。

1月30日　靖江成立江堤管理委员会。

3月1日　撤销地区行署，扬州实行市管县领导体制。扬州地区行署水利局改称扬州市水利局。

3月中旬　兴化整治车路河工程开工。工程长4.05公里，第一期工程4月2日竣工，第二期工程11月15日开工，12月22日全线竣工。两期工程总长42.5公里，沿线公路路基45公里。动用民工26.4万余人，完成土方800.45万立方米，工日449.04万个，全线配套各种建筑物65座，国家投资经费500万元。

是月　兴化改造荒滩、开挖鱼池万余亩。靖江结合取土修江堤，开挖精养鱼池千余亩。

5月15日　省长顾秀莲、副省长凌启鸿、扬州市委书记傅宗华，视察引江河线路。

7月1日　泰兴开挖两泰官河北段（樊堡至蔡庄），12月30日竣工。工程长800米，支沟配套700米。完成土方35万立方米，国家补助17.6万元。此工程采用泥浆泵施工（省内首次），每台泵日工效平均262立方米；测算出沙土地区运距定额，初步探讨了水力冲土施工工艺。

8月27日　晚6时左右，泰兴县永安洲乡盘头段江滩崩坍，泰兴县造船厂200多吨钢板坍没江中。

9月16日　省水利厅厅长王守强等一行5人到泰兴视察泥浆泵施工。

王守强（右三）视察金鸡拦河闸

是月　扬州市各乡水利技术员参加省水利厅举行的统考，合格和免考人员领取《江苏省乡级水利技术员证书》。

扬州“地转市”后首任市长黄书祥（右一，摄于2011年）

10月18日　扬州市水利会议在靖江召开。各县（市）分管水利的县长、水利局长出席会议。扬州市长黄书祥、副市长吴孟镛到会并讲话。会后，与会者参观了靖江新建的百里江堤。

11月20日　靖江十圩港中段疏浚工程开工，12月10日竣工复航。工程长6公里，疏浚土方34万立方米，动用民工2万人。

11月30日　泰县中干河和南干河疏浚工程结束。工程长4.65公里，投入民力6000人，实做13.6万工日，完成土方16.34万立方米。

12月8日　省长顾秀莲视察兴化车路河工地，慰问民工。

12月25日　泰县水利局与省农科院等单位的协作科研项目南方麦区小麦渍害防御技术，获农牧渔业部1982年技术改进一等奖。

是月　境内市乡水利会计员参加省水利厅举行的统考，合核人员领取《江苏省乡级水利会计员合格证》。

冬　靖江县完成了江堤加固工程，实现“五成一好”（堤成、路成、塘成、绿化成、建筑物配套成、经营管理好）。次年，获扬州市人民政府“开发一等奖”。

1984年

1月17～19日　境内普降大雪，泰州、靖江、泰兴、泰县、兴化积雪深度分别为30、22、29.3、27、21厘米，均创有气象记录以来的历史极值。

1月　泰兴天星乡洋思村、口岸闸管所、过船闸管所被省水利厅评为省水利管理先进单位。

2月17日　泰兴组织4000人整治羌溪河北段（如泰运河汊口至酒厂支沟）。工程长1325米，河深负1米，底宽10米，高程3米以上，坡比1:3，以下1:4。完成土方10万立方米，石方4007立方米。

3月　刘文凤任兴化县水利局局长。

4月10～13日　江苏省水利史志编纂委员会在南京成立，主任陈克天，副主任熊梯云、李子健、方福均、戴玉凯。编委、顾问56人，扬州金子平、陈泽甫、戴树义为编委。省《水利志》于2001年正式出版。

6月5～6日　扬州市政府在瓜洲闸召开防汛防旱会议，同时召开扬州市水利史志编撰委员会成立大会。编委会主任史成仁，副主任金子平、徐善焜、吴光东、陈泽甫、戴树义，顾问23人，特邀顾问13人，编委42人。《扬州水利志》于1999年正式出版。

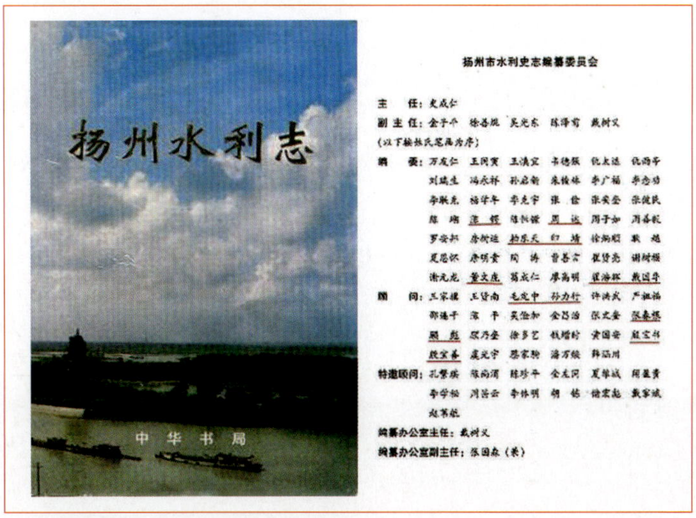

7月10日～9月11日　泰兴天星乡新星段，永安洲乡西六圩、小明沟窑厂段，口岸镇杨湾、李新圩段先后发生坍江。

8月10日　兴化县水利局所属农水队、车船队对现有卡车、绞吸式挖泥机船、45吨双机挂桨船实行经济承包，分别和承包人签订为期1～2年的承包合同。

10月24日　中共兴化县水利局党组成立，1990年6月16日被撤销。

10月28日　靖江县水利局研制的潮水闸微电脑控制仪通过鉴定。此成果获1985年扬州市科技成果三等奖。

11月20日　里下河地区圩堤建设现场会在兴化召开。扬州市副市长吴孟镛到会讲话，与会者参观大邹、下圩、钓鱼3乡圩堤建设。

是日　泰兴组织8600余人参加大运河邵伯船闸复线一期工程。工程于次年1月完成。

是日　泰兴羌溪河酒厂支沟至焦土港整治工程开工，12月初竣工。工程长8.52公里，动员民力7500人，完成土方21万立方米，石方1800立方米。后进行封河育草和块石护坡。河深负0.5米，底宽8米，高程3米以上，坡比1∶3，以下1∶4。

11月～次年1月　泰县组织7850民工，赴江都参加京杭运河续建工程，完成土方60.88万立方米。

11月～次年5月　兴化组织民工5000人参加运西船闸工程，完成土方71.8万立方米，累计工日38.6万个。

12月9日　永安洲东夹江大坝工程开工，工程长588.5米，投资59.8万元，1985年4月20日竣工。动用民工3500人，完成土方288万立方米。同期开挖坝内2条引河，挖土方44.3万立方米。

12月10日　泰兴水利局基建工程队工人黄同生荣获水利电力部、中国水利电力工会全国委员会授予的劳动模范称号。

12月31日　兴化县水利局全县土地资源调查报告通过省农业规划办公室验收鉴定。该成果获省农业区划（市级）二等奖，兴化县科技成果一等奖。

12月～次年1月　泰兴组织民工8100人参加邵伯二线船闸工程，完成土方42.6万立方米，累计工日38.9万个。

是年　靖江完成敦义顾仕桥、张家圩，越江旺桥、王小港4座封口涵和东兴上五圩港至上六圩港段江堤块石护坡工程。

是年　泰州市开始征收水利工程水费。

是年　“泰兴县七圩乡农田水利规划”和“泰兴县南新乡水利规划”分别

获省水利厅科技成果三、四等奖。

1985年

1月1日　省政府批准泰州市为省直辖县级市，国民经济计划改为由江苏省单独列户。泰县朱庄、泰西两乡划入泰州市。

2月7日　省水利厅在兴化召开全省农田水利工作会议。与会者参观钓鱼、大邹、下圩等乡圩堤建设与浚河、筑路、开挖鱼池和植树相结合的现场。

3月1日　省水利厅将镇江地区水利局的40千瓦卧式发电机和75千瓦立式发电机各1台，分别无偿调拨给兴化老圩和钓鱼水利站，支持他们综合经营。

3月15日　浙江省水利厅厅长钟世杰一行28人参观靖江长江堤防。

5月4日　凌晨4时左右，泰兴全县遭大风、暴雨袭击，倒伏三麦（元、大、小麦）52.2万亩，倒房屋2092间，伤4人，死牲畜39头；断树6236棵，电线杆84根。

5月15日　省长顾秀莲到泰兴口岸视察引江河线路。

顾秀莲（中）下基层视察工作

11月24日　省水土保持现场会在泰兴召开，与会人员参观了燕头乡农田林网化、河坡植被和羌溪河岔口块石护坡工程。

12月7日　今起执行省财政厅和省水利厅联合颁发的《关于基层水利管理单位开展综合经营生产周转金使用管理试用办法》。

12月　泰州招贤桥改建工程竣工。新桥全长55.7米，宽24米，荷载标准：汽-20，挂-100。

1986年

1～4月　泰县投入10台泥浆泵疏浚西姜黄河泰兴霍家庄至南干河段。

3月25日　林业部副部长刘广远等一行4人到泰兴视察燕头乡农田林网化和白果商品基地现场。

3月27日　省水利建设评奖大会在泰兴县召开。省水利厅副厅长贾启模主持，副厅长戴玉凯讲话。泰兴被评为全省水利建设优胜县。与会人员参观了燕头乡农田林网化、河坡植被和宣堡乡泥浆泵疏浚中沟现场。

抗战名将戴安澜将军之子、水利厅副厅长戴澄东

5月5～15日　原江苏农办主任王恒山一行6人，对里下河地区“闲置、半闲置”状态的农业自然资源开发利用问题进行调研。此后，里下河各县，纷纷圈围湖荡，发展副业，却发生了影响滞涝、水质恶化的矛盾。

5月　副省长陈克天，省水利厅副厅长戴澄东、戴玉凯一行10人抵泰兴检查水利工作，视察两泰官河和靖泰界河整治工程。

5月10日　泰县开工建白米套闸，12月25日全面竣工。次年7月24日，该套闸被扬州市水利局定为全优工程。

5月11日　省长顾秀莲视察靖江长江大堤。

5月20日　省水利工程管理表彰会议在泰县召开。

7月12日　省水利学会、林学会在泰兴召开平原地区农田林网化、坡面植物保护研讨会。50多位专家、学者参加了会议，发表论文、经验报告23篇，其中泰兴水利部门5篇。与会人员参观了泰兴县马甸镇、燕头乡的农田林网化和宣堡港等河道。

7月27日　靖江、泰县部分地区遭龙卷风、冰雹和大暴雨袭击，最大风力12级。摧毁、损坏房屋5763间，死1人，伤33人，其中，重伤15人，农作物也遭到了不同程度的损害。直接经济损失500多万元。

10月7日　由国家计委、水电部组织的南水北调东线第一期工程专家评估小组一行48人，及省有关厅局负责人20多人到口岸现场评估引江河线路。

11月8日　省水利厅副厅长戴澄东，省治淮指挥部副指挥吴连彩，原江苏省副省长陈克天，原水利厅副厅长方福钧、高鉴到泰兴考察引江河。

是日　省水利厅副厅长戴澄东视察靖泰界河泥浆泵施工现场。

12月5日　靖江横港东段疏浚工程动工，1.2万民工参加施工。工程长5.2公里，挖土方46万立方米。

12月6日　泰兴开工整治两泰官河。工程分三期施工，1988年5月竣工。三期工程总长19.78公里，共完成土方223.40万立方米，弯道及岔口块石护坡长4.20公里；建桥13座、涵闸9座，架设10千伏输电线路16公里；拆屋134间，迁移白果树200多棵；总投资408.72万元，其中，省水利厅补助360万元。

是日　泰兴在两泰官河根南中沟至宣堡港、宣堡港两泰官河至肖崇中沟段工程中，组织泥浆泵120台施工，系省内中型以上工程首次使用泥浆泵施工。同日，省水利厅副厅长戴澄东、贾启模来泰兴视察水力冲土施工情况。

12月10～13日　靖江县水利局副局长董文虎代表靖江县政府在江苏利港电厂可行性研究报告评估会上，以光绪《靖江县志》(手抄本)为依据之一，提出："电厂的建设定会对靖江江岸造成影响"。经协商，利港电厂原则同意对靖江护岸工程补偿800万元。

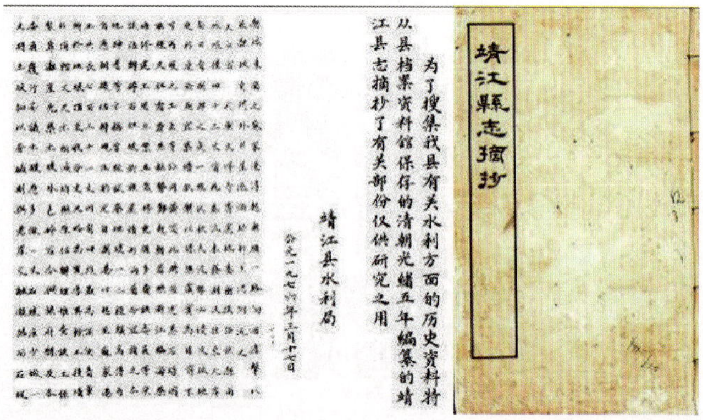
靖江縣志摘抄

为了搜集我县有关水利方面的历史资料特从县档案资料馆保存的清朝光绪五年编纂的靖江县志摘抄了有关部份仅供研究之用

靖江县水利局

公元一九七六年三月十七日

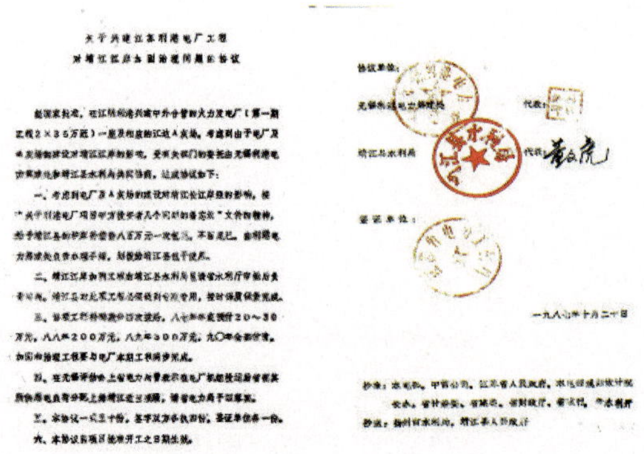

12月11日　新通扬运河泰东机耕桥竣工。桥全长56米，宽3米，设计标准为汽-6级，通航真高7米，工程总造价15万元。

12月中旬　泰县组织30台泥浆泵，疏浚泰兴境内西姜黄河。工程南起黄桥东，北至两县交界的霍家庄，全长14.4公里，完成土方128.87万立方米，同时分别在7处支河口进行块石护坡总长1.17公里，1987年6月下旬竣工。

12月30日　靖江夏仕港复堤工程竣工。工程全长11.6公里，完成土方18.74万立方米。

冬　靖江组织1.2万民工疏浚横港东段。工程长5.2公里，完成土方46万立方米，投资98.5万元。

1987年

1月1日　今起执行《江苏省水利工程管理条例》。

1月27日　泰县、靖江和兴化荣获扬州市冬春水利建设二等奖。

3月18日　泰兴整治古马干河西段工程开工，4月30日竣工。工程长3.83公里，完成土方34.6万立方米，块石护坡长2.52公里，石方1.13万立方米。

8月24日　泰县部分乡遭龙卷风袭击，全县普降暴雨，倒塌房屋1387间，死3人，伤8人。

9月　泰兴组织52台泥浆泵整治两泰官河南北段。工程计13.76公里，次年5月竣工。

10月6日　今起试行省政府办公厅批转省水利厅的《关于分级负担合作兴办水利工程的暂行办法》。

11月19日　今起执行省编委和省水利厅联合发出的《关于核定乡级水利管理服务机构人员编制的通知》。

是月　泰县开始续建生产河。工程长2.6公里(运粮河至运粮东四沟段),次年4月竣工。动用1.2万民工,投入泥浆泵22台,共完成土方60.5万立方米,新建电灌站6座,配套机耕桥1座,人行便桥2座。使用经费64万元,其中国家补助40万元,其余由顾高区6个乡镇集资。

12月22日　兴化撤县建市。

1988年

1月18日　两泰官河大泗段疏浚工程开工,6月14日竣工。泰县组织6台泥浆泵施工,工程长1.05公里,完成土方11.2万立方米,总费用54.5万元,其中国家投资40万元。

1月20日　北澄子河兴化段整治工程开工,次月上旬竣工。工程动用0.7万民工,长1612米,完成土方15万立方米。另有1350米河段,8.1万立方米土方,春节后用绞吸式挖泥机船施工,于4月12日结束。

3月18日　翟浩辉任扬州市水利局局长。

3月25~27日　扬州市水利局在泰县召开春季水利工作会议,总结去年秋冬水利建设工作,表彰先进。

4月底　泰县新生产河运粮段续建工程竣工,共完成土方60.5万立方米。

5月4日　凌晨4时,靖江遭暴风雨袭击,最大风力8级以上。死亡2人,失踪1人,重伤9人,轻伤22人。倒坍房屋350间、在建楼房310幢。18.5万亩小麦、6.5万亩元麦倒伏。

是月　靖江县水利局副局长董文虎参照省《乡镇机电排灌财务管理办法》的相关条款,与靖江物价部门会商,突破了船舶过闸费由省交通厅统一制定标准的惯例，在全省率先由水利与物价部门共同制定收费标准，将每吨0.1元提到每吨0.2元。

6月　姜堰将船舶过闸费也调至每吨0.2元。

7月1日　今起执行《中华人民共和国水法》。

7月12日　长江八圩河床水下地形出现异常现象，十圩港至八圩港段近岸负30米深塘面积达8700平方米，最深点达负38.1米。

9月22日　下午2时16分至6时半，泰兴永安洲乡盘头段发生坍江，坍没江滩长120米，宽62米至83米。

10月18日　靖江县章春港口坍江，长36米、宽18米。

11月7日　扬州市冬季水利现场会在兴化召开。会议期间，与会代表参观了兴化严家、李健、陈堡、荡朱、垛田等乡的圩堤加修和低产田改造现场。

11月8日　下午3时左右，泰兴永安洲乡盘头段坍江，长180米左右，宽160米左右，坍深7米左右，坍去县船厂内15米长的防洪墙。次年3月，退堤工程动工。堤长2.3公里，堤顶高7.6米，共用81.3万工日，挖土30余万立方米，投资55万元。

11月22日　省水利厅厅长孙龙察看泰兴过船港套闸险情。

12月6日　泰兴县县长黄龙生及两泰官河绿化工程受省政府表彰。

12月10日　安徽、江苏、河南3省电视台及淮河水利委员会采编及摄制人员来兴化拍摄冬季水利建设。

12月　泰兴县燕头水利站被评为全国先进区、乡水利水保管理服务站；兴化市老圩乡水利管理服务站万云鹤被评为国家优秀水利员。

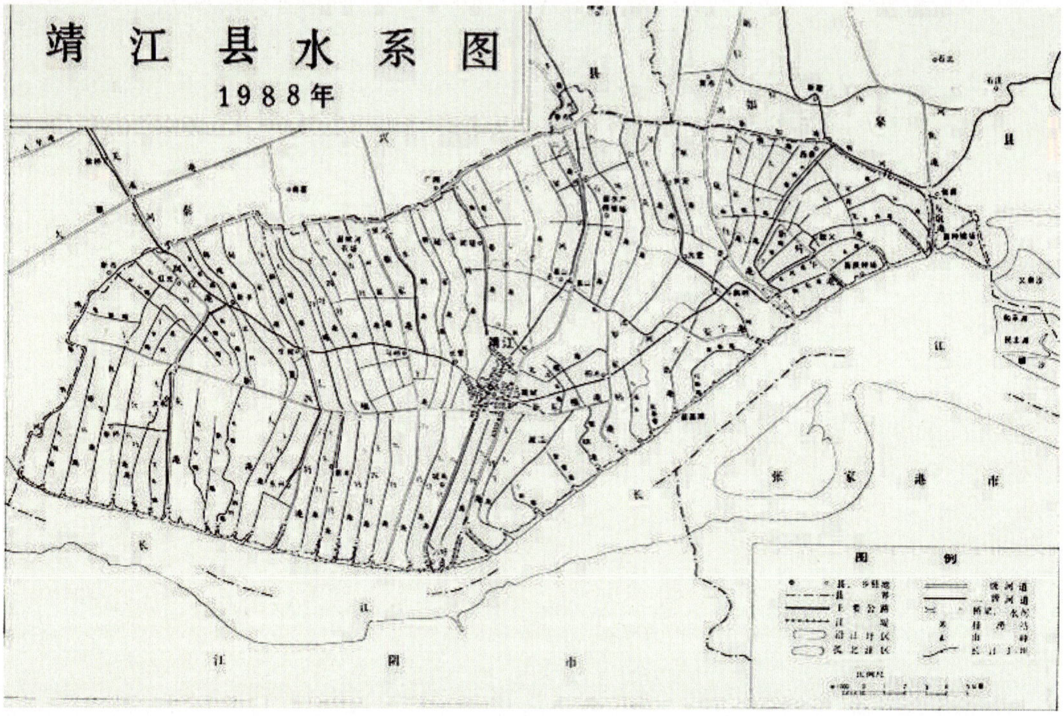

靖江县水系图

1989年

1月20日　兴化市获江苏省1989年度冬春水利建设北片三等奖。

3月8～10日　兴化水利局获全省水利工作县级二等奖。

3月15日　今起执行省政府印发的《江苏省水利工程水费核订、计收和使用管理办法》。

是月　泰兴永安洲乡盘头坍江段退堤工程动工，堤长2.3公里，顶高7.6米，投劳81.3万工日，挖土30余万立方米，投资55万元。

4月　泰兴县水利局被评为全省水利系统堤坝白蚁防治工作先进单位。

5月15日　水利部、水利电力工会全国委员会，授予泰县李庆芝全国水利系统劳动模范称号。

5月30日　今起执行省政府颁发的《江苏省保护水文测报设施的暂行规定》。

7月5日　下午4至5时，泰兴永安洲乡发生坍江，坍处长约200米，宽200米，坍深负24米，面积约100亩。

7月28日　夜至29日凌晨，泰兴永安洲乡盘头段坍江，坍长约80米，宽50米，深6至7米。

8月4日　下午，扬州市委书记姜永荣视察泰兴永安洲乡盘头坍江段和同心闸。

8月6日　泰县姜堰翻水站竣工验收。

姜堰翻水站

8月13日　泰兴县遭暴雨大风袭击，257个村严重受灾。倒房1761间、树44172棵、电话杆410根、电杆369根，沉船4条，死2人，伤26人，其中重伤7人。

9月6日　国家南水北调专家组一行25人到泰兴口岸镇查勘引江河线路。

9月17～18日　水利部副部长侯捷及参加全国南方农村水利建设现场会的代表参观泰县姜堰翻水站、泰兴县马甸养殖场泥浆泵施工现场和燕头乡农田基本建设。

9月29日　靖江十圩套闸管理所被评为全省水利系统先进集体。

10月　靖江县水利局副局长董文虎的著作《乡镇企业财务管理与分析》由东南大学出版社出版，江苏省会计专业高级职务评审委员会委员、苏州大学教授谈通作序。

11月7日　扬州市政府在泰县召开百万亩低产田改造现场会。

11月25日　泰县疏浚周山河西段22.1公里（从南官河起至中干河），次年2月竣工。投入泥浆泵39台，完成土方130万立方米，块石护坡770米。维修加固电灌站13座，新建下水通道15座、水码头2座、桥梁3座。实支经费241.9万元。

11月30日　省京杭运河续建工程指挥部授予兴化刘文凤、顾彪、泰兴刘国柱先进工作者称号。

是月　泰兴天星港整治工程开工，1990年年底竣工。工程长25.5公里，组织86台泥浆泵施工，共完成土方242万立方米。同期建机耕桥5座、大拖桥1座，改建2座。工程总投资657万元，其中省补贴167万元。

是月　泰县开工疏浚南干河（顾高部家电灌站向东至姜垛东姜黄河河口段），次年2月竣工。工程长7.15公里，动员劳力3500人，投入泥浆泵44台，实做4.19万工日，完成土方36万立方米。新建下水通道7座，电灌站2座，结合送土填平废沟塘增加面积197亩。支出经费66.2万元，其中国家补助22万元，其余由顾高区群众自筹。

是月　泰县开工疏浚中干河（姜堰套闸下游四支河口至周山河段），次年4月竣工。工程长7公里，动用民工5500人，投入泥浆泵18台，共完成土方45.6万立方米，混凝土及块石护坡2.82万立方米，块石护坡5.5公里。维修电灌站12座，下水道20座，兴建生活码头94座，维修桥梁4座。工程总投资344.69万元，其中省补助118万元，交通部门支持60万元，其余由县、乡集资。

是月　原副省长陈克天检查兴化水利规划，兴化市委书记丁解民陪同。

陈克天（左一）、丁解民（左二）

12月3～4日　扬州市政府在泰兴县召开“水利突击月”活动现场动员会。与会者参观了天星港工程泥浆泵施工、新市镇严家港疏浚工程、蔡港刘陈段施工以及三里乡中沟的疏浚，横巷乡、黄桥镇低产田改造。

12月8日　靖江三圩港北段疏浚工程（重点农水工程）开工。工程全长8.3公里，挖土方36万立方米，出动民工1.3万人。

12月9日　副省长凌启鸿率领全省冬季农田水利和越冬作物田间管理现场会代表来兴化，参观兴化市钓鱼乡田间管理和安丰镇盐靖河段整治工程。

是年　省水利厅原副厅长高鉴、扬州市水利局副局长吴光东检查兴化水利建设。

（五）1990 年 1 月 ~ 1996 年 8 月

1990 年

泰州市市区街道图

1月1日　扬州市市长吕新奎、水利局局长翟浩辉至姜堰中干河水利工地，慰问施工人员并参加劳动。

2月13日　扬州市水利绿化现场会在靖江召开，与会者参观了靖江长江大堤、十圩闸、夏仕港闸和城南、越江乡新开河道绿化现场。

2月27日　储新泉任泰县水利局局长。

3月30日　早潮，靖江县长江农场发生坍江，坍去长66米、宽20米滩地。坍口距堤脚仅40米。

5月6日　省政府授予靖江和泰县1989年度“大禹杯”水利建设先进县荣誉称号。

5月26日　水利部原副部长、全国政协常委刘向三参观兴化农田水利和大垛东风圩。兴化市政协主席袁少群，水利局局长刘文凤、副局长单树桂等陪同。

6月19日　今起执行省水利厅颁发的《江苏省堤坝白蚁防治暂行办法》。

7月3日　为防老堤坍江，靖江县长江农场干部、职工冒高温动工抢筑退堤。堤长170米，完成土方1万立方米，7月25日竣工。

是月　扬州市水利局与财政局采纳扬州市水利局计财科科长董文虎的建议，联合发文，在全国水利系统第一个进行水利固定资产清理、重估。次年，董文虎计算出全市水利工程老化率为40.8%。这项工作引起了水利部财务司的高度重视，认为“很有参考价值”并派清产核资办公室处长熊安良到扬州调研。

水利部清产核资办公室处长熊安良（中）

8月31日～9月1日　泰州各地遭受15号强台风袭击，境内总雨量达800.19毫米，最大风力达10级以上，最大风速17米每秒以上，是新中国成立后台风过境降雨量最大的一次。强台风给各地造成很大灾害。其中，泰兴28.5万亩农田受涝、5.25万棵杂树被毁，输电线路中断45次。泰州郊区水稻70%倒伏，40%农田严重积水，直接损失950万元左右。城区大部分地段停电一天一夜，少数企业被迫停产。兴化105.25万亩农田围水，40多万亩严重受淹，40多万亩棉花倒伏，1.1万间房屋倒塌，直接经济损失3亿元。靖江9万亩棉花倒伏，死2人，伤5人，失踪1人。

11月3～5日　水利部副部长侯捷率领南水北调专家组一行19人，视察泰州引江河、泰东河、卤汀河和大汕子站址，并查勘泰兴引江河线路。

11月7日　泰县建立水利工程总指挥部，范德富任总指挥，蒋书敏等4人任副总指挥，下设3个分指挥部。

11月17日　国际土工织物学会中国分会秘书长王育人在泰兴县水利局副局长刘国柱的陪同下察看泰兴南官河膜袋护坡工程。

11月23日　今起执行省政府批转的省水利厅、计经委、财政厅《关于水利建设和管理实行分级负责的意见的通知》。

11月　泰县开工疏浚西姜黄河老通扬运河至周山河段，次年6月竣工。投入泥浆泵16台，完成土方30.4万立方米，总投资141万元（其中国家补助17万元）。同期疏浚中干河至东姜黄河段，采用泥浆泵机械施工，工程长13.3公里，总土方67.71万立方米。

11月　续建生产河（运粮东四沟至东姜黄河段），次年1月竣工。工程长4.2公里，完成土方105.7万立方米，新建公路桥和机耕桥各1座、人行便桥2座、下水道12座。拆建电灌站5座。投资435万元，其中配套建筑物经费238.34万元，国家补助70万元。至此，经3次续建，生产河东段建成。

12月4日　泰县水利机械厂获1989年度水利部部级先进企业称号。

12月5日　扬州市京杭运河续建工程指挥部更名为江苏省水利重点工程扬州市指挥部。

是日　泰县中干河整治工程被省水利厅评为1990年度省全优工程。

12月　泰兴增产港疏浚工程开工,次年2月27日竣工。该段工程南从靖泰界河起,北至分黄河,长15公里,完成土方149万立方米。底宽10米,底高程负1米,高程3米以上,坡比1∶3,3米以下1∶4。

1991年

2月上旬　杜青山任扬州市水利局局长兼党组书记。

4月22~25日　日本海外协力基金开发部顾问中原通夫和驻北京代表井测晃参观泰州引江河线路。

4月29日　靖江县水利局被省水利厅、省水利志编纂委员会评为省修志先进单位,张浩生被评为修志先进个人。

5月19日　扬州市政府召开水利建设表彰大会,靖江县、泰兴县水利局荣获1990年度大禹杯竞赛先进单位。

5月21日~8月7日　靖江梅雨期总量819.2毫米。6月14日、30日、8月7日3次降雨过程总雨量达394.8毫米,全县径流总量达5亿立方米。

5~9月　泰兴遭受特大洪涝灾害,倒塌房屋7828间,死5人,伤24人。43.56万亩农作物受灾,145家企业进水停产,39541间房屋进水,8471人被迫撤离,519座涵洞、92座农用桥被冲毁,1200座电灌站进水,总计损失约2亿元。

口岸农田受淹

田河乡田、河不分

口岸街道成河

6月4日　扬州市科技兴水现场研讨会在靖江召开，扬州市水利局农水科及各县(市)水利局农水股股长20多人出席。

6月12日~7月15日　兴化共降暴雨、大暴雨10次，降雨量超过1000毫米。总梅雨量1310.8毫米，为常年梅雨量的5.7倍，为1954年梅雨量的2.1倍。7月15日，市区水位3.34米，超过警戒水位1.54米，荡朱3.43米。全市农田受淹，有23万户房屋进水，105万人被水围困，倒塌房屋6.41万间。工商企业被迫停产停业。直接经济损失达17.1亿元。兴化干部、群众奋力抗灾，突击闭闸1080座，打坝堵口5000多个。1000多座排涝站、7000多艘抽水机船全力投入排涝。先后平安转移42万多人。

农田被淹

小区成湖

兴化宾馆看海

6月12日　水利部向全市为水利事业勤奋工作25周年的同志颁发荣誉证书及证章。

6月29日~7月15日　泰县里下河地区总雨量达700多毫米，溱潼最高水位达3.41米，超过警戒水位1.61米；247个圩冲毁228个，30多万群众被洪水围困，损失惨重。泰县县委县政府紧急动员全县人民抗洪排涝。

7月1日　由靖江县水利局设计、水利建筑工程总队承建的土桥排涝站经验收合格，一次试机出水投入排涝，土桥乡南片5千亩洼地迅速解除涝情。

7月7日　省防汛指挥部在兴化召开里下河地区防汛抗洪紧急会议，扬州、盐城、淮阴3市防汛指挥部负责人参加。省水利厅副厅长沈志毅在会上通报汛情，传达省委、省人民政府指示，部署抗洪救灾工作。

7月8日　扬州市委书记姜永荣、副书记黄翠玉来兴化，涉水察看被淹民房，慰问受灾群众。至8月底，先后来兴化察看灾情、慰问群众、指导工作的国家机关、人民解放军、武警部队等有关方面负责人共600多位。

是日　南京军区舟桥旅某部携救援设备、省武警总队直属支队王队长率200名武警官兵、南京军区83544部队后勤部部长率180名官兵相继抵兴，并迅即投入抗洪排涝斗争。

是日　扬州市红十字会有关负责人抵兴化，转赠解放军三总部赠送的39箱药品和部分医疗器械。先后给兴化灾民捐赠款物的有机关、部队、学校、人民团体、企业及社会各界人士（尤其是兴化籍旅居外地人士和在兴工作、战斗过的老干部），香港、澳门、台湾同胞，海外华人、华侨，部分国际组织和国际友好人士等。

7月上旬　扬州地区普遭水灾，董文虎自发在扬州环球商场门口设摊义卖自己创作的书画作品，并倡导广大市民及机关企事业单位捐款救灾。他将义卖的3100多元，悉数捐赠。受此举影响，社会各界纷纷捐款救灾。其后，扬州市水利局和民政局分别收到捐赠款90余万元和270余万元。

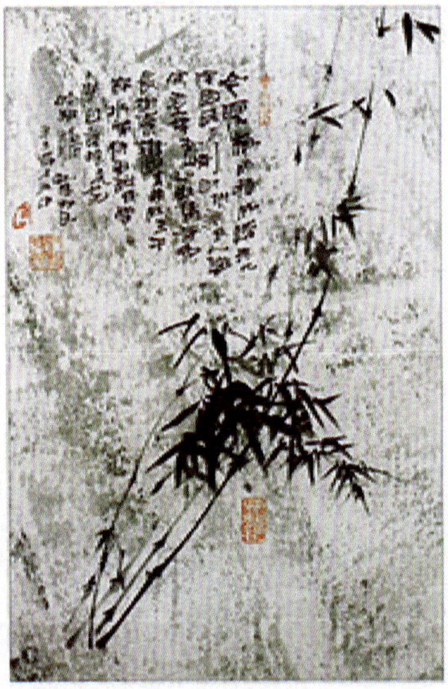

1991年暴雨后，董文虎手书义卖书画救灾宣传牌

7月11日　泰县兴泰乡党委秘书、宣传员、民兵副营长李德宏，在抗洪抢险中，不幸以身殉职。省政府追认其为烈士；省政府、省军区号召全省学习李德宏烈士先进事迹。

是日　下午，国务院抗灾工作组一行5人来兴化视察灾情，指导救灾。

7月11日～8月14日　在抗洪救灾中，泰县收到县内外各单位、国内外各界人士的捐款102.2万元，捐赠物资、食品折价73.4万元，捐赠粮票23.6万斤。

7月13日　扬州汽车运输公司出动10吨卡车29辆，从宿迁骆运管理处抢运12英寸水泵和S295柴油机230台支持兴化，完成运输量36万吨公里。

7月14日　靖江县江堤险段加固全部结工。共出动7万余人次，完成土方6万余立方米，使用各类泥袋35.35万只、木桩4300余根、毛竹600余根、竹帘6580块、柴油605吨、块石6000多吨、铁丝4.96吨。

7月16日 国务院赴江苏抗灾救灾工作组苏北组视察泰县灾区。

7月19日 扬州市驻靖江防汛工作组成员董文虎一行10人慰问兴化、高邮和宝应灾区群众。

7月21日 国务院总理李鹏及水利、农业、卫生、民政等部及其他有关方面负责人来兴化察看灾情，慰问受灾群众。

是日 省委书记沈达人、省长陈焕友来兴化视察灾情，慰问受灾群众。

7月21～26日 泰兴永安洲乡组织3000人突击完成同兴村6队退建江堤453米，挖土1.62万立方米，堤顶高程6.5米，顶宽3米，坡比1∶2至1∶3。

7月22日～23日 省人大主任韩培信率省抗灾慰问团一行19人，到泰兴、泰县视察南官河险段、永安洲坍江、过船闸险情和灾情，并慰问当地干部群众。

韩培信（图中正面右一）

7月27日 联合国副秘书长、开发计划署署长、特使艾沙特来兴化市东潭乡冷家村察看灾情。省政府秘书长段绪申陪同。

7月28日 省抗洪救灾工作组在兴化召开恢复生产调研会。

是月 梅雨期内泰州市降雨888.3毫米，是历年同期平均降水量的3.6倍。6月28日以来，先后出现7次暴雨过程，降水573.9毫米，比常年6、7两月多224.2毫米。7月11日下河水位达3.33米，超警戒水位1.33米；上河水位

4.68米，超警戒水位0.88米。至7月19日，出现险情的房屋有近2万间，其中倒损97间、进水2001间。全市损失10163.75万元以上。

是月　因连续暴雨，靖江县沿江干支衔接堤及界河沿线堤坝共发生险工患段135处，病、险闸9座，病、险涵38座。十圩港、天生港、丹华港、章春港、上五圩港等段堤防坍方39处，长5000米；界河沿线出现病闸4座，封口坝漫水8座，河堤漫水15处，计3600米，全县水毁工程损失500多万元。

周文智（右二）、翟浩辉（左一）

是月　水利部副部长周文智在省水利厅副厅长翟浩辉陪同下视察兴化抗洪救灾。

8月5日、9日　省委副书记曹克明先后到泰兴、泰州等地了解灾情，指导抗洪抗灾工作。

8月6日　联合国开发计划署援助兴化人民币234.39万元，帮助灾民建简易住房140套。

8月8日　靖江全县再次遭暴风雨袭击。全县农田普遍成涝，城区30家工厂、仓库及5500户居民住宅进水，其中600户水深过膝。九圩汽渡“靖渡3号”连同所载11辆汽车沉入江中，31人落水，其中30人生还，1人失踪。

8月13～14日凌晨2时　泰兴永安洲乡盘头段坍江。坍段长500米，宽200米。该乡组织3000人连夜突击抢筑二道堤，堤顶高程为5.5米，同时转移圩内群众。

8月16日　扬州市委书记姜永荣察看泰兴永安洲乡盘头坍江趋势。

8月21日　省长陈焕友、省委副书记曹克明率有关部门负责人来兴化现场办公，帮助解决抗灾自救中的问题。

曹克明(左二)

8月24日　省政府向兴化市划拨国际社会救灾捐款300万元。

8月26日　德国红十字会和红新月协会向泰县灾区人民捐赠大米200吨。

8月31日　兴化共收到各类捐款人民币1176.07万元，美元3870、日元30万、法郎200、港元5000、加拿大元100；大米1500吨，粮票29693公斤，各类捐赠物品价值人民币221.99万元；各类捐赠药品价值人民币90.74万元；并收到自然灾害救济事业费100万元。

9月11日　兴化市副市长张凤岗、市政协副主席姚正生赴京参加中宣部组织的抗洪报告会，受到江泽民、李鹏、万里等党和国家领导人接见。

9月25日　扬州市委、市政府召开1991年度抗洪救灾表彰大会。董文虎及泰兴县水利局局长刘国柱等36人被评为抗洪救灾先进个人，靖江县水利局被评为先进集体，泰兴县水利局及其4个部门、3个乡镇、5个村等受表彰。

秋　大灾后，泰州先后组织2.5万多名干部群众，奋战20天，加固圩口45个，加修圩堤总长126公里；完成加修土方89.84万立方米，超过计划任务的54.4%。全年累计完成水利总土方128.8万立方米，超过计划土方120万立方米的7.3%。

10月22日　中国科学技术协会学会部副部长林振申教授率领水利考察组一行24人，到兴化调查洪涝灾害成因及减灾措施。

11月11日　省委、省政府召开1991年抗洪救灾表彰大会，靖江县水利局被评为抗洪抢险先进集体。

是日　泰县水利机械厂获水利部“七五”期间企业技术进步奖。

11月13～14日　副省长凌启鸿到泰兴县北新乡察看低产田改造及过船港套闸改建工程。

11月17日　泰县唐学道获水利部综合经营突出贡献奖。

12月23日　出席江苏省水利现场会议的代表参观兴化大邹、下圩、中圩、老圩、新垛等乡镇的圩堤加修现场。

是日　泰县被评为1991年度省水利建设大禹杯先进县。

1992年

1月6日　国务院秘书长罗干来兴化检查灾后恢复生产和群众生活安排等工作。

1月9日　储新泉任中共泰县水利局委员会书记。

1月19日　泰县被评为1990年、1991年度全国水利建设先进县。

1月27日　省长陈焕友、副省长季允石一行来兴化视察灾后恢复生产和人民生活安排情况。

3月19日　今起执行扬州市第二届人代会第五次会议通过的《关于依法加强堤防工程管理的决议》。

4月4日　省水利厅厅长孙龙检查泰兴过船港套闸及天星乡、蒋华镇“一线三地”建设情况。

4月6日　今起执行省政府批转省水利厅的《关于里下河腹部地区滞涝、清障实施意见的通知》。

4月20日　省、扬州市及兴化市部分人大代表分组视察兴化海南、新垛、戴窑等10个乡镇，并听取兴化市副市长居锦杰关于水利建设和水利执法情况的汇报。

4月23日　泰兴县水利局副局长刘国柱、泰县水利局局长储新泉被评为1991年省防汛抗洪先进个人。

4月　国家防汛总指挥部、人事部、水利部授予兴化海河乡党委书记张连洲1991年全国抗洪抢险模范荣誉称号。

6月25日　江苏省人大常委会副主任凌启鸿、省水利厅厅长孙龙参加过船港套闸竣工典礼。

过船港套闸

凌启鸿(正面中)、孙龙(正面右)

6月1日　今起执行省水利厅印发的《江苏省水利科技进步奖励办法》及《江苏省水利科技推广奖励办法(试行)》。

7月11日　国家计委、水利部及北京、天津、河北、山东、江苏省(市)水利厅、计委的负责人及有关专家一行40人到泰兴县查勘南水北调东线方案的引江河口门。

是月　《泰州市农林水利志》成稿付印。《泰州市农林水利志》编写领导小组组长曹元斌，主编张家良。市委副书记、副市长吴金，副市长陆镇余题词。

8月1日　张怀信任中共兴化市水利局委员会书记。

8月2日下午　泰兴过船镇电瓷砖瓦厂南江滩崩坍，坍口长约200米，宽100米至120米，深至负10米左右。

8月7日下午　泰兴永安洲乡的县船厂段坍没江滩长约150米，宽60米。

9月16日　泰兴撤县建市。

9月21日　省委副书记曹克明视察过船港。泰兴市委书记李体明等陪同。

曹克明(前右)、李体明(前左)

9月24日　国家防汛总指挥部、淮河水利委员会、长江水利委员会,省水利厅、监察厅,扬州市水利局有关负责人和工程技术人员及新华社、《中国水利报》《新华日报》记者一行27人来兴化,重点检查和报道大纵湖、蜈蚣湖清障工作。

10月2日　下午至次日晨,兴化境内陡降暴雨,雨量达93毫米。南部地区同时遭龙卷风和冰雹袭击,倒房23间,死亡2人,重伤4人。

10月12～15日　中国会计学会水利水电分会成立大会在扬州召开。水利部财务司司长魏炳才主持会议,省水利厅副厅长沈之毅、扬州市水利局局长杜青山出席会议,董文虎在会上作《适应水利经济体制的转换,做好水利固定资产的清理重估工作》的重点发言。

10月13～14日　水利部长江水利委员会副主任黎安田等一行29人到泰兴查勘杨湾段坍江情况;验收靖江章春港、安宁港段节点控制应急工程。

11月　泰县开工整治中干河南段(周山河—南干河)。工程长9.2公里。一期工程次年1月完成,历时46天;二期工程5月完成。共完成土方84.0万立方米,混凝土0.23万立方米,石方4.2万立方米,单线护坡20.04公里,拆建危桥和维修桥梁9座,新建电灌站15座,总投资794.39万元。

12月1～5日　董文虎应水利部政策研究中心邀请参加全国水利政策法规研究工作座谈会,并提交《研究水利工程经济特征,挖掘水利固定资产价值内涵》一文。此文获扬州市人民政府1991—1992年度自然科学优秀论文二等奖。

12月5日　省水利厅厅长孙龙、副厅长沈之毅及20名工程技术人员和泰兴市副市长田进生及水利局负责人参加引江河线路研讨会。

1993年

1月　董文虎应水利部财务司邀请，参加有关编写《水利工程供水价格管理办法》调研及座谈会。其后直至2003年，董文虎一直参与水利部这一《办法》制定的相关活动。

2月23日　泰兴水利局被省水利厅评为1992年度“大禹杯”水利建设先进单位。

3月15日　省水利厅副厅长翟浩辉率领省政府湖荡清障检查组检查兴化湖荡清障情况。

3月26日　水利部长江水利委员会水文局局长季学武到泰兴市过船、永安洲乡了解水闸及坍江情况。

4月14日　水利部财务司致函扬州市水利局，特邀董文虎执笔编写《水利工程管理单位财务制度（初稿）》《水利工程管理单位会计制度（初稿）》。同年10月，董文虎完成两制度初稿的编写，11月两初稿在北京通过了水利部财务司组织的初审。同年12月26日，水利部以第397号文正式颁发由董文虎执笔的《水利工程管理单位财务制度》（暂行）、《水利工程管理单位会计制度》（暂行）。这两个制度一直延用至今。

5月25日　省委书记、人大主任沈达人视察泰兴经济开发区（原化工开发区）和水利局基建工程队承建的码头。

7月6日　国家防汛副总指挥、水利部副部长何璟，电力部副部长汪恕诚，交通部副部长刘松全等，检查泰兴杨湾至过船码头的江岸坍塌及防汛工作。

8月1日　今起执行国务院发布的《中华人民共和国水土保持实施条例》。

9月1日　今起执行国务院发布的《取水许可制度实施办法》。

9月24日　省水利厅授予泰县水利机械厂、泰县水利工程总队江苏省水利综合经营二十强企业荣誉称号。

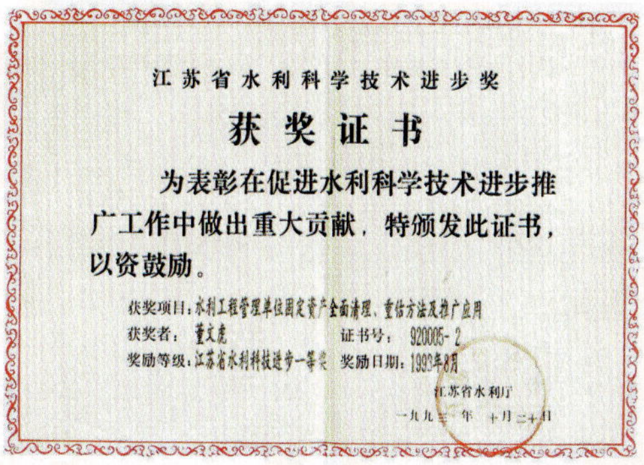

10月20日　翟浩辉、董文虎等的科研课题《水利工程管理单位固定资产全面清理、重估方法及推广应用》获江苏省水利科技进步一等奖。

11月4日　泰县水利局被评为1992年度全国水利综合经营突出贡献单位。

是月　江苏省清产核资领导小组授予董文虎1993年全省清产核资工作先进个人荣誉称号。

11月～次年1月　泰县寺巷、野徐两乡集资23万元疏浚生产河西段(鸭子河入口段)，工程长2.6公里，完成土方7万立方米。

12月19日　今起执行《江苏省水资源管理条例》。

12月24日　扬州市冬季水利现场会在兴化召开。

1994年

2月4日　周海军、徐千祥和董文虎任扬州市水利局副局长。

3月23日　省委副书记孙家正视察泰兴水利局基建工程队承建的化工开发区码头。

4月25日　省水利厅厅长孙龙、副厅长沈之毅，扬州市政府秘书长夏国泽等到引江河落实宁通高速公路桥桥址。

7月　泰县撤县建市，称姜堰市。

8月10日　民革中央副主席、紫金山天文台台长童傅视察引江河路线。

8月16日　4月份以来，全境春旱接夏旱。

9月5日　姜堰市被评为扬州市1993年度“大禹杯”水利建设先进县。

9月8日傍晚　泰兴西郊、北部地区普降雷暴雨，马甸1小时降雨128毫米，4人被雷击致死。

9月9日　扬州市政府在泰兴长生乡召开万亩低产田改造现场会，与会者参观了长生乡改造现场及水稻生长情况。

9月13日　姜堰市成立水利工程总指挥部，蒋书敏任总指挥，吴正雪、严宏生、许书平、储新泉任副总指挥。

10月22~25日　水利部及淮委一行25人对泰州引江河可行性报告进行预审。

11月20日　兴化盐靖河拓浚工程开工，12月中旬竣工。工程全长44.2公里，20万人参加施工，完成土方405万立方米，实做350万个工日。

11月23日　泰兴十里甸水利站站长戴云成被评为扬州市劳动模范。

11月23～24日　水利部、淮委部门负责人查勘泰州引江河。

11月　泰县疏浚生产河西段（鸭子河口至中干河段），工程长24.65公里，完成土方89.64万立方米。

12月29日　水利部计划司派员查勘泰州引江河河口段。

是年　泰县沈高乡河横村被联合国环境规划署授予“全球500佳”称号。

是年　为纪念泰兴籍中国水利专家郑肇经先生诞辰一百年，泰兴印发“郑肇经先生诞辰一百周年纪念信封”，出版《郑肇经先生一百周年诞辰纪念文集》。

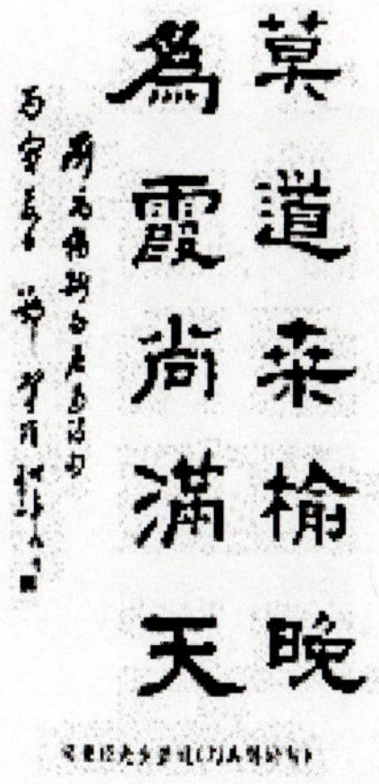

1995年

2月　董文虎的论文《政策性资本损耗的盲视是导致水利行业贫困的主要因素之一》获中国农村财政研究会第二次全国农村财政优秀论文三等奖。

3月1日　今起执行《中华人民共和国水土保持法》。

是月　董文虎的论文《水管单位必须建立适应其特殊行业的会计制度》获中国会计学会1994年度优秀论文三等奖。

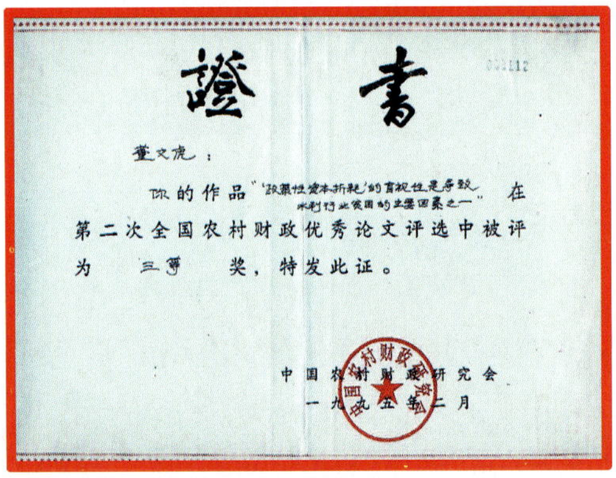
证书

董文虎：

你的作品"'政策性资本折耗'的盲视性是导致水利行业贫困的主要因素之一"在第二次全国农村财政优秀论文评选中被评为　三等　奖，特发此证。

中国农村财政研究会
一九九五年二月

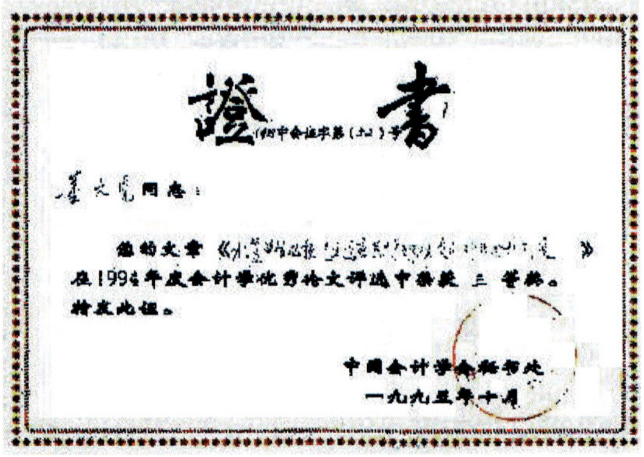
证书

董文虎同志：

您的文章《[illegible]》在1994年度会计学优秀论文评选中获奖 三 等奖。特发此证。

中国会计学会秘书处
一九九五年十月

4月　由财政部农业司、水利部财务司出资，董文虎统稿的《水利工程管理单位会计制度讲解》出版，印发全国各省相关部门。

5月12日　省政府印发《关于进一步加强水利工作的决定》。

6月18～21日　国务院副总理姜春云考察姜堰沈高镇河横村，泰兴姚王镇、蒋华镇六圩村的农业生产和农村经济。姜堰沈高镇河横村是里下河农田水利治理的典型。他说："沈高这个典型很有说服力，是现代农业的样板，他们的经验在全国有普遍意义。"副省长姜永荣，姜堰、泰兴有关领导人陪同。

6月28日　省政府转发省水利厅制定的《江苏省〈水政监察组织暨工作章程（试行）〉实施细则》。

7月8日　省财政厅副厅长张开辉带领省防汛工作组，检查泰兴过船至杨湾段的防汛及坍江情况。

7月11日　10时50分，泰兴口岸镇高港村永长圩坍江，坍长150米，坍宽70至75米，坍至堤脚，坍深至负12米至负15米。泰兴连夜组织1.5万人抢筑退建堤，突击4天完成长650米、土方5万多立方米的二道堤，并在坍处抛石18268吨压脚。

是日　副省长姜永荣，省水利厅厅长翟浩辉，扬州市委书记李炳才、市长施国兴等均赶到泰兴高港村察看坍情，分析坍势，指导抢险。

永长圩坍江抢险现场剪影

7月15日　省委副书记许仲林视察泰兴口岸镇永长圩抢险工作。

10月4日　省政府发布66号令《江苏省水利工程水费核订、记收和使用管理办法》，1996年1月1日起施行。

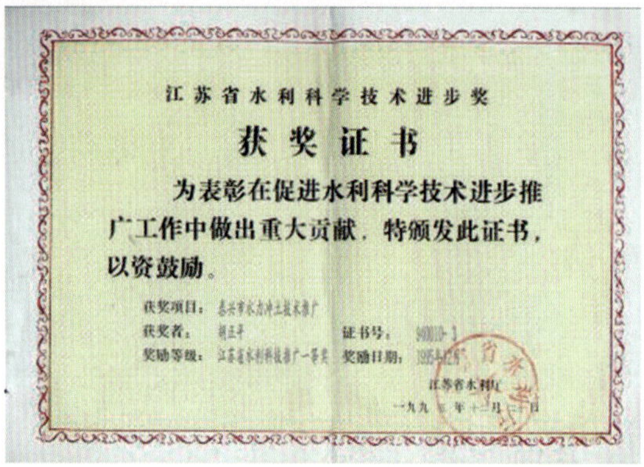
江苏省水利科学技术进步奖

获奖证书

为表彰在促进水利科学技术进步推广工作中做出重大贡献，特颁发此证书，以资鼓励。

获奖项目：

获奖者：　　　证书号：

奖励等级：　　　奖励日期：

江苏省水利厅

一九九　年十一月　日

11月19日　泰兴市水利局的“高沙土地区水土流失综合治理技术及推广应用”和“水力冲土技术推广”荣获省水利厅1994年科技推广一等奖。

姜永荣（左二）、沈之毅（右二）、陈宝田（左一）

11月16日　副省长姜永荣、省水利厅副厅长沈之毅检查引江河泰兴试挖段准备工作。扬州市委副书记陈宝田、副市长丁解民陪同。

11月20日　省政府成立“江苏省泰州引江河工程建设领导小组”，副省长姜永荣任组长，省水利厅厅长翟浩辉担任副组长，成员有省计经委、建委、财政、水利、国土、农业开发银行等部门负责人。同时成立“江苏省泰州引江河工程建设指挥部”，翟浩辉任指挥。

11月25日　省委、省政府在刁铺镇北栾村举行泰州引江河工程试挖段开工典礼。省委、省人大、省政府、省政协领导和扬州、泰州（县级）、泰兴相关领导及工程建设者1200多人出席典礼，省长郑斯林作重要讲话。会后，与会领导在水利工地参加劳动。泰州引江河南起长江，北接新通扬运河，全长24公里，设计引水能力600立方米每秒，一期工程按300立方米每秒标准实施。在高港建水利枢纽（包括节制闸、船闸、抽水站等）。

省委书记陈焕友(前左一)、省长郑斯林(前右二)

陈焕友(正中前一)

12月9日　国务院南水北调论证委员会副主任、水利部总工程师朱尔明率东线考察组来泰,考察泰州引江河泰兴试挖段及引江河口门。

1996年

1月1日　今起施行《江苏省水利工程水费核订、计收和使用管理办法》。

1月11日　国家计委,水利部治淮考察团一行60人视察泰州引江河。

1月14日　省水利厅副厅长戴玉凯、蒋传丰,省农学院教授金兆森等有关领导和科技人员考察泰兴北新、元竹乡低产田改造。

1月18日　水利部副部长严克强等视察泰州引江河泰兴试挖段。

是日　泰兴天星镇洋思闸改建工程开工,4月20日主体工程竣工。闸孔宽4米,正身长12米,底高程0米,顶高程7.0米,投资102万元。

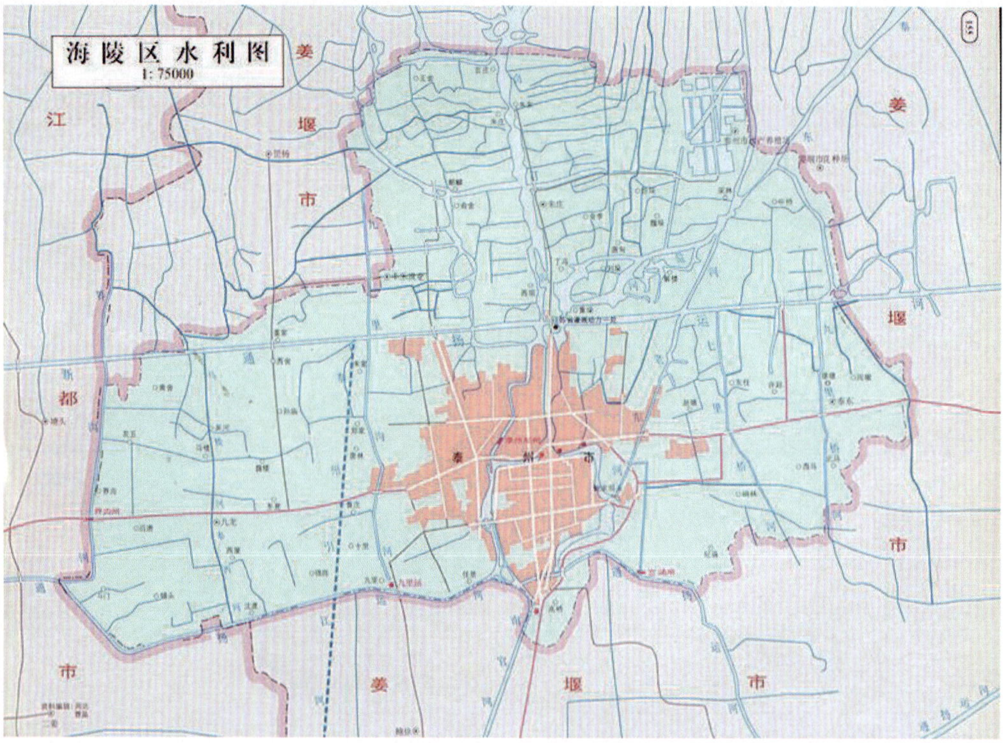

1996年海陵区水利图

1月26～27日　兴化被评为全省水利系统县级先进单位。

1月29日　国有水利工程用地确权划界工作姜堰申报率、含证率都达100%，泰兴申报率100%。

1月　国家国有资产管理局、水利部颁发《水利国有资产监督管理暂行管理办法》。董文虎曾参与起草，并提出了完整的水利资源概念及考核指标计算公式等。

2月　水利部授予兴化刘文凤全国水利系统优秀干部荣誉称号。

1996年兴化市水利图

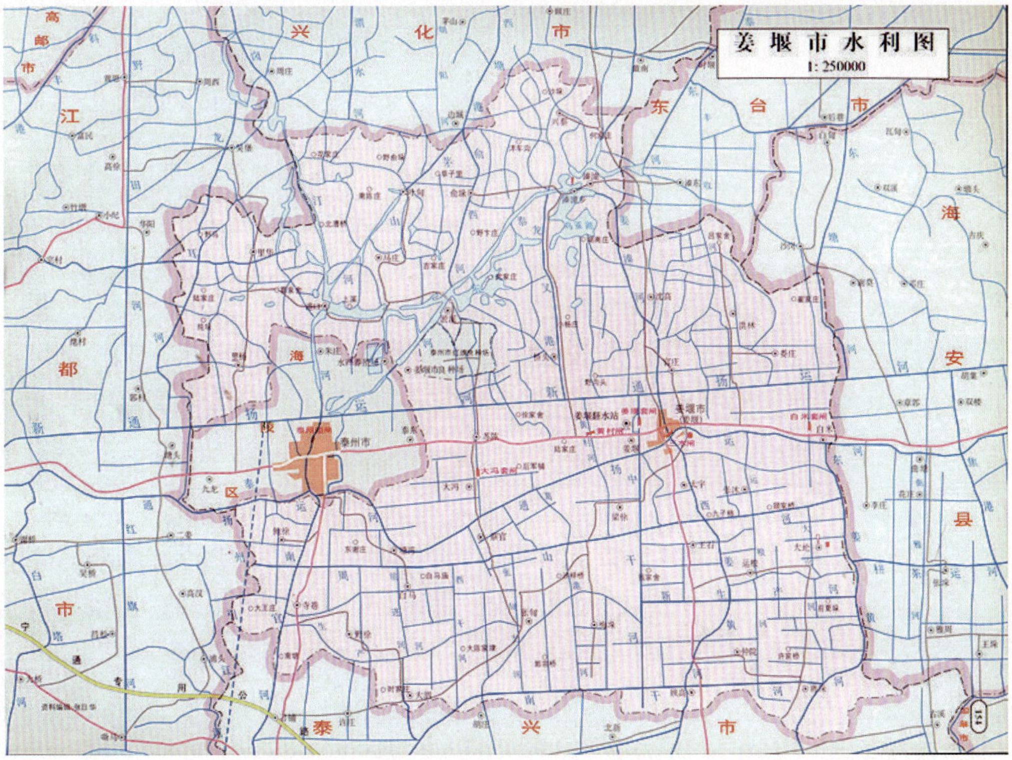

1996年姜堰市水利图

3月　董文虎有关中国水利经济及水利体制改革研究的专著《论建立水利五大体系》，由水利部财务司出资、中国水利水电出版社正式出版，全书129千字。水利部副部长朱登铨、江苏省水利厅厅长翟浩辉为该书作序。

是月　董文虎、程智的论文《浅谈水利国有资产监管》获《中国水利》杂志国有资产管理论文征文一等奖。

4月18～19日　水利部部长钮茂生视察泰州引江河工程泰兴试挖段施工现场。副省长姜永荣、省水利厅厅长翟浩辉陪同。

4月20日　泰兴天星镇芦坝桥闸开工，1997年5月30日竣工，闸孔宽5米，闸长12米，底高程负0.5米，顶高程7.5米，投资101万元。

是月　水利部授予董文虎全国水利系统财务会计工作先进个人荣誉称号。

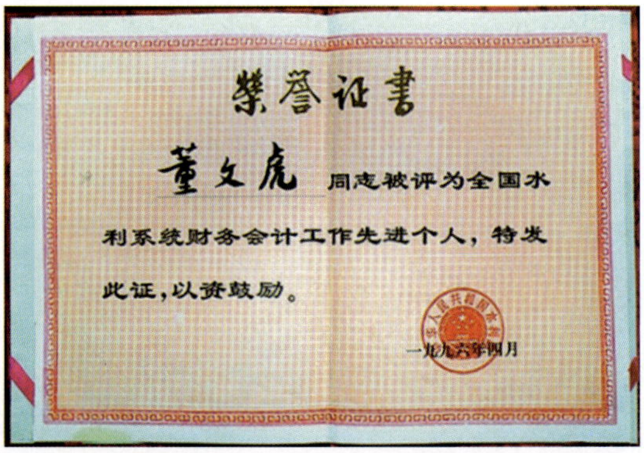

6月5日　省水利厅将兴化市水利局作为水利部在全国开展水政监察规范化建设的联系点，并指导制订了实施方案。7月11日《兴化市水政监察规范化建设实施方案》由省水利厅向各市转发。9月18日兴化市水利局局长刘文凤出席水利部召开的全国水政监察规范化建设经验交流会，并作交流发言。

6月27日　中科院院士、学部委员、清华大学一级教授张光斗致函董文虎，表示“十分赞同”董文虎在《论建立水利五大体系》一书中的“两个重要观点”。即“除害与兴利两种水利建设的经济性质不同；综合经营的非水利项目经济，不属水利经济”。

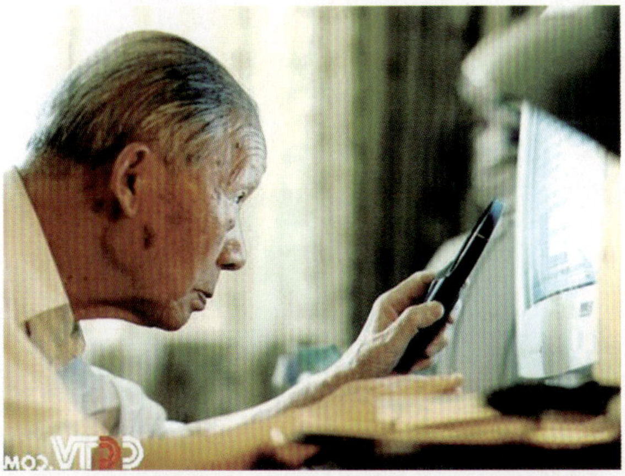

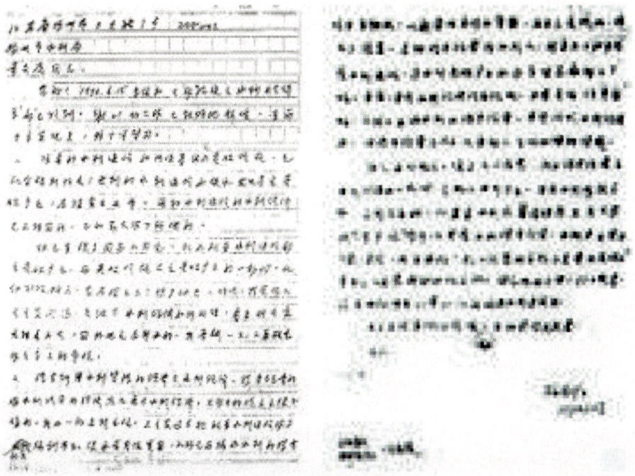

是日　兴化24小时降雨118.2毫米，水位达1.74米。

6月29日　扬州市委书记李炳才、市长施国兴来兴化检查排涝工作。

7月1日　周昌云任姜堰市水利局局长、中共姜堰市水利局委员会书记。

7月5日　泰兴市水利局局长刘国柱及工务科，北新、元竹、长生、老叶、横巷水利站荣获省政府颁发的第一届农业技术推广二等奖。其成果为：扬州市百万亩低产田改造工程综合治理技术推广。

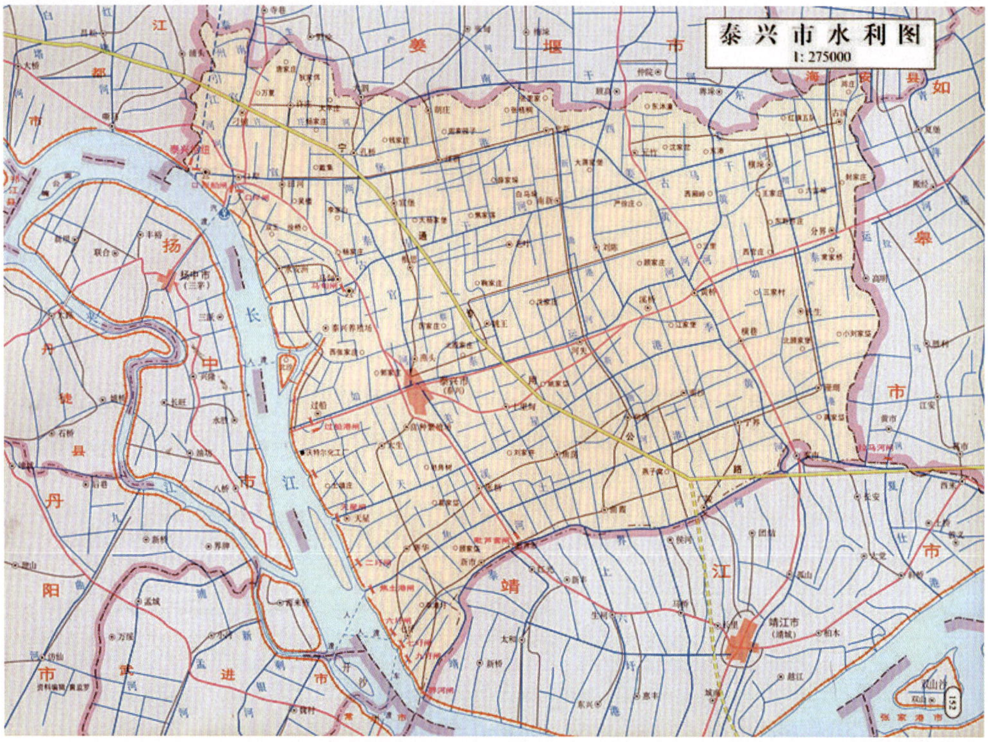

1996年泰兴市水利图

7月15日　零时20分，泰兴口岸镇遭受龙卷风袭击，死2人，重伤8人，倒房546间；受灾农田509亩，毁白果等树498棵，直接经济损失1358万多元。

是日　泰兴永安洲镇北沙村西兴圩涵南侧发生坍江，坍长80米，宽8米。

7月18日　扬州市人大常委会主任吉宜才，扬州市委常委、市纪委书记袁平波视察靖江市防汛工作。靖江市委副书记陈汉高、副市长高纪明等陪同。

7月19日，国务院批准江苏省调整扬州市行政区划：撤销县级泰州市，设立地级泰州市，将扬州市代管的泰兴、姜堰、靖江、兴化4个县级市划归泰州市代管；泰州市新设海陵区，原县级泰州市的行政区域设为海陵区的行政区域。

8月1～2日　由于天文大潮和8号台风的共同作用，过船港、夏仕港最高潮位分别达5.93米和5.40米。夏仕港超过警戒水位1.36米，比历史最高潮位高0.41米。受其影响，靖江市新桥、东兴、越江、斜桥、敦义等地段长江堤防水毁严重，十圩套闸下游挡潮三角闸门损坏。

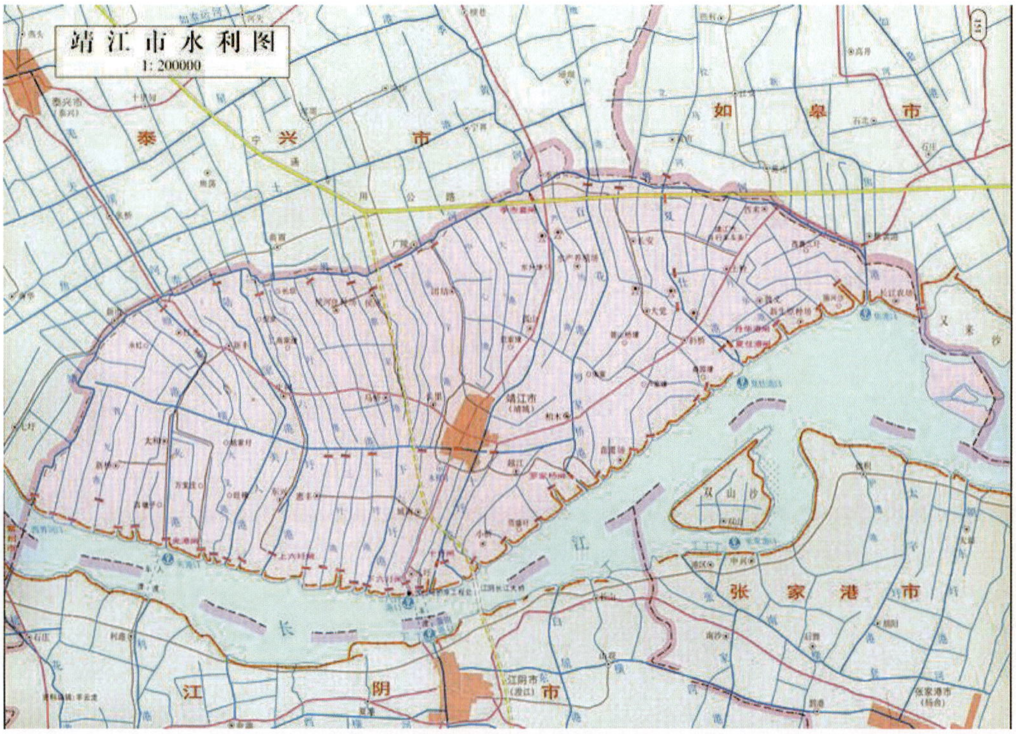

1996年靖江市水利图

8月3～5日　副省长姜永荣、省水利厅厅长翟浩辉、扬州市军分区副司令员姚金汝、扬州市副市长蒋进等领导，先后至靖江市检查防汛工作，察看长江堤防水毁现场。

8月5日起　靖江市组织沿江10个乡镇对江堤水毁地段抢险修复，共投入劳力11.36万人次，工程历时5天，完成土方14.33万立方米。

三、地级泰州市成立至2015年

三、地级泰州市成立至2015年

(一)1996年8月～1999年12月

8月12日　中共(地级)泰州市委领导班子正式到任。

翟浩辉(右一)、陈宝田(右三)、陈茂满(左二)、吕振霖(左一)在泰州引江河工地

8月16日　省水利厅在泰兴市召开泰州引江河现场办公会议,厅长翟浩辉、副厅长沈之毅和总工程师陈茂满参加。会议落实了行政区划调整后扬州、泰州两市关于引江河工作交接和加快工程进度的措施。

8月18日　泰兴市委书记黄龙生主持召开泰州引江河泰兴市领导小组成员会议,专题研究泰州引江河泰兴段工程建设问题。

8月20日　泰州市引江河工程建设领导小组和指挥部成立。组长丁解民，副组长翁振进，成员有：丁士宏、江正保、潘山元、戴苏生、董文虎、常龙福、谢书敏、张厚宝、王仁政等。泰州引江河工程建设指挥部指挥翁振进，副指挥有丁士宏、董文虎、吴国华、王仁政等。指挥部下设工程科、财务科、办公室。

翁振进

丁解民(左二)、吕振霖(右一)视察引江河

省水利厅总工程师陈茂满

8月29日　省水利厅总工程师陈茂满一行来泰州检查引江河开挖工作。省泰州市引江河工程指挥部枢纽工程处和工程部相关人员同日进驻工地。

9月14日　15时40分，泰兴口岸镇高港12组段发生坍江。坍长200米、宽160米、弧长380米，坍深高程达负5米，等深线坍进124米，坍去滩地40亩。当日深夜，市委书记陈宝田亲自过问，市农业办公室负责人丁士宏，市水利农机组负责人董文虎等和泰兴市水利局相关人员赶到现场，商讨止坍方案。次日，省水利厅派专家2人至现场，共商对策，布置抢险。泰兴突击抛块石2.5万吨，基本控制了坍势。

丁士宏

1996年坍江

陈宝田

9月24～26日　泰州市一届人大召开，选出市人大、市政府领导。11月17日，省领导为泰州市委、市人大、市政府、市政协揭牌。

是月　省水利厅出版《江苏省水利地图集》，其中包括泰州市水利图、泰州市城区防洪图及各市区水利图。

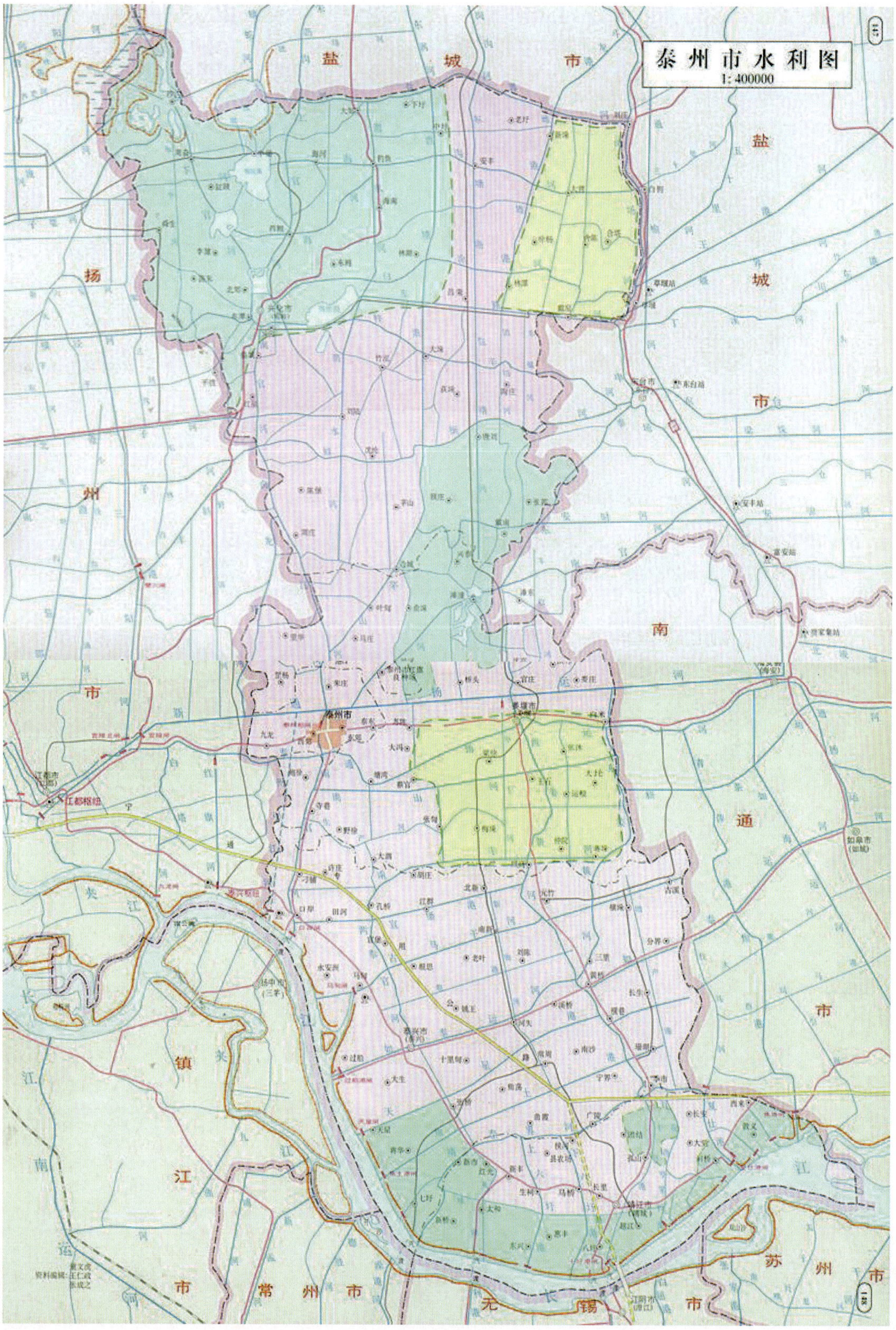

泰州市水利图(1996年)

10月16日　全国水利科技会议北组近百名代表，参观泰兴市江港堤防现代化管理监控系统操作及江港堤防现代化管理。副省长姜永荣，省水利厅副厅长徐俊仁，市长丁解民、副市长吕振霖、市水利农机组负责人董文虎及泰兴市委书记常龙福等陪同。

10月25日　省水利厅副厅长沈之毅视察靖江十圩套闸和江堤越江段水毁情况。靖江市委副书记陈汉高、副市长高纪明等陪同。

是日　姜堰市成立水利工程总指挥部。市委书记谢树敏兼任总指挥，副书记范德富、副市长许书平、水利局局长周昌云兼任副总指挥。

11月2日　泰州市水利局正式成立。局内设9个部门，10个下属事业单位，正式编制169名。另设监察室，为市监察局派驻机构。

11月7日　泰州市人大常委会任命董文虎为泰州市水利局局长。

是日　董文虎初步提出了“干平凡工作　创一流业绩”的泰州水利精神。内涵为：“艰苦奋斗　乐于奉献　团结拼博　争创一流”。

11月8日　王仁政任市水利局副局长。

11月9日　水利部咨询中心教授邹广荣带领国内专家组检查泰兴引江河试挖段。

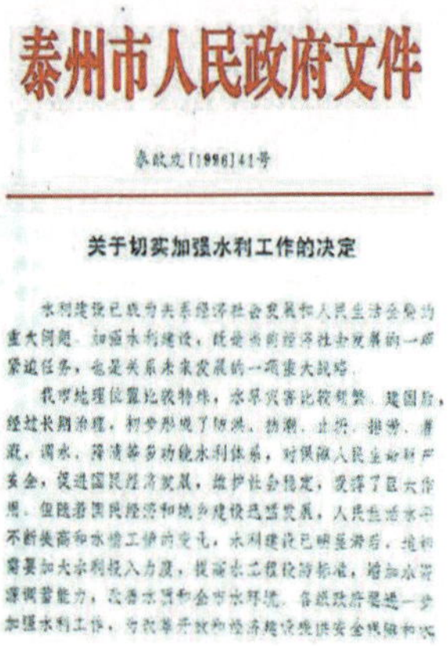
泰州市人民政府文件

泰政发〔1996〕41号

关于切实加强水利工作的决定

水利建设已成为关系经济社会发展和人民生活全局的重大问题。加强水利建设，既是当前经济社会发展的一项紧迫任务，也是关系未来发展的一项重大战略。

我市地理位置比较特殊，水旱灾害比较频繁。建国后，经过长期治理，初步形成了防洪、挡潮、治涝、排涝、灌溉、调水、降渍等多功能水利体系，对保障人民生命财产安全，促进国民经济发展，维护社会稳定，发挥了巨大作用。但随着国民经济和城乡建设迅速发展，人民生活水平不断提高和水情工情的变化，水利建设已明显滞后，迫切需要加大水利投入力度，提高水工程设防标准，增加水资源调蓄能力，改善水质和全市水环境。各级政府要进一步加强水利工作，为改革开放和经济建设提供安全保障和水

11月22日　泰州市政府以泰政发〔1996〕41号文颁发《关于切实加强水利工作的决定》。文件明确了泰州市水利建设的指导思想和目标任务，指明了进一步增加水利建设投入的8个渠道。

11月24日　水利部副司长冯广志率农田水利基本建设调查组，考察泰兴市长生乡万亩中低产田改造。

11月28日　省水利厅厅长翟浩辉检查泰兴市七圩闸、洋思闸及宁通公路根思段农田水利。

翟浩辉（右三）、吕振霖（右一）

11月29日　王仁政、吴刚的科研项目“百万亩低产田改造综合治理技术研究及推广”荣获省水利厅颁发的1995年度江苏水利科技成果一等奖。

是月初　靖江十圩港套闸排水大修，投资186万元，当年竣工并通过验收。

董文虎（左二）检查闸门大修质量

陆逸明（左一）工程师在验收会上介绍工程大修情况

12月3日　副省长姜永荣，省水利厅副厅长沈之毅、总工程师陈茂满视察泰州引江河江边段、枢纽段、已经基本竣工的试挖段及泰兴引江河拆迁安置工作。市委书记陈宝田、市长丁解民、市委副书记翁振进和董文虎等陪同。

12月5日　全市水利工作会议在靖江召开。市委书记陈宝田、市长丁解民、市委常委万门祖、副市长吕振霖出席会议，市委副书记翁振进主持会议。与会代表参观了靖江江堤达标施工现场。会上，陈宝田指出要始终把水利工作放在全局工作的重要位置；丁解民指出应该在水利上办成引江河工程、长江整治、里下河圩堤、水利工程除险加固、农田水利几件比较大的事情；吕振霖总结了1996年水利工作的成绩，并布置1997年水利重点工作。

泰州日报
TAIZHOU RIBAO
6
全市水利工作会议昨在靖江举行
陈宝田丁解民作重要讲话
把水利工作放在基础建设的第一位

12月19～20日　市人大常委会副主任陆余文、来则林及20多名市人大代表视察泰州引江河试挖段及江边枢纽工程、永安洲的江堤加固拆迁清障工作和根思立交桥段农田水利建设、长生乡万亩低产田改造工程等。并观看了靖江市汛期抗灾及冬季水利的实况录像。

12月20日　副省长姜永荣，省水利厅副厅长沈之毅、总工程师陈茂满视察泰州引江河工程的河口段、枢纽段、扬靖公路桥和已经基本竣工的试挖段。市委书记陈宝田、市长丁解民、市委副书记翁振进陪同视察。

是日　靖江市投资300万元新建的十圩港水毁套闸改造工程，顺利通过省水利厅、泰州市水利局的工程技术验收，开坝放水。

12月22日　国家计委副主任陈耀邦一行视察泰州引江河试挖段以南工程。副省长姜永荣、省计委和省水利厅有关领导陪同。市委书记陈宝田、市长丁解民在引江河大桥上迎接陈耀邦一行。

陈耀邦（左一）、姜永荣（右一）

12月25日～1997年1月13日　泰兴市委、市政府动员沿江12个乡镇的12万民力，加高培厚45公里江堤和闸外港堤，完成土方171.5万立方米，工期18天。其间，拆迁房屋100多间，拆除土窑47座，平毁土坟1560座。

12月26日　兴化市水政监察规范化建设工作通过水利部验收。

是日　泰州市人民政府发文成立泰州市冬春水利建设指挥部。指挥吕振霖，副指挥季民衡、董文虎、王东、鞠永承、王仁政。

12月27日　省政府冬季水利检查组检查兴化茅湾港、阵营港整治工程，下圩乡圩堤建设，钓鱼镇“三高”农业示范方及东鲍、东潭、荡朱等乡的冬季水利施工现场。

12月27～28日　省委副秘书长董瑾、省水利厅副厅长沈之毅一行视察泰兴、兴化冬季水利建设现场，并听取了泰州市水利建设情况的汇报。副市长吕振霖及董文虎等陪同视察。

12月31日　今起执行市财政局、物价局、水利局联合转发的《江苏省水利系统船舶过闸费征收和使用办法》。

是月　由于主城区一水厂水质较差，市水利局主动（自来水管理职能不属水利部门）组织人员勘查，发现东城河取水口上游污染源多、河道淤浅、河水下泄不畅，导致水质恶化，大肠杆菌超标23倍。制订了“上引、中止、下排”的治理和筹资方案报市政府。

是年　水利部水政水资源司司长张德尧和山西、安徽、河北等省水利部门和省内23个县（市）计13批81人，考察兴化水政监察规范化建设。

1997年

1月7日　省财政厅副厅长江建平考察泰兴长生乡低产田改造。

1月8日　今起执行市水利局、财政局、计划委员会、物价局、经济委员会联合转发省水利厅、财政厅、计经委、物价局制定的《江苏省占用农业灌溉水源、灌排工程设施补偿实施细则》。

1月15日　市长丁解民冒大雪看望市引江河工程拆迁户，并视察泰兴“三江”（江堤、江闸、江涵）工程和长生乡低产田改造现场。

1月17日　中共泰州市水利局党组建立，董文虎任党组书记，王仁政任党组成员。

1月20日　市政府第七次常务会议决定：城区水利（含河道）水资源（含节水）等工作由市水利局统一管理，市水利局会同市建委、环保局等部门尽快对市区水质问题进行调查研究，就解决一水厂水质问题拿出方案。

1月20日　下午，市委书记陈宝田慰问泰兴市口岸镇杨湾村因引江河工程而拆迁的农户，视察拆迁安置

陈宝田（二排中）、董文虎（前排左一）

工作和泰兴“三江”工程双新闸地段以及宁通公路根思立交桥段农田水利建设。市水利局董文虎及泰兴市、口岸镇的有关领导陪同视察。

1月26日　省水利厅授予泰兴市水利局全省水利先进单位荣誉称号。

1月28日　驻泰兴的省人大代表视察永安洲江堤、天星港芦坝闸建设。

1月29日晚　因市自来水公司一水厂、二水厂取水口水位偏低，水质恶化，为确保20万市民饮水安全，市局约请有关方面召开紧急会议，拟订出调水方案。此方案得到了省防指和省属江都水利工程管理处的大力支持。

1月30日　上午9时，江都水利工程管理处第一次打开建于1964年的邵仙闸洞，使来自邵伯湖、大运河的清清甘霖途经30多公里，以每秒38立方米的流量流进泰州市区河道，流到市一水厂、二水厂取水口。调水期间，市水利局对草河涵洞、玻璃厂涵洞进行了清障，尽量排放死水；泰兴市口岸闸也同步运行，抢潮引进长江水，补充市区水源。

是日　水利部授予市水利局刘雪松全国水利系统水利管理先进工作者荣誉称号。

是月　市水利局党组提出四个“两手抓”：一手抓水利机构的组建，一手抓水利正常工作开展；一手抓水利改革的推进，一手抓建管并重的落实；一手抓水利规划的修订，一手抓工程建设的实施；一手抓思想作风建设，一手抓水利经济的突破。

是月　江苏省水利艺术团至泰州引江河工地，对工程人员进行慰问演出。

2月1日　市政府印发《泰州市水利工程水费核订、计收和管理办法》。

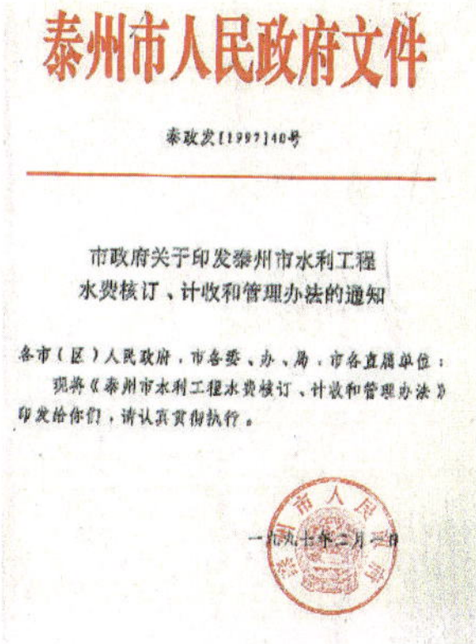

泰州市人民政府文件

泰政发[1997]40号

市政府关于印发泰州市水利工程水费核订、计收和管理办法的通知

各市（区）人民政府，市各委、办、局，市各直属单位：

现将《泰州市水利工程水费核订、计收和管理办法》印发给你们，请认真贯彻执行。

一九九七年二月一日

是日　市委副书记翁振进、副市长吕振霖冒雨前往泰兴口岸镇慰问泰州引江河工程拆迁户和广大施工人员。市局副局长王仁政及泰兴有关方面负责人陪同。

姜永荣（左座位三）、翟浩辉（左座位四）

2月7日　大年初一上午10时，副省长姜永荣、省政府副秘书长姜道远、省水利厅厅长翟浩辉、副厅长沈之毅等，视察引江河高港枢纽工程工地，并代表省委、省政府向春节坚守岗位的水利工作者和引江河工程拆迁户表示节日的慰问。市委副书记翁振进、副市长吕振霖、市水利局董文虎、王仁政以及泰兴市有关领导陪同慰问。

2月15日　市长丁解民召集市水利局、建委、交通局、计委、经委、环保局等有关部门负责人，专题研究“改善东城河一水厂水源水质实施方案”，明确了治理原则和上述各部门的任务。会后，市水利局和相关部门认真落实会议精神，先后新建鲍坝闸1座，修理玻璃厂和草河头涵2座。疏浚老通、梅亭、老东3段河及64座点源污染止污工程的施工，当年竣工。一水厂取水口水源水质基本达标。

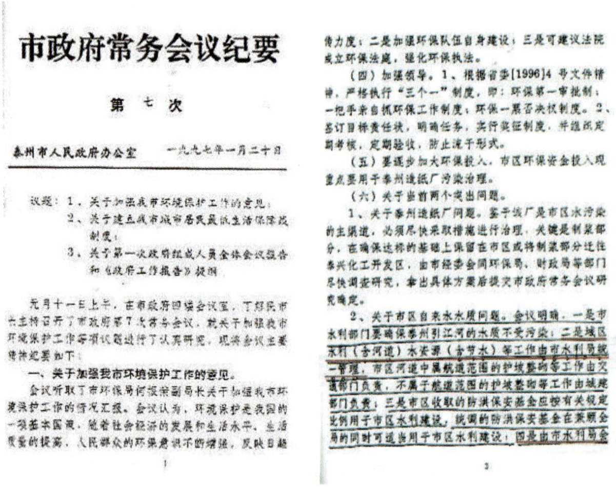

市政府常务会议纪要

第七次

泰州市人民政府办公室　一九九七年一月二十日

议题：1、关于加强我市环境保护工作的意见；
2、关于建立我市城市居民最低生活保障线制度；
3、关于第一次政府组成人员全体会议报告和《政府工作报告》提纲

元月十一日上午，在市政府四楼会议室，丁邦民市长主持召开了市政府第7次常务会议，就关于加强我市环境保护工作等项议题进行了认真研究。现将会议主要精神纪要如下：

一、关于加强我市环境保护工作的意见。

会议听取了市环保局何俊荣副局长关于加强我市环境保护工作的情况汇报。会议认为，环境保护是我国的一项基本国策，随着社会经济的发展和生活水平、生活质量的提高，人民群众的环保意识不断增强，反映日益

1

传力度；二是加强环保队伍自身建设；三是可建议法院成立环保法庭，强化环保执法。

（四）加强领导。1、根据省委[1996]4号文件精神，严格执行“三个一”制度，即：环保第一审批制；一把手亲自抓环保工作制度；环保一票否决权制度。2、签订目标责任状，明确任务，实行奖惩制度，并组织定期考核，定期验收，防止流于形式。

（五）要逐步加大环保投入，市区环保资金投入现重点要用于泰州造纸厂污染治理。

（六）关于当前两个突出问题。

1、关于泰州造纸厂问题。鉴于该厂是市区水污染的主渠道，必须尽快采取措施进行治理，关键是制浆部分，在确保达标的基础上保留在市区或将制浆部分迁往泰兴化工开发区，由市经委会同环保局、财政局等部门尽快调查研究，拿出具体方案后提交市政府常务会议研究确定。

2、关于市区自来水水质问题。会议明确，一是市水利部门要确保泰州引江河的水质不受污染；二是城区水利（含河道）水资源（含节水）等工作由市水利局统一管理，市区河道中属航道范围的护坡整治等工作由交通部门负责，不属于航道范围的护坡整治等工作由城建部门负责；三是市区收取的防洪保安基金应按有关规定比例用于市区水利建设，统调的防洪保安基金在兼顾全局的同时可适当用于市区水利建设；四是由市水利局会

3

1997年建设的东城河排水工程——鲍坝闸

2月20日　省水利厅厅长翟浩辉检查泰兴江堤涵闸建设、长生乡万亩低产田改造和根思立交桥段农田水利建设。泰兴市委副书记刘军林等陪同检查。

2月21日　省水利厅授予市水利局1996年度水利工作成绩突出单位荣誉称号。

翟浩辉（左一）、吕振霖（左二）、董文虎（右二）在示范片现场

2月24~26日　全省市、县水利局长暨人才开发会议在泰兴市召开。省水利厅厅长翟浩辉作大会主报告。大会表彰了1996年度全省水利先进单位、优秀水利局长。与会代表参观了泰兴标准农田水利建设示范片、春兰集团（空调器厂、摩托车厂）、泰州引江河工程、泰兴市“三江”工程和泰兴市长生乡万亩中低产田改造工程。

2月28日　市防汛防旱指挥部(以下简称防指)成立。副市长吕振霖兼任指挥,市政府副秘书长丁海宝兼任副指挥。成员由王东、王泓卫、董文虎、戴苏生、潘山元、王仁政等兼任。市防指下设办公室,王仁政兼任办公室主任。

是月　《靖江水利志》由江苏人民出版社出版。编修领导小组:陈新宇、毛定中、董文虎、张浩生;编审:陈新宇,主编:张浩生。省水利厅厅长翟浩辉、靖江市委书记万门祖题词;靖江市水利局局长陈新宇作序。

钮茂生(前左三)、姜永荣(前左二)、翟浩辉(前左一)

3月20日　水利部部长钮茂生一行察看泰州引江河、泰兴万亩农业工程和江苏亚太泵业集团公司。副省长姜永荣,省水利厅厅长翟浩辉、市长丁解民、副市长吕振霖,市局董文虎、王仁政等陪同。丁解民向钮茂生汇报了市区水资源由水利部门统一管理的做法,得到钮茂生部长的高度赞赏和充分肯定。

3月22日　省委副书记许仲林考察泰兴市长生乡万亩低产田改造及"三江"工程。市委书记陈宝田,泰兴市委书记常龙福、市长陈骏骠、副书记刘军林等陪同。

许仲林(左二)、陈宝田(左一)、常龙福(右一)

3月24日　召开全市水利系统三级干部会议，副市长吕振霖出席会议并讲话，董文虎作题为《抢抓机遇　团结拼搏　锐意进取　创新突破》的工作报告。

3月31日　晚7时，靖江市章春港发生坍江。4月1日，市局董文虎带领技术人员抵靖江坍江现场，察看坍情，提出初步抢险方案，并报省防指。

4月3日　省水利厅厅长翟浩辉带领省专家组赶到靖江章春港坍江现场，进行实地勘察，分析坍情，并对市局和靖江提出的抢险治理方案进行了论证和修定。

4月17日　董文虎应安徽省水利厅邀请，为其机关干部职工及青干班学员讲演《论水利五大体系建设》，安徽省水利厅副厅长江兆航参加。

4月19日　水利部机械局副局长乔珊、对外业务处处长王一新等考察江苏亚太泵业集团公司。省水利厅厅长翟浩辉，副市长吕震霖，市水利局董文虎、王仁政等陪同。

4月22日　水利部副部长朱登铨（左二）过境泰州，与董文虎共话对水利五大体系的深度认识和对收水费的看法。

是日　许书平任市水利局副局长(正处级)、党组成员，列王仁政之前。

是月　市水利局党组会议提出工作纲领为“七抓”：抓团结，聚人才；抓学习，讲政治；抓改革，求突破；抓法制，保资源；抓投入，干实事；抓软件，兴科教；抓机制，促致富。局党组对党组成员要求：从我做起、从党组成员做起、从创建水利局第一天做起。

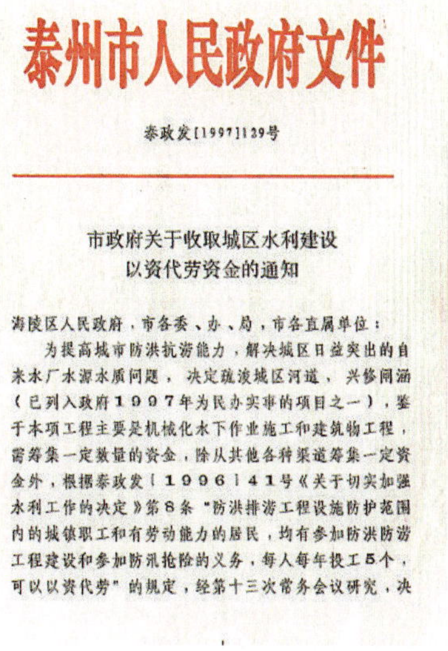
泰州市人民政府文件

泰政发[1997]129号

市政府关于收取城区水利建设
以资代劳资金的通知

海陵区人民政府，市各委、办、局，市各直属单位：

为提高城市防洪抗涝能力，解决城区日益突出的自来水厂水源水质问题，决定疏浚城区河道，兴修闸涵（已列入政府1997年为民办实事的项目之一），鉴于本项工程主要是机械化水下作业施工和建筑物工程，需筹集一定数量的资金，除从其他各种渠道筹集一定资金外，根据泰政发〔1996〕41号《关于切实加强水利工作的决定》第8条"防洪排涝工程设施防护范围内的城镇职工和有劳动能力的居民，均有参加防洪防涝工程建设和参加防汛抢险的义务，每人每年投工5个，可以以资代劳"的规定，经第十三次常务会议研究，决

5月4日　为解决城区自来水厂水源水质、疏浚城区河道、兴修闸涵等水利资金不足问题，市政府以泰政发〔1997〕129号发布《关于收取城区水利建设以资代劳资金的通知》。

是日　市政府召开防汛防旱工作会议。市长丁解民到会并讲话，副市长吕振霖作工作报告，并与各市（区）签订责任状。市政府副秘书长丁海宝主持会议。

5月7日　省水利厅总工程师陈茂满视察引江河工地并进行现场办公。

5月9日　泰兴市第一部水资源评估资料通过省级验收。验收组认为其居于全省同类课题领先水平。市水利局许书平出席。

5月15日　姜堰市调整防指组成人员。丁士宏兼任指挥，范德富、王厚贵、高永明、周昌云等兼任副指挥。

5月中下旬　副省长姜永荣，省水利厅厅长翟浩辉、副厅长沈之毅来泰州召开会议，将省动用民力开挖泰州引江河的决定告知泰州并征求意见。会上，董文虎建议机械化开挖。6月初，省水利厅正式通知要组织民工开挖。董文虎以个人名义致函厅长翟浩辉，并报副省长姜永荣，力陈应机械化开挖。6月24日，省领导同意董文虎意见。这一建议，使泰州引江河成为江苏省第一条不大规模动员民工、完全用机械施工的现代化工程，结束了（江苏省级大型）河道工程民工开挖的历史。

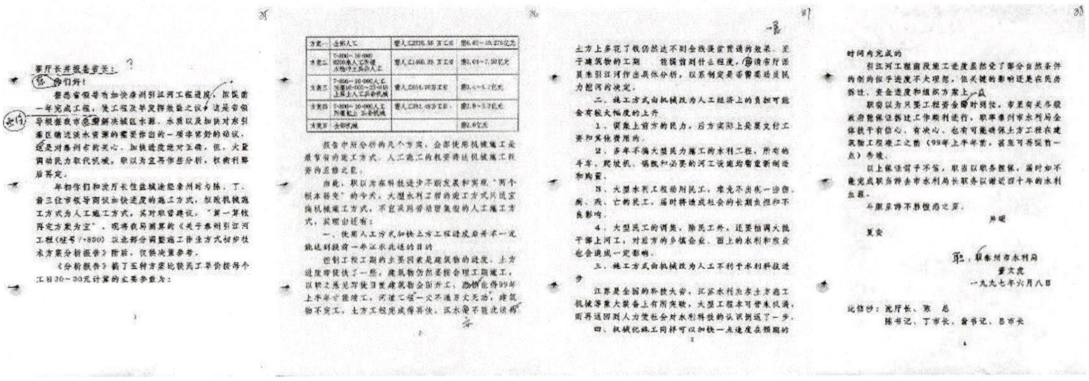

董文虎为坚持机械开挖引江河致省、厅领导函手改稿

5月20日　省水利厅在兴化召开水政监察工作座谈会，市局及各市（区）水利局有关负责人出席会议。与会者就水政监察的机构设置、人员组成、经费来源等问题进行研讨。

5月31日　姜堰黄村闸大修通过试运行。

6月3日　省厅副厅长沈之毅、总工程师陈茂满视察泰州引江河工程。副市长吕振霖、市水利局董文虎、王仁政陪同。

6月4日1时10分至3时30分　泰兴、姜堰和兴化共41个乡遭受暴风雨和冰雹袭击，死1人，民房倒塌328间、损坏2821间，折断“三杆”1211根，9333.33公顷农作物严重受害，直接经济损失3900万元。

6月5日　泰州军分区领导赵挺、朱小帆勘察泰兴七圩、蒋华镇沿江险段。市水利局董文虎及泰兴市副市长张泽民等陪同。

6月7日　副市长兼市防指指挥吕振霖检查高港区防汛工作。高港区管委会主任张文彬、区工委副书记杨峰、市水利局董文虎等陪同。

6月10日　高港港更名为泰州港，原泰州港（海陵区南官河北端内河港）更名为泰州海陵港。

6月11日　市长丁解民率市政府秘书长周家新、市局董文虎等到兴化合塔、大营两乡视察旱情，慰问群众，指导抗旱。

6月12日～1998年9月29日　毛桂囡任市水利局副局长(挂职)。

董文虎(右)、毛桂囡(左)

6月12～13日　省人大常委、农经委主任梁鸿博和副主任吴汉如等一行4人考察泰兴市高沙土地区开发情况。泰兴市人大主任倪加明、副主任丁诗泉、副市长张泽民等陪同。

6月14日　中央电视台《新闻联播》播放泰兴长生乡万亩中低产田改造新闻。

6月16日　泰兴黄桥水位降至1.51米,有199条中沟断流,758座电灌站抽不到水,5万亩中稻不能及时栽播,7万亩中稻缺水灌溉,6286亩秧苗枯死。

6月17～18日　市局和泰兴市水利局联合召开《泰兴市水利志》评审会,市水利局副局长许书平,省和扬州、泰州及泰兴等专家到会参加评审。

6月23～24日　副省长姜永荣调研泰州引江河工程机械开挖的情况。市委书记陈宝田,省水利厅厅长翟浩辉、副厅长沈之毅、总工陈茂满陪同调研。市长丁解民,副市长翁振进、吕振霖参加情况汇报会,市水利局董文虎、王仁政陪同。

姜永荣(左二)、陈宝田(左一)、沈之毅(右二)

6月30日　下午5时半左右，龙卷风袭击泰兴曲霞、常周、南沙、胡庄4乡镇，倒塌房500多间、电灌站6座，重伤15人，轻伤32人。

6月　市局与省城乡规划设计研究院共同启动编制《泰州市城市防洪规划》。1999年12月中旬，《规划》完成并通过省水利厅、省建委审核，2000年3月31日市政府同意实施。

7月1日　主城区二水厂日产5万立方米自来水扩建工程竣工投产，主城区缺水历史宣告结束。

7月22日　副市长黄龙生到泰兴市长生乡指导低产田改造工作。

7月24日　永安洲北沙西新圩涵下游发生江岸坍塌，坍塌长度约100米，滩面坍落20米，负10米等深线坍进30米，外护堤下盘角堤坡坍落。高港区即组织劳力500人，抢做堤防土方1800立方米，平抛块石19159吨，控制了险情。

是月　在贯彻市委、市政府两会精神时，局党组提出了市水利局应树“三个形象”：局领导的形象为“既是领导，又是普通一兵，不搞持殊化”；领导集体的形象为“既是集体又是一体，不搞政出多门、多中心”；水利局的形象就是“干平凡工作　创一流业绩”的形象。对局领导具体形象的要求是：“清正廉洁、勤奋工作、多谋善断、身先士卒、虚怀若谷、平等待人、和气待人、不谋私利、全心投入工作的形象”，特别又强调了“要求大家做到的，首先自己必须做到”。

8月1日　副市长、市防指指挥吕振霖检查高港区防汛工作，实地察看了永安洲江岸坍塌段。

8月5日　高港区防指组织200名基干民兵进行抗洪抢险拉练。泰州军分区参谋长朱小帆、市防指副指挥董文虎参加。

8月18～20日　受11号强台风和大潮影响，沿江出现10级以上大风和特大高潮位，靖江夏仕港潮位达5.66米，超过历史最高记录0.26米。大风、潮造成：死1人，重伤4人；毁坏江堤31.2公里、流失土方20多万立方米，毁坏涵、闸、桥梁25座，沉船45条；倒塌民房763间、损坏2288间；农作物倒伏45.6万亩；倒断“三杆”345根；直接经济损失1.15亿元。靖江堤内水深达0.8米到1.4米，通信、交通、供电中断。泰兴抢险动用编织袋5.1万只、木材18.3立方米，抢做土方2100立方米。17日，在11号台风到来前夕，市政府副秘书长丁海宝、市局董文虎至靖江，市局许书平、王仁政等其他领导和有关工作人员也分赴泰兴、高港和引江河一线参与组织指挥抗灾工作。全市3万多干群投入抢险和修圩复堤。南京军区舟桥旅在靖江连续奋战40多小时，营救出被围困在江心洲的367名群众。

董文虎（右一）陪同舟桥旅抢险战士至抗洪一线

靖江沿江民众奋力抗洪

8月19日　凌晨，泰州市委副书记翁振进，军分区司令员赵挺等一行至靖江察看险情。下午，市政府、靖江市委召开紧急会议，布置防汛抢险工作。市委书记陈宝田、副书记翁振进，省军区副参谋长周放祥，泰州军分区司令员赵挺、政委朱逸明参加会议。

8月19～20日　副市长张厚宝等一行3人赴泰兴检查指导防汛工作。泰兴市委书记常龙福、副书记刘军林、常务副市长胡冬生、副市长张泽民陪同。

8月20日　国务院批准成立泰州市高港区。

是日　风向转，水稍退。市水利局董文虎、许书平等分别踏勘沿江水情。市水利局提出建设高标准江堤“向上争一点、财政拿一点、受益企事业单位筹一点、农民以资代劳出一点、号召社会百姓捐一点、向银行贷一点”的“六个一点”筹资办法，得到市委、市政府和靖江市委、市政府的高度重视和支持。9月4日，靖江出台《关于长江堤防修复建设专项资金筹集、使用和管理办法》。后来，省水利厅向全省各市（县）转发了这个文件，全省各地掀起江堤达标建设高潮。

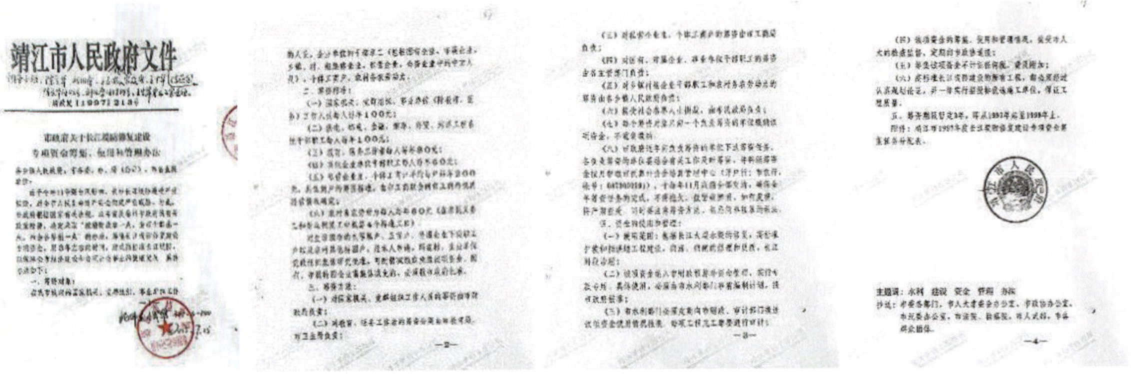
靖江市人民政府文件

8月21～24日　省委副书记许仲林，省水利厅厅长翟浩辉、副厅长蒋传丰、厅长助理黄莉新，国家计委农业经济司投资处处长梁新一行20人，省水利厅工管处处长陈履一行4人，市水利局董文虎、许书平等，先后至靖江察看水毁情况。

是月　市长丁解民、副市长张厚宝检查主城区防汛工作及河道情况，市局董文虎陪同。

丁解民（右二）、张厚宝（左二）

董文虎（前右一）

是月　市水利局应市机关行政事务局要求，搬出市政府大楼（现海陵区政府大楼），租用纺织品公司仓库办公。

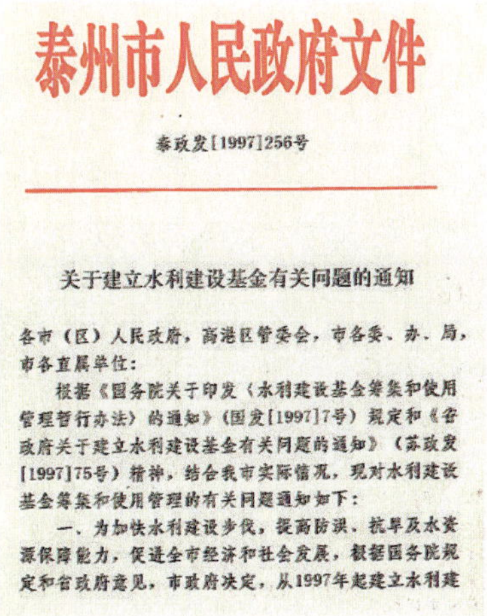
泰州市人民政府文件

泰政发[1997]256号

关于建立水利建设基金有关问题的通知

各市（区）人民政府，高港区管委会，市各委、办、局，市各直属单位：

根据《国务院关于印发〈水利建设基金筹集和使用管理暂行办法〉的通知》（国发[1997]7号）规定和《省政府关于建立水利建设基金有关问题的通知》（苏政发[1997]75号）精神，结合我市实际情况，现对水利建设基金筹集和使用管理的有关问题通知如下：

一、为加快水利建设步伐，提高防洪、抗旱及水资源保障能力，促进全市经济和社会发展，根据国务院规定和省政府意见，市政府决定，从1997年起建立水利建

9月4日　市政府印发泰政发〔1997〕256号文《关于建立水利建设基金有关问题的通知》，明确泰州市从1997年起建立水利建设专项基金，规定了水利建设专项基金的来源、性质、用途及管理方法。

9月6~7日　水利部经济管理局副局长肖子木考察江苏亚太集团、沃特尔化工厂和沿江自来水厂。省水利厅产业中心主任刘光笃、泰兴市市长陈骏骠等陪同。

9月15日　王仁政任泰州市水利重点工程建设指挥部指挥。

9月25～27日　为尽快修复靖江段长江大堤，董文虎将其十数年间业余创作的200多幅字画，在泰州、靖江两地义卖，得款8万多元全部捐赠修复江堤。人民日报、解放日报、新民晚报、扬子晚报等多家新闻单位作了报道。26日，在泰州视察引江河工程的副省长姜永荣专程赶到义卖现场，给予高度评价。

靖江市政府证书、证牌

9月30日　姜堰市成立市水利工程总指挥部，丁士宏兼任总指挥。

是日　副省长姜永荣视察泰州引江河工程。省水利厅副厅长沈之毅、泰州副市长吕振霖、市水利局董文虎陪同。

姜永荣(前排右五)、沈之毅(前排右四)、吕振霖(前排右二)、董文虎(左一)

10月21日　省水利厅厅长翟浩辉、副厅长沈之毅、总工陈茂满一行来泰视察引江河工程，市水利局董文虎、王仁政陪同。

10月27日　姜堰市成立陵园河整治工程指挥部，高永明任指挥。

是月　《姜堰水利志》由苏泰姜准字97004准印，主编徐礼毅。省水利厅厅长翟浩辉、市水利局董文虎、原姜堰市委书记谢书敏题词；姜堰市市长丁士宏、水利局局长周昌云作序。

11月2～3日　全省水利工作会议在靖江召开，省委副书记许仲林、副省长姜永荣，各省辖市市长、分管领导，水利部门负责人出席会议，与会者参观靖江长江堤防建设现场。

11月6日　董文虎应水利部副部长朱登铨点名通知，赴北京香山参加中国经济导报社和水利部财务司联合举办的“水价形成机制”研讨会，会上国家计委副主任马凯、水利部副部长朱登铨作了重要讲话。

11月8日　高港区正式成立。次年1月8日高港区水利局成立。

11月10日　省长郑斯林视察泰兴市水利局基建工程队承建的引江河扬靖桥（又名高港大桥）工程。董文虎、王仁政陪同。

11月18日　省厅副厅长徐俊仁、农水处处长周长全、政策法规处处长祁正卫及省有关新闻单位记者采访泰兴县长生乡低产田改造以粮还贷情况。

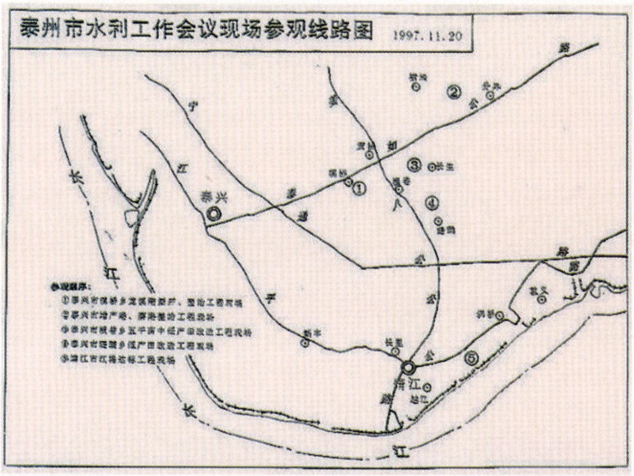

11月20～21日　全市水利工作会议在靖江市召开。市委书记陈宝田、市长丁解民到会并讲话，副市长吕振霖作工作报告。丁解民提出了“三年完成沿江江港堤防达标建设，三年完成里下河圩区‘无坝市’建设，三年基本完成通南高沙土地区灌溉干渠衬砌化建设，三年完成对所有淤浅河道全面清淤一遍”的“四三工程”目标。四市一区主要领导、分管水利的副市长及水利部门主要负责人参加会议。与会代表参观了泰兴长生、横巷中低产田改造和靖江江堤抢修现场。

11月21日　全市水利工作会议后，市局又专门召开了各市区水利局长会议，董文虎在会上作《抢抓机遇　奋力拼博　努力开创我市水利建设新局面》的讲话。

11月22日　国务委员陈俊生一行来泰视察泰州引江河工程和泰兴市水利局基建工程队承建的引江河扬靖桥工程。市局董文虎、王仁政等陪同。

11月25日　泰兴过船镇团结闸改建工程开工，1998年12月竣工，闸孔宽4米，闸长12米，底高程0米，顶高程7.5米，投资125万元（不包括投劳）。

11月26日　市局董文虎及有关方面专家共40余人参加靖江市长江堤防达标建设论证会。

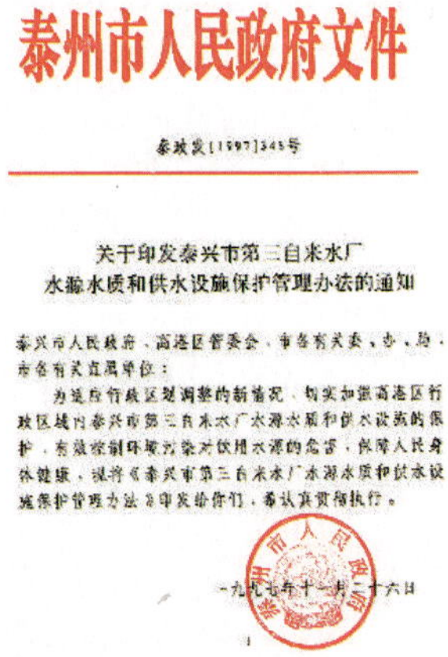

泰州市人民政府文件

泰政发〔1997〕345号

关于印发泰兴市第三自来水厂
水源水质和供水设施保护管理办法的通知

泰兴市人民政府、高港区管委会、市各有关委、办、局，市各有关直属单位：

为适应行政区划调整的新情况，切实加强高港区行政区域内泰兴市第三自来水厂水源水质和供水设施的保护，有效控制环境污染对饮用水源的危害，保障人民身体健康，现将《泰兴市第三自来水厂水源水质和供水设施保护管理办法》印发给你们，希认真贯彻执行。

一九九七年十一月二十六日

是日　市政府印发《泰兴市第三自来水厂水源水质和供水设施保护管理办法》。

11月27日　市人大代表视察城区河道治理情况和鲍坝闸。

是月　水利部授予兴化市水利局全国水利系统水政水资源先进单位称号。

12月3日　省委书记陈焕友来泰视察引江河工程，董文虎、王仁政陪同。

12月6日　高港区委成立长江堤防达标建设指挥部。区长张文彬为指挥，副书记杨峰、副区长薛广福为副指挥，高港区水利局局长胡正平兼任办公室主任。

12月18日　原江苏省副省长陈克天来泰视察引江河，董文虎、许书平、王仁政陪同。

12月18日　市人大代表农村组一行24人，视察泰兴长生乡低产田改造。

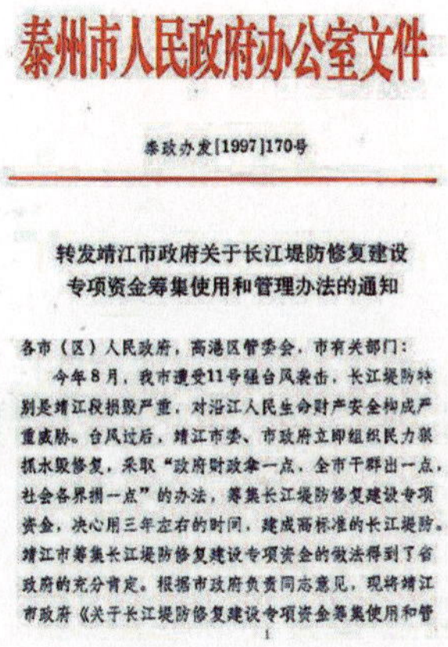

泰州市人民政府办公室文件

泰政办发[1997]170号

转发靖江市政府关于长江堤防修复建设专项资金筹集使用和管理办法的通知

各市（区）人民政府，高港区管委会，市有关部门：

今年8月，我市遭受11号强台风袭击，长江堤防特别是靖江段损毁严重，对沿江人民生命财产安全构成严重威胁。台风过后，靖江市委、市政府立即组织民力紧抓水毁修复，采取“政府财政拿一点，全市干群出一点，社会各界捐一点”的办法，筹集长江堤防修复建设专项资金，决心用三年左右的时间，建成高标准的长江堤防。靖江市筹集长江堤防修复建设专项资金的做法得到了省政府的充分肯定。根据市政府负责同志意见，现将靖江市政府《关于长江堤防修复建设专项资金筹集使用和管

1

12月19日　市政府办公室印发泰政办发〔1997〕170号文，转发《靖江市政府关于长江堤防修复建设专项资金筹集使用和管理办法》。

12月中旬　泰兴增产港北段（分黄河至古马干河）整治工程开工。工程长7500米，深1米，底宽8米，坡比1∶3至1∶4。与其配套的蔡港东段（黄桥交界处至丁元中沟）同期开工，长5420米，深0.5米，宽6米，坡比1∶3，均于1998年1月竣工。

12月31日　泰兴市长生乡的“贷款低改，以粮还贷”被列为省1997年水利十大新闻之一。

冬　泰州市在全省率先启动百里江堤达标工程建设。

1998年

1月10日　省水利厅厅长翟浩辉等视察泰兴市江堤达标块石护坡工程。市委副书记张文国、副市长吕振霖、市水利局董文虎及泰兴市委书记常龙福、副书记刘军林等陪同。

1月17日　省水利厅厅长翟浩辉、副厅长沈之毅、总工陈茂满等一行来泰州引江河现场办公。市委书记陈宝田、副市长吕振霖，市水利局董文虎等陪同。

1月21日　今起，全市执行市政府泰政发〔1998〕14号文《泰州市水利工程管理实施办法》。

是日　董文虎的专著《论建立水利五大体系》获市政府首届哲学社会科学优秀成果一等奖。

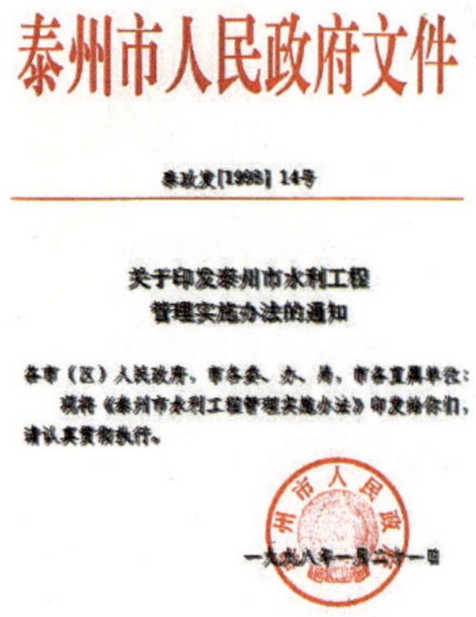
泰州市人民政府文件

泰政发[1998] 14号

关于印发泰州市水利工程
管理实施办法的通知

各市（区）人民政府，市各委、办、局，市各直属单位：
现将《泰州市水利工程管理实施办法》印发给你们，请认真贯彻执行。

一九九八年一月二十一日

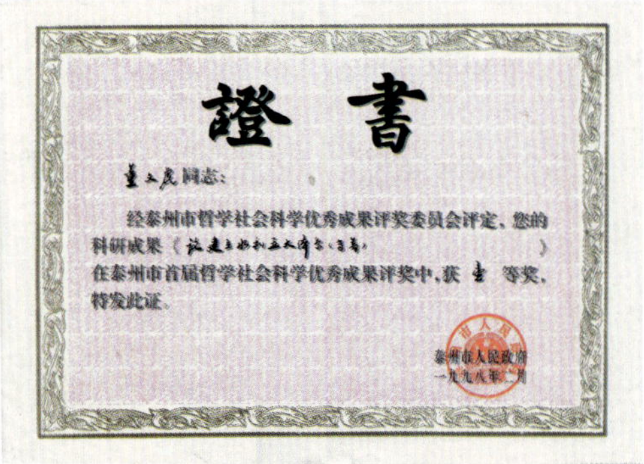
證書

董文虎同志：

经泰州市哲学社会科学优秀成果评奖委员会评定，您的科研成果《论建立水利五大体系（专著）》在泰州市首届哲学社会科学优秀成果评奖中，获壹等奖，特发此证。

泰州市人民政府
一九九八年二月

2月4日　在市水利局新春团拜暨大干1998年动员大会上，董文虎提出“拟定水利现代化的标准，制定实现水利现代化的目标，编制实现现代化的规划”设想。

2月6日　省水利厅授予市水利局1997年度全省市级水利先进单位荣誉称号；授予靖江、泰兴水利局1997年度全省县(市)级水利先进单位，兴化

董文虎(左一)

水利局1997年度全省水利系统文明单位,泰兴南新水利站全省先进水利站荣誉称号;授予姜堰水利局局长周昌云优秀领导干部荣誉称号。

2月7日　市水利局会同靖江水利局在靖江联合举办《防洪法》《水利产业政策》辅导报告会。董文虎主讲《水利产业政策》。各市(区)水利局长或分管局长,市水利局部分领导及有关人员参加报告会。

2月8日　高港区南官河口岸闸加固工程及长江堤防达标建设一期工程开工,6月5日主体工程全部竣工。

2月18日　以省水利厅厅长助理黄莉新为组长的省联合检查组至高港、泰兴检查江堤达标建设。市水利局董文虎、王仁政陪同。

2月21日　市政府以泰政发〔1998〕28号文印发《泰州市市级水利建设基金财务管理暂行办法》。

2月24日　市水利局、财政局、物价局联合转发省水利厅、财政厅、物价局《关于印发〈江苏省河道堤防工程占用补偿费征收使用管理办法〉的通知》。

是日　市委分别授予市水利局和王仁政市级机关1997年度工作先进单位和先进科技工作者荣誉称号。

2月25日　中央电视台农业频道“大地红绿蓝”栏目摄制组来泰州策划

拍摄《水利第一看泰州》专题片。

3月3日　全市水利系统三级干部大会召开。副市长吕振霖出席并讲话，市水利局董文虎代表水利局党组作《高举旗帜　锐意改革　加快发展　争创一流》的讲话。

3月13日　市委、市政府领导陈宝田、邵军、张文国、吕振霖视察高港区永安洲镇长江堤防达标建设和口岸江堤，检查引江河工程进度。市水利局董文虎陪同。

3月13～14日　全省水政水资源工作会议在靖江市召开，许书平作经验介绍。

3月17日　省政府副秘书长姜道远、省水利厅厅长翟浩辉等11人组成的检查组来泰州检查高港、靖江江堤达标建设。对泰州江堤达标建设表示了高度肯定。

3月17～18日　全省春季农田水利配套暨节水工作会议在泰兴市召开，与会人员参观了泰兴市节水灌溉工程和江堤达标建设现场。

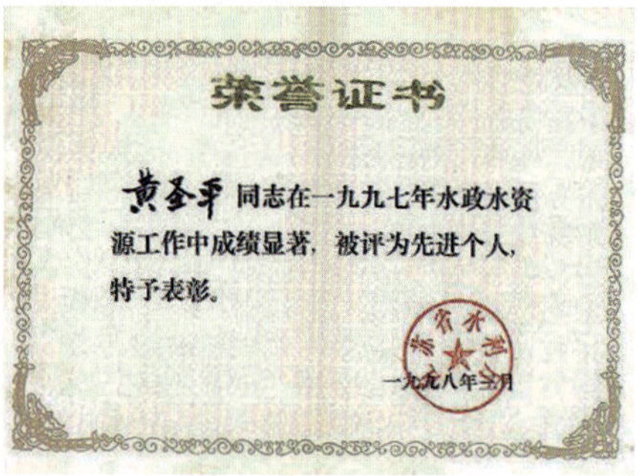
荣誉证书

黄圣平同志在一九九七年水政水资源工作中成绩显著，被评为先进个人，特予表彰。

一九九八年三月

是月　黄圣平被省水利厅评为1997年水政水资源工作先进个人。

4月2日　泰州市水利建设管理工作会议在高港召开。

4月7日　市委副书记张文国、副市长吕振霖冒雨视察泰州大桥建设工地，了解大桥和引江河北段施工情况，并提出了具体工作要求。市水利局董文虎、王仁政陪同。

4月10日　省人大副主任俞敬忠视察泰兴市长生、横巷两乡低产田改造和节水工程现场。泰兴市人大主任倪加明等陪同。

是日　省水利厅在兴化召开里下河地区清障工作会议。

4月14日　水利部财务司副司长高军来泰视察泰兴市长生乡湖头村低产田改造现场和耿元村节水工程示范园，充分肯定长生乡“贷款低改，以粮还贷”的投入新机制。省水利厅罗士杰处长、市水利局董文虎等陪同。

4月25日　市长丁解民、副市长吕振霖一行视察高港、泰兴、靖江两市一区长江堤防达标建设，要求沿江二市一区要在保证达标工程质量的前提下抢抓工程进度，确保主汛期到来之前48公里主江堤护坡及建筑物加固改建主体工程全部完成投入防汛。市水利局董文虎、毛桂囡陪同。

是日　省电视台、广播电台、江苏工人报、江苏经济报、江苏水利杂志、中国水利报江苏站记者专题采访泰州水利工程、低产田改造工程以及小型农田水利产权制度改革等情况。

4月26日　市人大副主任陆余文一行，视察姜堰里下河圩堤达标建设情况。姜堰市委副书记李仁国等领导陪同。

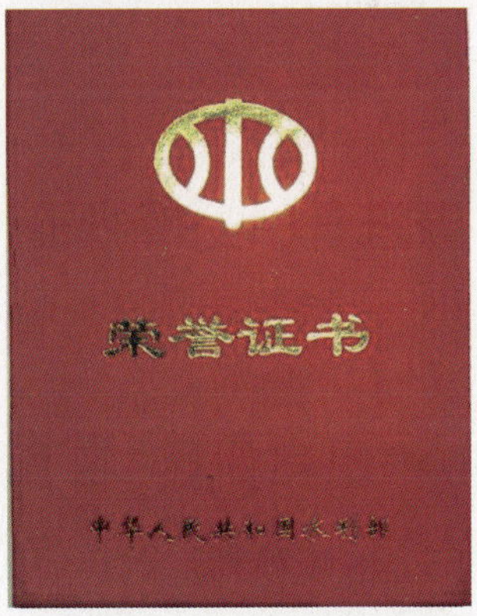

是月　水利部授予兴化水利局局长刘文凤全国水利系统水政水资源工作先进工作者荣誉称号。

5月2日　市长丁解民视察泰兴长生乡低产田改造工程，泰兴市常务副市长胡冬生、市水利局董文虎陪同。

5月4日　省水利厅、公安厅，市水利局和市公安局联合组织在长江高港境内打击非法采砂活动。央视新闻联播作报道，市水利局许书平介绍有关情况。

5月5日　副市长吕振霖检查高港区防汛准备工作。

5月6日　靖江1994、1995年度节点工程和利港电厂补偿的靖江护岸工程，通过省水利厅验收组及市水利局的验收。

5月8日　市政府印发泰政发〔1998〕99号文，在全省率先出台《关于推进全市小型农田水利工程设施产权制度改革工作的意见》。对小型农田水利工程改制的指导思想、范围、形式等的具体要求作了原则性的规范。至8月底，全市已改制的工程达2281处，其中电灌站2270处，里下河圩堤11处。改制形式中，股份合作制20处，竞价拍卖1303处，租赁27处，承包931处，共计回收资金1061.15万元。

泰州市人民政府文件

泰政发[1998]99号

关于印发推进全市小型农田水利工程设施产权制度改革工作意见的通知

各市（区）人民政府，市有关部门：

市政府原则同意《关于推进全市小型农田水利工程设施产权制度改革工作的意见》，现印发给你们。希结合本地实际，认真贯彻执行。

一九九八年五月八日

5月12日　市委、市政府召开全市防汛防旱工作会议。市长丁解民作重要讲话，副市长吕振霖作动员报告，并与各市（区）分管领导人签订了防汛防旱目标责任状。

5月16日　市委书记陈宝田、副市长吕振霖视察高港区水利工作。陈书记强调要加快江堤达标建设，加强防汛防旱工作，加大引江河工程协调服务力度。王仁政陪同。

姜永荣(前排左一)、吕振霖(二排左一)

5月18日　副省长姜永荣率领省计经委、水利厅、交通厅主要负责人，泰州、扬州两市及有关部门负责人，视察泰州引江河工程，并在即将开工建设的疏港公路现场办公，研究解决疏港公路建设面临的有关问题。副市长吕振霖、市水利局董文虎参加。

5月19日　泰州军分区司令员赵挺、参谋长朱小帆等查看高港、泰兴防汛战线险工患段。赵司令员要求沿江市区在搞好江堤建设的同时，切实抓好抢险队伍建设和抢险物资的储备工作，确保安全度汛。市水利局董文虎陪同。

5月20日　市委副书记张文国察看高港引江河工程和江堤达标工程建设，帮助解决工程建设存在的问题，要求在农村大忙前，完成所有江堤工程建设任务，确保安全度汛。市水利局董文虎、王仁政陪同。

5月25日　全市农田水利工程产权制度改革观摩会在泰兴市召开。市委副书记张文国、副市长吕振霖和有关部门负责人及各市区分管农业的负责人参加会议。张书记、吕市长分别作了重要讲话。与会人员还参加了在泰兴市胡庄乡肖林村举行的3个农户购买电灌站产权转让的签字仪式。

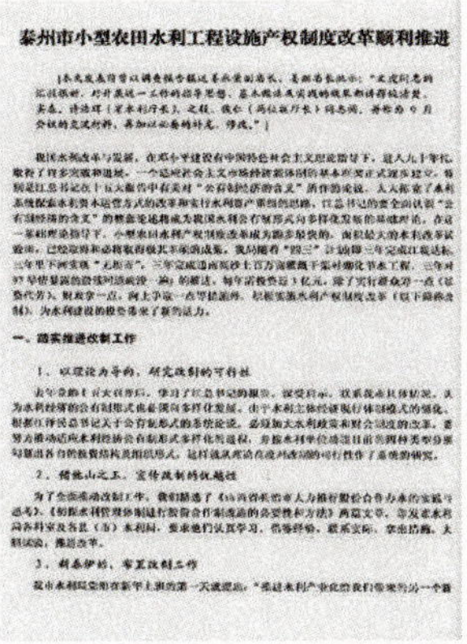
泰州市小型农田水利工程设施产权制度改革顺利推进

5月28日　董文虎所撰《泰州市小型农田水利工程设施产权制度改革顺利推进》获副省长姜永荣批示。

5月31日　省水利厅副厅长徐俊仁、政策法规处处长祁正卫、农水处处长周长全，至泰兴调研水利产权制度改革情况。市委副书记张文国、市水利局负责人，泰兴市委、市政府及泰兴市水利局负责人随同调研。

6月1日　省水利厅副厅长徐俊仁一行考察泰兴横垛乡南谢村农田灌溉服务站新建的防渗渠道。泰兴市常务副市长胡冬生、副市长周绍泉等陪同。

是日　部分市人大代表视察靖江长江堤防达标建设及防汛工作。代表们对长江堤防达标工程建设给予了高度评价，并对全市水利工作提出了一些好的建议。副市长吕振霖、市水利局董文虎等陪同。

姜永荣(前右四)、丁解民(前左一)、张文国(姜永荣后正面)

6月2日　副省长姜永荣检查泰州引江河高港枢纽工程。泰州市市长丁解民、市委副书记张文国陪同。

6月9日　水利部党校调查组一行11人来泰兴调查小型农田水利设施产权制度改革的情况。省水利厅农水处副处长刘有勇,市水利局董文虎、王仁政及有关方面的负责人参加座谈。10日,调查组参观靖江长江堤防达标建设工程,市水利局毛桂囡等陪同。

6月11日　省水利厅副厅长徐俊仁一行4人来泰州检查防汛工作。市水利局董文虎、毛桂囡等陪同。

6月12日　泰州军分区司令员赵挺和参谋长朱小帆赴兴化检查低洼地区乡镇的防洪准备工作。市水利局毛桂囡陪同。

6月15日　副市长吕振霖率市有关部门检查高港防汛准备工作。市水利局许书平陪同。

6月16日　副市长吕振霖带领市长江防汛检查组赴沿江两市一区检查长江防汛工作。市水利局董文虎、王仁政陪同检查。

是日　市委副书记张文国带领市里下河防汛检查组检查姜堰、兴化的里下河防汛工作。市水利局王仁政陪同检查。

6月18日　副省长姜永荣视察永安洲刚竣工的护坡段以及引江河河口

段，检查泰州港务局杨湾港区江堤恢复情况和高港区的防汛工作。省水利厅副厅长蒋传丰、市委书记陈宝田、副书记张文国、市水利局董文虎等陪同。

6月22～23日　省长江堤防达标暨防汛工作会议在泰兴市召开，省水利厅副厅长蒋传丰出席会议并讲话。与会人员参观了泰兴市江堤达标建设及管理现场。

6月24～25日　副省长姜永荣等检查姜堰、泰兴两地节水灌溉工程、农田水利设施产权制度改革，盛赞两市节水灌溉工程建设机制活、建设快、步伐大。市委副书记张文国，市水利局董文虎和王仁政陪同。

6月30日　泰州军分区司令员赵挺、政委朱逸民、参谋长朱小帆检查高港防汛工作。市水利局毛桂囡陪同。

是月，市水利局印制1:150000泰州市水系图，纸质彩图250张、素图500张和布图50张。

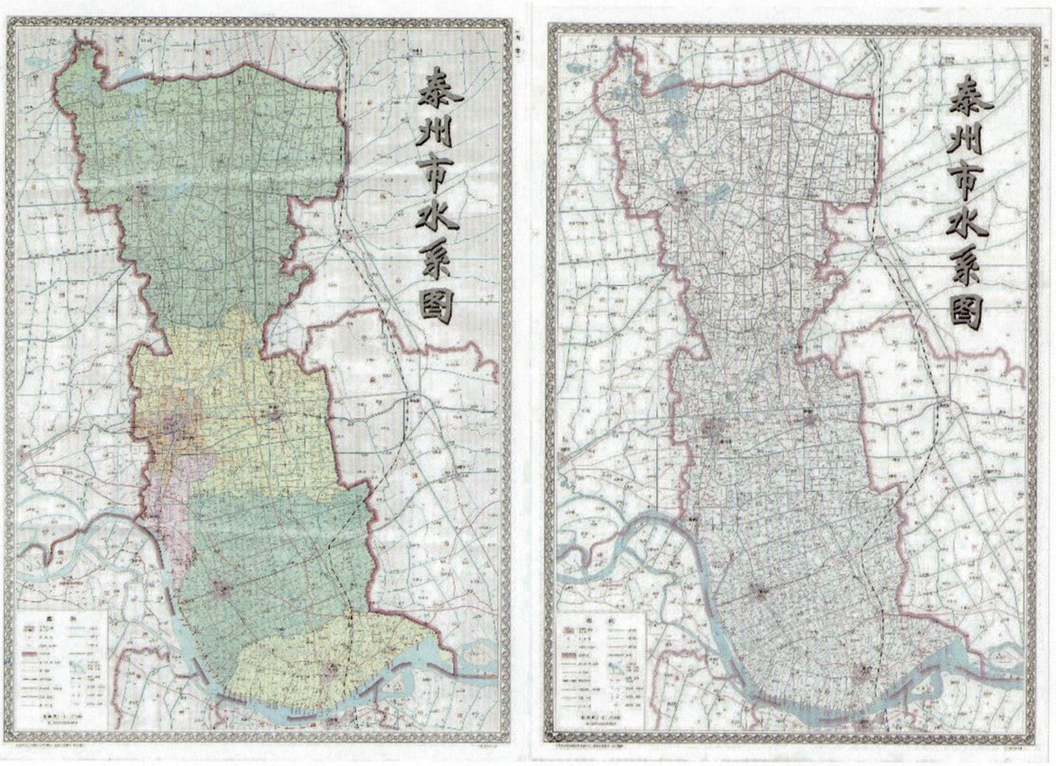

泰州市水系图

7月1日　省委副书记许仲林、省委副秘书长董瑾、省水利厅副厅长蒋传丰检查泰兴防汛、江堤达标建设等工作及高港永长圩坍江易发地段的防汛工作。市委书记陈宝田、副书记张文国、副市长吕振霖，市水利局董文虎等陪同。

是日　市委书记陈宝田检查靖江、高港防汛工作。市委副书记张文国、副市长吕振霖，市水利局董文虎随同检查。靖江市领导万门祖等陪同。

7月2日　市委陈宝田书记、副市长吕振霖检查高港区防汛工作。

是日　省防汛抗灾检查组一行5人检查兴化防汛抗灾预案、应急措施及落实情况。市水利局董文虎随同检查。

7月4日　省防指成员、省环保局局长史振华一行来泰州检查排涝抗灾工作。听取了兴化、高港当前情况的汇报，检查了兴化有关乡镇的排涝情况以及高港的堤防护坡工程和永安闸防汛工作。副市长吕振霖、市水利局董文虎陪同检查。

7月5日　市长丁解民检查沿江两市一区防汛工作以及里下河地区防洪排涝工作。市政府秘书长周家新、市水利局董文虎等陪同检查。

是日　市政协主席袁平波率领部分政协委员视察泰兴市江堤达标建设与管理及防汛工作情况。市水利局毛桂囡陪同。

7月6日　全市小型农田水利产权制度和水利工程管理体制改革工作会议在姜堰市召开。副市长吕振霖到会并作重要讲话，市水利局董文虎就如何做好“两改”工作进行了动员部署。

是日　市水利局召集全局人员开半年总结会。会上，董文虎作了《振奋精神　团结奋斗　在难得的水利创业中不断提高我们的整体素质水平》讲话。提出了要在泰州推进建设农村水利农民建，城市水利水利管的全方位、多元化的水利改革新方向。

7月8日　泰州市政协组织部分委员检查高港区江堤达标建设工程。

7月9日　副市长黄龙生一行4人检查泰兴市防汛工作，泰兴市委副书记刘军林等陪同。

7月11日　副市长黄龙生视察泰兴长生、横巷两乡低产田改造工程情况，市水利局毛桂囡，泰兴市副市长周绍泉等陪同。

7月13日　副市长吕振霖到正在施工的泰州引江河北段河道、泰州大桥、海阳桥、扬靖大桥工地检查工作，并代表市委、市政府对冒高温奋战在施工第一线的全体工程建设者表示亲切慰问。市水利局董文虎、王仁政陪同检查。

7月15日　为确保年底实现泰州引江河初通水，副省长姜永荣冒雨检查引江河相关施工现场，并召开现场办公会。省水利厅厅长翟浩辉、副厅长沈之毅、总工陈茂满，泰州市副市长吕振霖、扬州市副市长潘湘玉，省财政、建委、计经委等部门有关负责人以及市水利局董文虎、王仁政等陪同检查。

7月16日　省水利厅厅长翟浩辉视察泰兴市江堤达标建设工程和管理情况，对泰兴市的江堤建设与管理工作表示满意，要求继续加快建设速度，3年任务2年完成，为全省树样板。市水利局董文虎陪同。

7月21日　副市长吕振霖在高港主持召开专题会议，研究引江河工程扬靖桥施工中有关问题。市水利局、交通局、公安局、高港区以及施工、管理单位有关负责人参加会议。

7月22日　市委副书记张文国看望引江河工程泰州大桥、寺巷桥等施工现场施工人员。市水利局王仁政陪同。

7月23日　长江第二次大洪峰顺利通过江苏境内。省委省政府发出紧急通知，要求全省沿江各市县全民动员，迎战长江第三次大洪峰。

7月26日　省防汛工作组来高港区检查指导防汛工作。

7月27日　省防指发出紧急通知，即日起，江苏省长江沿线市县进入紧急防汛期。

是日　市委副书记张文国检查靖江市夹港、美人港、上六圩港和小桥港等险闸和章春港坍段。市水利局毛桂囡及有关部门负责人陪同检查。

是日　市纪委书记陈克勤、副市长吕振霖、市水利局董文虎冒雨检查靖江市江心滩防汛工作，着重查看了主江堤和新筑的二道堤，听取了靖江市关于江心滩防汛工作的情况汇报。

7月27日　水利部副部长张春园至靖江检查防汛及长江堤防达标建设工作。省水利厅厅长翟浩辉，市委副书记万门祖、副市长吕振霖，靖江市委书记张正方、市水利局董文虎陪同。

是日　市委常委、军分区政委朱逸民检查泰兴市防汛工作。泰兴市政协副主席高进山、人武部长王新桥、政委陈国寿陪同。

7月29日　市长丁解民、副市长吕振霖、市水利局董文虎等冒雨连夜检查靖江市防汛工作。靖江市委书记张正方等陪同检查。

7月29日　深夜至30日凌晨，市委书记陈宝田、副书记张文国冒雨检查高港、泰兴长江防汛抗洪措施落实情况，并慰问奋战在江堤上的广大干群。高港区委、区政府，泰兴市委、市政府主要负责人以及市水利局毛桂囡陪同检查。

7月31日　为迎战第三次大洪峰，永安洲封堵病险闸永安闸（在闸上游打坝，穿心港两侧港堤加高到真高4.5米，坝顶真高5.0米，坝距永安闸上游263米）。

是日　市长丁解民视察扬泰交界处的长江岸线坍江险情险段。市水利局董文虎陪同。

8月4日　省防指发出紧急通知，下令扬泰交界处长江岸边的居民群众在5日前全部撤离险区。

是日　副市长吕振霖检查指导靖江的长江防汛抗洪。市水利局毛桂囡陪同。

是日　市政府印发175号文《关于加强长江河道堤防管理工作的意见》，要求沿江各市区明确江堤管理权属，建立完善江堤管理机构，制定和完善各项管理规章制度，合理解决江堤管理机构的正常经费；认真制定长江岸线资源的开发规划，使全市的百里江堤真正变为防洪保安的阵地、多种经营的基地、观光旅游的胜地、开发开放的热地。

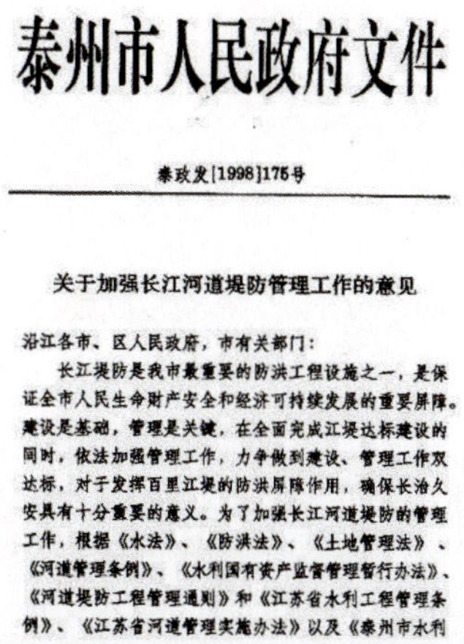
泰州市人民政府文件

泰政发[1998]175号

关于加强长江河道堤防管理工作的意见

沿江各市、区人民政府，市有关部门：

长江堤防是我市最重要的防洪工程设施之一，是保证全市人民生命财产安全和经济可持续发展的重要屏障。建设是基础，管理是关键，在全面完成江堤达标建设的同时，依法加强管理工作，力争做到建设、管理工作双达标，对于发挥百里江堤的防洪屏障作用，确保长治久安具有十分重要的意义。为了加强长江河道堤防的管理工作，根据《水法》、《防洪法》、《土地管理法》、《河道管理条例》、《水利国有资产监督管理暂行办法》、《河道堤防工程管理通则》和《江苏省水利工程管理条例》、《江苏省河道管理实施办法》以及《泰州市水利

8月5日　市委陈宝田书记、市长丁解民、副市长吕振霖视察扬泰交界处险段。研究扬泰交界处长江岸线的抢护方案。

8月6日　省政府发出迎战长江第四次特大洪峰的紧急通知。

8月7日　国家防总一行4人检查高港区防汛工作。

8月9日　市委书记陈宝田、副市长吕振霖检查正在进行抛石抢险的高港施工现场，以及泰兴江岸崩坍情况和如泰运河北段的防汛情况。泰兴及高港党政主要负责人和市水利局毛桂囡、省防汛专家组童利忠等陪同检查。

是日　市长丁解民、市委副书记张文国再次察看了靖江市夏仕港节制闸、斜桥章春港闸、六助港闸和越江万福闸以及新建的护坡和抗洪墙工程。

8月12日　泰州市委、市政府召开市级机关思想作风建设汇报交流会，市水利局为6个先进单位之一。

8月14日　副市长吕振霖赴泰兴检查指导防汛工作，重点检查过船港江堤险工患段，并慰问看望了驻守江堤的武警官兵。泰兴市水利局局长吕炳生等陪同。

8月16日　国家防总有关方面负责人和专家来泰州检查指导防汛工作。

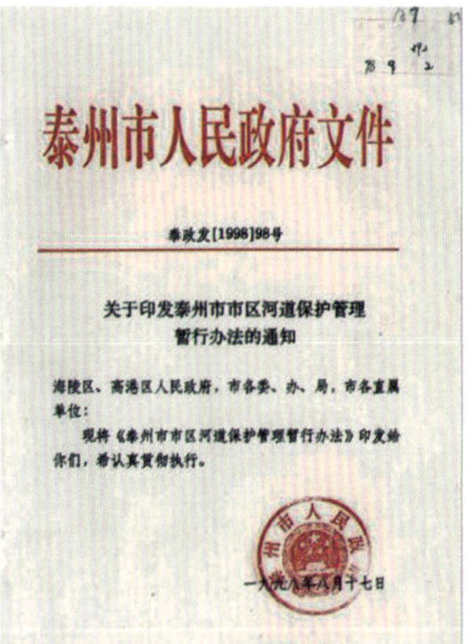

泰州市人民政府文件

泰政发[1998]98号

关于印发泰州市市区河道保护管理暂行办法的通知

海陵区、高港区人民政府，市各委、办、局，市各直属单位：

现将《泰州市市区河道保护管理暂行办法》印发给你们，希认真贯彻执行。

一九九八年八月十七日

8月17日　市政府印发《泰州市市区河道保护管理暂行办法》。

8月18日　凌晨3时40分，泰兴市如泰运河口北侧200米处江岸发生崩坍。市水利局董文虎与泰兴市有关负责人闻讯立即赶至现场落实抢险方案。次日，副市长吕振霖亲赴坍江现场指导抢险。

8月22日　市委书记陈宝田视察泰兴如泰运河口北段坍江处，靖江越江、惠丰、东兴、太和等段堤防和东兴六圩闸、太和夹港闸等，并指导抗洪。市水利局董文虎及泰兴、靖江党政负责人陪同视察。

是日　市人大副主任陆余文到永长圩视察洪水险情，慰问驻区抢险的武警官兵及抢险的基干民兵。

8月23日　市长丁解民、市委副书记张文国、副市长黄龙生、张厚宝等视察靖江堤防，察看新桥上九圩港闸、青龙港闸、两界河坍段和泰兴过船段坍江及抢险情况、高港杨湾码头挡浪墙建设情况，并检查扬泰交界处抢护工程的实施情况和高港永长圩段险情。市水利局董文虎、毛桂囡陪同。

8月28日　国家防总副指挥、水利部副部长张春园检查靖江防汛及长江堤防达标建设工作。省水利厅厅长翟浩辉、泰州和靖江党政领导人以及泰州、靖江两市水利部门负责人陪同检查。

8月29日　省防汛工作组一行17人检查泰兴市防讯工作。泰兴市副市长周绍泉等陪同。

是月　省水利勘测设计院总工钱志平等在兴化组织里下河规划调研，市水利局董文虎、储新泉参加。

钱志平(站立讲演者)

9月7日　国务院基础设施检查组来泰州检查江堤达标建设和引江河工程建设。市委副书记张文国、副市长吕振霖，市水利局董文虎、王仁政陪同检查。

9月8日　凌晨，市委副书记张文国、副市长吕振霖及市水利局董文虎检查泰兴过船、经济开发区汛情。泰兴市委副书记、代市长朱有瑞等陪同。

是日　市水利设施建设暨江堤达标建设会议在泰兴市召开。各市(区)分管负责人以及水利部门的负责人参加了会议，市委副书记张文国、副市长吕振霖分别讲话。与会人员参观了泰兴江堤达标建设、中低产田改造、节水灌溉工程、小型农田水利设施产权制度改革及友谊中沟整治工程现场。

是日　江苏亚太泵业集团电器QC小组被评为1998年全国水利系统优秀质量管理先进集体。并在中国质协、中华全国总工会、共青团中央和中国科协第20次质量管理小组代表大会上受到表彰。

9月11日　市委书记陈宝田、副书记张文国和副市长吕振霖视察引江河工程，并向工地的建设者们致以亲切的慰问。市水利局董文虎、王仁政陪同。

9月12日　水利部部长钮茂生、副省长姜永荣一行考察泰兴天星段江堤达标建设与管理现场。钮部长在接受中央及省、市新闻单位记者联合采访时，充分肯定了该段工程的质量，说该工程是江苏的样板工程，要向全国推广。省水利厅、泰州市及泰兴市党政领导、市水利局负责人陪同。

9月14日　省防指宣布从9月14日起江苏沿江地区解除紧急防汛期，至此，持续49天的紧急防汛告一段落。

9月16日　全省农田水利基本建设暨小型水利工程产权制度改革现场会在泰兴召开。副省长姜永荣、省水利厅厅长翟浩辉分别作重要讲话。与会人员参观了泰兴部分乡镇中低产田改造和节水工程及横垛乡小型农田水利产权制度改革拍卖现场等。

是日　中国农民日报社社长兼党委书记孙永仁考察泰兴过船团结闸江堤达标建设与管理。副市长吕振霖、市水利局董文虎等陪同。

姜永荣(左三)、张文国(右三)、吕振霖(左二)、吴毓华(右一)

9月24～25日　副省长姜永荣来引江河泰州大桥工地现场办公，研究解决具体问题。市委副书记张文国、副市长吕振霖等省水利厅吴毓华、市水利局王仁政陪同。

9月25～28日　水利部、长江委在高港大酒店召开长江河段报告审查会议。市水利局董文虎及有关人员参加。

是月　董文虎的论文《加大社会投资力度　掀起群众办水利高潮》和《中低产田改造后又一突破性的农田水利工程》分别获省水利厅1997年度优秀调研报告二、三等奖。

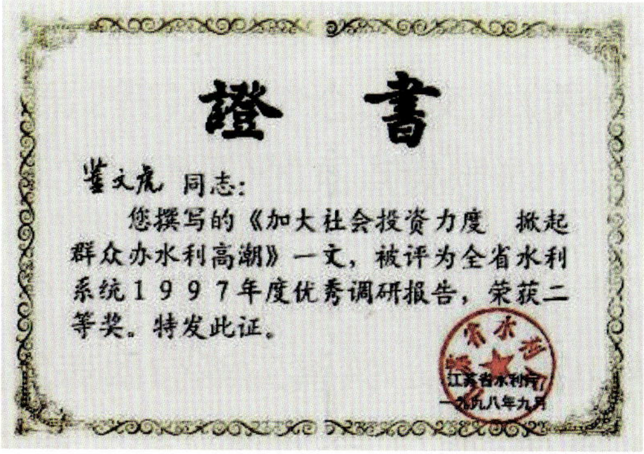
證書

董文虎 同志：

您撰写的《加大社会投资力度 掀起群众办水利高潮》一文，被评为全省水利系统1997年度优秀调研报告，荣获二等奖。特发此证。

江苏省水利厅

一九九八年九月

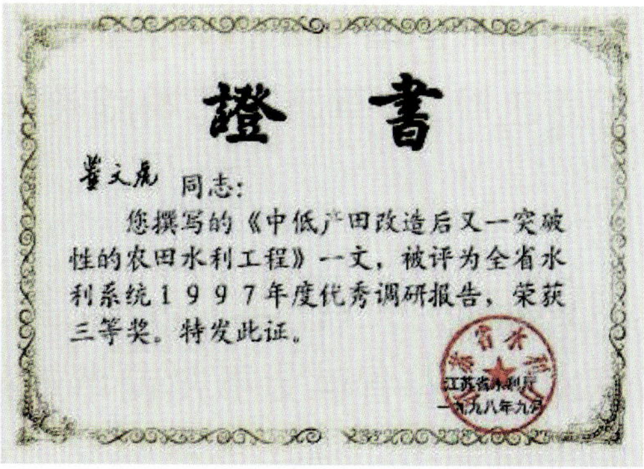
證書

董文虎 同志：

您撰写的《中低产田改造后又一突破性的农田水利工程》一文，被评为全省水利系统1997年度优秀调研报告，荣获三等奖。特发此证。

江苏省水利厅

一九九八年九月

10月4日　省水利厅厅长翟浩辉，视察靖江达标江堤，市水利局董文虎、靖江市副市长高纪明、水利局陈燕国、祁卫民陪同。

10月9日　扬州市副市长潘湘玉率领该市水利局及所辖县(市)分管农水负责人、水利局长一行30人，参观泰兴天星段江堤达标建设与管理现场。市政府副秘书长丁海宝、市水利局董文虎等陪同。

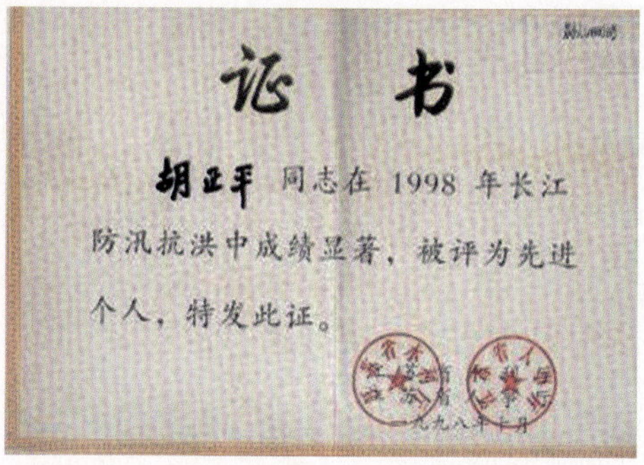
证书

胡正平 同志在1998年长江防汛抗洪中成绩显著，被评为先进个人，特发此证。

10月16日　省水利厅、人事厅授予胡正平抗洪抢险先进个人荣誉称号。

10月17日　省水利厅、人事厅授予市水利局1998年度长江防汛抗洪先进单位荣誉称号。

10月28日　水利部财政预算内专项资金水利项检查组视察泰兴江堤达标建设。泰兴市委书记常龙福接待检查组。

张文国(左一)、吕振霖(左三)、王仁政(左二)、官胜华(右一)

10月30日　市委副书记张文国、副市长吕振霖检查引江河工程施工情况。市水利局董文虎、王仁政等陪同。

11月1~2日　全市水利工作会议在靖江市召开。市委书记陈宝田、副书记张文国,常务副市长朱爱群、副市长吕振霖,市委常委万门祖、市政协主席袁平波,市人大副主任陆余文,军分区参谋长朱小帆,市24个相关部门的负责人及各市区四套班子主要领导,计委、财政、水利主要负责人出席会议。市水利局董文虎、许书平、王仁政参会。与会代表参观了高港、泰兴、靖江江堤达标施工现场。

11月2日　全市水利工作会议结束,市局召开各市区水利局长会议。

是日　副省长姜永荣视察泰州引江河枢纽工程。省水利厅副厅长沈之毅、市水利局王仁政等陪同。

11月4日　副省长姜永荣、省政府副秘书长姜道远、省水利厅厅长翟浩辉等一行察看引江河高港枢纽工程、水土保持试验段、扬靖公路桥、泰州大桥、海阳桥工地。市委书记陈宝田、副书记张文国、副市长朱爱群及市水利局董文虎、王仁政陪同察看。

11月6日　省委副书记许仲林、副秘书长董瑾,省水利厅厅长翟浩辉、副厅长沈之毅一行视察泰州引江河工程。市委书记陈宝田、市委秘书长刘大旺及市水利局董文虎、王仁政陪同。

是日　省委常委、常务副省长俞兴德检查泰兴天星镇江堤达标建设与管理。副市长朱爱群、泰兴市委书记常龙福等陪同。

俞兴德(中)视察泰州技术学院

11月7日　常务副省长俞兴德参观江苏亚太泵业集团，对亚太集团自行设计的"斗轮式挖泥船"给予高度评价。副市长朱爱群、泰兴市委书记常龙福陪同。

11月10日　市委书记陈宝田、副市长朱爱群检查市区饮水改良工程建设情况，市水利局董文虎、许书平陪同检查。

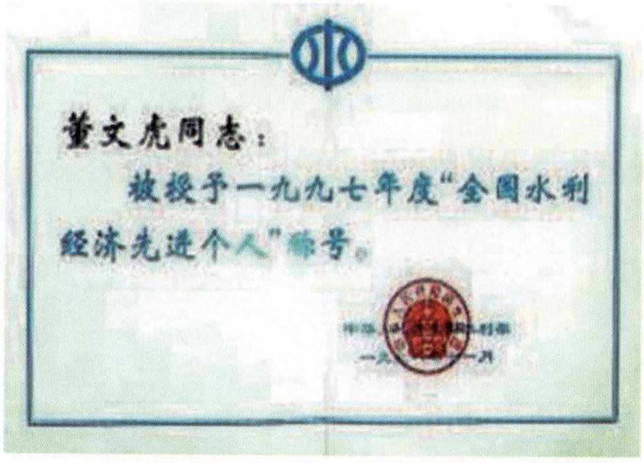
董文虎同志：
被授予一九九七年度"全国水利经济先进个人"称号。

11月12日　水利部授予董文虎1997年度全国水利经济先进个人荣誉称号。

是日　国家环保局授予亚太集团公司1997年技术标准编制先进单位荣誉称号。

11月17日　副市长吕振霖检查泰州引江河工程的进展情况，现场协调解决有关矛盾。王仁政陪同检查。

11月20日　水利部技术监督委员会副主任、科技司司长董哲仁以及各省(市)水利厅和水利设计院总工程师等160多人，检查泰兴天星、过船段江堤达标建设。专家们对泰兴市高标准江堤达标建设给予了高度评价。泰兴水利局长吕炳生陪同。

12月4日　国家防汛防旱总指挥部、人事部和解放军总政治部联合授予董文虎1998年全国抗洪模范荣誉称号。

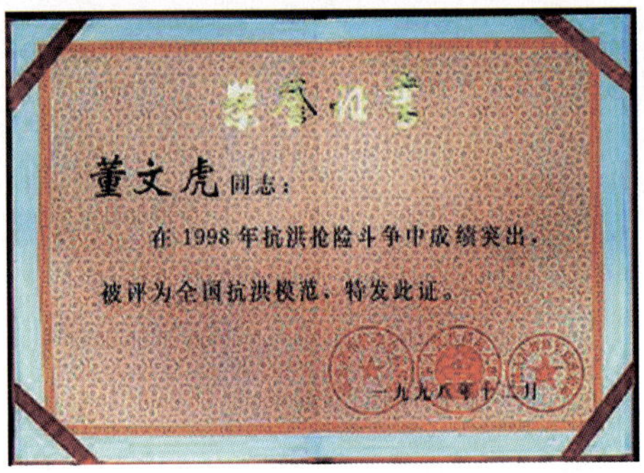

是日　长江防汛总指挥部授予泰兴高进山1998年长江抗洪先进个人荣誉称号。

12月4～5日　部分省人大代表视察泰州引江河工程，泰兴江堤达标、节水灌溉和中低产田改造现场、小型农田水利产权制度改革等。代表们对泰州市组建以来水利建设所取得的成绩表示了高度的肯定。市人大副主任来则林、副市长吕振霖、市水利局董文虎、王仁政及泰兴市委书记常龙福等陪同。

12月9日　副省长姜永荣带领省政府江堤达标建设检查组检查靖江市江堤达标建设工程。市委副书记万门祖、副市长吕振霖、市水利局董文虎陪同检查。

12月11日　省人大农工委主任王长庚、省水利厅纪检书记朱泳富等有关部门的负责人来泰召开《江苏省防洪条例》立法调研工作会议。市水利局董文虎、许书平参加会议。

是日　水利部财务司巡视员魏炳才视察泰兴江堤达标建设工程，低产田改造及节水灌溉工程。市水利局董文虎、泰兴市委副书记刘军林等陪同。

董文虎（右排前一）、王仁政（左排前一）

12月12日　水利部冬春水利建设检查组在省水利厅有关人员的陪同下，检查泰兴市冬春水利建设及江堤建设情况。市水利局董文虎、王仁政陪同检查。

12月13日　姜堰市成立水利工程建设总指挥部。丁士宏任总指挥，李仁国、高永明、周昌云任副总指挥。

12月14日　省水利厅厅长翟浩辉到泰州引江河工程检查指导工作。

12月14～15日　副市长吕振霖视察姜堰、兴化部分乡镇的水利建设。市水利局董文虎陪同。

12月16日　泰州市及泰兴市部分人大代表分别视察泰兴江堤达标建设工程，增产港北段工程及农桥建设，并听取汇报。泰兴市水利局长吕炳生等陪同。

12月17日　部分市人大代表视察兴化的水利和交通建设。

12月18日　泰兴开工疏浚古马干河中段（两泰官河至西姜黄河），次年1月竣工。工程长10.8公里，由78台泥浆泵施工，完成土方70万立方米，总投资800万元。

12月24日　省防洪保安资金征收会议代表一行40人来泰州参观引江河工程和靖江市江堤达标建设工程。市水利局董文虎陪同参观。

12月25日　副省长姜永荣视察泰州引江河工程，要求确保12月28日初通水顺利进行。省水利厅厅长翟浩辉、副厅长沈之毅、副市长吕振霖及市水利局董文虎、王仁政等陪同视察。

姜永荣（前排左二）、沈之毅（前排右一）、董文虎（左一）

12月26日　董文虎在全国率先启动“水利现代化”的理论研究，并在全市水利系统布置“泰州市水利现代化的理论与实践”的研究课题。

12月28日　中午12时30分，泰州引江河实现初通水。省四套班子领导陈焕友、季允石、俞兴德、李明朝、俞敬忠、姜永荣、金忠青、段绪申，省有关部门负责人，泰州市委、市政府，扬州市委、市政府主要负责人，全程视察泰州引江河工程，并参加在高港枢纽举行的初通水仪式。当天下午，省、市领导还视察了靖江江堤达标建设现场。省领导对泰州引江河工程和江堤达标建设给予了高度的评价。

12月30日　省人大副主任俞敬忠，省人大有关部门负责人以及部分江苏的全国人大代表视察泰州引江河工程和泰州农田水利建设现场。市水利局董文虎、王仁政陪同。

是日　省人大副主任曹鸿鸣及江苏部分全国人大代表视察泰兴天星、过船江堤达标建设。市人大副主任陆余文、来则林，副市长吕振霖，泰兴市市委书记常龙福、人大主任倪加明、副市长周邵泉等陪同。

曹鸿鸣

是日　水利部检查组组长、巡视员于强生等3人检查泰兴市江堤达标建设。省水利厅副总工程师王宝柱、市水利局储新泉、泰兴市水利局长吕炳生等陪同。

12月31日　全局年度总结工作会召开。

是月　省委、省政府授予泰兴天星水利站站长宗子明1998年度抗洪抢险先进个人荣誉称号，省水利厅、人事厅授予泰兴治江工程队队长钱爱章1998年度抗洪抢险先进个人荣誉称号。

是年　泰州市政府决定将机电排灌职能权属划归水利部门。

是年　省水利厅授予靖江郑亚平全省水利系统安全生产先进个人荣誉称号。

冬　市区水环境恶化，自来水取水口严重污染，市水利局组织从引江河向自来水厂翻水，机船连续工作数日，使城区居民喝上放心水。许书平任现场指挥。

1999年

1月9日　市委副书记张文国、副市长吕振霖在董文虎的陪同下，检查指导兴化市的圩堤达标建设。

1月10日　泰兴开工建新焦土港节制闸，主体工程8月竣工。闸室长15米，中孔宽7米，2个边孔，各宽5米，闸顶高程7.5米，底高程负1.4米，总造价1152万元。

1月13日　国家人事部、水利部联合授予泰兴市水利局1998年度抗洪抢险全国水利系统先进集体荣誉称号。

是日　省人大代表一行7人视察兴化水利建设。兴化市副市长袁征祥、兴化市水利局局长刘文凤陪同。

1月14日　市委书记陈宝田、副书记张文国、副市长吕振霖视察姜堰、兴化圩堤达标建设。市水利局董文虎、王仁政陪同。

1月20日　省水利厅总工陈茂满陪同太湖局领导视察泰州引江河和泰州江堤达标建设工程。

是日　市政协组织部分委员视察泰州引江河工程。

1月27日　省水利厅分别授予泰兴市水利局和高进山1998年度全省水利系统县级先进单位和全省防汛工作先进个人荣誉称号。

1月31日　泰兴过船节制闸除险加固工程开工，10月31日主体工程竣工。该闸中孔宽5米，4个边孔，边孔宽4米，底高程负1.5米，顶高程8米，投资842.10万元。

是月　市水利局获省水利厅颁发的水利工程建设突出成绩奖。

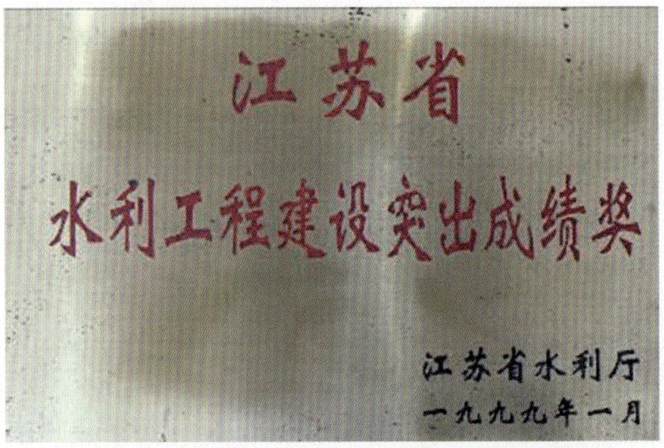

是月　江苏省水利厅直属处级水利工程管理单位——江苏省泰州引江河管理处成立。其负责省水行政主管部门规定的泰州引江河统一管理以及高港枢纽与直管河道的具体管理工作。

2月26日　市委书记陈宝田、市长丁解民率领参加泰州市三干会议的300名代表，参观江苏亚太泵业集团，并听取了集团总裁常庆昌的汇报。泰兴市委书记常龙福、副书记刘军林陪同。

3月3日　市政府组织计委、财政、水利、新闻单位等有关部门检查沿江两市一区江堤达标建设工程质量和资金使用情况。

是日　副市长吕振霖组织召开江堤达标建设工程及资金落实情况流动现场会，沿江两市一区分管农水的负责人、水利局长参加会议并参观了泰兴、高港江堤建设工程现场。

3月6日　副市长吕振霖赴靖江检查江堤达标及上六圩闸施工现场。

3月10日　副省长姜永荣检查泰州引江河高港枢纽工程。

3月19日　泰州市委授予市水利局1998年度市级机关工作先进单位荣誉称号。

3月22～23日　长江委员会领导在省水利厅厅长助理黄莉新的陪同下来泰州检查长江堤防安全情况。

3月24日　市委副书记张文国、副市长吕振霖检查引江河工程建设，帮助协调解决有关问题。市水利局董文虎、王仁政陪同。

3月25日　水利部部长汪恕诚、副省长姜永荣、省水利厅厅长翟浩辉、副厅长沈之毅等视察泰州引江河高港枢纽工程及高港大桥。市水利局董文虎陪同。

是日　张连洲任兴化水利局党委书记。

3月26日　下午，副市长吕振霖在兴化市主持召开会议，专题研究兴化市蓄洪区的清障问题。市水利局董文虎、许书平及兴化市委、市政府、水利局部门负责人参加会议。

董文虎(右一)、王仁政(左一)
在水利培训中心

是月　水利培训中心建成,为节省房租费用,市水利局从纺织品公司仓库暂搬至水利培训中心办公。

4月1日　省水利厅厅长翟浩辉视察泰兴马甸抽水站。市委副书记张文国、市水利局董文虎、王仁政及泰兴市委副书记刘军林等陪同。

是日　水利部政策研究中心李焕雅主任来泰州了解调查水利工程公益性耗费补偿机制情况。市水利局董文虎作详细介绍。

4月2日　水利部办公厅副主任兼部长办公室主任周学文、部长办公室助理调研员陈茂山等至泰兴,调研水利跨世纪问题。省水利厅副厅长徐俊仁、市水利局董文虎等陪同。

4月7日　泰州市部分人大代表视察兴化唐刘、老圩、新垛等乡镇去冬以来圩堤建设和圩口闸建设。

4月17日　省外籍专家一行100人来泰视察引江河。市水利局董文虎陪同并作介绍。

4月20日　省水利厅在兴化召开水利站建设现场会,泰州、扬州、南通、盐城4市水利局和相关县市水利局负责人出席,副厅长徐俊仁到会讲话。

4月22日　市政府印发91号文《关于加强里下河圩堤管护的暂行办法》

4月24日　国家审计署驻南京办事处局级审计员刘秀芬一行6人,对靖江市江堤达标建设情况进行审计。

4月28日　泰兴市水利局副局长、江苏亚太泵业集团公司总裁常庆昌获全国五一劳动奖章。

是月　董文虎等的研究课题《水利五大体系理论研究、实践与推广》获省水利厅1999年度科技进步一等奖。

江苏省水利科学技术进步推广奖
获奖证书
为表彰在促进水利科技进步、科技推广工作中做出重大贡献，特颁发此证书，以资鼓励。
获奖项目：水利五大体系理论研究、实践与推广
负责者：董文虎　证书号：[illegible]
奖励等级：科技进步一等奖　奖励日期：1999年4月
江苏省水利厅
一九九九年四月

是月　市防汛办公室编印《泰州市防汛手册》，2008年4月编印修改版。

5月5日　副市长吕振霖检查沿江两市一区的防汛准备工作。董文虎陪同。

5月10日　江苏电视台新闻部负责人来泰州拍摄泰州引江河。

5月24日　省水利厅新闻中心“长江组”来泰州拍摄泰州引江河、长江堤防建设。

是月　泰兴开工整治古马干河东段,11月竣工。工程长14.5公里,总投资1550万元,共组织106台(套)水力冲土机械、4只水下挖泥船施工。完成总土方157.19万立方米,新建、维修干河桥梁9座。

6月2日　副省长姜永荣来泰州视察引江河工程和高港枢纽工程。市委副书记张文国、副市长吕振霖及市水利局董文虎、王仁政陪同视察。

6月8日　泰州军分区司令员赵挺、政委朱逸民、参谋长朱小帆勘察长江沿岸泰兴段的主要险工患段。泰兴市市委常委、人武部政委陈国寿等陪同勘察。

6月23日　省水利厅厅长翟浩辉、副厅长沈之毅、总工程师陈茂满来泰州视察引江河。市水利局董文虎、王仁政陪同。

是日　下午1时20分左右,泰兴横垛乡野芹等村突遭龙卷风袭击,风力10级左右,倒塌和损坏民房145间,1人死亡,4人受伤,农作物及电力线路等受损严重,直接经济损失约150万元。

6月28日　境内高标准江堤全面贯通。全市共完成堤防加高培厚土方322万立方米;填塘固基141.71公里,土方578.52万立方米;主江堤护坡挡浪墙100.6公里,港堤护坡挡浪墙57.2公里;改建通江节制闸47座,加固11座;加固改建通江涵洞187座;堤防密实灌浆104.134公里;铺设江堤防汛公路121公里;完成节点整治12.219公里,水下平顺抛石74.2万立方米;工程管理设施投资1957万元,累计完成投资6.83亿元。提前1年完成省有关部门下达的江堤达标建设任务,基本实现市委、市政府提出的“一线”(江岸线)、“四地”(防洪保安阵地、多种经营基地、旅游观光胜地、开发开放热地)设想。全市长江堤防防洪标准从20年一遇提高到“长流规”(水利部长江委员会流域防洪规划标准)50年一遇加抗御十级风浪标准。

6月29日~7月6日　省、泰州市防汛清障验收组全面检查兴化湖荡清障滞涝工作，8月6日又进行重点抽查，同意兴化通过湖荡清障验收，并签署湖荡清障验收纪要。

6月　省计经委、省企业管理协会、省企业家协会联合授予江苏亚太集团公司董事长、总经理常庆昌江苏省第七届优秀企业经营管理者称号。

7月2日　市委书记陈宝田、副市长吕振霖检查靖江江堤达标及上六圩闸施工情况，察看泰兴东夹江闸维修工程、过船闸改建工程、天星镇江堤达标管理示范段工程。

7月8日　市政府转发省政府《江苏省防洪保安资金征收和使用管理规定》。

是日　泰兴农田受淹面积达10万亩，成灾面积3.3万亩，倒塌房屋240间，损坏电灌站196座、桥18座、涵503座，城区25个单位和小区积水。直接经济总损失1480万元。

7月10日　副市长吕振霖在高港引江河枢纽召开高港枢纽与有关问题的协调会议。董文虎及高港区副区长薛广福，口岸镇、公安部门有关负责人，枢纽工程处处长参加会议。

7月11日　市长丁解民赴靖江检查江堤达标及上六圩闸施工现场情

况。市水利局董文虎陪同。

7月13日　市委书记陈宝田带领出席市委一届八次全体(扩大)会议的160名代表,参观泰兴江堤团结闸、天星示范段工程。泰兴市委书记常龙福等陪同。

7月20日　市委副书记张文国、副市长吕振霖检查长江一线防汛工作。市水利局董文虎陪同。

8月7日　国家防汛总指挥部装备处处长束庄鹏、副处长杜国志等检查泰兴市江堤达标建设。

是日　储新泉任市水利局总工程师(副处级)。

张文国(左)、董文虎(右)

8月13日　市长丁解民、市委副书记张文国、常委陶建幸、副市长吕振霖乘船从水路视察检查泰州引江河工程。市水利局董文虎、王仁政参加。

是日　市长丁解民签发第15号市政府令《泰州市水资源管理暂行办法》。

8月21日　省作协有关领导和部分作者一行60人参观泰州引江河和长江靖江段江堤。董文虎陪同并作介绍。

9月2日　省水利厅厅长翟浩辉、总工陈茂满来泰州视察指导引江河工程建设,市委副书记张文国、副市长吕振霖,市水利局董文虎、王仁政陪同视察。

9月4日　市政府印发256号文《关于建立水利建设基金有关问题的通知》。

9月12日　省水利厅厅长翟浩辉、副厅长徐俊仁率领水利厅副处级以上人员及部分离退休老同志160多人，视察泰兴市江堤达标建设工程和七圩镇江滩特种养殖基地。副市长吕振霖、市水利局董文虎、泰兴市委书记常龙福等陪同视察。

9月17日　靖江市水利局撤销党总支部，建立靖江市水利局党委。

9月18日　扬州市市长苏泽群一行来泰视察引江河，市长丁解民、市水利局董文虎陪同。

是日　兴化无坝市工程纪念碑在乌巾荡公园建成。省委书记陈焕友题写碑名。

9月26日　刘文凤、刘嘉谷主编的《兴化治水五十年》由河海大学出版社出版。翟浩辉题写书名，丁解民、张文国、董文虎题词，陈克天、陈骏骠作序。

1999年10月落成的兴化无坝市工程纪念碑

9月28日　泰州引江河工程全面竣工并通过验收。是日，省委、省政府在高港枢纽举行竣工典礼并召开表彰大会。省委、省政府领导，泰州、扬州市委、市政府的主要领导出席典礼，并视察了高港枢纽泵站。省委书记陈焕友作重要讲话，对引江河工程质量给予高度评价；省长季允石宣读省委、省政府关于表彰泰州引江河建设先进集体和先进工作（生产）者的决定；副省长姜永荣主持会议。沿线市区、乡镇的党政主要负责人以及引江河工程建设者代表1000多人参加了典礼。

翟浩辉（左一）、董文虎（左二）

董文虎（前一）

是日　省委、省政府授予泰州市水利局和江苏三水建设工程公司泰州引江河工程建设有功单位荣誉称号。授予王仁政、钱卫清、宦胜华、刘国柱泰州引江河工程建设功臣荣誉称号。

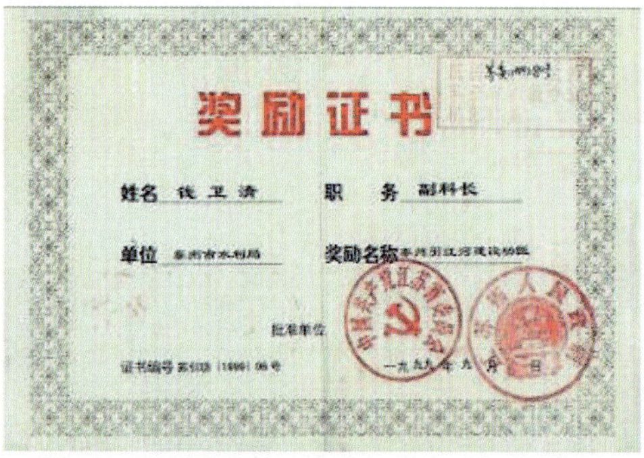
奖励证书
姓名 钱卫清　职务 副科长
单位　奖励名称
批准单位
证书编号

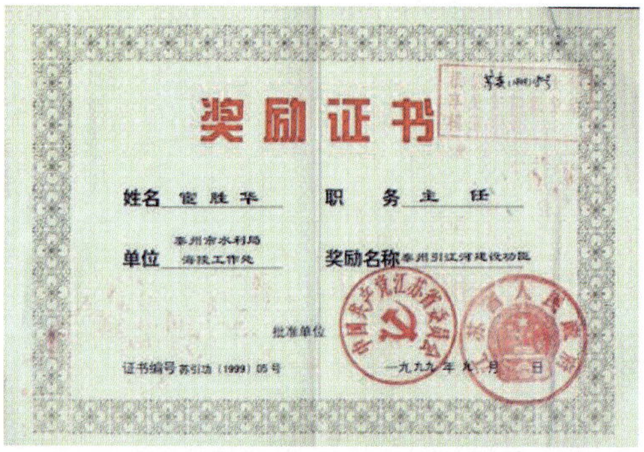
奖励证书
姓名 宦胜华　职务 主任
单位　奖励名称
批准单位
证书编号

是日　省人事厅、水利厅联合授予江苏省泰州引江河高港枢纽工程处、泰州引江河泰州段工程九龙镇指挥部、泰州市高港区泰州引江河工程建设指挥部、泰兴市水工市政工程公司泰州引江河建设先进集体荣誉称号。授予胡正平、龚荣山、储新泉、陈敢峰、邵荣华、陈永吉、田龙喜、李海峰、田学工、郑亚平、马任重和陶明、周照网、李卫中泰州引江河建设先进工作（生产）者荣誉称号。

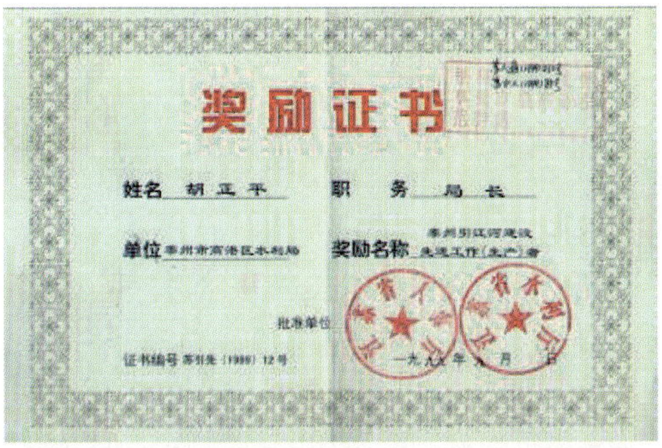
奖励证书
姓名 胡正平 职务 局长
单位 泰州市高港区水利局 奖励名称 泰州引江河建设先进工作(生产)者
批准单位
证书编号 苏引先(1999)12号

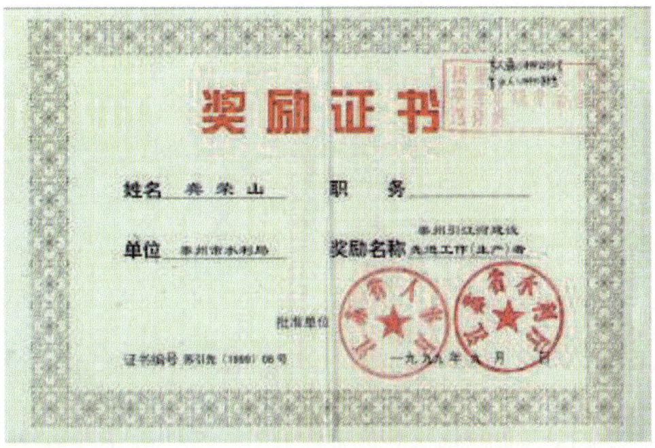
奖励证书
姓名 龚荣山 职务
单位 泰州市水利局 奖励名称 泰州引江河建设先进工作(生产)者
批准单位
证书编号 苏引先(1999)06号

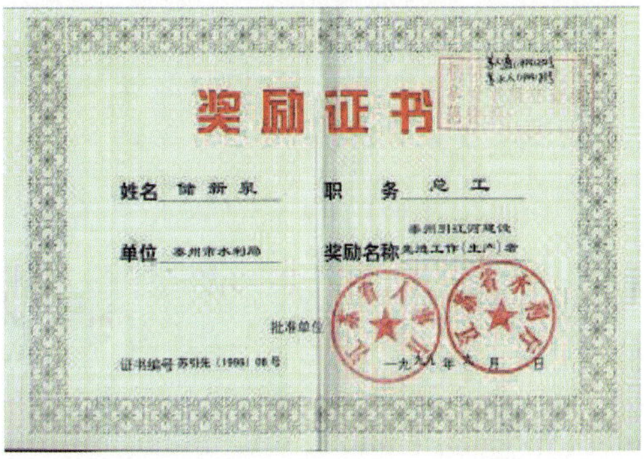
奖励证书
姓名 储新泉 职务 总工
单位 泰州市水利局 奖励名称 泰州引江河建设先进工作(生产)者
批准单位
证书编号 苏引先(1999)08号

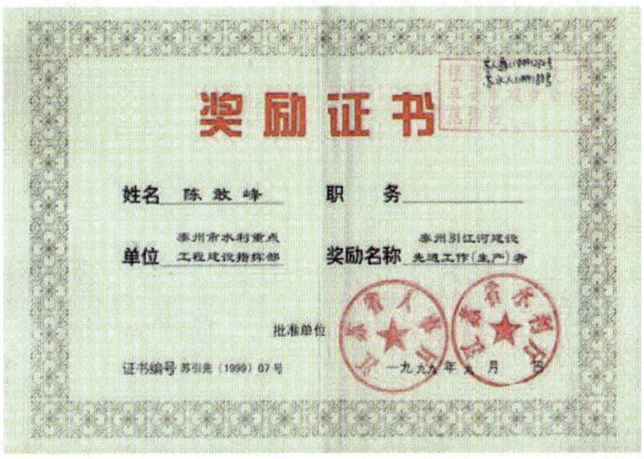
奖励证书
姓名 陈歆峰 职务
单位 泰州市水利重点工程建设指挥部 奖励名称 泰州引江河建设先进工作(生产)者
批准单位
证书编号 苏引先(1999)07号

9月29日　省江海堤防达标建设现场会议在泰兴召开。省水利厅厅长翟浩辉出席会议并讲话;副市长吕振霖、泰兴市副市长周绍泉等出席会议;泰州市、泰兴市水利局等在会上作典型发言;与会代表参观了泰兴市江堤达标建设和管护工作。

9月30日　兴化治水50年展览馆举行落成典礼。省水利厅副厅长徐俊仁,泰州市委副书记张文国、市水利局董文虎及兴化市委书记陈骏骠、代市长杭天珑为展览馆落成剪彩。兴化市委副书记吴跃主持仪式。

是日　兴化市举行无坝市工程纪念碑揭碑仪式。省水利厅副厅长徐俊仁,泰州市委副书记张文国等为纪念碑揭碑。兴化市委副书记张凤岗主持仪式。3年来,兴化投入1.5亿元,新建圩口闸1684座,修建排灌站400座,加固联圩3256公里,整治骨干河道15条,完成土石方近6000万立方米。

是日　厉传进任中共泰州市纪委派驻市水利局纪律检查组组长,水利局党组成员。

10月4日　水利部农田水利基本建设检查组一行3人,检查泰兴市节水工程、江堤达标建设工程和小型农田水利设施产权制度改革工作,对检查结果表示满意。市水利局王仁政、泰兴市委副书记刘军林等陪同。

10月8日　澳大利亚代表团来泰州参观节水灌溉工程和引江河工程。

10月22日　参加江阴大桥与泰州发展高层研讨会的领导、专家、学者一行63人,参观泰兴市江堤达标建设工程。市委书记陈宝田、副市长吕振霖、市水利局董文虎及泰兴市委副书记刘军林等陪同。

10月25日　水利部总工程师朱尔明来泰视察泰州水利工程。省水利厅厅长翟浩辉、副厅长徐俊仁,市水利局董文虎等陪同。

朱尔明(左)、董文虎(右)

10月28日　中西部地区首批乡镇干部培训班在泰州开训,120名参训人员在泰兴市副市长周绍泉等的陪同下,参观泰兴江堤全线。

是月　董文虎应水利部之聘担任水利部财务司的科研成果《水利财务改革研究》的专家鉴定小组组长。小组成员有财政部农业司副司长赵鸣骥、国家计委副研究员肖金成、水利部经调司副司长高军、中国水利经济学会副理事长陈美章、河海大学教授朱惠然等。董文虎率专家组对此书进行鉴定,并形成正式的“鉴定意见”。

汪恕诚(左一)

11月14日　国务院副总理温家宝、水利部部长汪恕诚参观北京国际水展江苏亚太泵业集团公司展品。

姜永荣(前左一)、董文虎(前右一)

11月17日　副省长姜永荣检查泰兴江堤工程。省水利厅厅长助理黄莉新，市水利局董文虎、许书平，泰兴市市委书记常龙福等陪同。

11月18日　水利部农水司司长、国家灌溉排水委员会主席陈雷检查泰兴市水利建设、管理、改革工作情况，并视察部分乡镇低产田改造工程现场。省水利厅副厅长徐俊仁、泰兴市副市长周绍泉等陪同。

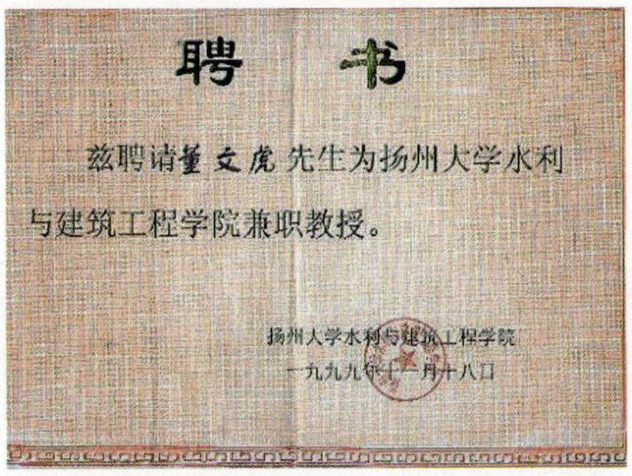
聘　书

兹聘请董文虎先生为扬州大学水利与建筑工程学院兼职教授。

扬州大学水利与建筑工程学院
一九九九年十一月十八日

是日　董文虎接受扬州大学水利与建筑工程学院兼职教授续聘(无受聘限期)，并对该院部分师生作题为《实现由工程水利到资源水利的转变是符合江泽民治水思想的中国治水新战略》的专题讲演。

11月23日　市政府授予市水利局刘雪松劳动模范荣誉称号。

12月1日　董文虎的论文《学习江总书记有关治水论述　研究江泽民治水思想体系》获省水利厅1999年江苏省水利哲学社会科学成果一等奖。

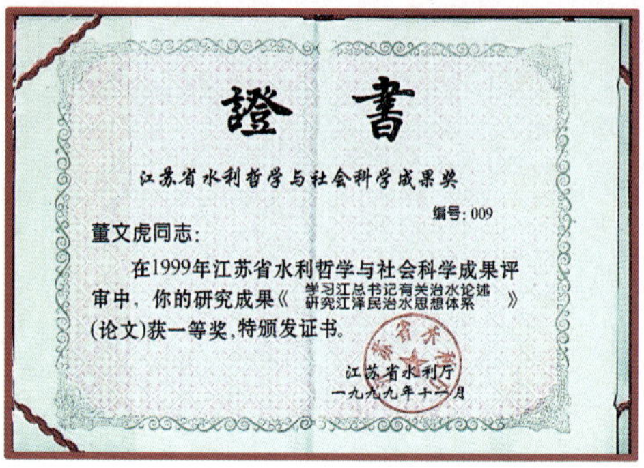
證書

江苏省水利哲学与社会科学成果奖

编号：009

董文虎同志：

在1999年江苏省水利哲学与社会科学成果评审中，你的研究成果《学习江总书记有关治水论述 研究江泽民治水思想体系》(论文)获一等奖，特颁发证书。

江苏省水利厅

一九九九年十一月

12月2日　全省水利工作会议在泰兴召开，副省长姜永荣作工作报告。省部分厅、局、院校、科研单位负责人，各地级市市委书记、市长、分管农水的副书记、副市长、计委主任、财政局局长、水利局局长，苏、锡、常所辖市(县)主要负责人以及省水利厅各处室、厅直单位负责人参加了会议。与会人员参观泰兴市江堤达标建设管理及河失镇肖庄节水灌溉工程现场。

省水利厅厅长翟浩辉(前排左一)、副市长吕振霖(右二)在现场参观

12月3日　江苏亚太泵业集团公司常庆昌、杨光荣、周庆明、董志豪、张爱霞研制开发的1400QZ-100、1600QZ-100潜水轴流泵获1998年度江苏省科技进步奖三等奖。

12月6日　部分全国人大代表视察泰兴市江堤达标建设工程。市人大副主任陆余文、来则林，市水利局局长董文虎、泰兴市副市长周绍泉等陪同。

12月18日　省政府授予泰兴市水利局局长吕炳生人民满意的公务员荣誉称号。

12月21日　张连洲任兴化市水利局局长。

12月30日　全市水利工作会议在泰州召开。市委、市政府负责人出席会议。市委书记陈宝田、市长丁解民作重要讲话，副市长吕振霖对全市水利工作作了具体布署。

12月30～31日　市水利局搬入新建的局办公楼。在市政府没有安排建楼财政资金的情况下，市水利局争取省水利厅领导支持，按规定签订重点水利工程包干协议，用所形成的包干结余提成资金建此办公楼。

是日　董文虎在全局辞旧迎新大会上作题为《畅谈大好形势　奋力开拓进取　昂首阔步迈上21世纪水利现代化建设的新台阶》的讲话，提出了4个战略转移（向市区、向城市、向精典工程、向里下河）和要上的10个台阶，并撰一副对联代“新千年祝词”：

三年创业　千日拼搏　已然年年先进　种种荣誉　一条大河　二道堤防　千里灌渠　河浚条条土方亿万　改革之举铸就泰州水利形象

十五规划　半世构想　更应事事创新　个个禹风　五五工程　六大管理　八化目标　工成处处绿地砼墙　现代水利造福江淮大地人家

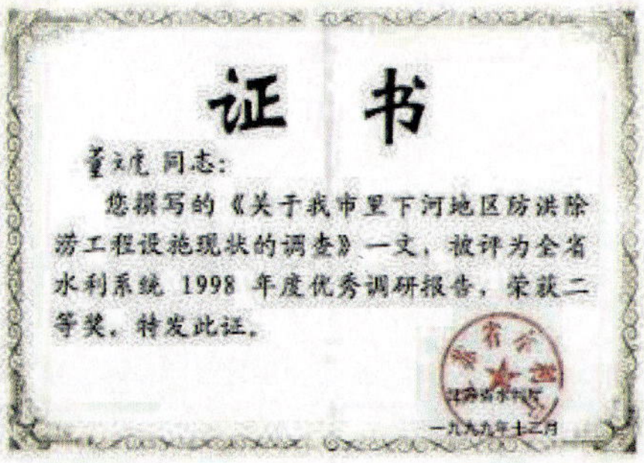
证　书

董文虎同志：

您撰写的《关于我市里下河地区防洪除涝工程设施现状的调查》一文，被评为全省水利系统1998年度优秀调研报告，荣获二等奖，特发此证。

江苏省水利厅

一九九九年十二月

是月　董文虎的论文《关于我市里下河地区防洪除涝工程设施现状的调查》获省水利厅1998年度优秀调研报告二等奖。

冬　姜堰疏浚东姜黄河南段（北段由海安组织施工）。工程长10.65公里，完成土方59.85万立方米，新建公路桥2座，拆建桥梁2座，维修桥梁9座，新建下水道15座，维修下水道14座，维修电灌站8座，总投资312.4万元，其中省基建拨款130万元。

是年　泰兴建设防渗渠道(又称硬质渠道)2060公里,累计达到3600公里,覆盖面积70万亩,实现了干渠硬质化。

是年　省水利厅授予靖江市水利局县(市)级水利先进单位和水利政务信息先进单位荣誉称号。

(二)2000年1月～2005年12月

2000年

1月3日　副市长吕振霖视察引江河,对引江河配套工程进行现场办公。市水利局董文虎、王仁政陪同。

1月6～7日　省水利厅副厅长蒋传丰带队来泰州检查冬春水利建设,并视察泰兴水利工程、低产田改造工程及内河水土保持工程。董文虎及泰兴市委副书记刘军林等陪同。

是月　《泰州市地下水资源调查暨综合利用研究报告》通过省科学技术委员会鉴定。

荣誉证书

董文虎　同志:

经泰州市第二次哲学社会科学优秀成果评奖委员会评选,你(们)的专著(论文)

[illegible]　荣获

贰　等奖,特发此证,以资鼓励。

泰州市人民政府

二000年一月二十八日

是月　董文虎的论文《水利经济公有制实现形式多样化发展的思考》获泰州市第二次哲学社会科学优秀成果二等奖。

2月10日　天星港闸改建工程正式开工，10月16日竣工。工程总投资1123万元，按100年一遇设计、300年一遇校核，设计流量：排涝110立方米每秒，引水48立方米每秒。该闸为3孔，每孔7米，由江苏水利勘测设计研究院设计，泰兴水工市政工程公司承建，江苏河海工程建设监理有限公司监理。

3月7日　市政府表彰市水利局为1999年度市区绿化先进单位。

3月9日　江西省人大代表一行10人，参观泰兴江堤达标建设工程天星示范段。省水利厅厅长助理黄莉新，市水利局许书平、泰兴市防指副总指挥高进山陪同。

3月15日　召开全市水利现代化专题研讨会，董文虎及各市区水利局局长胡正平、周昌云、宦胜华、吕炳生、丁纪章作了发言。董文虎就“实现水利现代化的提出”“什么是水利现代化”“泰州实现水利现代化的指导思想和发展目标”“泰州实现水利现代化的内容和指标体系”“泰州实现水利现代化的条件和保障措施”作了重点发言。

3月18日　水利部分别授予泰兴市水利局、兴化市荡朱乡水利站和吴刚1999年度全国农村水利先进集体和1999年度全国农村水利先进个人荣誉称号。

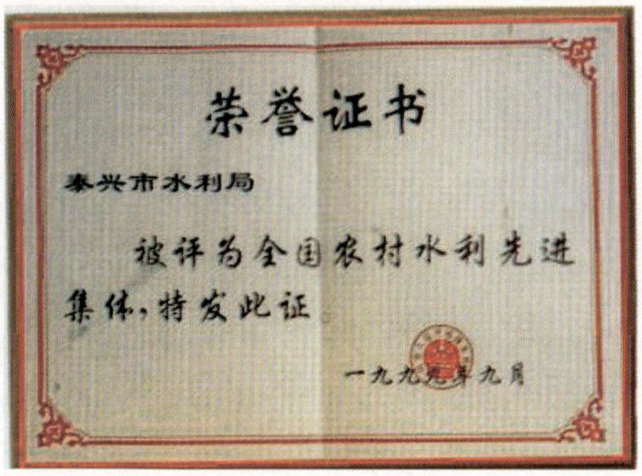
荣誉证书
泰兴市水利局
被评为全国农村水利先进集体，特发此证
一九九九年九月

荣誉证书
吴刚同志：
被评为全国农村水利先进个人，特发此证
一九九九年九月

3月21日　泰州市委授予市水利局1999年度市级机关工作先进单位荣誉称号。

4月14日　市水利局、财政局、物价局联合转发省水利厅、财政厅、物价局《关于核定河道堤防工程占用补偿费征收标准的通知》。

4月17日　国家经贸委政策法规司司长纪晓南视察泰兴市江堤达标建设天星示范段。

4月30日　市水利局、海陵工作处、高港区水利局和市局吴刚、靖江刘桂彬、高港沙玉林被市委、市政府表彰为全市帮扶经济薄弱村及贫困户工作先进集体和先进个人。

5月4日　副市长吕振霖、市水利局董文虎、王仁政去沿江一线慰问抗旱工作人员，并要求做到抢潮引水，有潮必引。

5月8日　副市长吕振霖赴靖江检查江堤达标建设和防汛工作，市水利局董文虎、靖江市领导陈汉高等陪同。

5月9日　市长丁解民、副市长万门祖带领市建委、城管委、水利局、交通局及海陵区建委负责人察看城市河道情况，并召开现场会。市水利局董文虎参加。

5月上旬　入春以来，全市久旱少雨，内河水位持续偏低，直接影响到居民生活、工农业生产用水和航道用水需要。从3月1日至5月8日，沿江口岸、马甸、过船港、夏仕港4闸和高港枢纽、江都枢纽共向市内河送水12.30亿立方米。内河水位基本稳定在一个较高的位置。

5月14日　市长丁解民、市委副书记张文国和副市长吕振霖赴靖江检查江堤达标建设和防汛工作，靖江市委书记张正方、市水利局董文虎等陪同。

5月17～18日　省政协副主席朱传良一行来泰州视察江堤、节水农业，市政协袁平波主席、副市长吕振霖、市水利局董文虎陪同。

5月23日　省长江堤防现代化管理建设工作座谈会在泰兴召开。水利部水文局和中国社科院有关专家，省水利厅有关处室，沿江部分市、县水利局和工管科（处）负责人，泰兴市领导，泰州市、泰兴县水利局负责人出席会议。

5~12月　姜堰对中干河北段（姜堰套闸—新通扬运河）进行双向块石护坡2786.6米，至此，中干河全线实行块石护坡。

6月7~8日　水利部政策研究中心在泰州召开水利工程公益耗费补偿工作研讨会，董文虎参加会议。

6月10日　全国人大常委会环境资源保护委员会主任曲格平、国土资源部副部长李元考察泰州引江河工程的复垦和水土保持工作，并给予高度评价。省人大常委会副主任曹鸿鸣、黄孟复，副省长姜永荣、省水利厅副厅长沈之毅、市人大常委会副主任来则林、副市长吕振霖、市水利局董文虎陪同。

6月22日　省、市防汛指挥部清障检查组赴兴化检查上官河、兴盐界河等河道清障工作。兴化市市长杭天珑等陪同。12月23日又进行突击抽查，验收合格。

6月25日　副市长吕振霖赴兴化检查防汛防旱工作，董文虎等随同检查。

7月10日　泰州军分区司令员赵挺、参谋长朱小帆带领四市两区人武部、市消防武警支队、预备役部队负责人赴靖江检查防汛工作。

7月12日　军分区司令员赵挺检查泰兴过船坍江段、天星闸及该市防汛物资储备情况。泰兴市人武部部长、政委徐刚等陪同。

7月20日　军分区参谋长朱小帆至靖江检查长江防汛工作。靖江市委常委、人武部部长葛树义等陪同。

8月7日　国家防总一行4人检查高港区防汛工作，对高港区大力开展江堤达标建设、夏汛冬防的做法表示赞赏。

8月16日　董文虎应邀参加江苏省水利现代化研讨会。并向省水利厅提交了“江苏省水利现代化框架及评价指标系统（建议）一览图”及相关建议。

江苏省水利现代化框架及评价指标系统（建议）一览图

总目标	建立五大体系	体系形象	体系评价指标						保障措施	实现时间
			评价指标	指标计算方法或要求	目标值	权重		指标性质		
						一级	二级			
1．减、除洪涝灾害保障社会安全。2．优化水配置确保人民生活和经济社会可持续发展的水量需求。3．防、治水污染达到经济社会对水质的要求。4．改善水和水生态环境，提高人民生活质量。5．建立国际先进国内一流现代水利体系。	防洪除涝减灾体系	人水协调洪涝无忧	防洪除涝工程达标率	（达标工程数/工程总数）×100%	100	0.20	0.40	强制	一、思想保障　从传统水利向现代水利、可持续发展水利转变　二、体制保障　1．真正做到政事分开、政企分开、事企分开（减少权分责）。　2．机构精干、事权明确　三、机制保障　1．有效的水市场运行机制。　2．多元的水利投入机制。　3．合理的公益性耗费补偿机制和水（利）价（格）形成机制。　四、人才、科技保障　1．合理的人才结构。　2．国内先进的水科技手段。　五、前期工作保障　1．导向性的政策和战略。　2．前瞻性的规划。　3．一流的工程和企、事业策划设计。　4．超前的、持之以恒的基础工作和研究。	苏、锡、常—2007年　宁、镇、扬、泰、通—2010年　徐、淮、连、盐、宿—2015
			达标防洪指挥系统联网率	（达标联网单位数/单位总数）×100%	100		0.20	一般		
			非工程措施完善率	（完善单位数/单位总数）×100%　非工程措施包括防洪预案、救灾队伍、物资、资金储备等	80		0.12	一般		
			滞洪、易涝地区法定保障率	（（保障家庭数/应保家庭数+保障单位数/应保单位数）/2）×100%	70		0.08	一般		
	水配置调控体系	调控自如合理供给	水资源统一管理率	（统一管理的城市/城市总数）×100%	100	0.20	0.25	强制		
			城镇供水保证率	（乡以上政府所在地城镇居民用上自来水人数/乡以上政府所在地城镇居民总人数）×100%	100		0.30	强制		
			农村自来水普及率	（用上自来水农村人口数/农村人口总数）×100%	70		0.25	一般		
			工业用水重复使用率	（（循环水+中水使用量）/工业用水总量）×100%	90		0.05	一般		
			农业节水达标率	（节水灌溉技术达标面积数/有效灌溉面积总数）×100%	80		0.15	一般		
	水环境、水生态保护体系	水秀山青人居满意	不同水功能区水质达标率	（不同水功能区水质达标河道长/河道总长）×100%	90	0.25	0.15	一般		
			排入水体污染物总量控制率	（排放口取样达标数/排放口取样总数）×100%	90		0.25	强制		
			污水治理率	（城镇污水治理量/城镇污水排放总量）×100%	85		0.15	强制		
			水土流失治理率	（已治理面积/应治理面积）×100%	90		0.15	一般		
			城市河道综合整治达标率	（已治理河道长度/城市河道总长）×100%	80		0.20	一般		
			建设项目植被生态恢复率	（已恢复达标项目数/建设项目总数）×100%	95		0.10	一般		
	水利产业服务体系	全面服务优质高效	水工程建设达标率	（水工程建设实行“四制”、质量优良项目数/建设项目总数）×100%	90	0.25	0.20	强制		
			水工程设施完好率	（达到设计标准、正常运转工程数+满足抗洪、灾害或落实抢修资金工程数/工程总数）×100%	98		0.20	强制		
			水管单位良性运行率	（按财政部规定核算有盈利的水管单位数/水管单位总数）×100%	95		0.18	一般		
			水利企、事业单位良性运行率	（有利润的水利企、事业单位数/水利企、事业单位总数）×100%	80		0.18	一般		
			水利单位人才结构达标率	（达标单位数/单位总数）×100%	90		0.12	一般		
			科技成果及推广应用达标率	（达到或超过规定成果个数的单位/单位总数）×100%	75		0.12	一般		
	水行政体系	法规健全执法严明	水政策法规配套率	（已配套政策法规文件数/需配套上级法律法规数）×100%	95	0.10	0.30	一般		
			取水许可审批率	（批准取水许可单位数/实际取水单位总数）×100%	100		0.20	强制		
			其他水行政许可项目审批（审查）率	（已审批（审查）项目数/应审批（审查）项目总数）×100%	95		0.20	一般		
			水政执法执行率	（水事案件调处、执法办结数/水事案件发生数）×100%	90		0.30	一般		

8月17日　省水利厅农水处调研组一行15人到泰兴考察调研小型农田水利产权制度改革、改制后的运行情况及乡镇水利站管理体制、运行机制。董文虎及泰兴水利局局长吕炳生等参加座谈。

8月18日　受广东省水利厅特邀，董文虎及市水利局总工程师储新泉赴广州参加《广东省水利现代化建设规划纲要工作大纲》评审会。

8月25日　长江水利委员会长江勘测设计研究院规划处聘董文虎为“水利现代化规划项目”咨询专家，并邀请董文虎9月12～16日赴武汉审改《广东省水利现代化纲要》。该《纲要》采用了与泰州模式相近似的架构，并通过了水利部组织的专家评审和广东省人民政府批准。

9月16日　市长丁解民主持召开会议，研究以资代劳筹措2000年市区河道整治资金问题。市委常委、副市长万门祖出席会议。市政府副秘书长钟鸣、韩之斌、贾春林，市水利局许书平及海陵区区长王明根、副区长于美罗，市建委、财政局、交通局、人事局负责人等参加会议。会议同意以资代劳筹措市区河道整治资金，10月15日前完成资金筹措。

是月　董文虎编著的《泰州市水利现代化理论研究》一书在黑龙江人民出版社出版。该书517千字，副省长姜永荣、副市长吕振霖分别作序。

汪恕诚（左三）、翟浩辉（右三）、黄莉新（左二）视察靖江江堤

10月3日　国家水利部部长汪恕诚、副部长翟浩辉视察高港枢纽、靖江江堤达标工程。省水利厅厅长黄莉新，市长丁解民、副市长吕振霖、市水利局董文虎、王仁政、靖江市领导陈汉高等陪同。

10月4日　市长丁解民、副市长吕振霖视察高港区江堤达标建设。董文虎及高港区委书记胡冬生等陪同视察。

10月5日　市长丁解民、副市长吕振霖至靖江检查江堤开发和管理工作，董文虎及靖江市委书记张正方等陪同检查。

10月9日　下午，市委常委、副书记万门祖主持召开会议，研究解决老通扬运河二期整治工程有关问题。市水利局许书平、海陵区副区长于美罗，市交通局、建委、供电局、电信公司以及市航道处、海陵区东郊乡、泰东镇、塘湾镇负责人参加会议。

10月13日　许书平、储有明等的科研课题《泰州市地下水资源调查暨综合利用研究》获省水利厅颁发的1999年度研讨论文二等奖。亦获市政府颁发的1999年度泰州市科学技术进步二等奖。

姜永荣(前排左)、翟浩辉(前排中)、周君亮(前排右)

10月16日　水利部副部长翟浩辉组织全国水利科技会议近百名代表,参观泰兴市江港堤防现代化管理监控系统操作及江港堤防现代化管理。副省长姜永荣、省水利厅周君亮院士,市长丁解民、副市长吕振霖,市局董文虎及泰兴市委书记常龙福等陪同。

10月19日　市水利局、物价局联合发文调整水利工程供水价格。按照“优化配置水资源,统一政策,逐步到位,水价调整与整顿相结合”的原则,对农业、工业、水产和自来水厂的水利工程供水价格适当调整,农业水价从2000年9月16日起执行,其他水价从2000年6月1日起执行。

10月30日　姜堰市成立水利工程总指挥部及西姜黄河工程分指挥部。丁士宏任总指挥;李仁国、高永明、周昌云任副总指挥。

10月31日　兴化市水利局召开《兴化水利志》(稿)评审会。省社科院研究员徐友春,省水利厅史志办主任徐泺初、高级工程师张经文和金其鼎,河海大学教授汪家伦,扬州市水利局史志办主任戴树义及部分老同志共41人参会议。会议原则通过评审,市水利局印发了评审纪要。

11月24日　副市长吕振霖到兴化县周庄、陈堡、临城等乡镇检查冬季水利建设情况，并视察陈堡镇校阳河水利工地。市水利局董文虎、王仁政随同检查。

陈美章(左二)、董文虎(左一)、许书平(右二)

11月26月　中国水利经济学会副理事长陈美章，到泰州调研水利经济。市水利局董文虎、许书平陪同。

11月28日　高港自来水有限公司举行通水(改从南官河引水为从长江边引水)仪式，正式启动供水系统。区委书记胡冬生为通水剪彩，区委副书记、代区长杨峰启动供水按钮，区领导汤明东、薛广福出席通水典礼。

是月　市水利局编制完成《泰州市水利发展“十五”计划及2010年基本实现水利现代化规划》。

12月4日　副市长吕振霖主持召开会议，专题研究迎江桥工程拆迁问题。许书平及市建委、财政局、规划局、拆迁办，海陵区政府、区公路办的有关负责人参加会议。

12月9~10日　省水利厅副厅长张小马带领冬春水利建设检查组检查农田水利建设工作和口岸闸除险加固工程，市水利局董文虎等陪同。

12月14日　水利部副司长冯广志，省水利厅副厅长徐俊仁、陶长生和全国农村水利现代化研讨会东部20个省市水利厅副厅长等参观考察泰兴江堤达标建设和现代化管理现场。市水利局董文虎及泰兴市副市长周绍泉等陪同。

12月15日　泰东河工程建设领导小组成立。组长丁解民(兼)，副组长张文国(兼)、吕振霖(兼)。董文虎、陈祝生、王东、王泓卫、贾春林、王志顺、张文彬、高纪明，田宏胜、刘恩喜、朱云、薛典甫、高永明、袁征祥、储新泉兼任成员。领导小组下设工程建设处，董文虎兼任主任，王仁政、储新泉兼任副主任。办公地点设在市水利局内。

12月22日　张连洲任兴化市水利局党委书记。

12月24日　高港区水利系统党总支成立，胡正平任总支书记。

12月26日　市委、市政府召开水利工作会议，市委书记陈宝田、市长丁解民、副市长吕振霖分别讲话。陈宝田提出“把实现水利现代化作为今后水利工作的努力方向”；丁解民指出要“针对农村税费改革，研究新的措施和途径”；吕振霖部署全市“十五”及2001年水利建设工作，要求在“十五”期间，基本建成高标准防洪保安体系，积极推进水资源供给工程建设。

丁解民（左三）、吕振霖（左二）

12月29日　泰东河工程新通扬运河段举行开工典礼。

姜永荣（前排左三）、黄莉新（前排右二）
陈宝田（前排右一）、丁解民（二排中）

开工典礼主席台

2001年

1月3日　市政府印发〔2001〕2号文《关于进一步加强地下水资源管理工作的通知》。

1月11～12日　上海水务局来泰参观江堤现代化管理和防办室建设。

1月18日　市水利局转发省水利厅《关于水利工程水费由事业性收费转为经营性收费管理的贯彻实施意见》。

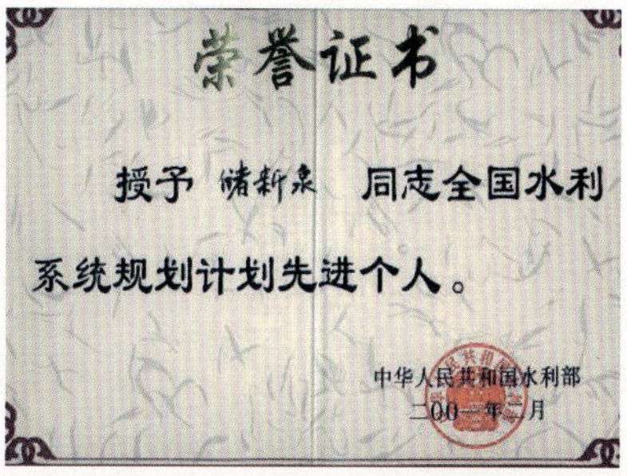
荣誉证书

授予　储新泉　同志全国水利系统规划计划先进个人。

中华人民共和国水利部
二○○一年二月

2月6日　水利部授予储新泉全国水利系统规划计划先进个人荣誉称号。

2月19日　周昌云任中共姜堰市水利局委员会书记。

2月20日　市委市政府授予市水利局2000年度市级机关工作先进单位荣誉称号。

2月22日　市局董文虎、储新泉、刘雪松、吴刚、陶明、祁海松、陈守伦等的科研课题《水利现代化理论研究及实践》获2000年度省水利科技进步一等奖。2002年3月2日该课题又获泰州市科学技术评审委员会科技进步一等奖。

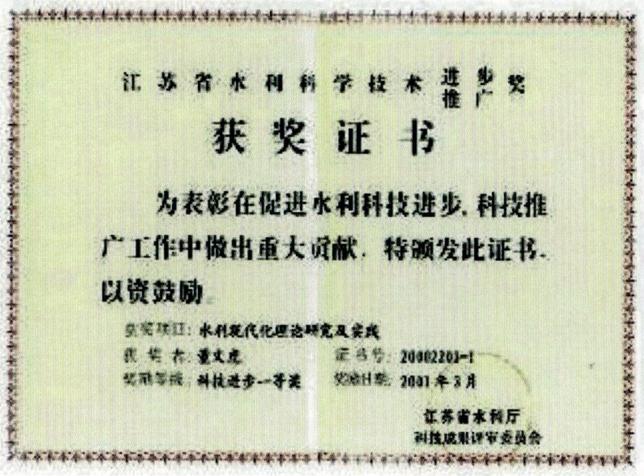
江苏省水利科学技术进步/推广奖

获奖证书

为表彰在促进水利科技进步、科技推广工作中做出重大贡献，特颁发此证书，以资鼓励。

获奖项目：水利现代化理论研究及实践
获奖者：董文虎　证书号：20002203-1
奖励等级：科技进步一等奖　奖励日期：2001年3月

江苏省水利厅
科技成果评审委员会

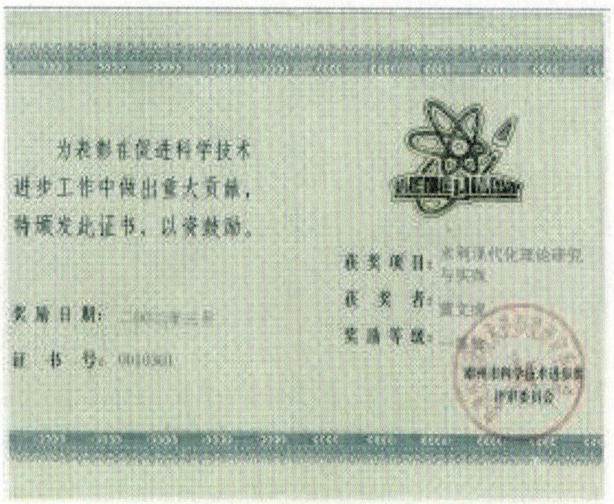
为表彰在促进科学技术进步工作中做出重大贡献，特颁发此证书，以资鼓励。

奖励日期：
证书号：

获奖项目：
获奖者：
奖励等级：

泰州市科学技术进步奖
评审委员会

2月23日　省水利厅副厅长张小马带领厅“三个代表”重要思想学习督察组，到泰兴督察“三个代表”重要思想学习对照检查的情况。王仁政陪同。

2月24日　省水利厅厅长黄莉新率全省市（县）水利局长会议的全体代表及省电台、新华日报、江苏经济报、中国水利报驻江苏记者站记者等200多人，参观泰兴姚王镇节水项目区产权制度改革现场，泰兴市委、市政府负责人陪同参观。

2月26日　市委、市政府授予市水利局1999～2000年度泰州市文明机关（单位）荣誉称号。

3月8日　董文虎应水利部邀请赴京参加水利部举办的水权研讨会，并作题为《水权的“两权”论》的讲演。

3月11日　高港区水政监察大队抓获2条违规作业的安徽籍大型“吸砂王”船。

3月15日　省水利厅副厅长徐俊仁一行来泰州召开泰东河工程建设现场办公会议。副市长吕振霖，市水利局董文虎、王仁政等参加会议。

3月22日　市人大组织部分市区人大代表视察城市河道管理工作。

3月23日　王仁政任市水利局党组副书记，主持水利局行政工作。

是月　吕振霖、董文虎、王仁政、胡正平、吴刚、姚剑、徐宏瑞、陈永吉、宦胜华等的科研课题《泰州市通南高沙土地区百万亩节水灌溉工程技术研究和推广》和董文虎、胡正平、储新泉、刘雪松、顾群、高鹏、祁海松、刘放、高进山、李金海等的科研课题《泰州市江堤达标建设技术研究与推广》分别获省水利厅科技推广一等奖和二等奖。2002年3月2日，《泰州市江堤达标建设技术研究与推广》课题又获泰州市科学技术评审委员会科技进步二等奖。

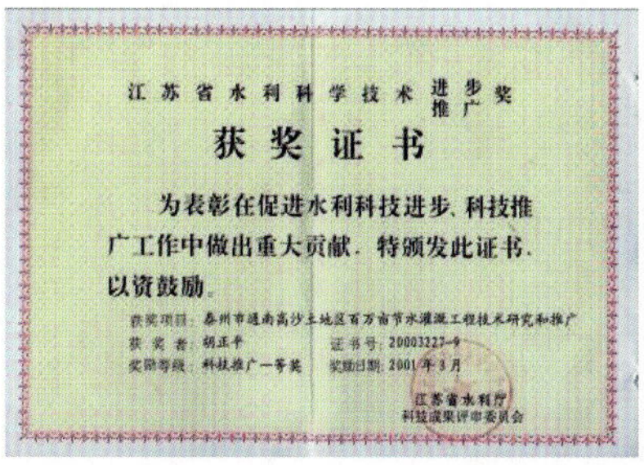
江苏省水利科学技术进步推广奖
获奖证书
为表彰在促进水利科技进步、科技推广工作中做出重大贡献，特颁发此证书，以资鼓励。
获奖项目：泰州市通南高沙土地区百万亩节水灌溉工程技术研究和推广
获奖者：胡正平　证书号：20003227-9
奖励等级：科技推广一等奖　奖励日期：2001年3月
江苏省水利厅
科技成果评审委员会

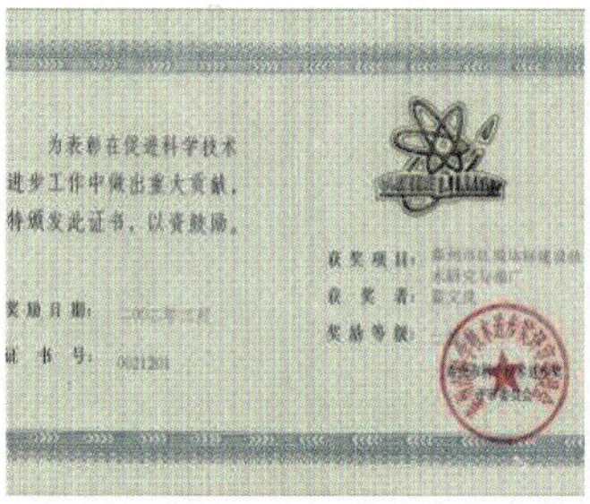
为表彰在促进科学技术进步工作中做出重大贡献，特颁发此证书，以资鼓励。
奖励日期：
证书号：
获奖项目：
获奖者：
奖励等级：

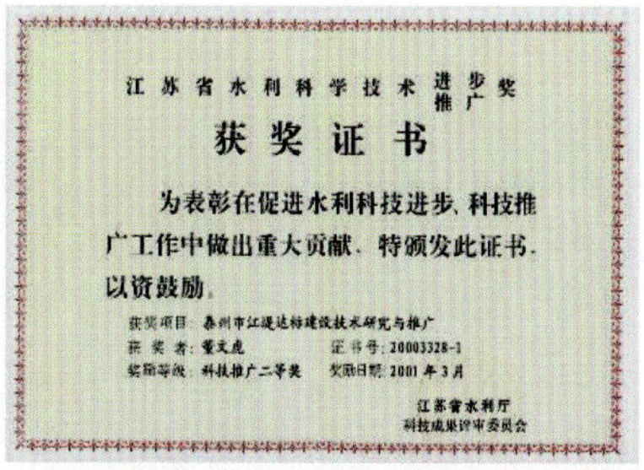
江苏省水利科学技术进步推广奖
获奖证书
为表彰在促进水利科技进步、科技推广工作中做出重大贡献，特颁发此证书，以资鼓励。
获奖项目：泰州市江堤达标建设技术研究与推广
获奖者：董文虎　证书号：20003328-1
奖励等级：科技推广二等奖　奖励日期：2001年3月
江苏省水利厅
科技成果评审委员会

荣誉证书
陈建勋同志被评为全省水政监察工作先进个人。
江苏省水利厅
二〇〇一年三月

是月　省水利厅授予陈建勋全省水政监察工作先进个人荣誉称号。

4月6日　市政府召开泰东河工程新通扬运河段施工协调会，副市长吕振霖就征地拆迁等有关问题，进行了协调落实。市水利局王仁政、储新泉等参加会议。

4月9日　华东七省市水利学会协作组第十四次学术研讨会参会人员一行60人参观泰兴江堤现代化管理监控系统。董文虎及泰兴市水利局局长吕炳生陪同。

4月13日　免去许书平市水利局副局长职务。调市科技局任副局长。

4月20～22日　水利部60余名老干部来泰州参观引江河工程和泰兴市江堤现代管理监控系统。

4月24日　泰兴市水利局更名为“泰兴市水务局”。

5月1日　泰兴市举行水务局成立揭牌仪式暨防汛防旱调度中心落成庆典活动。省水利厅厅长黄莉新和泰州市副市长吕振霖为水务局成立剪彩揭牌，水利部副部长翟浩辉，省水利厅副厅长陶长生，市长丁解民、市委副秘书长杨峰及市水利局董文虎、王仁政等到会祝贺。

4月　兴化市撤销市水利局、市农业机械管理局，建立水利农机局。10月更名为兴化市水务局，同时挂兴化市农业机械管理局牌子。

5月10日　市水利局联合市公安、渔政、城管等部门，对市区重要备用水源南城河进行强制清障。共出动执法船艇4艘，执法清障人员40多人。

5月13日　宁夏人大常委会副主任黄超雄一行参观泰州引江河工程和泰兴市江堤监测系统和防汛防旱调度中心。市人大副主任常龙福、市人大农工委主任戴永久、市水利局董文虎等陪同。

5月15日　龚荣山任市水利局局长助理。

5月17日　省水利厅副厅长徐俊仁一行来泰州召开泰东河工程建设现场办公会，落实泰东河新通扬运河段建设管理办法。

5月22日　副市长吕振霖检查沿江防汛工作。董文虎及高港区副区长顾萍等陪同检查。

5月25日　市政府授予市水利局和靖江、泰兴、兴化、姜堰水利(务)局泰州水利“四三”工程(三年完成江堤达标、圩堤达标、通南百万亩节水灌溉和面上河道疏浚等四项工程)建设先进集体荣誉称号；授予胡正平、许书平、徐丹、吴刚等16人泰州水利“四三”工程建设先进工作者荣誉称号；授予蔡浩、张洁明、姜春宝、周昌云、顾荣圣、申宝网、王根宏、张广学泰州引江河建设先进工作者荣誉称号。

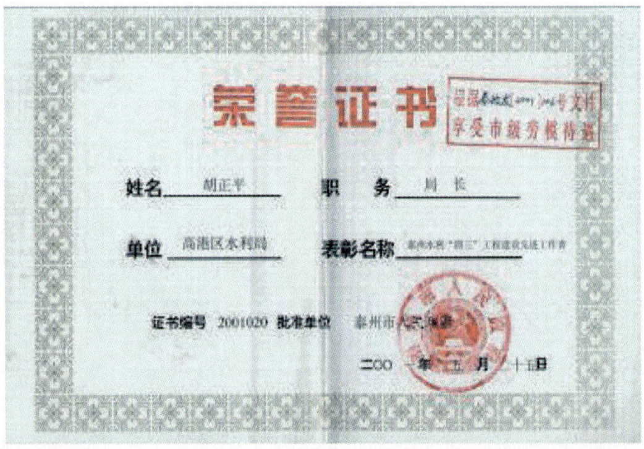

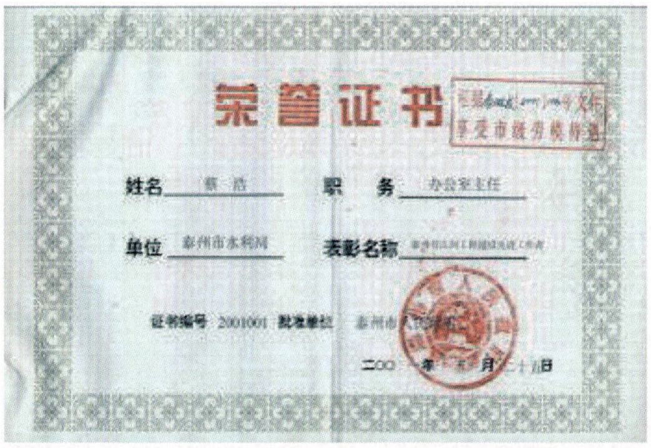

5月28日　胡正平的论文《大力营造长江资源开发新优势》获省水利厅全省水利系统1999～2000年度优秀调研报告三等奖。

5月28日　陈建勋的论文《加强水行政执法　维护水利工程完好》获省水利厅全省水利系统1999～2000年度优秀调研报告三等奖。

证　书

胡正平同志：

您撰写的《大力营造长江资源开发新优势》一文，被评为全省水利系统1999～2000年度优秀调研报告，荣获三等奖。特发此证。

江苏省水利厅

二〇〇一年五月二十八日

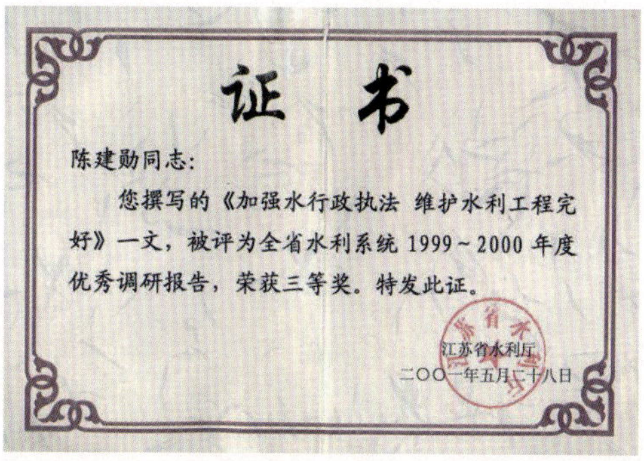

证　书

陈建勋同志：

您撰写的《加强水行政执法　维护水利工程完好》一文，被评为全省水利系统1999～2000年度优秀调研报告，荣获三等奖。特发此证。

江苏省水利厅

二〇〇一年五月二十八日

是月　董文虎的论文《泰州市关于实现水利现代化若干问题的研究》获省水利厅1999～2000年度优秀调研报告一等奖；《水利事业单位财务是水利财务改革的重点》获《中国水利》杂志2000年度水利财务改革征文二等奖。

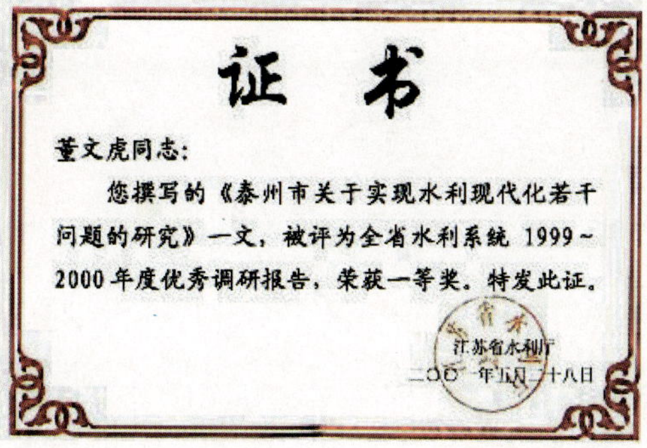

证　书

董文虎同志：

您撰写的《泰州市关于实现水利现代化若干问题的研究》一文，被评为全省水利系统1999～2000年度优秀调研报告，荣获一等奖。特发此证。

江苏省水利厅

二〇〇一年五月二十八日

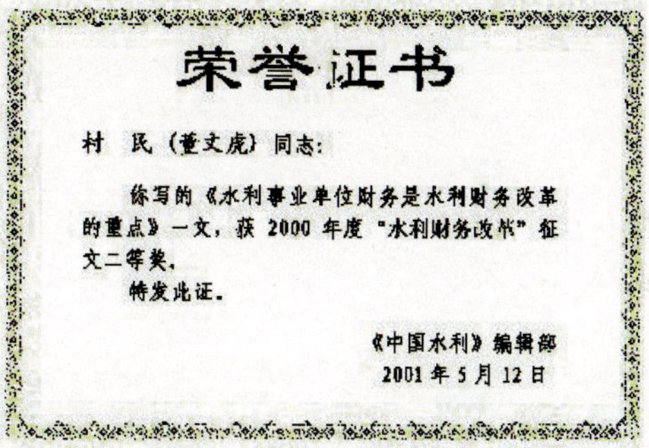

荣誉证书

村　民（董文虎）同志：

你写的《水利事业单位财务是水利财务改革的重点》一文，获2000年度“水利财务改革”征文二等奖。

特发此证。

《中国水利》编辑部

2001年5月12日

6月1日　国土资源部授予泰州市水利局土地利用规划优秀成果奖。授予祁海松土地利用规划工作中做出突出贡献一等奖。

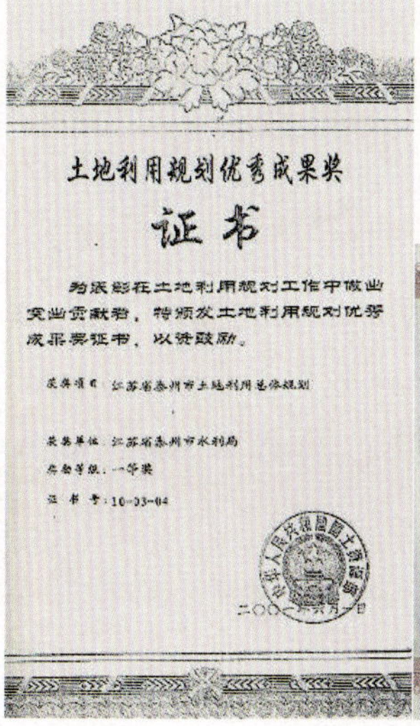

土地利用规划优秀成果奖

证　书

为表彰在土地利用规划工作中做出突出贡献者，特颁发土地利用规划优秀成果奖证书，以资鼓励。

获奖项目：江苏省泰州市土地利用总体规划

获奖单位：江苏省泰州市水利局

奖励等级：一等奖

证书号：10-03-04

二〇〇一年六月一日

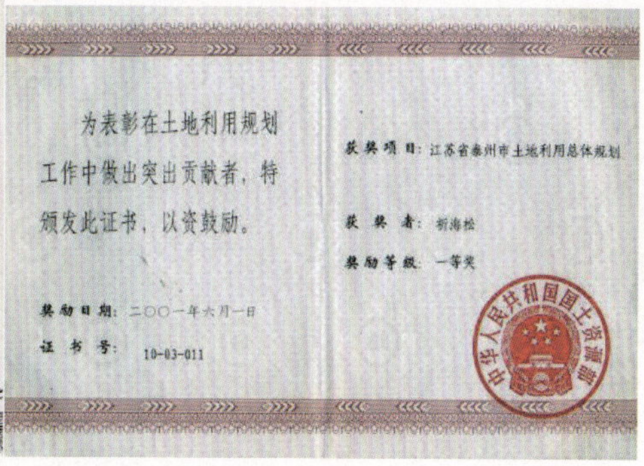

为表彰在土地利用规划工作中做出突出贡献者，特颁发此证书，以资鼓励。

奖励日期：二〇〇一年六月一日

证书号：10-03-011

获奖项目：江苏省泰州市土地利用总体规划

获奖者：祁海松

奖励等级：一等奖

6月7日　省财政厅、地税局、水利厅联合

在泰州召开省水利工程水费税收业务座谈会，围绕“税收和水利”这一主题进行座谈研讨。

6月10日　全国人大常委会副委员长邹家华视察泰州引江河工程。副省长姜永荣、市委书记陈宝田、省水利厅厅长黄莉新、市水利局董文虎等陪同。

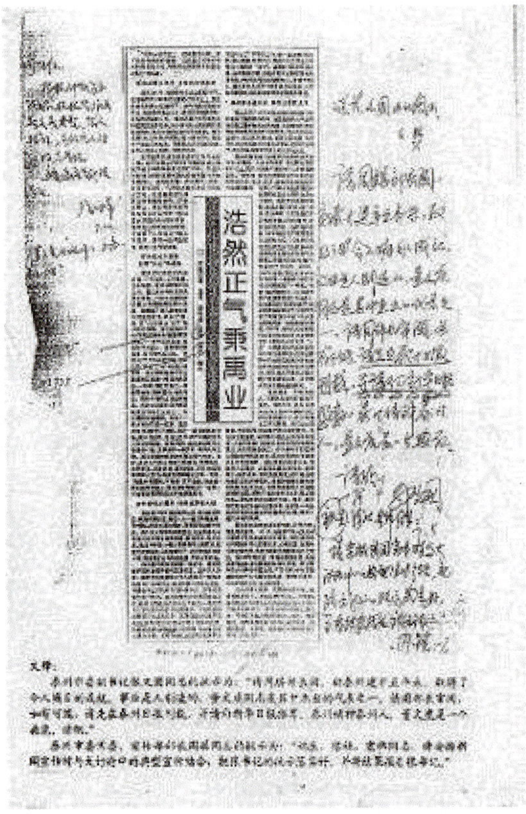
浩然正气秉禹业

6月28日　经省水利厅、市政府领导批准，《中国水利报》发表该报社记者王铭及市水利局蔡浩、徐丹等的文章《浩然正气秉禹业——记江苏泰州市水利局党组书记、原局长董文虎》。省水利厅党组书记、厅长黄莉新批示：“董文虎同志事迹感人，应号召全省水利系统学习”；副厅长徐俊仁批示：“江苏水利系统在向汪洋湖、高安泽同志学习的同时，应该学习董文虎同志，他更贴近江苏水利人”；市委副书记张文国批示：“请仁政同志在局系统组织学习，以统一思想，振奋精神，再接再厉，把我市水利工作做得更好”。

7月20日　泰州军分区参谋长朱小帆至靖江检查长江防汛工作。靖江市委常委、人武部部长葛树义等陪同。

7月23日　省水利厅厅长黄莉新一行来泰州检查察看泰东河工程并现场办公。市委书记陈宝田、副书记陈克勤，市水利局董文虎、王仁政、储新泉陪同。

7月31日～8月1日　主城区遭遇强暴雨袭击，降雨量达175.3毫米，8月1日晨小时雨量达73.3毫米，超过历史最强降雨1.8毫米。27处地段积水，61

处民宅进水，部分医院、工厂等单位受淹，新世界花园西侧河边挡墙外移、倒豁，危及附近3栋新楼。暴雨发生后，市委书记陈宝田、市政府副市长吕振霖等领导，市水利局王仁政、董文虎均临一线指挥抗洪排涝。8月1日17时左右，地段积水、居民住宅进水全部排光。

陈宝田(左四)、吕振霖(左二)

陈宝田(左五)、董文虎(左四)

8月3日　胡正平任市水利局局长助理。

8月7日　市委书记陈宝田主持召开市区防洪工作研究会，明确今后城市防洪和河道整治工作由水利部门实施统一规划、统一建设、统一管理。

8月16日　省水利厅厅长黄莉新，至靖江视察水利工作。泰州市委副书记张文国、副市长吕振霖、市水利局董文虎及靖江市领导张正方等陪同。

8月17日　经市委同意，《泰州日报》发表记者刘保华、孙锁华的文章《呕心沥血驯水人——记泰州市水利局党组书记、原局长董文虎》。

是日　省水利厅苏中片(泰州)水利工作座谈会在靖江召开，省水利厅厅长黄莉新，市水利局王仁政、董文虎及4市2区水利部门主要负责人参加会议。

聘书

董文虎同志：

兹聘请您为江苏省水利厅政策法规特约研究员。

此聘

二〇〇一年 月九日

是月　省水利厅聘董文虎为政策法规特约研究员。

是月　《泰兴水利志》由江苏古籍出版社出版。主编：刘国柱；水利部副部长翟浩辉、原扬州专署专员黄云祥、泰州市人大副主任（时任泰兴市市长）黄龙生、泰兴市委书记常龙福、市水利局董文虎题词。黄龙生作序，泰兴市水利局局长吕炳生写前言。

是月　市委、市政府授予董文虎新泰州建设功臣荣誉称号。

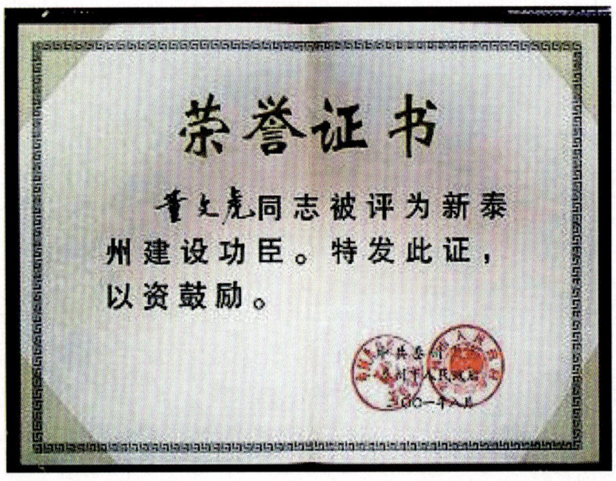
荣誉证书

董文虎同志被评为新泰州建设功臣。特发此证，以资鼓励。

二〇〇一年八月

9月4日　水利部部长汪恕诚、副省长姜永荣、省水利厅副厅长徐俊仁一行来泰州视察江堤达标工程建设和泰兴闸门运行自动化控制系统。市委书记陈宝田、副书记张文国、副市长吕振霖、市水利局董文虎等陪同。

9月13日　按照泰州市委领导意见，中共泰州市水利局总支部委员会下达《关于深入开展“干平凡工作、创一流业绩”暨向身边先进人物学习活动的通知》，号召局属党支部和全体党员干部职工认真学习董文虎同志的先进事迹。随后，将水利局总支的活动总结《禹风浩荡学楷模　现代水利奏凯歌》及王仁政、胡正平等14人写的相关文章汇编成《浩然正气秉禹业》一册，内部印发。

9月17日　泰东河项目建议书审查会议在泰州宾馆召开，水利部、省计委、财政厅、国土厅、水利厅、水利工程建设局，水利设计院，泰州、盐城水利局等单位的有关领导和专家参加了会议。

9月27日　王仁政任中共泰州市水利局党组书记、市水利局局长，储新泉任党组成员。

10月1日　泰黄（泰兴—黄桥）输水管道竣工输水，全线长28.2公里，34万黄桥老区人从此饮用长江水。

10月1～9日　董文虎完成《泰州城市防洪及河道综合整治规划总体思路（初稿）》，并绘制了在全国水利系统开先河的《泰州市城市防洪及河道综合整治规划图之二——人文景观布置简图》。这个《总体思路》，提出了要编制“防洪、景观、绿化同步推进，水活、水近、水清效果明显，河道、泵站、涵闸10年完成”的多目标规划及打通北城河，使城河环起来，在主城区滨河“布置9大景区、32个景点”的具体人文景观规划的“思路”。“思路”还提出了“建闸站、挖河渠、造岸坡、隐堤防、截污水、植绿带、布亭台、置楼阁、跨奇桥、缀雕塑、题联匾、造游线、通彩船、设街景、亮夜灯、添茶肆”的具体项目。

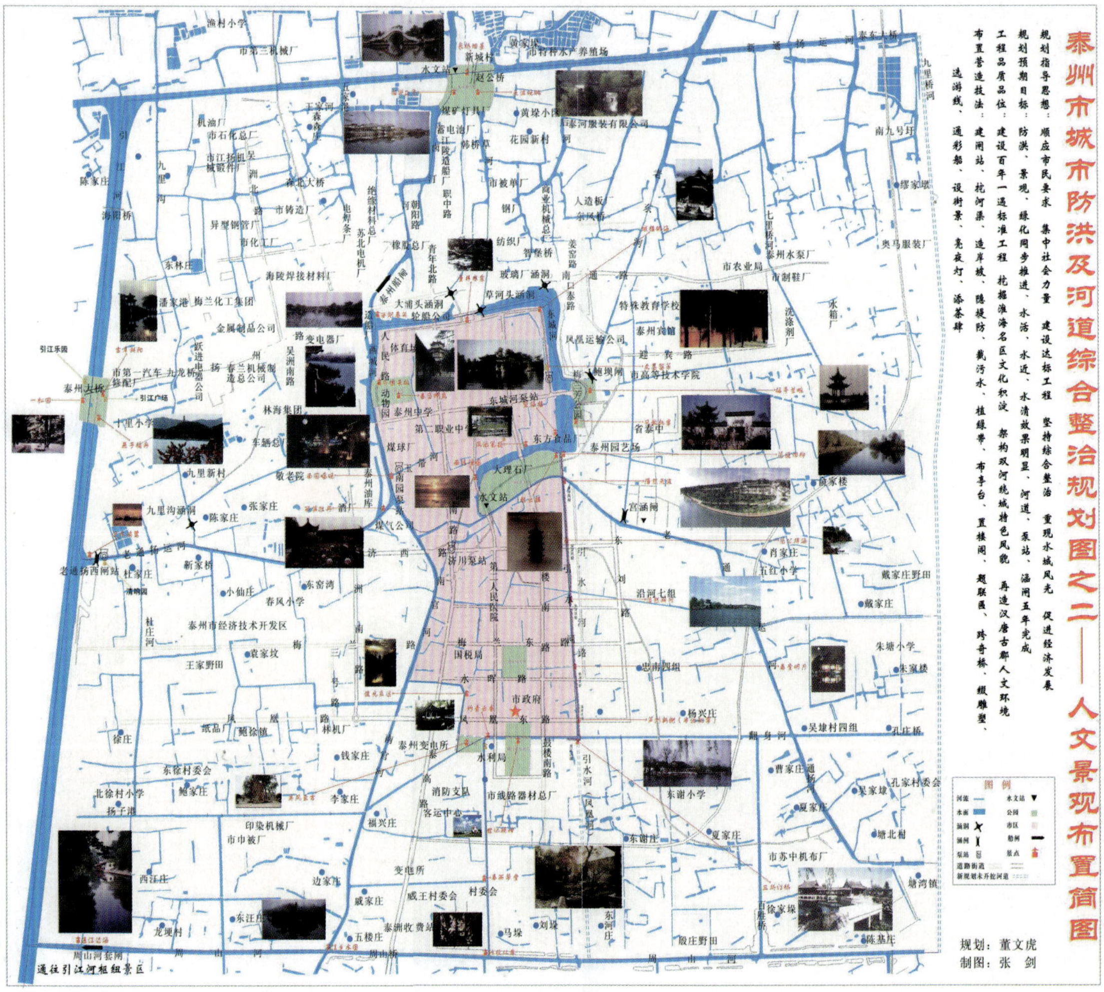

10月9日　董文虎在市委书记陈宝田与他进行离任谈话时，汇报了他所写的《泰州城市防洪及河道综合整治规划总体思路》，并建议市领导亲自到浙江绍兴、嘉兴等地考察城市水利。

10月17日　市委书记陈宝田、副市长吕振霖查勘城市防洪及河道整治情况，并召集有关部门负责人对城市防洪及河道综合整治作了专题讨论研究。市水利局局长王仁政、董文虎陪同查勘并参加会议。

10月26日　国务院体制改革办公室牵头，水利部、国家计委、财政部等9部委组成水利工程管理体制改革调研5人专家组。董文虎是其中之一，并应邀赴京参加《水利工程管理体制改革实施意见(第2稿)》的讨论，提交了《关于对国务院体改办起草〈水利工程管理体制改革实施意见〉的几点设想》。

10月31日～11月2日　市委书记陈宝田，市委副书记、代市长夏鸣率市党政代表团赴浙江嘉兴、绍兴、萧山考察城市防洪建设与管理。市水利局王仁政、董文虎及市计委、财政、国土、规划、城建等相关部门负责同志随团参加考察。

泰州市委书记陈宝田(右图右一)、代市长夏鸣(右图左一)率团考察浙江嘉兴、绍兴城市防洪及水工程文化

考察当晚在浙江连夜召开市四套班子、相关部门联席会议，讨论泰州城市水利并做出决策

11月2日　晚，陈宝田在萧山召开会议，专题研究泰州城市水利建设规划、实施计划、投融资机制和运作方式等，董文虎作专题汇报。

10月～次年6月　整治老通扬运河中段。工程长14.2公里，完成土方74.8万立方米，新建公路桥1座、涵洞16座，维修电灌站12座、涵洞20座，维修加固桥梁2座，总投资572.52万元。

11月17日　水利部办公厅调研组来泰州调研“十五”水利发展思路以及水利改革出现的有关情况，董文虎参加调研。

11月29日　市政府批准成立泰州市城市水利投资开发有限公司，该公司为城市防洪及河道综合整治工程的项目法人单位和实施主体。王仁政、龚荣山分别兼任公司董事长和总经理。2004年，政企分开，由市水利局科级干部任公司董事长和总经理，后与市水利局城市水利处合署办公。

是月　姜堰动工疏浚老通扬运河。工程长11.2公里，总土方39.44万立方米，总投资240万元。

12月6日　市政府出台《泰州市城市防洪及河道综合整治工程筹资办法》。

12月7日　泰兴市江堤达标建设工程通过省水利厅验收，这在全省尚属首家。

12月10日　吴国华任高港区水利局局长。

12月27～28日　副省长姜永荣，省水利厅副厅长张小马、巡视员沈之毅等一行来泰州视察泰东河工程和城市防洪工程，并召开现场办公会议。市委书记陈宝田，副市长吕振霖，市水利局王仁政、董文虎陪同。会议专门听取了市水利局有关引水河（凤凰河）综合整治工程规划的汇报。会后，省人民政府在第55次专题会议纪要中充分肯定了泰州市委、市政府对城市防洪的总体思路。明确指出“在实施规划时，要把外部大水系的畅通和内部管网建设有机结合起来，把防洪保安、改善水质、营造环境、旧城改造和开发水文化及旅游资源有机结合起来，实行综合治理、整体推进”，并明确要给予泰州特定的支持。

12月31日～2003年9月1日　董文虎任市水利局调研员。

12月31日　副市长吕振霖主持召开会议专题研究协调城市防洪工程建设的有关问题。王仁政及市计委、建设局、国土资源局、规划局及海陵区政府、海陵区建设局、塘湾镇政府有关单位的负责人参加了会议。

是日　市水利局决定将原海陵工作处管辖的周山河、新通扬运河、老通扬运河、南官河、卤汀河、泰东河等6条市管河道、49条城区河道和5座泵站涵闸分别划拨给泰州市水工程管理处和泰州市城区河道管理所管理与经营。

是月　《兴化水利志》由江苏古籍出版社出版。主编王树生；兴化市委书记陈骏骠、水利局局长张连洲分别作序。

2002年

1月11日　副市长吕振霖主持召开会议，协调泰东河新通扬运河段施工及迎江桥工程建设中有关问题。王仁政及海陵区政府，市建设局、城管局、国土局、规划局、供电局、公安局交警支队、拆迁办及海陵区国土分局等有关方面的负责人参加会议。

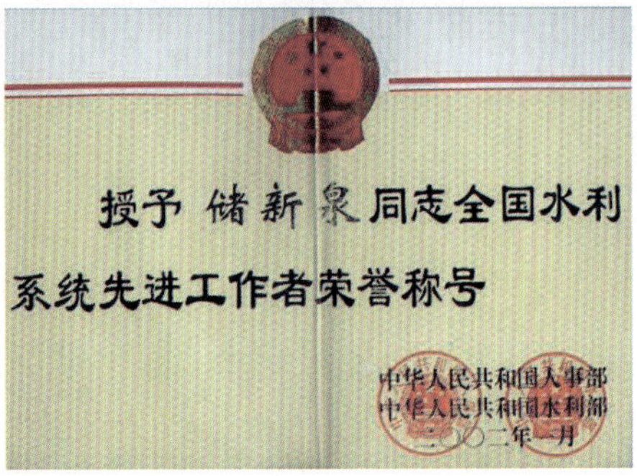

是日 人事部、水利部授予储新泉全国水利系统先进工作者荣誉称号。

1月12日 省水利厅冬春水利建设检查组至靖江检查横港等疏浚整治工程。市水利局局长助理胡正平陪同检查。

1月23日 胡正平任市水利局副局长(聘用),2003年5月19日任局党组成员,5月26日任副局长。

2月4日 省水利厅授予市水利局和张连洲、丁纪章 、宦胜华全省水利系统2001年度综合先进单位和全省水利系统2001年度先进个人荣誉称号。

2月21日 今起执行水利部《关于进一步加强和规范河道管理范围内建设项目审批管理的通知》。

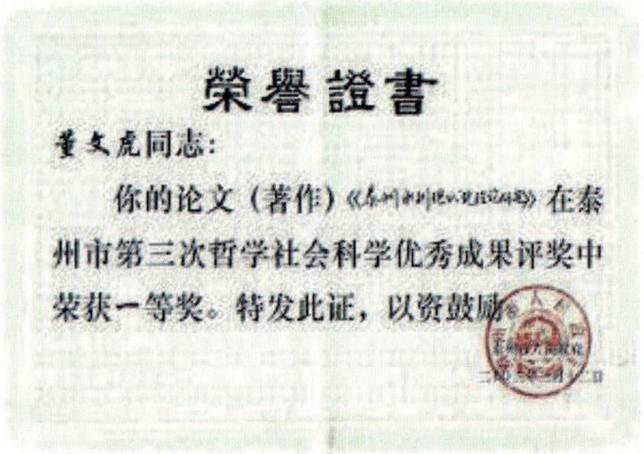

3月12日 董文虎的研究课题《泰州水利现代化理论研究》(著作)获泰州市人民政府第三次哲学社会科学优秀成果一等奖。

3月20日 市人民政府授予市水利局2001年度全市固定资产投资和重点项目建设先进单位荣誉称号。

3月21日 市委授予市水利局2001年度市级机关工作先进单位荣誉称号。

3月26日 市水利局纪检组召开全市水利系统纪检监察工作会议,厉传进作工作报告。王仁政讲话,并与局各处室(单位)主要负责人签订了党风廉政建设责任状。

是月　省水利厅授予陈建勋全省水利系统“四五”普法工作先进个人荣誉称号。

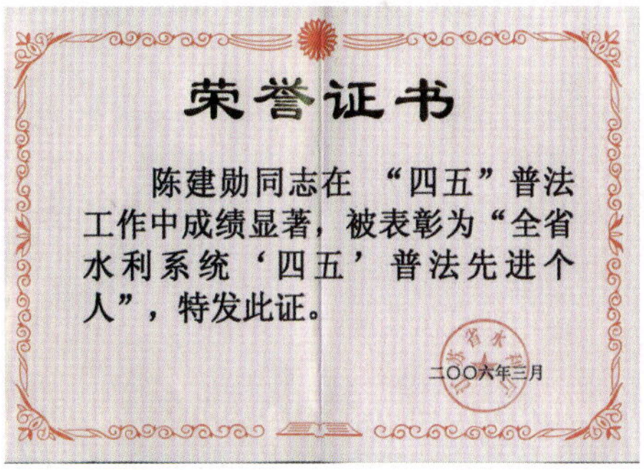
荣誉证书

陈建勋同志在“四五”普法工作中成绩显著，被表彰为“全省水利系统‘四五’普法先进个人”，特发此证。

二〇〇六年三月

4月4~5日　省水利厅在泰州开办全省水利系统信息、信访工作培训班。徐俊仁副厅长到会讲话，王仁政致欢迎辞。

姜永荣(左三)、陈宝田(左二)、王仁政(右二)、董文虎(左一)

4月8日　副省长姜永荣视察泰州市城市水利工作，并提出具体要求。市委书记陈宝田、副市长吕振霖，市水利局王仁政等陪同。

4月12日　市委书记陈宝田在董文虎编制的《泰州市引水河(凤凰河)拓浚、北伸、南沿工程概念规划》上作批示。

4月20日　市水利局召开全市水利管理暨改革工作会议，王仁政到会讲话。

4月26日　副市长吕振霖召集城区防洪指挥部成员单位负责人视察主城区防洪工程，并召开会议部署市区防洪及河道综合整治工作。

是月　董文虎的著作《水权、水价、水市场理论与实践研究》一书由黄河水利出版社出版。该书456千字，水利部副部长翟浩辉题写书名，政策法规司司长高而坤作序。

5月8日　副市长吕振霖主持召开会议，专题协调迎江桥工程中孔施工期新通扬运河实施断航有关问题，市水利局及交通局、地方海事局、公安局水警支队，省泰州引河管理处、市泰东河工程建设处、江苏三水建设工程公司等部门和单位的负责人参加了会议。

5月13日　市委、市政府召开城区防洪暨河道环境综合整治动员大会，市长夏鸣作重要讲话，副市长吕振霖作动员报告。

5月14日　储新泉任泰州市水利工程建设处主任。

是日　泰州市水利局、姜堰市水利局被省水利厅评为2001年度全省水利经营管理先进单位。

5月22日　省水利厅、省水利工程建设局在泰州召开泰东河新通扬运河段河道工程2＃、4＃标水下工程验收会。省水利厅副厅长徐俊仁到会作重要讲话，市水利局王仁政、储新泉参加会议。

5月23日　市委副书记张文国、副市长吕振霖，市水利局局长王仁政赴靖江检查水闸工程建设和防汛工作。靖江市党政负责人陪同。

是日　市委副书记张文国、副市长吕振霖赴高港区检查防汛工作。

5月26日　泰州军分区参谋长朱小帆至靖江检查防汛工作，靖江市委常委、市人武部部长葛树义等陪同。

是日　泰州军分区参谋长朱小帆赴高港区检查防汛工作。

5月28～29日　省人大副主任俞敬忠率领省人大视察组视察泰州城区防洪工程、泰东河工程建设及泰兴江堤建设，俞副主任对泰州城区防洪工作给予了高度评价。省水利厅厅长黄莉新、副厅长徐俊仁，市委书记陈宝田、副市长吕振霖，市水利局王仁政陪同检查。

5月29日　市一届人大常委会第三十九次会议通过《关于加快主城区城市防洪体系建设和河道综合整治的决议》。7月9日开始执行。

创新思路打造新水城

本报记者　张建兰

江苏真正的水乡是泰州……泰州又叫凤凰城，玉带绕城，凤凰戏水，俯卧江淮，海纳天河。希望泰州市树立大水利理念，创新工作机制和运作方式，努力将泰州建设成为水上之都。

——根据省人大常委会副主任俞敬忠5月29日视察泰州水利工作时的讲话录音整理。

泰州曾经是一座有名的水城，江淮海三水在这里交汇，清、浑、咸三味在这里交融，双水绕城，城夹水中，水映城中，水城形象跃然纸上。

水，孕育了这座城市的文明，形成了许多水文化的历史积淀。

今天，泰州又成为国家南水北调工程的重要源头，全省第一条现代化人工河道——泰州引江河傍城而过，江水北上的大动脉泰东河正在大规模地拓宽改造。

水，泰州与之结下了不解之缘。

水，又如一把“双刃剑”，泰州历来是水患频发地，水灾与治灾构成了泰州历史上重要的一页。宋代名相范仲淹为官泰州行色匆匆，仍有“范公堤”流芳百世。如今的泰州，决策层顺乎民意，着眼发展，在水利建设上又以新的理念、新的举措谱写着新的篇章。

城市水利走上前台

长期以来，水利建设的主战场一般都在农村，大量的水利工程设施在农业节水灌溉、排涝降渍、防汛抗旱、低产田改造、高沙土和盐碱地治理等方面，真正发挥了“命脉”的作用。但是，由于多方面的原因，我市的城市水利建设严重滞后，城市防洪、河道整治、水质及水环境保护一直没有得到应有的重视，这一薄弱环节严重影响着城市安全、人居环境。

在全面推进对外开放和城市化发展战略的形势下，区域经济也在加快向城市集中，整个社会财富明显地在向城市集聚，城市规模的迅速扩展对防洪保安、人居环境提出了新的要求。透过调研[illegible]，目前我市的城市防洪工程建设已经明显落后于城市建设、交通基础设施建设，制约着新泰州城做大、做优、做美、做强的现代化进程。在历经了去年“8·1”暴雨成灾之后，陈宝田书记大声疾呼，再不重视城区治水，我们就会成为历史的罪人。可以这么说，随着城市化进程的推进，随着以人为本治水理念的深入，城市水利终于由“幕后”走到了“前台”。（下转第三版）

图为工人们在东城防洪工程工地上紧张作业。丁毅玲　摄

是月　市水利局编制的《泰州市水功能区划报告》，通过了省水利厅组织的专家评审验收。2003年8月，市政府批准实施该报告，境内水质监测工作全面展开。

6月3日　凤凰河（原名引水河，7月17日更名）整治工程正式开工，2008年6月21日竣工。工程北起南城河与东城河交汇处，南至周山河，全长5.43公里，总投资3.2亿元。沿河建有风格不一的休闲广场，各具特色，2007年被国家水利部评为“国家水利风景区”。

把泰州
建设得更加美好

凤凰河景观文化工程剪影

6月6日　市人大副主任来则林带领部分市区人大代表视察主城区防洪及河道综合整治工程。副市长吕振霖、市局王仁政陪同视察。

6月10日　江苏三水建设工程公司承建的泰州引江河泰州大桥工程被评为省水利工程优秀施工工程项目。

6月12～13日　全省水利规划计划基建工作会议在泰州召开。省水利厅厅长黄莉新作重要讲话，副厅长徐俊仁主持会议，副市长吕振霖致欢迎辞，与会代表参观了泰东河工程和主城区防洪工程现场。

6月14日　全省水资源综合规划编制工作会议在泰州召开，胡正平在大会上发言介绍泰州工作情况。

7月3～4日　副市长吕振霖带领市水利、农业、规划等部门负责人赴苏州、上海考察城市防洪、河道整治以及园林绿化景点建设。

7月8日　省水利厅厅长黄莉新一行5人，来泰州调研里下河兴化地区河道引排问题，并参观考察兴化城东镇闸站结合工程、张郭水务站和戴南钢帘线厂生产情况。副市长吕振霖陪同。

7月11日　龚荣山任中共泰州市水利局党组成员，15日任泰州市水利局副局长（试用）。

是月　市水利局对机关中层干部岗位实行竞争上岗。

7月22日　副市长吕振霖召开会议，协调凤凰河工程建设有关问题。市政府副秘书长贾春林、市水利局、国土局、建设局、规划局、教育局等部门负责人参加会议。

7月29日　市政协陈骏骠、金文銮副主席、袁益群秘书长及部分委员视察城区12项防洪及河道综合整治工程。副市长吕振霖，市水利局王仁政、龚荣山陪同视察。

8月6日　市委书记陈宝田、副书记张文国、宣传部部长周琪一行慰问奋战在凤凰河工地的广大干部职工。市水利局领导班子全体成员陪同慰问。

8月9日　副市长吕振霖主持召开会议，协调市开发区城市防洪资金征收等有关问题。市开发区管委会、市水利局、市国土资源局、市财政局等单位的负责人参加会议。

8月14日　中科院院士赴泰兴考察江堤达标工程。

院士看江堤　昨天，中科院院士们赴达标江堤泰兴段考察。　骆忠明　摄

8月26日　副市长吕振霖在高港区水利局召开现场办公会议，专题研究高港区水利建设中的有关问题。高港区委、区政府，泰州市局及高港区水利局等有关方面的负责人参加会议。

9月20日　市人大主任陈宝田在董文虎的《关于将在建的泰州市(区)最大的桥梁定名为"姜公桥"的建议》上作了"迎江桥没有姜省长的关心支持是建不起来的……文虎同志所提建议我认为很有道理，请与地名办商量研究"的批示。是日，市政协副主席叶海翔也作了这一观点的批示。

9月21日　省水利厅副厅长徐俊仁带队来泰州调研城市防洪工作。副市长吕振霖、市局中层以上干部参加座谈会。

9月23日　市水利局召开全市水利(务)局长座谈会。王仁政讲话，胡正平主持会议。各市区水利(务)局主要负责人、市水利局各处室主要负责人参加会议。

9月24日　董文虎、陶明、蔡浩、丁亚明、刘剑等的研究课题《水权、水价、水市场理论与实践研究》获2001年度江苏省水利科技进步奖二等奖。

10月9日　王仁政随副市长丁士宏赴靖江检查长江堤防达标建设和管理情况。靖江市副市长陈燕国陪同检查。

10月29~30日　水利部副部长翟浩辉一行抵泰州,考察指导市泰东河工程和城市防洪工程建设。省水利厅厅长黄莉新、副厅长陶长生等随同,市长夏鸣、市委副书记张文国、副市长丁士宏、市水利局局长王仁政等陪同视察。

10月31日　常务副市长吕振霖和副市长丁士宏召开会议,研究328国道、泰高路绿化带建设的有关问题。胡正平参加会议。

11月6日　按照市委、市政府的意见,泰州市水文化研究咨询小组成立,市政府每年由财政安排水文化专项研究、活动经费10万元。

11月7~8日　省人大副主任俞兴德一行来泰州考察泰东河排污口、取水口、泰州界断面水质情况。王仁政等陪同。

11月8日　龙窝闸拆建工程开工。次年6月竣工并通过市水利局组织的水下工程验收。

11月13日　省水利规划办公室在兴化召开里下河地区水利规划管理座谈会。省规划办陈主任、南京大学周教授、董文虎、储新泉参加座谈会。

11月19日　省水利厅江堤达标建设督察组负责人、省水利工程建设局副局长倪建民至靖江检查在建的江堤达标工程15座水闸的建设情况。

11月21日　副市长丁士宏实地查看2002年度城市防洪工程所有项目

和部分2003年度计划项目,亲临现场倾听群众意见,并对城市防洪工作作了具体部署。王仁政等陪同查看。

11月~次年1月　姜堰疏浚整治新生产河西段(中干河—运粮河)。工程长7.2公里,完成土方21.73万立方米,总投资133.23万元。标准为:河床高程负0.5米,底宽8米,真高3.0米以下坡比1∶4,以上接原河坡。

是月　市水利局获省人事厅、水利厅授予的江苏第二届闸门运行工技能竞赛组织奖。

12月13日　市水利局印发《泰州市水利工程水费票据管理暂行办法》。

12月14~15日　上海市水务局党政负责人带队抵泰州,考察城市水利工作。省水利厅副厅长蒋传丰,副市长丁士宏及市水利局王仁政陪同视察。

12月16日　新通扬运河迎江桥竣工通车。

泰州日报　2002年12月17日　星期二

政府工程惠泽新通扬运河以北30万群众

迎江桥昨日通车

迎江桥上听民声

迎江桥

董文虎(左三)、储新泉(左二)迎江桥通车留影

12月20日　省水利厅在兴化召开里下河片《江苏省湖泊管理》立法调研会议,省水利厅有关处室负责人,扬州、泰州、盐城市及其下辖的有关县市水利局的分管负责人出席会议。

是月　董文虎书画作品汇编《董文虎诗书画印集》由黄河水利出版社出版,副省长姜永荣和中国当代帛画创始人董文政均亲笔作序。

2003年

1月6～7日　市委副书记张文国、副市长丁士宏视察靖江市江堤达标工程建设情况和泰兴市冬春水利建设情况。王仁政陪同。

1月27日　高港区组织打击长江非法采砂，抓获采砂船6条。

是月　丁煜城被水利部授予全国水政工作先进个人荣誉称号。

2月13日　市水利局召开全市水利(务)系统工作会议。副市长丁士宏到会讲话，王仁政作工作报告。各市(区)水利部门负责人及市局全体人员共100多人参加会议。会议对2002年度全省水利系统先进集体、文明服务水利站、先进个人，以及2002年全市水利系统先进集体和先进个人进行了表彰、颁奖。

2月17日　市委、市政府授予市水利局2001～2002年度泰州市文明机关(单位)荣誉称号。

2月　《水利发展研究》以《帆悬十里满湖风》(作者董文虎)为标题，介绍了泰州水文化情况。此文，将泰州水文化研究的位置，推至全国水文化研究的前列。

3月5日　市人大副主任常龙福率市人大农工委全体人员，检查指导城市防洪工程建设，龚荣山陪同检查。

3月17日　省人大法工委、省政府法制办、省水利厅联合来泰州进行省水资源管理条例立法调研，市水利局王仁政参加调研座谈。

3月18日　市水利局召开全市水利系统纪检监察工作会议。王仁政讲话，各市（区）水利（水务）局、海陵工作处纪检书记及相关部门负责人，水利局各处室、各直属单位主要负责人参加会议。

3月31日　全省防办主任会议在泰州召开。省水利厅副厅长蒋传丰作工作报告，副市长丁士宏致欢迎辞，王仁政、胡正平参加会议并陪同蒋传丰等视察泰州市城市防洪工程建设现场。

是月　市水利局编制完成《泰州市长江岸线资源开发利用规划》。

是月　黄圣平被省水利厅评为2002年度全省水政监察工作先进个人。

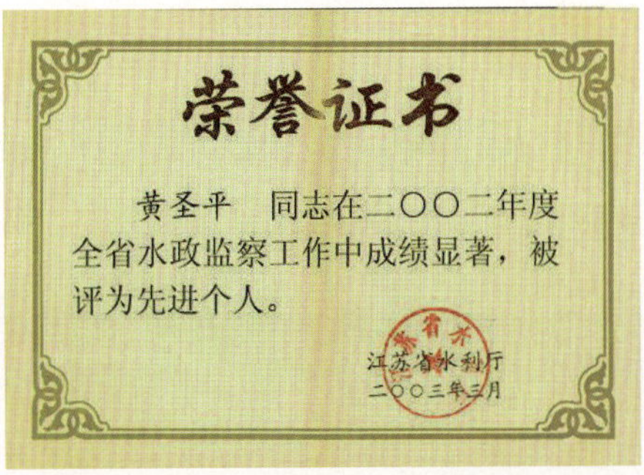

4月9日　省堤防白蚁防治工作会议在靖江召开。会上表彰靖江市堤防管理所等一批堤防白蚁防治先进单位和先进个人。

是日　副省长黄莉新视察泰州城市防洪工程建设。副市长丁士宏，市水利局王仁政，龚荣山等陪同视察。

4月12日　市水利局、市规划设计院、省水利勘察设计研究院联合编制的《泰州市主城区水系综合整治规划》通过评审。评审组由省、市40多名专家组成。评审组认为，该规划以建设“生态城市”为目标，对泰州的特色把握准确，符合城市可持续发展、建设有水文化特色的现代化城市要求，具有较好的科学性、前瞻性和可操作性。副市长丁士宏参加评审会。同年8月2日，市政府发文“同意实施”该规划。

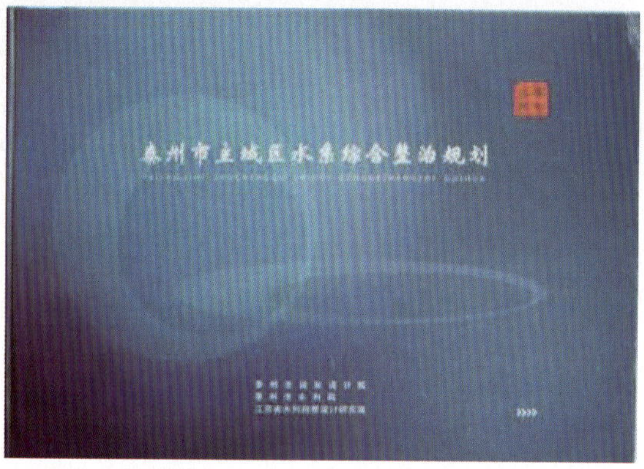

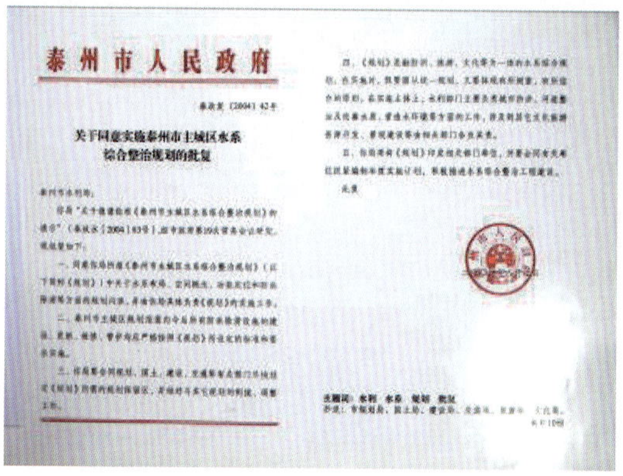
泰州市人民政府

泰政复〔2004〕42号

关于同意实施泰州市主城区水系综合整治规划的批复

4月17日　市防指召开全市防办主任会议。王仁政出席会议并讲话，四市二区的分管局长、防办主任和工管科长参加会议。

4月21日　全省县乡河道疏浚与长效管理会议在泰州召开。副市长丁士宏到会致辞，与会代表参观了泰兴、姜堰、高港两市一区河道疏浚与管理现场。

4月27、28日　高港区水利局在长江杨湾水域抓获11条非法采砂船，其中“吸砂王”1条。

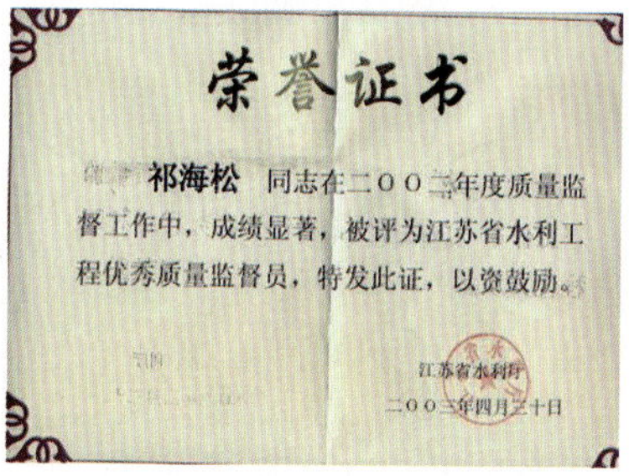
荣誉证书

祁海松　同志在二〇〇二年度质量监督工作中，成绩显著，被评为江苏省水利工程优秀质量监督员，特发此证，以资鼓励。

江苏省水利厅

二〇〇三年四月三十日

4月30日　省水利厅表彰市水利局祁海松为2002年度江苏省水利工程优秀质量监督员。

5月12日　市委、市政府授予市水利局2002年度市级机关软环境十佳单位荣誉称号。

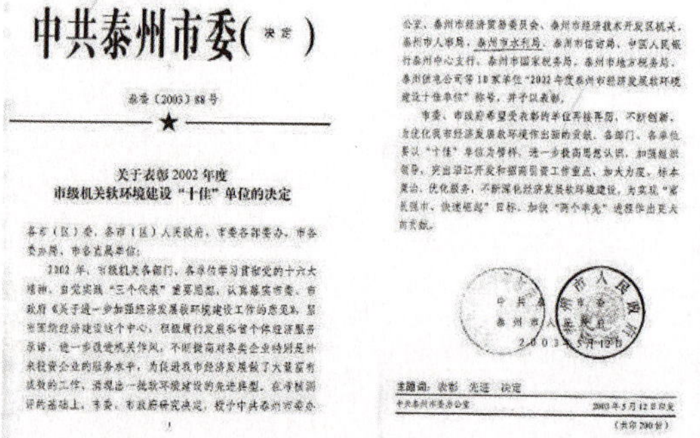
中共泰州市委（决定）

泰委〔2003〕88号

关于表彰2002年度市级机关软环境建设“十佳”单位的决定

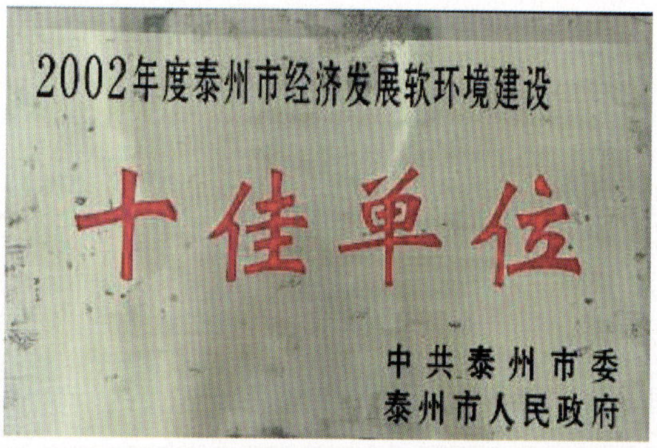

5月13日　市委副书记张文国，市防指指挥、副市长丁士宏，副指挥、市

水利局局长王仁政等检查里下河地区的防汛准备工作和姜堰市城市防洪工程。

5月14日　市水利工程管理体制改革工作领导小组成立，副市长丁士宏任组长，王仁政任副组长，胡正平为成员兼办公室主任。

5月15日　市委书记朱龙生、副市长丁士宏视察城市防洪工程建设现场。王仁政、董文虎等陪同。

朱龙生(右二)、丁士宏(右四)、王仁政(左一)、董文虎(右一)

5月19日　市委、市政府召开全市防汛防旱电视电话工作会议。市委副书记张文国到会作重要讲话，副市长丁士宏对2003年防汛防旱工作作了具体部署，市政府还与各市(区)政府签订了2003年度防汛防旱工作责任状。

是日　省水利厅分别授予市水利局、姜堰水利管理总站和刘剑、韩鼎忠(海陵)、张克捷(靖江) 2002年度水费计收先进单位和先进个人荣誉称号；分别授予泰兴市水务局和丁跃峰(高港)、张日华(姜堰)2002年度多种经营先进单位和先进个人荣誉称号。

5月22日　市防指组织市水政监察大队，城区及海陵水政监察大队、公安、渔政等部门开展主城区河道清障联合执法。合计清除阻水障碍物百余处，其中当事人自行拆除70余处，执法人员强行清除28处。

5月24日　省淮河下游联防会议在泰州召开。副市长丁士宏，市局王仁政参加会议。

毛伟明（前左三）、姚建华（前左二）、张文国（前右三）、陈克勤（前右一）

是日　代市长毛伟明召开会议，研究协调今年主城区城市防洪重点工程建设有关问题。市委常委、常务副市长姚建华，副市长丁士宏，市水利局、财政局、计委、国土局、建设局、规划局等单位负责人参加会议。

5月28日　市四套班子领导视察主城区防洪工程，并听取了王仁政关于城市防洪工程建设情况的汇报，市委书记朱龙生、代市长毛伟明作重要讲话。

是日　“泰州市水利工程建设处青年突击队”荣获共青团江苏省委命名。

5月29日　省水利厅副厅长徐俊仁检查靖江江堤达标扫尾工程建设和防汛工作，王仁政、胡正平及靖江市副市长陈燕国陪同。

翟浩辉（右三）、黄莉新（左二）、毛伟明（右二）、张文国（右一）、吕振霖（左一）

5月31日　泰州市军分区司令员陈以尧、市水利局胡正平至兴化检查防汛工作，兴化市市长吴跃陪同。

6月4日　水利部副部长翟浩辉，长江委员会主任、长江防总常务副总指挥蔡其华等一行来泰州视察城市防洪工程建设。副省长黄莉新、省水利厅厅长吕振霖等随同视察，代市长毛伟明、市委副书记张文国、市人大副主任常龙福、副市长丁士宏，市水利局王仁政、胡正平、龚荣山陪同视察。

6月9日　市政府印发第11号市长办公会议纪要，明确“城市防洪工程建设是公益性项目……主要靠政府投资来解决”“4项重点工程的资金总量控制在9000万元左右……所需资金由市统一解决”。

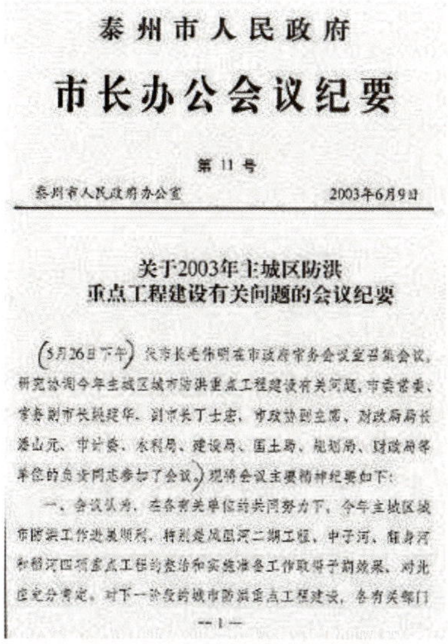

泰州市人民政府

市长办公会议纪要

第11号

泰州市人民政府办公室　　2003年6月9日

关于2003年主城区防洪重点工程建设有关问题的会议纪要

(5月26日下午)代市长毛伟明在市政府常务会议室召集会议，研究协调今年主城区城市防洪重点工程建设有关问题。市委常委、常务副市长魏建华、副市长丁士宏、市政协副主席、财政局局长潘山元、市计委、水利局、建设局、国土局、规划局、财政局等单位的负责同志参加了会议。现将会议主要精神纪要如下：

一、会议认为，在各有关单位的共同努力下，今年主城区城市防洪工作进展顺利，特别是凤凰河二期工程、中子河、稻身河和稻河四项重点工程的整治和实施准备工作取得了初效果，对此应充分肯定。对下一阶段的城市防洪重点工程建设，各有关部门

—1—

6月17日　南京军区司令员朱龙泉、副省长黄莉新等一行来泰州视察防汛工作。市委书记朱龙生、代市长毛伟明及市水利局王仁政等陪同视察。副市长丁士宏汇报泰州防汛工作情况。

是日　高港区水利局组织开展打击长江非法采砂，查获采砂船10条。

6月19日　省委副书记张连珍一行视察泰州城市防洪工程建设情况。市委书记朱龙生、副书记张文国，市水利局胡正平、龚荣山陪同视察。

6月30日　高港区水利系统总支组织为急需35万元换肝的徐宏文捐款，共收到捐款52400元。

7月2日　市局成立机关作风建设工作领导小组。王仁政任组长，胡正平、龚荣山、厉传进任副组长。

是日　武警泰州支队进行防汛抢险战备演练。

7月3日　市委副书记张文国，副市长丁士宏视察兴化防汛抗洪工作。王仁政、胡正平陪同视察。

7月3～5日　市委副书记张文国、省水利厅副厅长陶长生，省委副书记

张连珍、副省长黄莉新，副市长丁士宏，市水利局王仁政先后到兴化市检查指导防汛排涝工作。

7月5日　通南和沿江地区出现大范围的大暴雨，其中过船港站当日12小时降雨量达205毫米。

7月4～9日　全市连降暴雨，内河水位迅速上涨。4日晚至5日中午，城区持续降雨146毫米，由于一系列防洪工程投入使用，夏家汪、公园路、徐家桥西巷等低洼易淹地段基本无积水，群众生活正常。

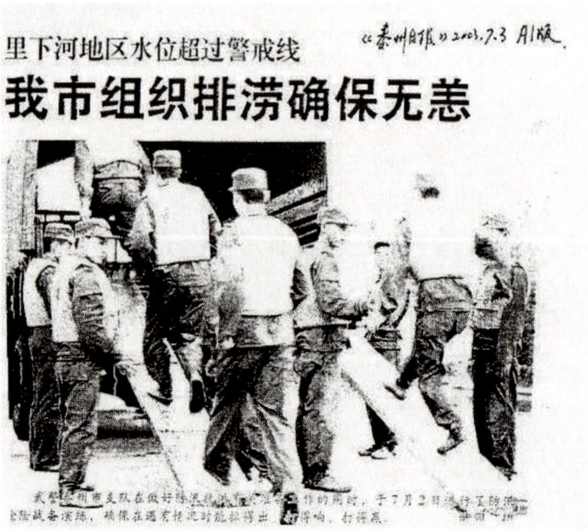
里下河地区水位超过警戒线
《泰州日报》2003.7.3 A1版
我市组织排涝确保无恙

146毫米，考验泰州城

7月6日　省政府在兴化召开里下河地区防汛工作会议，部署里下河地区的防汛抗灾工作，副省长黄莉新和省委副书记张连珍先后讲话。省水利厅厅长吕振霖及省农林厅、省气象局等部门的主要负责人，扬州、泰州、盐城、淮安4市分管市长及海安县、兴化市的主要领导出席会议。

是日　代市长毛伟明、副市长丁士宏视察兴化、姜堰、泰兴防汛抗洪工作，王仁政陪同。

7月7日　胡正平及省水利勘测设计研究院总工程师钱志平等到兴化市检查指导救灾工作。

是日　市政府召开全市防汛紧急工作会议。代市长毛伟明作重要讲话，常务副市长姚建华主持会议，副市长丁士宏部署今后工作，王仁政代表市防指通报当前防汛抗洪救灾情况。

7月9日　省委副书记、省长梁保华到兴化视察灾情。省财政厅厅长包国新、水利厅厅长吕振霖、民政厅厅长顾汉萍、农业厅厅长刘立仁等随同视察，市委书记朱龙生、代市长毛伟明、副市长丁士宏等陪同视察。

梁保华在兴化视察灾情时要求

尽力减轻灾害损失　加快防洪工程建设

确保人民群众生命财产安全

尽力减轻灾害损失　加快防洪工程建设

确保人民群众生命财产安全

7月10日　市委副书记张文国、副市长丁士宏，市局王仁政至靖江检查防汛工作，靖江市尤爱民等陪同。

7月11日　副省长何权、黄卫，省水利厅厅长吕振霖先后到兴化慰问灾区群众，指导抗洪救灾工作。

7月11日　兴化站水位高达3.24米。

7月16日　水利部副部长陈雷，长江水利委员会主任蔡其华率国家防总工作组视察指导里下河地区防汛救灾工作。副省长黄莉新，省水利厅厅长吕振霖，副市长丁士宏，市水利局王仁政、胡正平陪同。

7月18日　全省农业抗灾恢复生产现场会在兴化召开，副省长黄莉新讲话。泰州、扬州、宿迁、淮安、盐城等市及兴化市作交流发言。

7月22日　国家计委、水利部，省计委、水利厅有关领导、专家来泰州考察治淮工程，副市长丁士宏，市水利局王仁政、胡正平陪同考察。

是月　境内暴雨连连，里下河地区发生了新中国成立以来仅次于1991年的第二大洪水，水位持续一个月超1.80米警戒线，受淹农田达252.66万亩，受灾246.79万亩，成灾189.06万亩，绝收113.55万亩。兴化市紧急转移人口12.8万人，倒塌房屋12001间、桥梁95座，受灾企业2071家，损坏圩口闸467座，损坏机电泵站455座。姜堰市紧急转移人口1.8万人，倒塌房屋11000间，受灾企业1550家，损坏圩口闸2座。沿江圩区农田普遍积水在0.2米以上，受淹农田41.2万亩，南官河西岸有300米港堤坍塌。全市直接经济损失30.436亿元，因洪涝灾害死亡1人。洪涝灾害以后，省水利厅决定实施里下河地区灾后重建工程。兴化经18个乡镇的共同努力，在滞涝圩上建成79座进退水闸和64座硬质滚水坝，增加滞涝长度2940米，从而确保“中滞”方案的实施。

8月20日　市政府批准实施市水利局编制的《泰州市水功能区划报告》，要求全面开展水质监测工作。

8月25日　胡正平率市水利局相关处室负责人到兴化，调研灾后水利建设。

9月3日　省法制办、水利厅在泰州召开《江苏省长江采砂管理办法》立法研究座谈会，省水利厅副厅长蒋传丰、市水利局胡正平参加座谈会。

9月16日　代市长毛伟明召开会议，研究稻河整治和新城区供水问题。副市长周乃翔、丁士宏，市政府副秘书长吴健，市水利局龚荣山等出席会议。

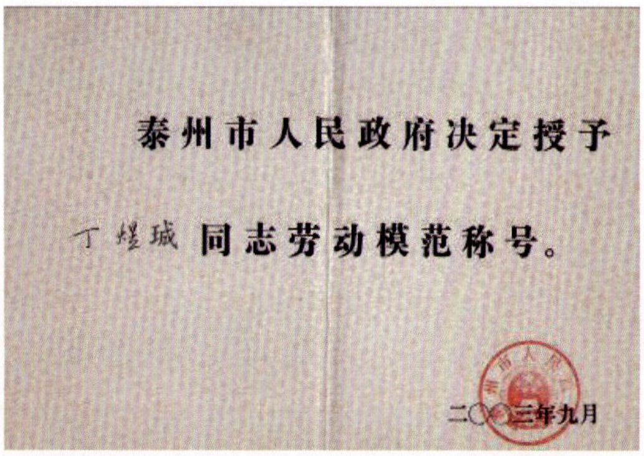

9月28日　市政府授予丁煜城泰州市劳动模范荣誉称号。

9月29日　市政府印发〔2003〕148号文《关于切实做好全市水利工程管理体制改革工作的通知》，明确泰州水利工程管理单位及水利派出机构“编制内的在职人员经费、离退休人员经费及公用经费等基本支出，应列入各市(区)水行政主管部门的部门预算”。

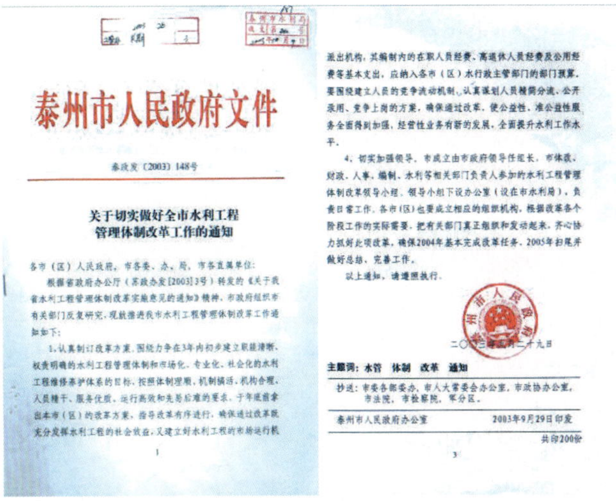
泰州市人民政府文件

泰政发〔2003〕148号

关于切实做好全市水利工程
管理体制改革工作的通知

各市（区）人民政府，市各委、办、局，市各直属单位：

根据省政府办公厅（苏政办发[2003]3号）转发的《关于我省水利工程管理体制改革实施意见的通知》精神，市政府组织市有关部门反复研究，现就推进我市水利工程管理体制改革工作通知如下：

1、认真制订改革方案。围绕力争在3年内初步建立职能清晰、权责明确的水利工程管理体制和市场化、专业化、社会化的水利工程维修养护体系的目标，按照体制理顺、机制搞活、机构合理、人员精干、服务优质、运行高效和先易后难的要求，于年底前拿出本市（区）的改革方案，指导改革有序进行，确保通过改革既充分发挥水利工程的社会效益，又建立好水利工程的市场运行机

1

派出机构，其编制内的在职人员经费、离退休人员经费及公用经费等基本支出，应纳入各市（区）水行政主管部门的部门预算。要围绕建立人员的竞争流动机制，认真谋划人员精简分流、公开录用、竞争上岗的方案，确保通过改革，使公益性、准公益性服务全面得到加强，经营性业务有新的发展，全面提升水利工作水平。

4、切实加强领导。市成立由市政府领导任组长，市体改、财政、人事、编制、水利等相关部门负责人参加的水利工程管理体制改革领导小组，领导小组下设办公室（设在市水利局），负责日常工作。各市（区）也要成立相应的组织机构，根据改革各个阶段工作的实际需要，把有关部门真正组织和发动起来，齐心协力抓好此项改革，确保2004年基本完成改革任务，2005年扫尾并做好总结、完善工作。

以上通知，请遵照执行。

二〇〇三年九月二十九日

主题词：水管　体制　改革　通知

抄送：市委各部委办，市人大常委会办公室，市政协办公室，市法院，市检察院，军分区。

泰州市人民政府办公室　　2003年9月29日印发

共印200份

3

10月9日　泰东河二期工程建设领导小组成立。市政府丁士宏副市长任组长，王仁政任副组长，成员有胡正平等。领导小组下设工程建设处，胡正平兼任主任，钱卫清任副主任。

10月14日　常务副市长姚建华，副市长周乃翔、丁士宏等视察凤凰河工程建设。龚荣山陪同视察。

是日　市人大印发〔2003〕24号文《泰州市人大常委会关于对市人民政府编制的〈泰州市沿江开发总体规划纲要〉、〈泰州市生态建设总体规划〉及其它有关议题的审议意见》。

10月23日　副市长丁士宏主持召开专题会议，协调中子河整治工程征地拆迁等有关问题。海陵区政府、市水利局、建设局、规划局、妇联及市房屋拆迁安置中心等有关部门(单位)的负责人参加了会议。

是日　稻河整治一期工程开工。至此，年度确定的4项城市防洪重点工程已全部开工建设。

10月24日　市水利局制定《泰州市水利专项特大安全事故应急处理预案》。

10月26日　省水利厅表彰市局办公室为全省水利系统2002年度办公

室工作先进单位。表彰蔡浩为2002年度全省水利系统信访工作先进个人。

11月4日　代市长毛伟明赴兴化调研灾后重建工作。胡正平陪同调研。

11月8日　靖江市委、市政府在夏仕港闸举行长江堤防达标建设暨夏仕港闸竣工典礼。水利部副部长翟浩辉,副省长黄莉新,代市长毛伟明,副市长丁士宏,省水利厅、市水利局、靖江市有关领导出席庆典活动。

11月12日　省水利厅建设局副局长陆泽群一行到兴化检查冬季水利建设情况。胡正平陪同。

11月12～14日　省水利统计工作会议在泰州召开。

11月17日　省水利厅厅长吕振霖一行视察主城区和姜堰城市防洪工程,胡正平、龚荣山陪同视察。

12月9日　市政府在兴化召开全市水利建设现场会,副市长丁士宏到会讲话。与会代表参观了四市水利建设10个现场,4市2区分管负责人在会上就推进冬春水利建设作表态性发言。

是月　市水利局编制《泰州市2003～2007年县乡河道疏浚规划》,计划投资4.5亿元,疏浚县乡河道743条,共长2686公里,约5018万立方米。

是年　省水利厅授予靖江西来水利站省文明服务水利站荣誉称号。

2004年

1月9日　龚荣山任市水利局副局长。

2月3日　泰州市水利局医药高新区分局(科级)成立。

2月10日　市长毛伟明主持召开会议讨论研究《泰州市环城河风景区规划方案》等4项议题,龚荣山出席会议。

2月3～26日　高港区7次组织打击长江非法采砂，共抓获非法采砂船只40余条。

2月10日　省水利厅建设局陆泽群副局长到兴化检查灾后重建工程项目实施情况。

2月20日　全市水利系统工作会议召开。副市长丁士宏到会作重要讲话，王仁政作工作报告，胡正平主持会议。

2月28～29日　水利部副部长翟浩辉一行察看溱潼喜鹊湖滞涝整治工程、姜堰市城市防洪工程、中干河水土保持绿化现场、大地科技园节水增效示范项目等，对泰州市农村水利工作给予高度评价。省水利厅厅长吕振霖，市领导毛伟明、张文国、丁士宏，市水利局王仁政、胡正平、龚荣山陪同调研。

是月　市水利局、姜堰市水利局荣获省水利厅颁发的2003年度全省水利改革创新奖；市水利局同时被表彰为全省城市水利先进单位。

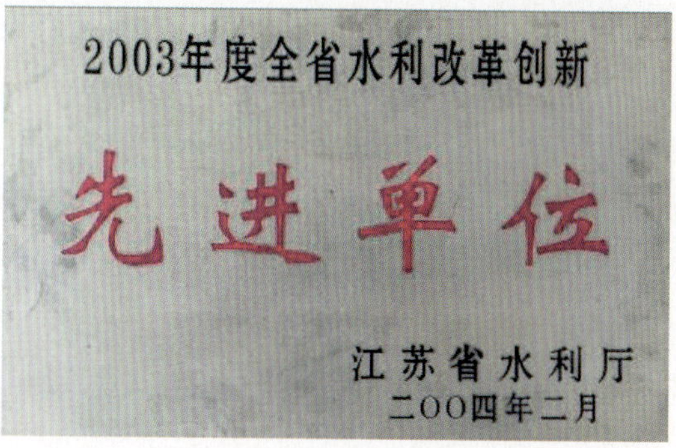

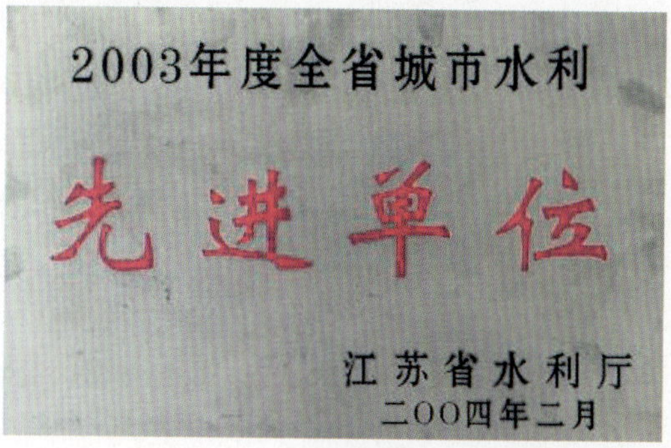

3月9日　董文虎的著作《水权、水价、水市场理论与实践研究》获泰州市第四次哲学社会科学优秀成果二等奖；同年9月获泰州市第三届精神文明建设五个一工程奖。

3月17～18日　省水利厅副厅长陶长生一行来泰州召开作风建设座谈会，王仁政参加会议。

3月22日　市水利局隆重开展纪念“世界水日”和“中国水周”活动，做到电视有图像，广播有声音，报纸有文章，过街有横幅。

3月23日　市区部分人大代表视察主城区城市防洪部分重点工程，并就确保市一届人大常委会第39次会议《关于加快主城区城市防洪体系建设和河道综合整治的决议》的落实进行了座谈。副市长丁士宏代表市政府作书面汇报，王仁政、龚荣山分别介绍了《泰州市城区水系综合规划》概要和2004年城市防洪重点工程建设情况。

3月24日　胡正平的论文《推进泰州城市水利建设相关问题的思考》获水利厅2003年度政研论文二等奖。

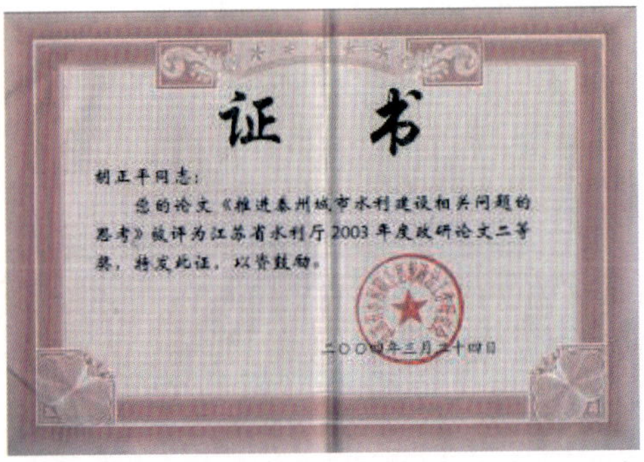
证　书

胡正平同志：

您的论文《推进泰州城市水利建设相关问题的思考》被评为江苏省水利厅2003年度政研论文二等奖，特发此证，以资鼓励。

二〇〇四年三月二十四日

奖　状

胡正平 同志：

被评为2001－2003年全省水利科技管理先进个人，特发此证。

江苏省水利厅

二〇〇四年三月

3月　省水利厅授予胡正平2001～2003年全省水利科技管理先进个人荣誉称号。

4月16日　胡正平抵兴化，与兴化市水务局签订灾后重建责任状。

荣誉证书

董文虎同志：

您的论文《水价形成机制探析》获得2002－2003年度水利财务会计优秀论文评选一等奖，特发此证，以资鼓励。

4月23日　董文虎的论文《水价形成机制探析》获中国会计学会水利水电分会2002～2003年度优秀论文一等奖。

4月27日　市长毛伟明、常务副市长姚建华、副市长丁士宏，市政府秘书长王东等一行察看主城区水系布局及防洪工程建设情况，并对主城区水系整治综合规划进行研讨。王仁政、龚荣山陪同察看。

4月28日　副市长周乃翔主持召开会议，专题研究东城河清淤及迎春坝拆坝建桥相关问题。龚荣山参加会议。

是月　董文虎主编的《泰州市水文化研究与实践》一书在黄河水利出版社出版，全书470千字。水利部翟浩辉副部长题写书名，省水利厅厅长吕振霖、副市长丁士宏作序。

是月　国家发展和改革委员会价格司副司长韩慧芳、水利部经调司副司长郑通汉主编的《水利工程供水价格管理办法讲义》，由中国水利水电出版社出版。其中，属技术核心部分的第三讲“水价核定原则”中31个计算公式的设计、第四讲“水价核定办法”由董文虎和靖江市水利局董蒉设计和编写。

5月12日　灾后重建应急水利工程——里下河湖荡滞涝圩进退水设施工程、328国道病险涵闸除险加固工程、里下河腹部骨干河道穿堤病险涵闸除险加固工程和车路河兴化城区窄段整治工程进入全面施工阶段。工程总投资3300多万元，共186个项目。

是日　里下河灾后重建水利工程建设处成立。

5月14日　市长毛伟明主持召开会议，研究加强长江岸线管理、泰州市主城区水系综合整治规划等5项议题，王仁政出席会议。

5月20日　市政府印发〔2004〕115号文《关于加强长江岸线开发利用管理的通知》。

是日　市政协陈骏骠、金文鸾副主席带领部分市(区)政协委员视察主城区河道整治工程,委员们对城市防洪以及河道整治工作提出了积极的意见。

5月25日　省水利厅纪检组和监察室负责人、市局胡正平检查兴化灾后重建工程。

5月29日　全市防汛防旱工作会议召开。市委副书记张文国到会讲话,副市长丁士宏作工作报告,并与各市(区)政府签订了防汛目标责任状。

5月30日　兴化九顷小区的防洪工程项目全部竣工。共建成防洪墙3110米,防洪闸4座,排涝站5台/3座,对2条总长1410米的排水沟进行清淤疏浚和护坡护底,总投入资金1247万元。

5月　水利部授予蔡浩全国水利系统办公室工作先进个人荣誉称号。

6月3日　省水利厅建设局陆泽群副局长到兴化检查灾后重建工程项目实施情况。

6月9日　淮河下游联防会议在泰州召开。省水利厅副厅长陶长生,副市长丁士宏,市水利局王仁政、胡正平出席会议。

是日　市长毛伟明、副市长丁士宏等一行视察主城区防洪工程建设,王仁政、龚荣山陪同视察。

6月14日　市政府印发《泰州市沿江开发总体规划纲要》。

6月16日　市水利局召开里下河地区灾后重建工作紧急会议,王仁政讲话，胡正平主持会议。里下河地区两市一区水利局主要领导和分管领导，以及相关单位负责人出席会议。

6月17日　江堤达标档案工作通过省水利厅验收。

6月19日　省水利厅厅长吕振霖、省水利工程建设局局长陆永泉等一行冒雨检查泰州里下河地区灾后重建工程、泰东河工程，并到卤汀河兴化段拓宽整治工程现场调研。副市长丁士宏及市水利局胡正平陪同检查。

6月23日　南官河东港堤（扬子江药厂段）约30米处发生塌方，高港区委及口岸镇等有关负责人亲赴现场组织人员抢险。共动用木桩100根、铁丝100公斤、铁钉50公斤、编织袋4000只、块石500吨，动用民工80人，计240个工日。

6月24日　省委副书记张连珍来泰州检查防汛工作。市委朱龙生书记、市水利局王仁政陪同检查。

6月24日　市委授予市水利局徐丹优秀共产党员荣誉称号。

6月28～29日　省政协副主席吴冬华带领部分省政协委员来泰州召开提案督办会议，研究解决里下河地区涝水外排问题。省水利厅厅长吕振霖、副厅长张小马，市委副书记张文国、副市长丁士宏，市政协领导及市水利局胡正平出席会议。

是日　省发改委主持召开泰州引江河工程竣工验收会议。经验收委员会评定，泰州引江河工程为优良工程。副市长丁士宏，市水利局王仁政、龚荣山参加。

7月7日　市委书记朱龙生，军分区政委朱逸民，市委秘书长周家新，副市长丁士宏等一行视察泰东河部分灾后重建工程以及城区防汛工作。王仁政、龚荣山陪同视察。

7月14日　市委副书记张文国、副市长丁士宏赴兴化市视察防汛工作。王仁政、胡正平随同视察。

7月15日　市政府以泰政发〔2004〕164号文印发《关于加强取用浅层地下水管理的通告》。

7月19～21日　副省长黄莉新、省水利厅厅长吕振霖等一行来泰州视察灾后重建工程和城市防洪工程。王仁政陪同视察。

7月21日　江苏省水利工程水费信息管理系统研讨会在泰州召开。

8月2日　市政府批准实施市水利局主持制订的《泰州市主城区水系综合整治规划》。《规划》是全省第一个突破防洪规划，向更高层次推进的城市综合性水利规划，创造性地提出了城市水面积率的概念，把城市水陆比从13.3%提高到16%。

是月　省水利厅授予市水利局2003年度全省水利系统信访工作先进集体荣誉称号。

9月17日　水利部办公厅、农水司相关负责人一行来泰州调研基层水利工作。

9月　市水利局与省地质调查研究院合作完成《泰州市地下水资源开发利用规划报告》。该报告于2006年11月在南京通过了省水利厅组织的有关专家的评审。

是月　省水利厅授予市水利局2003年度全省水利新闻宣传工作先进集体荣誉称号。

10月11日　省水利厅规划办主任叶健一行考察兴化湖荡情况。

10月21日　省水利厅副厅长张小马一行来泰州检查秋冬农水工作以及农村生态水利建设情况。

是月　姜堰开工建设中干河滨河绿化一期工程，2005年9月竣工，建设长度650米、宽度80米，面积52320平方米。

11月11日　高港区政府成立高港区水利工程体制改革领导小组，常务副区长祝光任组长，副区长丁建军任副组长。

11月15日　田波任中共泰州市纪委派驻市水利局纪检组组长、市水利局党组成员。厉传进不再担任市水利局纪检组组长。

11月16日　厉传进任市水利局副局长。

11月22日　泰州市委、市政府授予姜堰市水利局林业绿化先进单位荣誉称号。

11月27日　全省水利工作会议在泰州召开。副省长黄莉新作工作报告，省政府副秘书长吴沛良主持会议并作会议小结，市长毛伟明致辞，副市长丁士宏作交流发言。与会代表参观了泰州城市防洪工程、农村水利、水务一体化等6个现场。市水利局领导班子成员参加会议。

11月29～30日　省直单位省人大代表泰州组成员来泰州视察水利建设和“三农”工作。省长助理陈宝田、省水利厅厅长吕振霖参加。市党政领导毛伟明、江正保、常龙福、丁士宏以及市水利局王仁政陪同视察。

12月14日　省委副书记张连珍等一行视察泰州市农村水利建设工作，对泰州的农村水利工作特别是农村河道疏浚及水环境的整治工作，给予了充分的肯定。省水利厅厅长吕振霖随同视察，市委书记朱龙生、副书记张文国，市水利局王仁政、胡正平陪同。

12月29日　市水利局印发《泰州市水利工程水费财务管理办法》。

12月30日　市政府召开冬季水利建设现场观摩会,与会者察看了14个水利建设现场。

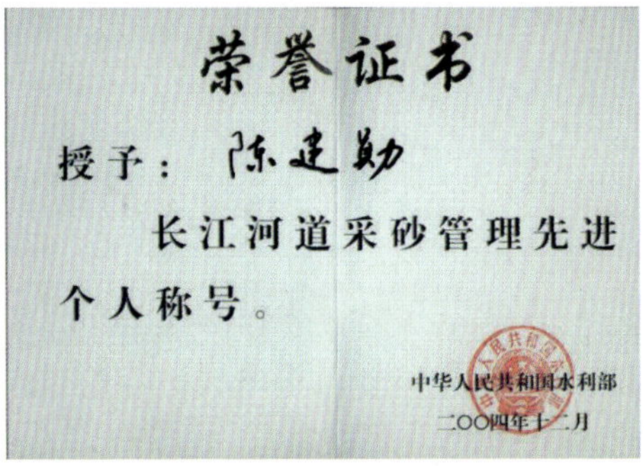

是月　水利部授予陈建勋长江河道采砂管理先进个人荣誉称号

2005年

1月5日　市水利局新一届党总支部委员会成立,田波任书记。

1月29～30日　水利部规划司司长矫勇率水利部、淮委有关部门负责人和专家视察卤汀河和市城市防洪工程。省水利厅厅长吕振霖、副厅长陶长生,副市长丁士宏,市水利局胡正平、龚荣山陪同。

3月1日　省水利厅授予市水利局全省水利系统2003～2004年度文明单位荣誉称号。

3月2日　钱卫清任市水利局党组成员。

3月18日　市水利局被评为2004年度全省水利目标管理先进单位;周昌云被评为2004年度全省水利工作先进个人。

3月22日　市水利局召开第十三届“世界水日”、第十八届“中国水周”座谈会,主题是“保障饮水安全,维护生命健康”。市水利局厉传进及市人大农工委、物价局、法制局等有关部门负责人参加座谈会。

是日　泰兴市焦土闸、天星港闸、马甸闸、过船港闸通过省水利厅验收。

3月29日　市水利局召开全市防汛办主任会议。胡正平出席会议并讲话，各市（区）分管局长、工管科长、防办主任参加会议。

3月30日　市水利局召开全市水利系统纪检监察工作会议。田波作工作报告，王仁政讲话，胡正平主持会议，四市三区水利部门进行纪检监察工作交流，局副科级以上干部以及四市三区水利部门纪委书记（分管负责人）、监察室主任参加会议。

是月　市政府授予市水利局2004年度绿化先进单位荣誉称号。

4月1日　水利部副部长翟浩辉一行9人，视察泰兴宣堡港整治等水利工程和城市防洪工程。省水利厅、泰州市委、市政府、市水利局及泰兴市委、市政府、水务局负责人陪同视察。

4月6日　市水利局副局长胡正平兼任市水利工程建设处主任，钱卫清任市水利局总工程师。

4月20日　省水利厅授予泰兴市水务局2004年度全省水利先进单位荣誉称号。

是月　丁煜城被省水利厅评为全省水利政策法规工作先进个人。

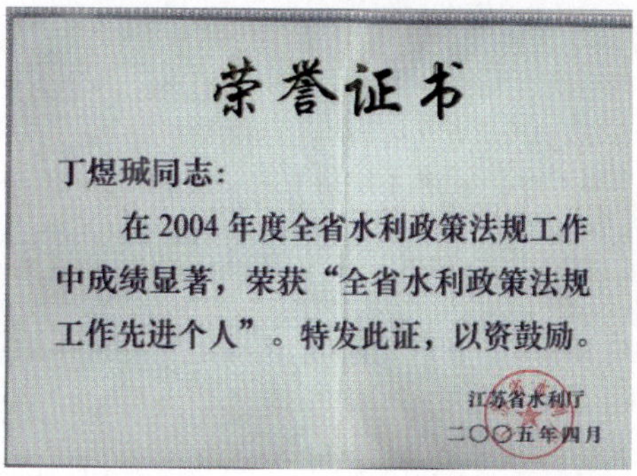

5月10日　市长毛伟明、副市长丁士宏、市政府秘书长王东，以及市有关部门负责人，视察城区防洪工程建设和安全度汛准备工作。王仁政、龚荣山陪同视察。

5月13日　全市防汛防旱工作会议召开。市委副书记张文国作重要讲话,副市长丁士宏主持会议,并与各市(区)分管负责人签订了防汛目标责任状。

5月17日　国家美术大师韩美林先生应泰州市水文化研究咨询小组邀请,来泰州考察凤凰河工程,副市长丁士宏,市水利局王仁政、龚荣山、董文虎陪同考察。

是日　董文虎应邀出席国家发改委价格司、水利部经调司召开的《水利工程供水价格成本监审办法》起草工作会。6月20日向水利部经调司提交由董文虎、刘剑、崔龙喜、董蓉合写的《关于对水利工程供水定价成本审核办法(初稿)的几点意见》。

5月25日　市委书记朱龙生视察姜堰城区中干河河滨广场。

6月2～4日　中国水利文协主席、原水利部纪检书记李昌凡一行来泰州视察水文化工作,对泰州此项工作给予充分肯定。省水利厅纪检书记朱泳富,市水利局田波和董文虎陪同考察。

6月8日　兴化沧浪河东闸站工程通过省水利厅组织的验收,被评为优良工程。

6月9日　靖江市人民政府批准《靖江市城区水系综合整治规划》。

6月13日　军分区司令员陈林阜赴泰兴检查防汛防旱工作及防汛物资储备情况。

6月17日　市委书记朱龙生、副市长丁士宏、泰州军分区政委朱逸民一行视察防汛工作,并对全市防汛防旱工作作重要指示。市委秘书长周家新,市水利局王仁政、胡正平和龚荣山等陪同视察。

6月20日　省人大主任陈焕友、副主任俞兴德、王霞林、俞敬忠和副省长黄莉新一行视察泰州城市水利和引江河河道工程，对泰州城市水利工作和引江河河道的管理工作表示充分肯定。市委书记朱龙生、副书记张文国，市委秘书长周家新，市水利局王仁政、龚荣山和董文虎等陪同考察。

6月21日　市委、市政府授予市水利局2003～2004年度泰州市文明机关荣誉称号。

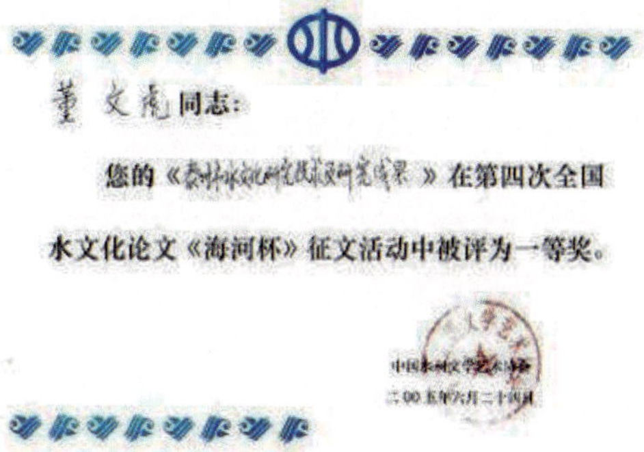

是月　董文虎的研究课题《泰州市水文化研究技术及研究成果》获中国水利文学艺术协会第四次全国水文化论文征文一等奖。

7月14日　市政协副主席金文銮带领部分市政协委员，视察主城区防洪及河道整治工程。委员们对主城区防洪工程和水系整治工程建设给予充分肯定。龚荣山、钱卫清陪同视察。

是月　溱湖水利风景区成功创建成国家级水利风景区。

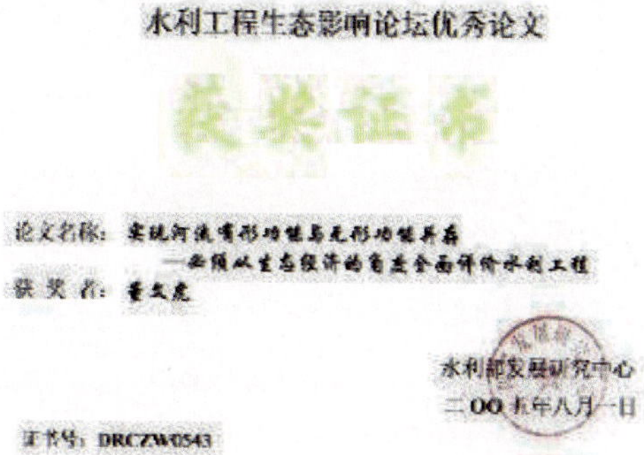

8月1日　董文虎的论文《实现河流有形功能和无形功能并存——必须从生态经济的角度全面评价水工程》获水利部发展研究中心优秀论文奖，并于2007年12月获省政府颁发的省第十届哲学社会科学优秀成果三等奖。

8月23日　市水利局牵头组织召开市区河道卫生保洁创建工作督办会，副局长龚荣山到会讲话。海陵区创建办、各乡镇及街道办事处、市水利局海陵分局、开发区分局、城区河道管理所等单位负责人出席会议。

8月26日　市水利局召开市区河道专项整治工作会议。市及海陵区创建办、市公安局、工商局、交通局、城管局、水利局和海陵分局、海陵区农业局（渔政站）等单位的负责人参加会议。

8月29日　市水利局增设城市水利处，设处长1名。至此，市局中层领导职数为：处长（主任）10名（含纪检副书记兼监察室主任1名），副处长（副主任）7名。

8月30日　副市长丁士宏、市政府副秘书长毛正球视察泰州引江河绿化管护现场，副市长丁士宏对今后引江河的绿化及管理工作提出了具体要求。王仁政、龚荣山随同视察。

是月　市政府常务会议讨论通过污水处理费、水资源费及自来水调价方案。新方案将于2005年10月份开始执行。

是月　省水利厅副厅长陆永泉到泰兴市调研农村改水工作。副市长周乃翔等随同调研。

9月11～12日　15号台风“卡努”影响泰州，副市长丁士宏到市防办指挥。省水利厅副厅长陆桂华来泰指导泰州沿江两市一区防台风工作，王仁政陪同。

9月12日　省水利厅副厅长张小马视察泰兴市防汛防旱工作。王仁政及泰兴党政负责人等陪同。

9月26日　省水利厅同意实施兴化城区洼地挡排工程。工程总投资1582万元，其中省级以上补助1060万元。

10月13日　世界银行专家认定团一行来泰州考察里下河洼地世行贷款项目。副市长丁士宏，市水利局王仁政、胡正平和钱卫清陪同考察。

10月17日　市水利局召开全市水利建设暨争创五十佳基层站所工作推进会。各市（区）水利（务）局分管局长、纪检组长，人事、农水科长，部分重点水利站站长出席会议。

10月18日　省水利厅副厅长张小马带队验收泰州“四五”（第四个五年）

普法规划工作，王仁政、厉传进陪同。

10月19日　省水利厅农田水利建设督察组至靖江检查秋冬水利建设工作。

10月26日　省人大农工委姜道远主任等一行视察凤凰河工程。市人大副主任常龙福、副市长丁士宏，市局龚荣山陪同视察。

11月2日　省水利厅副厅长张小马至靖江检查农村二、三级河道疏浚整治工作。靖江市副市长陈燕国陪同检查。

11月2～3日　苏北供水区水利工程水费工作研讨会在泰州召开。

11月13日　中国水利学会理事长朱尔明一行来泰州参观凤凰河等水利工程，王仁政、胡正平陪同。

11月16日　省人大原副主任凌启鸿一行参观考察泰州引江河和凤凰河等水利工程。市人大副主任江正保、副市长周乃翔，市水利局王仁政、龚荣山陪同。

11月23日　全省冬春农村水利建设现场会在靖江召开。副省长黄莉新作重要讲话，省水利厅厅长吕振霖做工作报告，靖江市政府进行了经验交流。

11月28日　市政府召开全市冬春水利绿化工作会议。市长毛伟明作重要讲话，副市长丁士宏作工作报告，与会者察看了泰州10个水利建设现场。

是月　吕振霖、丁士宏、王仁政、龚荣山、胡正平、张剑、钱卫清的论文《城市水系综合整治技术研究与集成应用》获省水利厅颁发的2005年江苏省水利科技优秀成果一等奖；胡正平、张剑、苏扬、顾群、高鹏、龚荣山的论文《基于WebGIS的水利防汛防旱空间决策支持研究》和董文虎、王羊宝、蔡浩、周照网、朱鸿宇的论文《泰州市水文化研究与实践》获二等奖；次年3月6日

《基于WebGIS的水利防汛防旱空间决策支持研究》获市政府科技进步三等奖。

是月　宣堡港（两泰官河—西姜黄河段）整治工程开工。工程全长17.866公里，总土方45万立方米；共投入机械58台（套），人力1.2万，投资175.5万元。

是月　市委、市政府授予姜堰市水利局局长周昌云人民满意的公务员荣誉称号。

12月13～14日　泰东河海陵段工程及兴化幸福河接口段工程通过省水利厅组织的验收。河道工程质量核定为优良，桥梁工程施工质量等级为合格。

12月13日　人事部、水利部授予龚荣山全国水利系统先进工作者荣誉称号。

是日　市局印发〔2005〕149号文《关于印发〈泰州市区水资源费收缴使用管理办法（试行）〉的通知》。

12月21日　副市长丁士宏检查兴化市、姜堰市的冬春水利建设工作。市政府副秘书长毛正球、市水利局胡正平陪同检查。

是年　投入2000多万元，实施主城区有史以来规模最大的环城河清淤工程，东城河600年来首次见底。

（三）2006年1月～2010年12月

2006年

1月4日　胡正平、田波带领检查组检查开发区永长圩护岸工程施工安全和施工质量。

1月10日　高港区委、区政府采用董文虎“高港区港城路南官河大桥桥名及桥栏造型装饰创意”，南官河大桥改名“腾龙桥”，桥栏饰明清龙、引桥饰抽象龙。

1月18日　市水利局召开村庄河道整治现场推进会，胡正平对今后村庄河道整治工作提出了明确要求。

2月22日　市水利局召开全市水利系统工作会议，副市长丁士宏出席会议并讲话。会议总结2005年、部署2006年水利工作，表彰2005年度全市水利系统先进集体和先进个人。

3月1日　副市长丁士宏带领市先进性教育办公室成员、市水利局王仁政和胡正平赴姜堰市检查指导村庄河道整治工作。

3月10日　市水利局召开全市水利系统党风廉政建设工作会议。

3月17日　苏中城市水利工作调研会在泰州召开。省厅规计处毛桂囡处长主持会议,龚荣山参加调研会。

3月23日　市水利局召开全市防汛办公室主任会议。四市三区的分管局长、防办副主任、市直工程管理单位负责人、市防汛办副主任出席会议,胡正平主持会议并讲话。

3月30日　省水利厅副厅长张小马带领有关课题组,在泰兴召开乡镇水利站建设座谈会。江苏省第一批乡镇综合配套改革试点县(市、区)水务局领导进行了交流发言,省编办、财政厅的领导对乡镇水利站改革提出了指导意见,副厅长张小马作座谈会小结。

是月　丁煜瑊、陈建勋被省水利厅评为全省水利系统“四五”普法先进个人;丁煜瑊还被评为2005年水政监察先进个人。

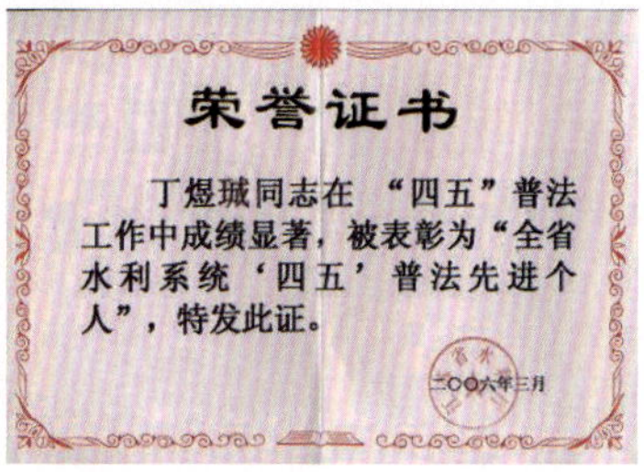

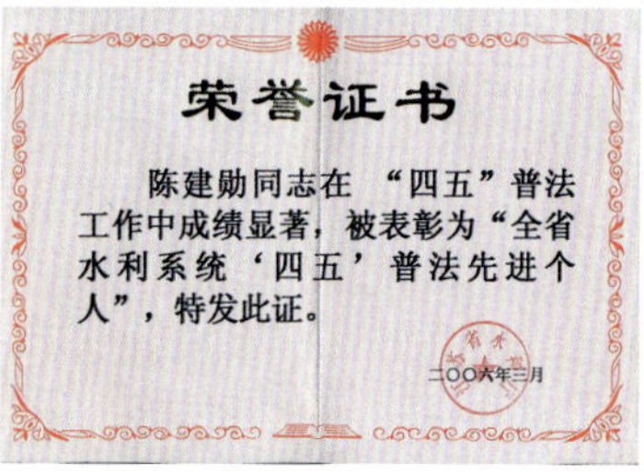

4月5日　泰州市委、市政府授予泰兴市水务局泰州市人民满意的公务员集体的荣誉称号。

4月12日　市委、市政府授予市水利局河道管理所2005年度泰州市五十佳基层站所荣誉称号。

4月22日　世界银行专家组、水利部、淮委、省水利厅和省水利工程建设局有关领导、专家一行来泰州查勘淮河流域重点平原洼地治理世行贷款项目情况。副市长丁士宏,市政府副秘书长毛正球,市水利局胡正平、龚荣山等陪同考察。

4月26～28日　省财政厅、省水利厅有关领导、专家一行来泰州检查验收村庄河道整治工作。胡正平等陪同。

是月　法中文化交流长城协会会长Fangli FAVRE(中文名沙芳莉)(右)专程参观凤凰河和泰州引江河工程,并在其会刊上撰文,称董文虎等是“大禹的儿子”。王仁政、董文虎接待。

沙芳莉(右)参观百凤桥留影

法中文化交流长城协会会刊

5月8日　唐勇兵任市水利局党组书记,免去王仁政党组书记职务。

5月17日　市政府召开全市防汛防旱工作会议。副市长丁士宏作重要讲话,并与各市(区)政府签订防汛目标责任状;市政府副秘书长毛正球主持会议,胡正平通报汛前检查情况。

5月19日　宦胜华任市水利局副调研员。

5月31日　市二届人大常委会第二十一次会议任命唐勇兵为泰州市水利局局长。

荣誉证书

董文虎　同志的论文《　》在中国会计学会水利水电分会2004－2005年度优秀论文评选中,荣获 一 等奖,以资鼓励。

二〇〇六年五月

是月　董文虎的论文《水资源资产化研究:促进水资源向经济资源战略转变》获中国会计学会水利水电分会优秀论文一等奖。

6月2日　市水利局召开治理商业贿赂专项工作动员大会。

6月6日　副市长丁士宏检查沿江两市二区长江防汛准备工作。唐勇兵、胡正平陪同检查。

6月10日　省委副书记张连珍一行视察泰州主城区防洪工程建设和兴化市防汛准备工作。市长姚建华、副市长丁士宏及市水利局唐勇兵陪同视察。

6月12日　省军区副司令员刘华建视察兴化市防汛准备工作,胡正平随同视察。

6月16日　市长姚建华、副市长丁士宏等视察主城区防洪工程建设和防汛准备工作,唐勇兵、龚荣山陪同。

7月3日　副省长黄莉新,省政府副秘书长吴沛良、省水利厅厅长吕振霖等一行来泰州视察、指导里下河防汛排涝工作,并召开苏北里下河地区防汛排涝协商会。副市长丁士宏、市水利局领导班子成员列席会议。

7月4日　市委书记朱龙生带队赴兴化检查指导防汛排涝工作,唐勇兵参加。

是月　市水利局编制《泰州市“十一五”县乡河道疏浚规划》和《泰州市“十一五”村庄河塘疏浚整治规划》。

8月8日　市政府召开全市水利工程管理体制改革工作会议。副市长丁士宏作重要讲话,市政府副秘书长毛正球主持会议,市水利局唐勇兵通报工作进展情况。

8月11日　市政府办公室印发〔2006〕141号文《关于贯彻落实江苏省南水北调工程基金筹集和使用管理办法的通知》。

8月22日　省水利厅厅长吕振霖、副厅长陆永泉一行来泰州调研水利工作，市委书记朱龙生、副市长丁士宏、市水利局唐勇兵陪同调研。

8月24日　省水利厅副厅长陶长生一行来泰州，检查水管体制改革工作的进展及贯彻落实全省水管体制改革会议的情况。

8月26日　兴化沧浪河南闸和沧浪河西闸站同时开工建设。次年10月19日两闸通过水下工程验收。

9月6日　省水利厅副厅长张小马一行来泰州检查水利系统阳光执法、文明执法情况，唐勇兵、厉传进陪同检查。

是日　市政府授予姜堰梁徐镇水管站2005年度泰州市十佳基层站所荣誉称号。

9月29日　市水利局召开全市水利系统基层站所作风建设工作推进会，唐勇兵作工作报告。

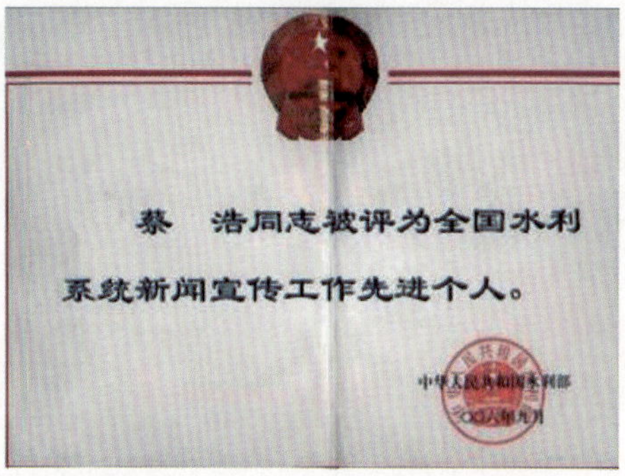

9月　国家水利部授予蔡浩全国水利系统新闻宣传先进个人荣誉称号。

10月12日　市人大副主任常龙福、市人大农工委主任朱民生、市政府副秘书长毛正球来市水利局调研城市水利工作，唐勇兵和龚荣山参加调研座谈会。

10月20日　市水利局召开全市水管体制改革交流推进会，局领导班子成员、四市三区水利部门主要负责人参加会议。

10月30日　市政协副主席陈骏骠及部分市、区政协委员，视察主城区城市水利建设和高港区农村水利建设。唐勇兵和龚荣山陪同视察。

11月6日　副市长丁士宏至靖江、泰兴交界处查看、调研靖泰界河疏浚整治事宜。市水利局及靖江、泰兴两市相关领导陪同。

11月8日　市水利局在姜堰召开城市水利建设座谈会。各市(区)水利(务)局分管负责人及相关科室负责人参加座谈,龚荣山出席会议并部署今后工作。

11月17日　市委、市政府在兴化市安丰镇召开全市冬春水利建设现场会,副市长丁士宏作工作报告。与会者参观了靖江、泰兴、高港、姜堰、兴化冬春水利建设现场。

11月19日　市政府办公室印发〔2006〕222号文《关于泰州市集中式饮用水源突发性污染事故应急预案的通知》。

11月24日　部分市人大代表视察城市水利工作。唐勇兵和龚荣山陪同视察。

11月27日　市纪委书记陈国华带队来市水利局,视察指导作风建设和党风廉政建设工作并作重要讲话。市局领导班子全体成员参加会议。

12月1日　市水利局制定出台了《泰州市水利局内部审计工作规定》。

12月27日　经省水利厅专家组实地检查和综合考核,靖江夏仕港闸管理所、泰兴马甸闸管理所分别被确认为省二级和三级水利工程管理单位。这是泰州市第一批创建成功的省级管理单位。至2014年底,全市计有12家分别创建成省级水利工程管理单位。

是月　董文虎的研究成果《泰州市水文化研究与实践》和《实现河流有

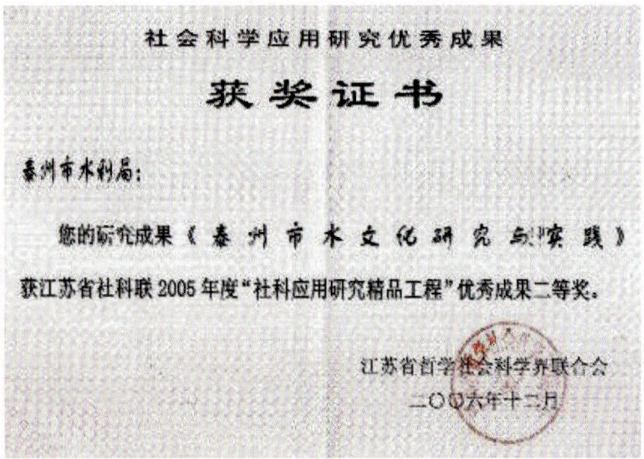
社会科学应用研究优秀成果

获奖证书

泰州市水利局:

您的研究成果《泰州市水文化研究与实践》获江苏省社科联2005年度“社科应用研究精品工程”优秀成果二等奖。

江苏省哲学社会科学界联合会

二〇〇六年十二月

荣譽証書

董文虎同志:

你撰写的《实现河流有形功能与无形并存》在泰州市第五届自然科学优秀论文评选活动中被评为二等奖。

特发此证,以资鼓励。

泰州市人民政府

二〇〇六年十二月十一日

形功能与无形功能并存》（证书中少“功能”二字——编者注）分别获省社科联2005年度社科应用研究精品工程优秀成果二等奖和市政府第五届自然科学优秀论文二等奖。

是年　市水政监察支队共查处河道采砂案15起，结案15起；查处水资源案11起，结案9起；查处水工程案20起，结案18起；查处水土保持案4起，结案4起；查处其他案件2起，结案2起。共计罚款38万元。

2007年

1月4日　市水利局被评为2005～2006年全省水利系统文明单位。

1月13日　副省长黄莉新、省政府副秘书长吴沛良、省水利厅厅长吕振霖一行到靖江，调研农村“双清”工程建设。市长姚建华、副市长丁士宏，市水利局唐勇兵、胡正平陪同调研。

2月13日　全省水利政策法规工作会议在泰州召开。市委副书记王守法、副市长丁士宏到会致辞；省水利厅厅长吕振霖讲话，副厅长张小马作工作报告；省厅相关处室、单位负责人，全省13个地级市水利（务）局长和分管局长、政策法规处负责人参加会议。

2月25日　市政府印发〔2007〕47号文《关于加强全市农村河道长效管理的意见》。

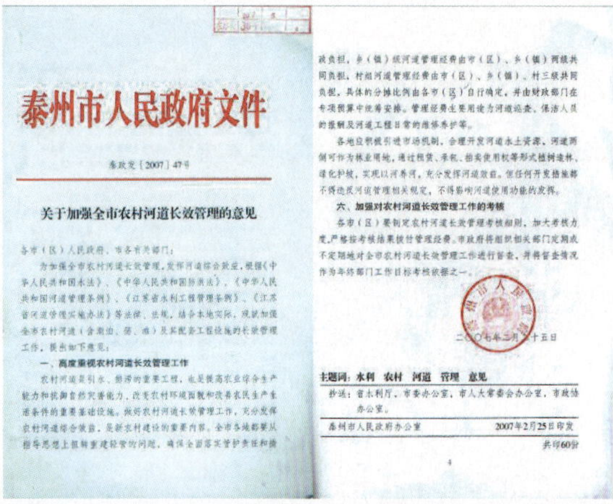

泰州市人民政府文件

泰政发〔2007〕47号

关于加强全市农村河道长效管理的意见

各市（区）人民政府，市各有关部门：

为加强全市农村河道长效管理，发挥河道综合效益，根据《中华人民共和国水法》、《中华人民共和国防洪法》、《中华人民共和国河道管理条例》、《江苏省水利工程管理条例》、《江苏省河道管理实施办法》等法律、法规，结合本地实际，现就加强全市农村河道（含湖泊、荡、滩）及其配套工程设施的长效管理工作，提出如下意见：

一、高度重视农村河道长效管理工作

农村河道是引水、排涝的重要工程，也是提高农业综合生产能力和抗御自然灾害能力，改变农村环境面貌和改善农民生产生活条件的重要基础设施。做好农村河道长效管理工作，充分发挥农村河道综合效益，是新农村建设的重要内容。全市各地都要从指导思想上扭转重建轻管的问题，确保全面落实管护责任和措

政负担，乡（镇）级河道管理经费由市（区）、乡（镇）两级共同负担，村组河道管理经费由市（区）、乡（镇）、村三级共同负担，具体的分摊比例由各市（区）自行确定，并由财政部门在专项预算中统筹安排。管理经费主要用途为河道巡查、保洁人员的报酬及河道工程日常的维修养护等。

各地应积极引进市场机制，合理开发河道水土资源，河道两侧可作为林业用地，通过租赁、承包、拍卖使用权等形式植树造林，绿化护坡，实现以河养河，充分发挥河道效益。但任何开发措施都不得违反河道管理相关规定，不得影响河道使用功能的发挥。

六、加强对农村河道长效管理工作的考核

各市（区）要制定农村河道长效管理考核细则，加大考核力度，严格按考核结果拨付管理经费。市政府将组织相关部门定期或不定期地对全市农村河道长效管理工作进行督查，并将督查情况作为年终部门工作目标考核依据之一。

二〇〇七年二月二十五日

主题词：水利　农村　河道　管理　意见

抄送：省水利厅，市委办公室，市人大常委会办公室，市政协办公室。

泰州市人民政府办公室　2007年2月25日印发

共印60份

3月15日　副市长丁士宏出席水文化研究小组会议并讲话，指出要重视凤凰河国家水利风景区的申报工作。

3月18日　长江防汛总指挥部办公室主任、水利部长江水利委员会副主

任魏山忠一行至靖江，检查长江防汛、江阴—靖江工业园区段长江堤防和企业占用岸线使用情况。省水利厅副厅长陶长生等陪同。

3月22日　市水利局组织第十五届“世界水日”、第二十届“中国水周”，系列纪念活动，动用宣传车20辆，宣传艇5艘，投入资金近30万元。

是月　市政府授予市水利局2006年度物价工作先进单位荣誉称号。

4月5日　市水利局召开全市水利系统工作会议，副市长丁士宏到会并讲话，市局唐勇兵作工作报告。

4月17日　市政府办公室出台《关于印发泰州市防汛防旱应急预案的通知》。预案按照洪涝、旱灾的严重程度和范围，将应急响应行动分为红、橙、黄、蓝四级；对防汛抗旱中通信与信息、应急支援与装备、技术、宣传、培训和演习等多方面的应急保障工作进行了详细规定，对做好救灾、水毁工程修复、蓄滞洪区补偿、灾后重建等善后处理工作也作了详细安排。

4月23日　市委授予市水利局吕春汉泰州市劳动模范荣誉称号。

是月　市政府授予市河管所2006年度绿化工作先进单位荣誉称号。

5月10日　邓志方任中共兴化市水务局委员会书记。包振琪6月2日任副书记，28日任兴化市水务局局长。免去张连洲兴化市水务局局长职务。

5月16日　市委、市政府召开全市防汛防旱工作会议。市委副书记王守法到会并作重要讲话，副市长丁士宏全面部署本年度防汛防旱工作，市水利局局长唐勇兵通报全市汛前检查及度汛准备工作情况，市气象局局长刘方通报夏季气候趋势预测情况。市政府与各市(区)政府及市经济开发区管委会签订了防汛防旱工作责任状。各市(区)政府分管领导，水利局、防汛防旱指挥部办公室主要负责人，市防指成员单位负责人，沿江重点闸管所所长参加会议。

5月22日　泰州军分区司令员张本印一行至靖江，勘察沿江重点防汛地段的防汛工作，靖江市委常委、人武部政委曹家为陪同。

是日　靖江市2007年度农村河道疏浚整治工作通过省财政厅、水利厅的考核验收。

5月23日　市委副书记王守法检查主城区防汛工作。市水利局局长唐勇兵，副局长胡正平、龚荣山陪同检查。

是月　董文虎完成凤凰河上报国家水利风景区附件《凤凰河风祥泰州》。2008年11月，此件由黄河水利出版社出版，书名为《凤凰河风祥泰州——泰州水利文化景点解读影像本》，100千字。副市长丁士宏题词"建设水利文化工程　打造泰州旅游产业"。

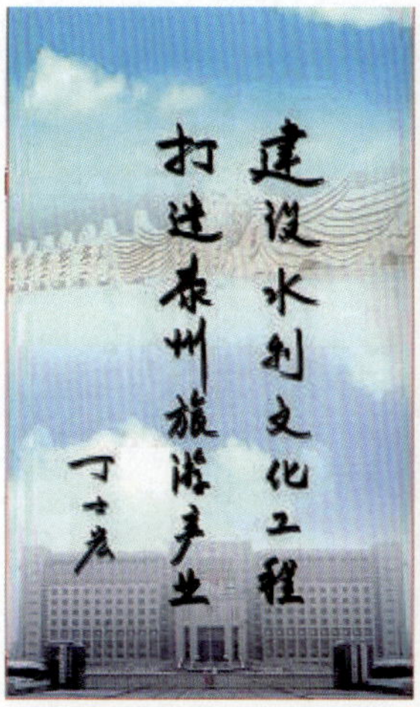

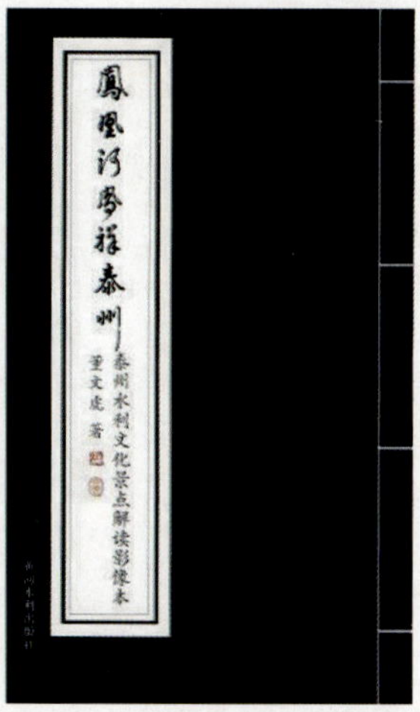

6月8日　市委副书记王守法、副市长丁士宏检查两市一区长江防汛准备工作。市水利局唐勇兵、胡正平随同检查。

是日　泰州市委授予市城区河道管理所2006年度泰州市五十佳基层站所荣誉称号。

6月12日　省人大常委会原副主任俞敬忠，省高级人民法院院长公丕祥一行至靖江视察农村水利建设情况。市委副书记王守法、市人大常委会副主任常龙福，靖江市领导王林等陪同视察。

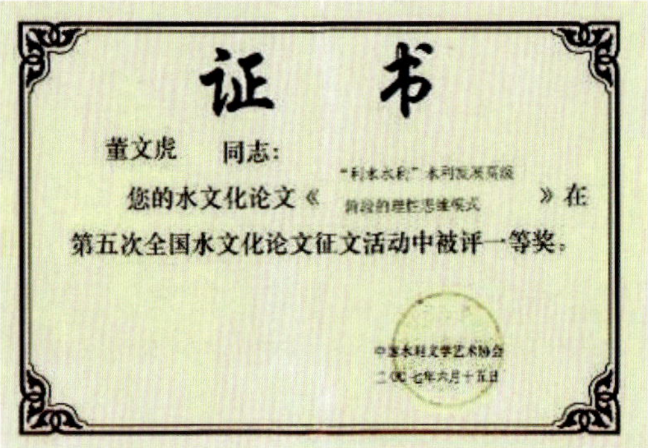
证书

董文虎　同志：

您的水文化论文《“利水水利”水利发展高级阶段的理性思维模式》在第五次全国水文化论文征文活动中被评一等奖。

中国水利文学艺术协会

二〇〇七年六月十五日

6月13日　董文虎应中国水利文协邀请，出席全国第五次水文化研讨会。其论文《“利水水利”水利发展高级阶段的理性思维模式》获中国水利文学艺术协会第五次全国水文化论文征文一等奖。

6月20日　唐勇兵参加“行风热线”直播，解答人民群众关心的热点、难点问题。

6月21日　市长姚建华、副市长丁士宏、秘书长王东等检查长江防汛和城市防洪准备工作。唐勇兵、胡正平和龚荣山陪同检查。

6月22日　市防指与市消防支队联合进行防汛排涝演练，唐勇兵、胡正平参加演练活动。

6月25日　市政府印发市水利局编制的《泰州市水利发展“十一五”专项规划》。

6月27日　副市长丁士宏带领水利、建设、规划、国土、农委等部门相关人员，察看周山河工程。

是月　陈菁、胡正平编著，董文虎顾问的《经济发达地区水利发展模式》一书由黄河水利出版社出版，并获省水利厅2007年度水利科技进步二等奖。

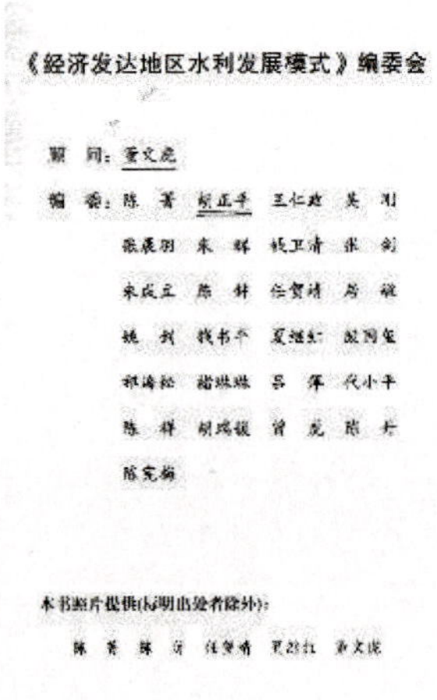
《经济发达地区水利发展模式》编委会

顾　问：董文虎

编　委：陈　菁　胡正平 [illegible]

7月7日　市委、市政府授

予市河管所创建国家环保模范城市工作先进集体；授予黄圣平、潘秀华创建国家环保模范城市工作先进个人荣誉称号。

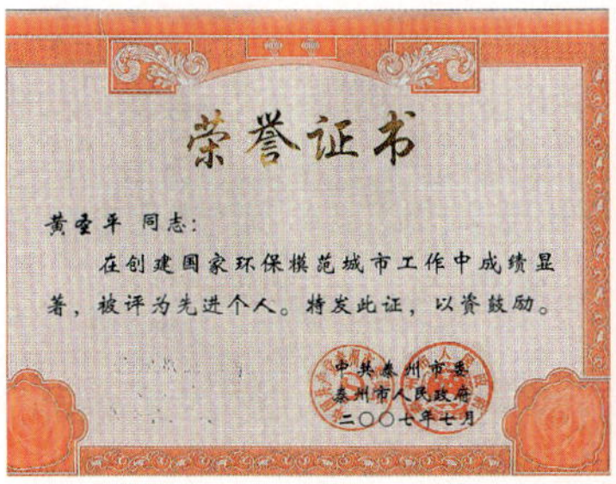

7月9日、11日　副省长黄莉新、省委副书记张连珍先后赴兴化市指导防汛抗洪工作，市委书记朱龙生、市长姚建华及市水利局唐勇兵随行。

7月9日　市长姚建华深入主城区低洼地段检查指导防汛工作，市水利局唐勇兵陪同检查。

7月17日　省委书记李源潮至兴化市指导抗灾自救工作，市委朱龙生书记、市长姚建华、市水利局唐勇兵陪同。

7月19日　市政府办公室印发〔2007〕148号文《关于加强长江河道采砂管理工作的通知》。

7月下旬　市水利局编制《泰州市2007年里下河地区灾后重建应急治理方案》。

8月5日　水利部组织专家组来泰州，考察凤凰河风景区申报国家级水利风景区的工作。副市长丁士宏，市水利局唐勇兵、胡正平、龚荣山、董文虎陪同考察。

8月15日　市人大副主任常龙福一行至市水利局调研农村水利和城市水利。唐勇兵、胡正平和龚荣山等参加调研座谈。

是月　市凤凰河水利风景区成功创建成国家级水利风景区。市长姚建华、副市长丁士宏、市水利局唐勇兵、董文虎及水文化研究咨询小组的陆镇余、李峋、黄炳煜、程启瑞出席挂牌仪式。

是月　省水利厅授予市水利局办公室2006年度全省水利系统先进办公室荣誉称号。

9月20～21日　省发改委组织有关部门和专家在泰州召开《周山河整治工程可研性研究报告》审查会。副市长丁士宏，市水利局唐勇兵、胡正平、龚荣山和钱卫清参加会议。

9月24日　市委、市政府授予市水利局2005～2006年度泰州市文明单位荣誉称号。

10月19日　兴化城区洼地挡排工程沧浪河南闸、西闸站，海池河东闸站水下工程通过市水利局验收。

11月22日　副省长黄莉新至靖江调研新农村水利建设情况。靖江市委书记刘建国，副市长丁士宏等陪同。

11月30日　国家防汛抗旱指挥部、人事部、解放军总政治部授予泰州市防汛防旱指挥部办公室全国防汛抗旱先进集体荣誉称号。

12月11日　市委、市政府召开全市冬春水利建设现场会。副市长丁士宏作工作报告，对明年工作做了具体部署，并与各市(区)签订2008年度水利建设目标责任状；会议表彰了2007年度水利建设先进市，并组织参观了兴化、姜堰、泰兴、靖江、高港市(区)冬春水利建设现场；靖江、泰兴、兴化3市作交流发言。

12月12日　陆铁宏任中共泰州市纪律检查委员会派驻市水利局纪检组组长。免去田波中共泰州市纪律检查委员会派驻市水利局纪检组组长职务。

12月15日　兴化城区洼地挡排工程海池河西闸站水下工程通过泰州市水利局验收。

12月30日　田波任市水利局副局长。

12月　董文虎的研究成果《加速构建水文化工程——泰州市发展的一个战略方向》获江苏省哲学社会科学界联合会社科应用研究精品工程优秀成果二等奖。

是年　兴化开工建城市防洪墙、堤，其中当年建成并通过验收3856米，次年完成6475米。完成车路河南岸驳岸工程1917米。开工建防洪闸8座，1座完成，7座次年完成。2个集水泵站安装潜水泵，设计流量分别是2.7立方米每秒和0.6立方米每秒。

是年　市委、市政府授予市水利局2007年度人民满意十佳机关荣誉称号。

是年　省水利厅授予靖江长江护岸工程管理处2005～2006年度全省水利系统文明单位荣誉称号。

2008年

1月3日　副市长丁士宏主持召开凤凰河国家水利风景区管理工作座谈会，市规划、建设、国土、城管、旅游等部门负责人参加座谈会，唐勇兵和龚荣山参加会议。

1月10日　市水资源管理所、市城区河道管理所分别更名为“水资源管理处”“市城区河道管理处”。

1月18日　市水利局召开全市水利系统工作会议。市委副书记王守法到会讲话，唐勇兵作工作报告，靖江、泰兴、兴化市3市水利部门主要负责人作发言，会议还表彰了2007年度水利工作先进单位和先进个人。

是日　市委授予周昌云关心国防建设好领导荣誉称号。

2月3日　市水利局召开全局干部职工大会，唐勇兵作工作报告。会议全面总结2007年度水利工作，部署2008年度工作任务，表彰2007年度目标管理先进处室（单位）、作风建设先进处室（单位）、优秀处长（主任）、先进个人。

陈雷（前中）、黄莉新（前左）、吕振霖（二排右一）

2月22日　水利部部长陈雷一行来泰州考察水利建设情况和泰兴市饮水安全工作。副省长黄莉新，省人大常委会副主任、市委书记朱龙生，省水利厅厅长吕振霖，市长姚建华，市委副书记王守法，副市长丁士宏，市水利局唐勇兵等陪同考察。

2月29日　陈永吉任姜堰市水利局局长。

3月10日　长江委砂管局副局长李峻和省砂管局局长徐殿洋来泰州，检查指导长江采砂管理工作。厉传进陪同视察并汇报了泰州长江采砂管理工作。

3月11日　泰州市级机关工委批复同意，市水利局撤销局党总支建制，成立局机关党委。党委下设7个支部。陆铁宏任局机关党委书记。

3月14日　共青团江苏省委在泰州开展“绿色江苏·青春行动”、共建“泰州引江河共青示范林”活动。副省长黄莉新，省政府副秘书长吴沛良，省水利厅、林业局、财政厅、团省委等有关部门负责人以及泰州市委副书记王守法、市水利局唐勇兵等，与近千名青年绿色志愿者一起栽种共青示范林。市水利局全体团员参加了活动。

3月18日　市水利局在高港召开全市河道管理现场观摩会。胡正平和钱卫清参加会议并讲话，与会人员先后观摩了高港、靖江的河道管理现场。各市（区）水利（务）局分管负责人、市水利局相关处室负责人参加会议。

3月21日　靖江市节水型社会建设、水资源管理保护和水资源费征收工作通过省督察组的考核验收。

3月20～21日　以省物价局纪检书记高晓珠为首的省检查组来泰州检查2007年度节水型社会建设、水资源管理、南水北调基金和水资源费征收情况。副市长丁士宏向检查组汇报有关情况，市政府副秘书长毛正球、市水利局唐勇兵及市相关部门领导参加了汇报会。

3月22日　市水利局开展纪念“世界水日”和“中国水周”宣传活动，以及水法宣传进农村活动，泰州各媒体报道了活动情况。

是月　泰州市水政监察支队被省水利厅评为全省长江河道采砂管理先进集体。

是月　张洁明被市政府评为2007年度安全生产工作先进个人。

4月24日　省水利厅授予刘雪松2007年度全省水利系统先进个人荣誉称号。

4月24～25日　省委组织部、农工办，省财政厅、水利厅联合对靖江市农村河道疏浚工程进行整体验收，评其为“优秀”等级。各地级市参会观摩，靖江市是全省第一家通过整体验收的县级市。

姚建华(左)、唐勇兵(右)、龚荣山(中)

4月27日　姚建华市长视察城市水利，市水利局唐勇兵、龚荣山陪同。

4月28日　市水利局启动“践行科学发展观　我为泰州作贡献”主题教育活动。市委党校副校长周惠山作“坚定共产主义理想信念”的专题辅导讲座。

是月　老通扬运河整治工程开工。一期工程2009年12月竣工；二期工程2009年11月开工，2010年8月竣工；三期工程2012年8月开工，2014年12月竣工。工程总投资10123.64万元，土方总量124.05万立方米，混凝土总量

1.86万立方米，砌石1.94万立方米。

是月　董文虎的著作《水利发展与水文化研究》由黄河水利出版社出版。水利部副部长翟浩辉题写书名，省政协副主席陈宝田、副市长丁士宏作序。全书1130千字。

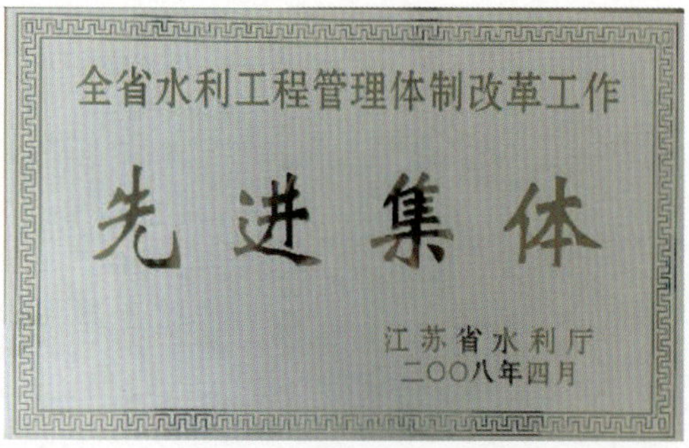

是月　省水利厅授予市水利局全省水利工程管理体制改革工作先进集体荣誉称号。

是月　市政府授予引江河河道工程管理处2007年度市绿化工作先进单位荣誉称号。

5月6日　主城区备用水源工程开工，2009年1月3日竣工。该工程投入使用后，在泰州第三水厂取水口发生突发性水污染、无法取水的情况下，可作为泰州城区的备用水源取水口，供泰州城区应急用水，日送水能力可达15万立方米。

5月12日　四川汶川特大地震灾害发生后，全市水利系统积极参与救灾捐款活动，截至5月21日捐款金额累计达15.32万元。6月董文虎用义卖书画款又向中组部缴特殊党费1万元，向泰州市慈善总会缴2.143万元用于支援四川汶川地震救灾。

5月20日　泰州军分区司令员张本印、政委庄义春和参谋长王元一行至靖江,勘察沿江重点地段防汛情况。胡正平及靖江市人武部部长李军等陪同。

5月23日　陈永吉任姜堰市水利局党委书记。

5月29日　省水利厅副厅长李亚平到兴化检查汛前准备工作,视察农村水利和城市防洪下官河项目。

6月1日　市政府正式批复,同意实施《泰州市城区东北部防洪规划实施方案》,东北片排涝将达20年一遇标准。

6月3~5日　市人大常委会执法组赴靖江、姜堰和兴化检查《中华人民共和国防洪法》和《江苏省防洪条例》执行情况,并视察城市防洪工程。

6月7日　副省长黄莉新视察兴化城市防洪工程下官河的整治。

6月15日　苏中片水利重点项目投资效益专项调研座谈会在市水利局召开。唐勇兵及省水利厅规计处,河海大学,市水利局相关人员参加会议。

6月17日　市人大常委会副主任张正方一行到市水利局督察靖泰界河整治工程代表建议办理情况,唐勇兵及相关负责人参加督察汇报会。

7月29日　水利部精神文明建设委员会授予泰州市城区河道管理处2006~2007年度全国水利文明单位荣誉称号。2015年4月,水利部精神文明委考核组对泰州市城区河道管理处创建工作进行复查,继续确认其为全国水利文明单位。

8月1日　受第8号台风"凤凰"残留低气压云系与北方冷空气共同影响,泰州全境普降大雨。兴化、沈伦降雨分别为90.7毫米、60.5毫米,通南地区倪浒庄81.1毫米,沿江地区口岸81.3毫米,马甸130.8毫米,过船52.6毫米。8月2日8时,兴化水位涨为2.01米,溱潼1.8米,省防指启动高港枢纽抽排里下河涝水。

8月18日　泰兴滨江镇江堤边遭遇大风袭击,华海、粤美船厂3台龙门吊倒塌,造成船厂及附近群众1人死亡、5人受伤。

8月19日　省水利厅副厅长陶长生一行赴兴化市调研城市防洪工作。市水利局唐勇兵陪同。

8月26日　下午,全省农村饮水安全工作座谈会在泰州召开。省水利厅厅长吕振霖作重要讲话,副厅长张小马通报全省农村饮水安全建设情况;省水利厅其他领导,省发改委、省财政厅、省卫生厅有关负责人,省水利厅相关处室,各市水利(务)局局长参加会议。

9月23～24日　副市长丁士宏率市发改委、水利局负责人赴兴化、姜堰、泰兴督察农村饮水安全工程建设情况,要求市水利局做好项目的组织指导,严格按照工程的基本建设程序,抓好质量和进度。

9月26日　下午,市水利局召开农村饮水安全工作座谈会,各市水利局主要负责人、分管负责人及市水利局农村饮水安全建设督察组成员参加会议。

9月29日　《泰州水利》杂志正式创刊。该杂志为内部刊物,季刊,主要栏目有:本期特稿、主题教育、防汛防旱、水资源、规划设计、城市水利、农村水利、水利管理、水文化等。

10月23日　市水利局增设行政许可服务处,与水政水资源处合署办公。

是月　市委、市政府授予市水利局2003～2007年度全市帮扶黄桥老区和里下河经济薄弱乡镇工作先进集体荣誉称号。

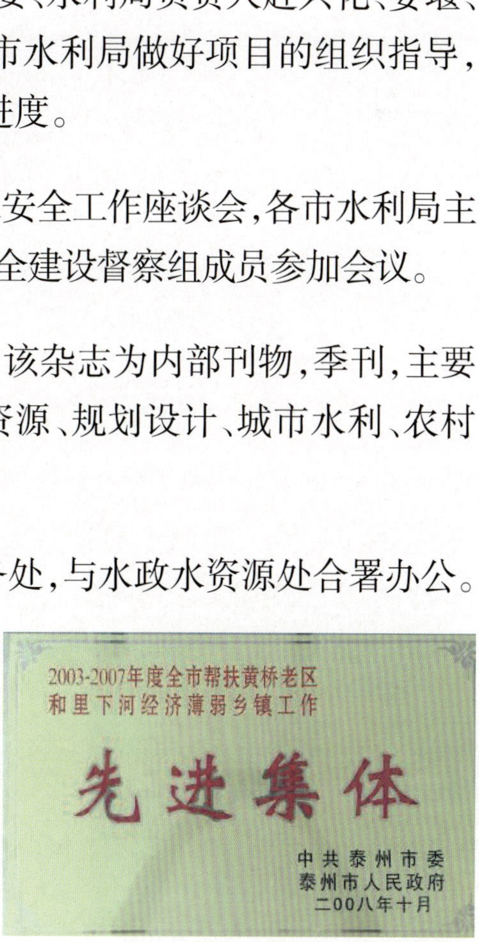

11月8日　泰州市水利系统纪念改革开放30周年主题演讲比赛在靖江市水利局举行。靖江市水利局选手黄揽获演讲比赛一等奖，其演讲稿《在水一方的靖江热土》被评为优秀演讲稿。黄揽还代表泰州市参加全省水利系统纪念改革开放30周年演讲比赛，获第四名。

11月9日　水利部副部长矫勇到兴化调研粮食安全问题，视察城市防洪工程建设和西郊、李中、周奋等乡镇的部分水利设施。副省长黄莉新、省水利厅厅长吕振霖、市水利局唐勇兵等陪同。

11月11日　市政府召开全市冬春水利工作交流会，副市长丁士宏出席会议并讲话。各市（区）政府分管负责人、水利局主要负责人及分管负责人，泰州经济开发区、农业开发区分管负责人，社会事业局（经发局）负责人，市水利局、市委农工办、市财政局、市发改委等有关部门负责人参加会议。

11月17日　周山河整治工程建设处成立，胡正平兼任主任。

是月　兴化开工建严家片区西线2269米防洪圩堤和防洪闸，次年6月竣工。

12月1日　姜堰市水工程管理处、姜堰套闸管理所被评为2007～2008年全省水利系统文明单位。

12月10日　省政府在靖江召开全省水利工作会议。副省长黄莉新到会并作重要讲话，市委书记张雷致词，省水利厅厅长吕振霖作工作报告。与会者参观了靖江、泰兴、高港河道整治工程和管护现场。会上，靖江市和高港区被省委组织部等4个部门联合表彰为全省农村河道疏浚整治先进市。

是日　副省长黄莉新来泰兴调研水务工作，实地视察了杨庄水厂和东姜黄河整治现场。市委副书记王守法、副市长丁士宏，泰兴市有关领导随同调研。

是日　水利部、财政部授予靖江市2007～2008年度全国农田水利基本建设先进单位荣誉称号。

是月　省水利厅授予市水利局2007～2008年度全省水利系统文明标兵单位荣誉称号。

是年　市水利局财务处被评为省级巾帼文明岗。

2009年

1月4日　江苏省水文水资源勘测局泰州分局成立。

1月11日　靖江十圩套闸大修工程通过泰州验收组验收，被评为"优良"等级。

1月20日　中央扩大内需赴江苏检查组检查兴化戴南、永丰、合陈、戴窑等镇农村饮水安全工程建设并给予充分肯定。

1月22日　市委授予市水利局2008年度十佳人民满意机关荣誉称号。

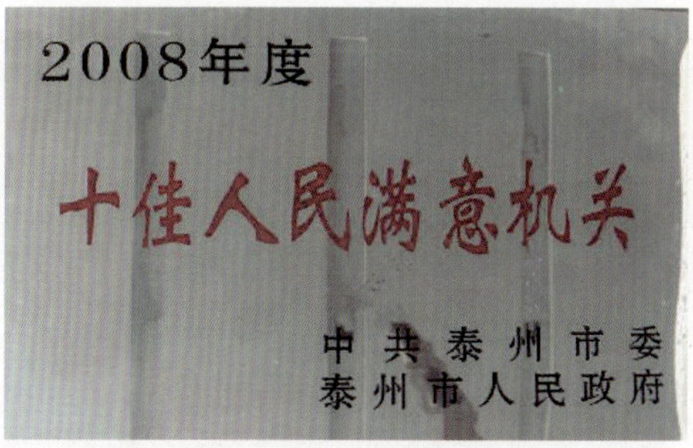

是月　市政府批准实施市水利局制定的《泰州市节约用水管理办法》。

2月25日　市水利局被市政府评为2008年度全市安全生产工作先进集体。

是月　省水利厅授予市水利局全省水利工程管理先进集体荣誉称号。

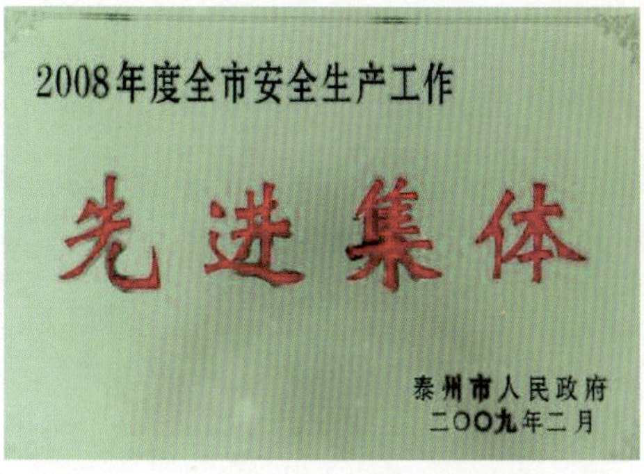

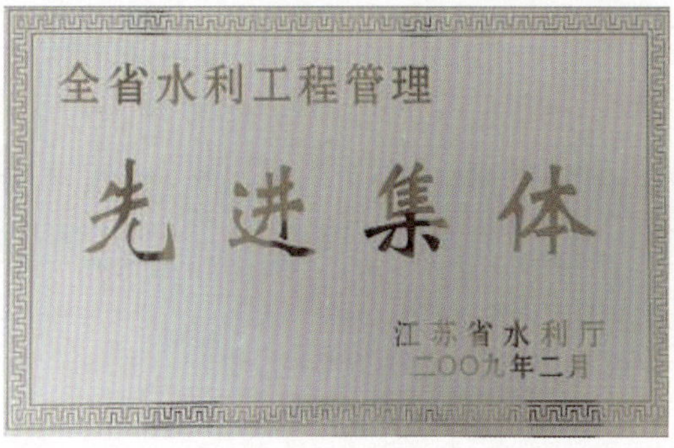

3月13日　省节水型社会建设和水资源管理工作考核小组来泰州检查指导工作。考核组听取了市政府的汇报，对泰州相关工作给予肯定，对今年出台的《泰州市节约用水管理办法》给予较高评价。副市长刘励、市水利局唐勇兵及市财政局、发改委等部门负责人参加汇报会。

是日　泰东河沈马大桥工程竣工并通过省水利厅组织的验收。

3月16日　泰州市政协召开三届十三次主席会议，专题研究城区水环境整治工作。

3月22日　市水利局围绕"落实科学发展观，节约保护水资源"专题，开展"世界水日""中国水周"专题宣传活动。

3月30日　市水利局召开深入学习实践科学发展观活动动员大会。

是月　开工整治周山河主城区段。一期工程完成土方56.9万立方米，混凝土0.576万立方米，砌石1.10万立方米，2011年1月底竣工。二期工程2010年3月正式启动搬迁工作，12月正式开工，完成土方10.6万立方米，混凝土0.181万立方米，砌石0.625万立方米，2012年5月竣工。三期工程2014年1月开工。

4月29日　省水利厅分别授予姜堰市水利局和市水利局宦胜华为2008年度全省水利先进单位和2008年度全省水利先进个人荣誉称号。

是月　省水利厅授予市水利局2008年度全省水利目标管理先进单位荣誉称号。

是月　崔龙喜被江苏省财政厅评为2008年度全省先进会计工作者。

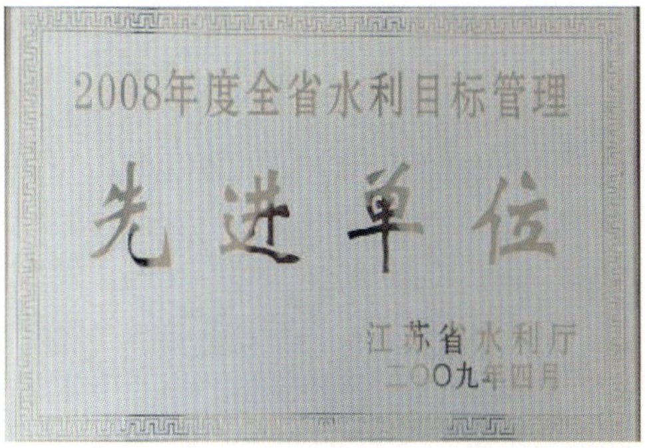

5月6日　全市农村饮水安全工作推进会在兴化戴南召开。市水利局副局长胡正平到会并讲话。各市(区)水利(务)局分管局长、农水科长参加会议。与会人员参观了兴化市戴南镇农村饮水安全的施工现场。

5月9日　省水利厅厅长吕振霖抵兴化检查城市防洪工程和农村饮水安全工程。

5月14日　市委书记张雷在董文虎《我市亟需出台有关防止和消除文化环境视觉污染〈规定〉,以提升泰州水文化形象》建言材料上作了批示,提出"'天际线'是城市综合水平的体现。规划要合理,并做到相对集中"。

5月21日　全市防汛防旱工作会议召开。市委副书记王守法出席会议并讲话,副市长丁士宏部署2009年的防汛工作,市水利局唐勇兵通报全市防汛准备工作情况,各市(区)分别与市政府签订了防汛防旱工作责任状。各市(区)分管负责人、水利(务)局局长、沿江各闸管所所长参加了会议。

丁培(中)、毛正球(右)、唐勇兵(左)

5月22日　市人大执法检查组及部分代表检查审议全市《中华人民共和国防洪法》《江苏省防洪条例》落实情况。市政府副秘书长毛正球、市水利局相关负责人陪同检查。市政府汇报了一年来执法工作情况。

5月26日　省水利厅集中开展“清江行动”,打击全省长江境内非法采砂活动,靖江市水政监察大队、市公安水上警察大队参加行动,查处非法采砂船只1条。

5月27日　靖江孤山灌区节水配套改造项目闸站水下工程通过省市联合验收组验收。

6月2日　市委常委、市纪委书记陈国华视察城市水利整治工程。唐勇兵、胡正平、陆铁宏等陪同视察。

陈国华(前排中)、唐勇兵(前排左)、陆铁宏(二排左一)

6月5日　姜堰市梁徐镇水利站被评为泰州市百佳基层站所。

6月20日　市委书记张雷、市委副书记王守法、军分区司令员张本印赴靖江、兴化视察防汛防旱工作。

是月　市委、市政府授予市水利局和市城区河道管理处2007~2008年度泰州市文明单位(机关)和泰州市文明单位荣誉称号。

7月14日　市水利局召开学习实践科学发展观活动整改落实工作推进会。认真回顾总结全局学习实践活动，分析检查阶段工作，对整改落实阶段工作进行具体部署。

7月15日　董文虎应邀赴西安出席中华水文化专家委员会成立大会，被中国水利文学协会聘为中华水文化专家委员会研究员，并当选副主任委员。

7月16日　泰州军分区、市防指、市水利局在靖江举行抗洪抢险综合演练观摩会。军分区司令员张本印，市防指指挥、副市长丁士宏，靖江市市长陈明冠、人武部部长李军等观摩演练。

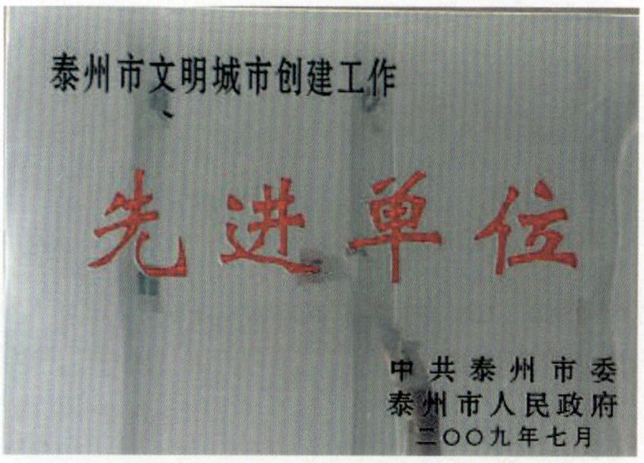

是月　市委、市政府授予市水利局泰州市文明城市创建工作先进单位荣誉称号。

8月27日　省水利厅副厅长陆桂华一行至兴化督察饮用水源地保护工作。

是月　靖江2008年水源骨干整治工程竣工并通过泰州市验收组验收。

9月7日　中央政治局委员、中央书记处书记、中央组织部部长李源潮在得知兴化城8个防洪片区防洪工程已全面完成后，作出"治水防洪，造福百姓，受益百年，干得好"的重要批示。

9月15日　海陵区、姜堰市、泰兴市农村河道通过省水利厅主持的省级验收。

10月13日　江苏省水环境监测中心泰州分中心成立。

10月30日　在江苏省公安厅、水利厅的指导下，水政监察支队与公安水警大队联动执法，在长江七圩段73#浮—74#浮一举摧毁了带有黑社会性质的非法采砂涉恶团伙。泰兴市人民法院分别判处该团伙所有成员4年至8

个月不等的有期徒刑，没收违法所得。非法采砂船只进行公开拍卖，所得款项已入国库。

11月10日　泰东河新通扬运河段工程通过省水利厅主持的竣工验收。

11月16日　全市水利工作会议在姜堰召开。副市长丁士宏讲话，市及各市（区）政府负责人，水利（务）局局长和有关部门负责人参加会议。

11月20日　市纪委书记陈国华和副书记张余松一行视察周山河工程。唐勇兵、胡正平等陪同视察。

11月24日　水利部党组副书记、副部长鄂竟平到靖江视察农村河道疏浚整治及城市水利建设工作。副省长黄莉新、省水利厅厅长吕振霖、市长姚建华、靖江市委书记刘建国、副市长丁士宏、市水利局唐勇兵等陪同视察。

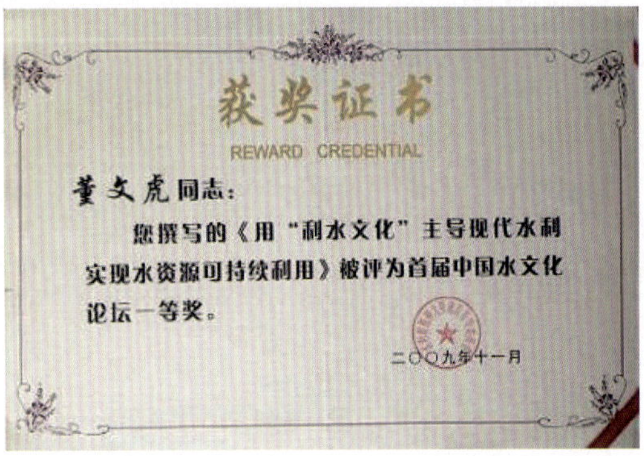

是日　董文虎应邀参加首届中国水文化论坛。其论文《用“利水文化”主导现代水利　实现水资源可持续利用》获水利部精神文明建设指导委员会首届中国水文化论坛一等奖。

12月14日　省水利厅副厅长张小马一行到兴化检查调研农村饮水安全工作。

12月25日　全市城市水利工作会议在姜堰召开。各市（区）负责城市水利建设的分管局长和科室负责人、市水利局城水处（城市水利投资开发有限公司）全体人员参加了会议。龚荣山出席会议并讲话。

是月　人力资源和社会保障部、水利部联合授予靖江市水利局局长刘放全国水利系统先进工作者荣誉称号。

是年　省水利厅授予泰兴市过船闸管所、黄桥水利站2007～2008年全省水利系统文明单位荣誉称号。

是年　市水政支队组织长江执法巡查110余次，出动执法车辆180余次、执法船艇40余航次，组织长江非法采砂集中打击25次，共查处长江非法采砂案5起、禁采期采砂船未按指定地方停靠案1起，上缴财政罚没款51万元。

是年　省精神文明建设指导委员会授予市河管所2007～2009年度江苏省精神文明建设工作先进单位荣誉称号。

2010年

1月12日　市委副书记、市长姚建华视察水利工作，要求城市水利建设突出抓好城区水生态环境改善。市政府秘书长王群、市水利局唐勇兵等随同视察。

1月15日　省委组织部、农工办，省财政厅、省水利厅四单位联合授予姜堰市、海陵区全省农村河道疏浚整治先进县(市、区)荣誉称号。

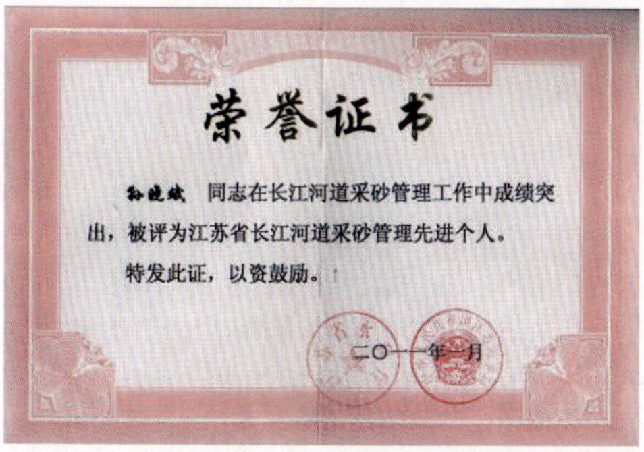

是月　孙晓斌被省水利厅评为江苏省长江河道采砂管理先进个人。

2月4日　市水利局召开全市市（区）水利局长会议。副市长丁士宏出席会议并讲话；唐勇兵总结2009年工作，部署今年工作；胡正平主持会议。会议表彰了2009年度水利工作先进市（区）、水利建设先进市（区）、水利系统目标管理优胜单位、水利系统先进单位、人民满意基层站所、水利系统先进个人。各市(区)进行了工作交流。

2月8日　市水利局召开全局干部职工大会,唐勇兵在会上提出“坚持大干快干苦干,全力做好2010年各项水利工作”。

2月26日　唐勇兵、钱卫清等的论文《水工混凝土结构耐久性智能监测技术研究》荣获市政府表彰的2009年度泰州市科学技术进步三等奖。

3月22日　市水利局在市人民公园广场、市政府大厅用展牌等宣传涉水法律法规;在市电视台、市区科普电子画廊及市水利局一楼大厅电子屏滚动播放水法规。

3月23日　市防指召开全市防办主任会议,总结2009年度防汛工作,传达省防办主任会议精神,部署落实当前工作。市防指成员、市水利局副局长、市防办主任胡正平出席会议并讲话。

是月　江苏省援建指挥部党委授予祁海松2009年优秀援建干部荣誉称号。

4月26日　市政府授予黄圣平泰州市劳动模范荣誉称号。

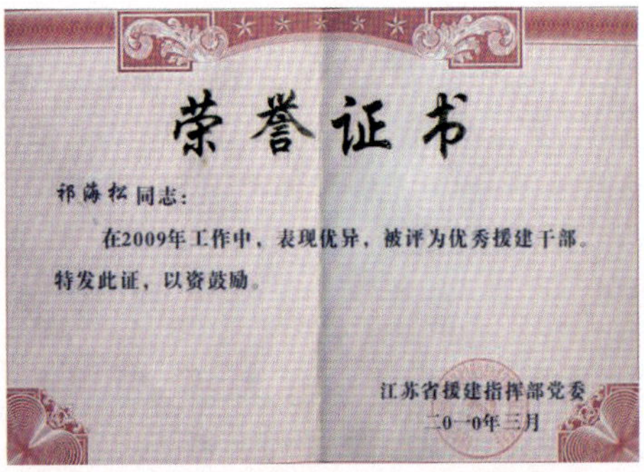

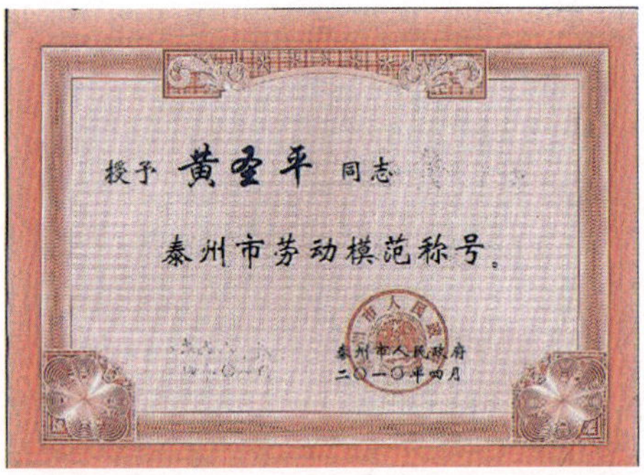

是日　市节水型社会建设试点工作会议召开。市节水型社会建设领导小组组长、副市长丁士宏,副组长、市政府副秘书长毛正球和市局唐勇兵,各成员单位的分管负责人及联络员,市及各市(区)水利(务)局分管局长出席会议。

4月27日　省水利厅授予海陵分局局长蔡浩2009年度全省水利工作先进个人荣誉称号。

是月　省水利厅授予市水利局2009年度全省水利工作先进单位和2009年度全省水利目标管理先进单位荣誉称号。

5月10日　市政府召开全市防汛防旱工作会议。市防指指挥、副市长丁士宏参加会议并讲话，市防指副指挥、市水利局局长唐勇兵通报全市汛前准备工作情况，市政府副秘书长毛正球主持会议。会上，市政府与各市（区）签订了防汛防旱工作责任状，靖江、兴化两市交流了今年防汛准备工作情况。各市（区）政府分管负责人，水利局、防汛防旱指挥部办公室主要负责人，沿江重点闸管所所长，市防指成员单位负责人参加会议。

5月14～15日　苏北供水区三届七次水利工程水费工作研讨会在泰州市召开。

5月20日　市委书记张雷查勘泰州市备用水源泵站。市委副书记王守法、副市长丁士宏，市委秘书长仲建生、副秘书长陆晓声、市政府副秘书长毛正球、市水利局唐勇兵和

张雷（前排右二）、王守法（前排右一）、胡正平（前排左一）

胡正平等陪同。

是月　董文虎的著作《泰州的文化桥梁》由苏州大学出版社出版，全书131千字。副市长丁士宏作序。

6月8日　泰州军分区司令员张本印、副市长丁士宏带领市交通、水利部门有关负责人，勘察市区及兴化、泰兴等地防汛设施的准备和运行情况。

6月30日　上午8时长江大通流量达到65400立方米每秒，为1998年以来6月份大通流量同期最大值。市水利局加强沿江防汛工作的检查并发出紧急通知。要求各地做好巡查工作，若发生险情，要立即采取措施并上报。

是月　泰州市防汛防旱指挥部和泰州市水利局在泰州医药城首次成功组织泰州市市级防汛抢险演练。

7月10日　省水利厅副厅长陆桂华带领省南水北调工程基金征缴工作督察组、省物价局和省财政厅工作人员来泰州调研南水北调工程基金征缴情况。市政府副秘书长毛正球，市水利局、财政局、物价局、审计局分管负责人，各市(区)水利、财政部门分管负责人参加会议。

7月18日　省水利厅党组成员、省水利工程规划办公室主任叶健率领检查组至靖江检查指导防汛工作。副市长丁士宏、市水利局胡正平等陪同。

叶健(右二)、丁士宏(右三)、胡正平(左三)

7月23日　市水利局与市海事局联合召开全市长江河道涉砂船舶专项整治与执法行动工作会议。

7月28日～8月3日　水利部稽查工作组张杰一行7人，对泰兴市城黄灌区续建配套与节水改造工程2009年度项目建设进行稽查，指出了工程建设中存在的主要问题，提出了整改意见。

8月1日　省水利厅厅长吕振霖带队调研姜堰市水利重点工程建设情况，省水源公司领导陪同调研。

8月6～7日　省水利厅厅长、南水北调办公室主任吕振霖一行来泰州调研南水北调里下河水源调整、卤汀河工程开工准备工作。副市长丁士宏、市水利局唐勇兵和工程沿线市（区）党政领导陪同调研。

8月13日　市政府印发〔2010〕117号文《关于调整泰州市区水利建设与管理体制的实施意见》。

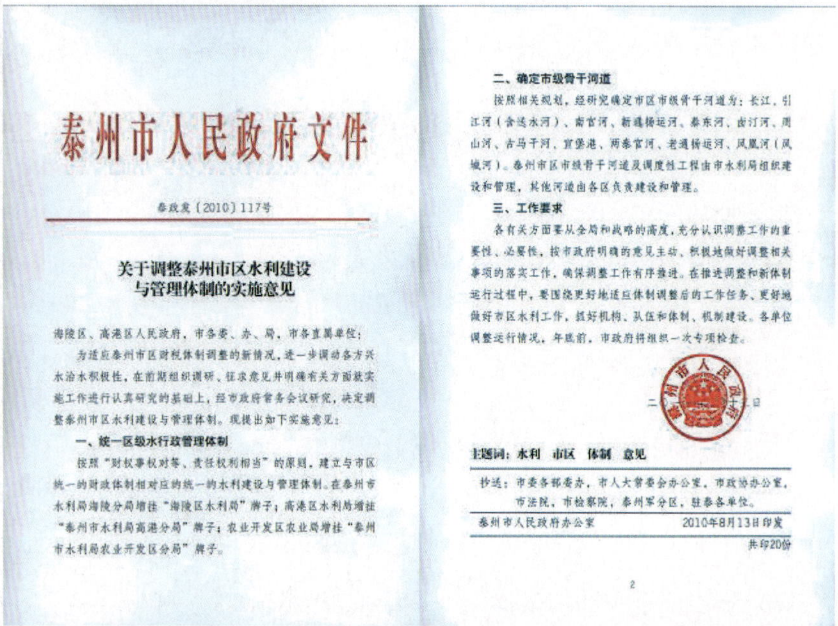

泰州市人民政府文件

泰政发〔2010〕117号

关于调整泰州市区水利建设与管理体制的实施意见

海陵区、高港区人民政府，市各委、办、局，市各直属单位：

为适应泰州市区财税体制调整的新情况，进一步调动各方兴水治水积极性，在前期组织调研、征求意见并明确有关方面就实施工作进行认真研究的基础上，经市政府常务会议研究，决定调整泰州市区水利建设与管理体制。现提出如下实施意见：

一、统一区级水行政管理体制

按照"财权事权对等、责任权利相当"的原则，建立与市区统一的财政体制相对应的统一的水利建设与管理体制。在泰州市水利局海陵分局增挂"海陵区水利局"牌子；高港区水利局增挂"泰州市水利局高港分局"牌子；农业开发区农业局增挂"泰州市水利局农业开发区分局"牌子。

二、确定市级骨干河道

按照相关规划，经研究确定市区市级骨干河道为：长江、引江河（含送水河）、南官河、新通扬运河、泰东河、卤汀河、周山河、古马干河、宣堡港、两泰官河、老通扬运河、凤凰河（凤城河）。泰州市区市级骨干河道及调度性工程由市水利局组织建设和管理，其他河道由各区负责建设和管理。

三、工作要求

各有关方面要从全局和战略的高度，充分认识调整工作的重要性、必要性，按市政府明确的意见主动、积极地做好调整相关事项的落实工作，确保调整工作有序推进。在推进调整和新体制运行过程中，要围绕更好地适应体制调整后的工作任务、更好地做好市区水利工作，抓好机构、队伍和体制、机制建设。各单位调整运行情况，年底前，市政府将组织一次专项检查。

主题词：水利　市区　体制　意见

抄送：市委各部委办，市人大常委会办公室，市政协办公室，市法院，市检察院，泰州军分区，驻泰各单位。

泰州市人民政府办公室　2010年8月13日印发

共印20份

2

8月14日　代市长徐郭平、常务副市长杨峰调研主城区水生态环境整治工作，对生态水利提出具体要求，市水利局唐勇兵、胡正平和龚荣山参加。

徐郭平(上图前排左二)、杨峰(上图前排左一)、唐勇兵(上图前排左三)、周国翠(上图前排右二)

8月17日　市水政监察支队指挥靖江市水政监察大队、水警大队和江阴市海事局联合对长江河道涉砂船舶进行专项整治。

8月18日　副市长丁士宏赴兴化调研卤汀河工程,胡正平等陪同调研。

8月　董文虎的论文《文化——水利风景区建设管理的灵魂》获水利部水利风景区评审委员会办公室、中国水利文学艺术协会论文一等奖。

9月10日　省南水北调办公室召开工作培训会议。卤汀河沿线市、县(区)水利局负责人,以及国土局、沿线乡镇相关人员参加了培训。

9月13～15日　国务院发展研究中心农村经济研究部副部长徐小青一行3人来姜堰、兴化等地调研农田水利工作,并听取市水利局负责人的情况汇报。省水利厅办公室、农水处相关人员陪同。

9月13日　省人大常委会副主任李全林率督办组来泰督办通榆河水污染防治工作。省人大常委会秘书长仇中文参加督办活动,代市长徐郭平,市人大副主任王振南、王泓卫,副市长刘励陪同。

9月26日　代市长徐郭平调研主城区水生态环境整治工作后，召开座谈会，听取市水利局相关情况的汇报。副市长丁士宏，市政府秘书长王群、副秘书长毛正球，市水利局唐勇兵等参加。

9月26日　副市长丁士宏到兴化周庄、陈堡两乡镇检查了解卤汀河工程排泥场细化情况。兴化市政府副市长顾国平等陪同。

10月1日　周山河整治工程（葛港河—西姜黄河）开工，2011年5月21日竣工。工程长8.9公里，护坡采用浆砌块石墙结构形式，完成疏浚土方24万立方米，块石方4.7万立方米，总投资1200万元。

10月12日　省人大常委会副主任朱龙生至泰兴查看区域供水工程建设情况，要求泰兴加强饮水水源地保护，提高供水水质，确保供水安全。

10月15日　泰州市水利学会、泰州市水文化研究会成立。胡正平任水利学会理事长，祁海松、钱福军任副理事长，祁海松兼任秘书长，董文虎任名誉理事长。唐勇兵任水文化研究会理事长，肖俊东、钱福军、钱卫清任副理事长，印华健任秘书长。

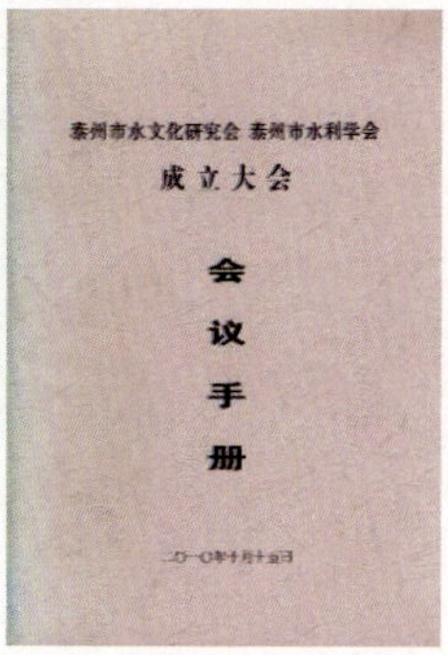

10月16日　《泰州市城市水系规划》通过省水利厅组织的评审。

10月27日　省南水北调办公室副主任张劲松和副市长丁士宏在泰州签订卤汀河工程征迁协议，卤汀河工程建设拉开序幕。

11月15日　蔡浩任中共泰州市水利局党组成员，29日任泰州市水利局副局长。

11月24日　省水利厅厅长吕振霖到兴化调研卤汀河拓浚工程进展情况。副市长丁士宏，市水利局局长唐勇兵、副局长胡正平陪同调研。

11月25日　省南水北调领导小组办公室在兴化召开南水北调里下河水源调整卤汀河拓浚工程动员大会。国务院南水北调工程建设委员会办公室主任、水利部副部长鄂竟平，副省长黄莉新到会并先后讲话；省水利厅厅长吕振霖主持会议。省水源公司董事长、总经理邓东升，泰州、扬州、淮安、兴化市相关负责人，兴化卤汀河沿线乡镇负责人，建设管理单位和部分施工单位负责人等参加会议。

鄂竟平（前排右二）、黄莉新（前排左二）、张雷（前排左一）、吕振霖（前排右一）

11月26日　市局举办“新时期水资源利用与保护的战略思考”专题讲座，局全体干部职工、基层水利站全体人员参加此次培训。河海大学知名教授、博士生导生唐德善抵泰授课。

12月10日　省水利厅授予姜堰黄宏斌第三届全省水行政执法办案能手荣誉称号。

12月16日　市水利局组建“泰州市世行贷款泰东河工程建设处”，龚荣山任主任，丁煜珹任副主任。

12月20日　市水利局局长唐勇兵到海陵区卤汀河工程建设处调研指导卤汀河征地拆迁工作。市水利局副局长、区卤汀河工程建设指挥部副指挥、海陵分局局长蔡浩汇报了卤汀河工程海陵段前期工作开展情况及下一步工作打算。

12月27～28日　靖江孤山灌区节水配套改造项目通过省级验收。

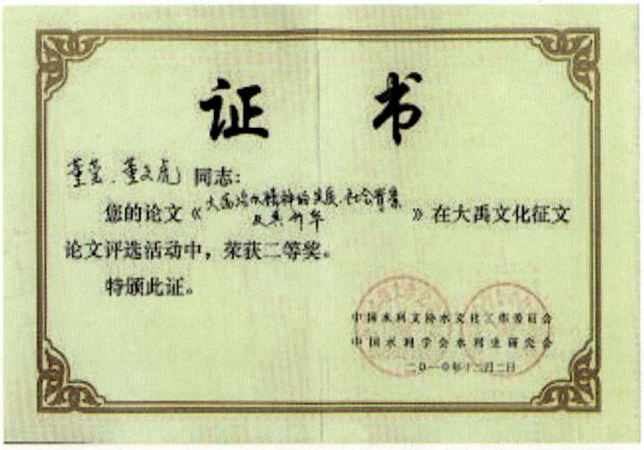
证书
董莹、董文虎 同志：
您的论文《大禹治水精神的实质、社会背景及其升华》在大禹文化征文论文评选活动中，荣获二等奖。
特颁此证。
中国水利文协水文化工作委员会
中国水利学会水利史研究会
二〇一〇年十二月二日

是月　靖江夏仕港闸管理所董莹和董文虎的论文《大禹治水精神的实质、社会背景及其升华》获中国水利文协水文化工作委员会、中国水利学会水利史研究会大禹文化征文二等奖。

荣誉証書
董文虎 同志：
你撰写的《用“利水文化”主导现代水利 实现水资源可持续利用》论文（第一作者），在泰州市第七届自然科学优秀论文评选活动中被评为二等奖。
特发此证，以资鼓励。
泰州市人民政府
二〇一〇年十二月

是月　董文虎的论文《用“利水文化”主导现代水利　实现水资源可持续利用》获泰州市人民政府第七届自然科学优秀论文二等奖；2011年3月该文获省政府第十一届哲学社会科学优秀成果三等奖。

（四）2011年1月～2015年12月

2011年

1月5日　泰兴市张桥镇西桥节水灌溉项目通过省水利厅、市水利局的联合验收。

1月7日　省水利厅副厅长张小马慰问高港区水政监察大队一线执法人员，省水政监察总队副总队长徐殿洋、李玉松随行。市水利局副局长、水政监察支队支队长厉传进，高港区政府副区长韩亚陪同。

1月12日　市政府批准由市水利局和扬州市勘察设计研究院有限公司共同编制《泰州市城市水系规划》。市水利局参编人为：唐勇兵、胡正平、龚荣山、钱卫清、蔡浩、朱晓春、胡万源、李金红、黄圣平、吴刚、丁煜城、祁海松、储有明、张剑、姜春宝、居敏、陈敢锋、陈月琴。

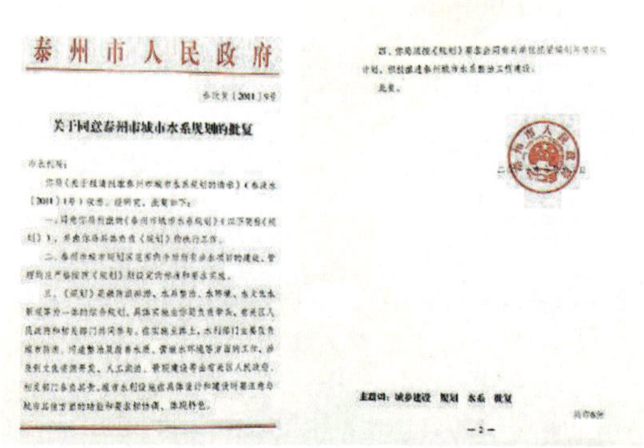
泰州市人民政府
关于同意泰州市城市水系规划的批复

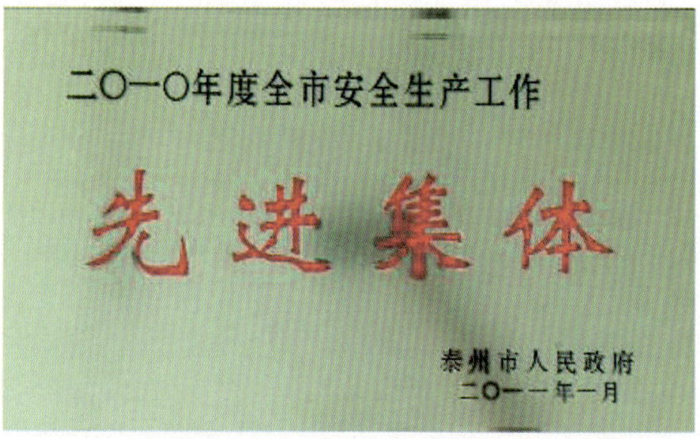

1月20日　市水利局被市政府表彰为2010年度泰州市安全生产工作先进集体。

1月21日　泰兴焦土闸管理所获得江苏省水利工程三级管理单位资格证书。

是日　兴化市2003～2010年农村河道整治工程顺利通过省水利厅组织的整体验收。

1月24日　市水利局召开全市水利系统工作会议。副市长丁士宏出席会议并作重要讲话，唐勇兵作工作报告，会议表彰了2010年度水利工作的先进单位，市水利局与各市（区）水利（务）局签订了2011年度水利工作目标责任状，胡正平主持会议。市政府副秘书长毛正球，市水利局领导班子及科员以上干部，各市（区）水利（务）局局长，分管农水、重点工程建设、水资源管理、水行政执法工作的副局长，办公室主任参加会议。

是月　全市开始进行第一次全国水利普查工作。共发放普查表42400张。计普查国普河流133条、拓展河流979条，完成外业工作底图标载306张、2679个对象和2534个空间数据采集。2013年6月通过省水普办普查项目执行情况的总验收，市政府发布普查成果。

2月16日　谢雪锋任泰州市水利工程建设处主任。

2月22日　省南水北调办公室、南水北调东线江苏水源有限责任公司授予周国翠、陈敢峰、徐元忠江苏省南水北调工程建设管理先进工作者荣誉称号。

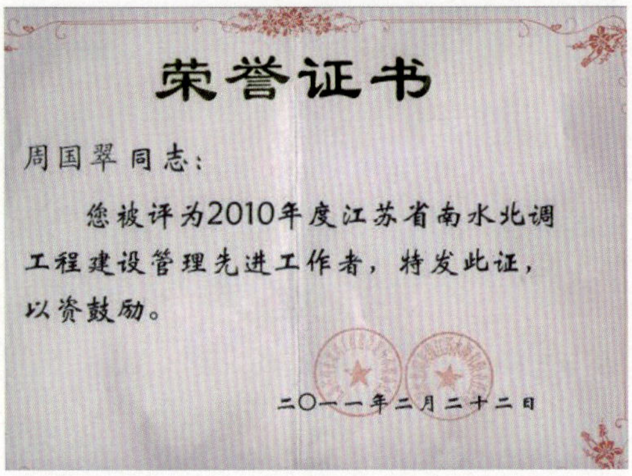

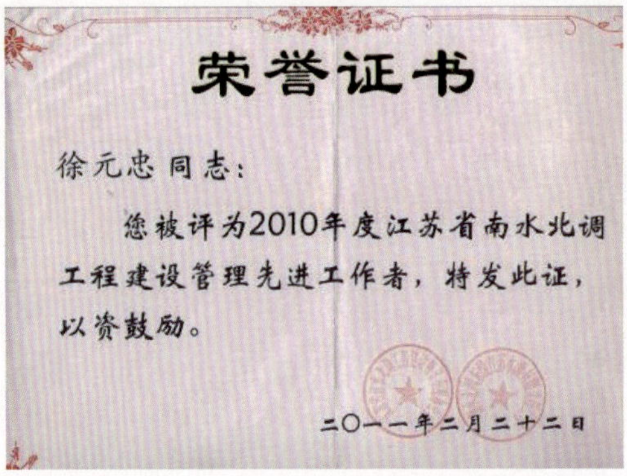

2月23日　市委宣传部、市水利局组织召开新闻发布会，公布新出台的《泰州市水利工程管理办法》。28日，市政府正式印发《泰州市水利工程管理办法》。

2月28日　河海大学党委书记朱拓率“百团行动”专家团至靖江调研水利工作，靖江市副市长陈燕国陪同调研。

是日　市政府印发《泰州市水利工程管理办法》，同时废止泰政发〔1998〕14号文印发的原《泰州市水利工程管理实施办法》

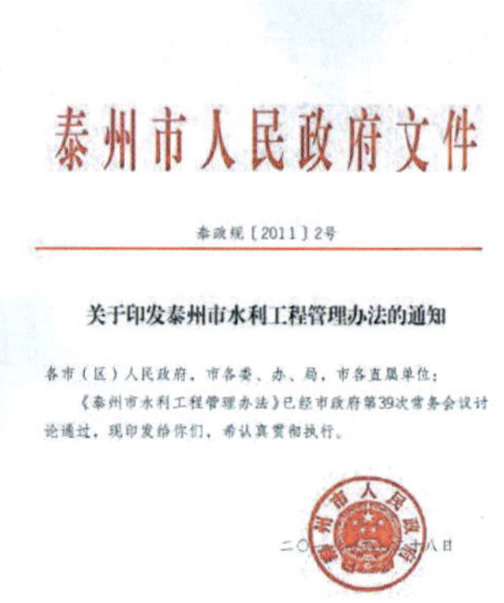

泰州市人民政府文件

泰政规〔2011〕2号

关于印发泰州市水利工程管理办法的通知

各市（区）人民政府，市各委、办、局，市各直属单位：

《泰州市水利工程管理办法》已经市政府第39次常务会议讨论通过，现印发给你们，希认真贯彻执行。

二〇[illegible]十八日

是月　《泰州市水资源调查评价》通过市水利局组织的评审。

是月　董文虎应水利部政策法规司、水利发展研究中心邀请，参与水利部财政预算科研项目《水文化建设研究——提升水工程文化内涵与品位战略研究》课题的编写。2012年1月，该文通过专家终审正式结项。

3月11日　副市长丁士宏视察海陵区卤汀河工程，同日赴兴化陈堡镇、周庄镇，调研卤汀河拓浚工程征地拆迁工作。市政府副秘书长毛正球、市水利局胡正平陪同视察、调研。

3月18日　市水利局召开全市水行政执法暨长江河道采砂管理工作会议。会议回顾总结2010年全市水政监察工作，研究部署2011年水政监察工作任务，表彰全市2010年度优秀水政监察员。

3月22日　省水利厅授予陈永吉2010年度全省水利工作先进个人荣誉称号。

3月23日　省水利厅副巡视员吴泽毅、省水普查办副主任耿建萍一行来泰州，督察全国第一次水利普查工作，听取了市水利局局长、市水利普查领导小组副组长唐勇兵等的汇报。市水利普查办及各市（区）水利普查办负责人出席会议。

3月24日　市委、市政府印发《关于加快水利改革发展的实施意见》。《意见》提出了泰州水利改革发展的指导思想和主要目标，要求加强水利基础设施建设，加强农村水利工作，全面落实最严格的水资源管理制度，加强水利公共管理和公共服务能力建设，以强有力的保障促进水利可持续发展。

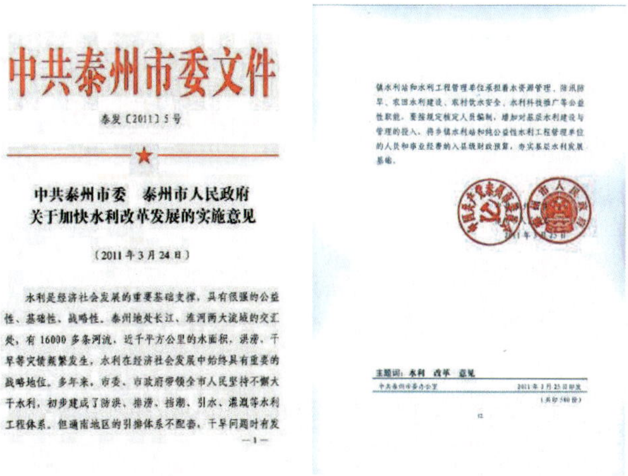
中共泰州市委文件

泰发〔2011〕5号

中共泰州市委　泰州市人民政府
关于加快水利改革发展的实施意见

（2011年3月24日）

水利是经济社会发展的重要基础支撑，具有很强的公益性、基础性、战略性。泰州地处长江、淮河两大流域的交汇处，有16000多条河流，近千平方公里的水面积，洪涝、干旱等灾情频繁发生，水利在经济社会发展中始终具有重要的战略地位。多年来，市委、市政府带领全市人民坚持不懈大干水利，初步建成了防洪、排涝、挡潮、引水、灌溉等水利工程体系。但通南地区的引排体系不配套，干旱问题时有发

—1—

镇水利站和水利工程管理单位承担着水资源管理、防汛防旱、农田水利建设、农村饮水安全、水利科技推广等公益性职能。要按规定核定人员编制，增加对基层水利建设与管理的投入，将乡镇水利站和纯公益性水利工程管理单位的人员和事业经费纳入县级财政预算，夯实基层水利发展基础。

主题词：水利　改革　意见

中共泰州市委办公室　2011年3月25日印发

（共印560份）

3月25日　河海大学专家组至高港区调研水利现代化建设。

是月　兴化投资1200万元，在大纵湖兴化境内进行首次退渔还湖工程。共清除350多户养殖户的养殖围网（堤），净退出养殖水面9000亩，另拿出6000亩水面搞生态养殖，彻底结束大纵湖开发无序、养殖过密、生态环境恶化、养殖效益滑坡的局面，

是月　董文虎编著的《乐水集》在苏州大学出版社出版，副市长丁士宏作序，全书900千字。

是月　卤汀河工程建设处财务科获江苏省水源公司授予的江苏省南水北调在建工程会计基础工作先进单位荣誉称号。

是月　省水利厅授予市河管处全省水利工程管理先进集体荣誉称号。

4月7日　省泰州引江河工程管理处副主任钱福军带领工作组到兴化市水务局检查指导水利普查工作。

4月9日　全国人大财经委副主任委员、水利部原部长汪恕诚到兴化调研城市防洪工程。省水利厅厅长吕振霖、副市长丁士宏及兴化市委有关领导陪同。

4月13日　省社会科学院泰州分院与市水利局、市水文化研究会联合举办“加快现代水利建设与城市水生态环境”研讨会。省社科院泰州分院主席潘时常，市水利局局长、水文化研究会会长唐勇兵，市水利局原局长董文虎，泰州市科技局及南京理工大学、泰州牧院、泰州师范高等专科学校等相关单位的专家学者参加研讨。

潘时常(中)、唐勇兵(左)

董文虎在会上作主旨发言

4月20日　兴化白涂河城区段整治工程开工，2011年11月底全部完工，并在当年汛期发挥作用。工程总投资1650万元。

是日　江苏水源公司刘军副总经理一行检查卤汀河工程并召开工程建设推进会。

4月21日　市委副书记王守法等视察卤汀河工程。

4月27日　部分市政协委员视察城区生态调水泵站工程、南官河控制工程、周山河整治二期工程、市廉政文化公园和凤凰河控制工程等市区水利重点工程，并对增加水利工程文化内涵、促进参与“申遗”等问题提出建议。市政协副主席、市委统战部部长胡冬生参加视察。唐勇兵介绍了相关水利工

唐勇兵

丁士宏

田　波

作情况。

4月28日　市政府召开“2011年泰州市节水型社会建设试点工作会议”。副市长丁士宏出席并讲话，市水利局唐勇兵、田波出席会议。

5月4日　泰州市南水北调卤汀河拓浚工程指挥部被国务院南水北调办青年文明号创建活动指导委员会评为青年文明号。

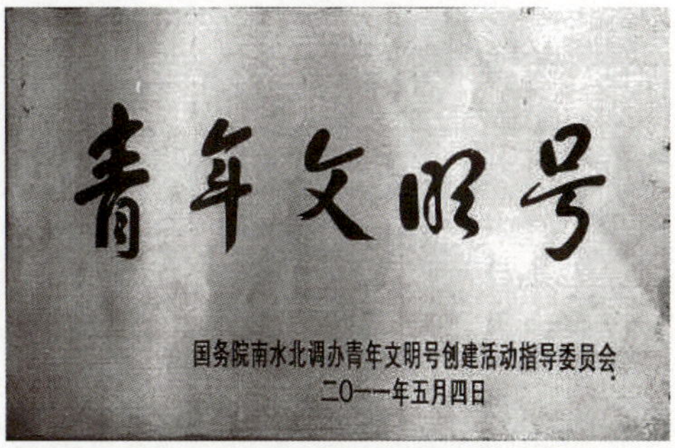

5月6日　市水利局召开城市水利推进会暨两创三比动员会。

是日　省南水北调办副主任张劲松、江苏水源公司副总经理刘军一行在泰州组织召开卤汀河工程专题协调会。

5月8日　江苏水源公司与泰州水利局签署委托建设合同。合同明确由泰州市水利局负责朱庄公路桥、朱庄生产桥、港口公路桥、董潭生产桥建设。

5月15日　省政协副主席陈宝田率领省水利厅厅长吕振霖、财政厅副厅长黄晓平、省财政厅原厅长周桂根等来泰兴调研黄桥老区水利建设工作。市长徐郭平、副市长张爱平，泰兴市党政领导陪同调研。

5月16日　泰州市委、市政府组织召开卤汀河拓浚工程征地拆迁现场推进会，市委副书记王守法、副市长丁士宏等出席会议。

5月18日　泰州市卤汀河桥梁工程建设处成立。胡正平（兼）主任，周国翠（兼）副主任。2012年8月17日，周国翠任主任。

5月19日　上午9时起，市水利局启用备用水源泵站向市第二自来水厂增补水源，缓解城区供水量不足的矛盾。

5月23日　丁煜珹任市水利局副调研员。

5月25～26日　泰州节水型社会建设试点工作通过水利部组织的中期评估。经过两年多的努力，泰州基本完成了节水型社会建设试点阶段的任务。

5月27日　市纪委书记陈国华督察卤汀河工程进展情况。市纪委常委何军、市水利局局长唐勇兵以及工程建设处相关人员陪同。

6月1日　市人大常委会召开《江苏省水利工程管理条例》执法检查动员大会。市人大常委会副主任王振南、戈丽和、副市长丁士宏、市人大常委会秘书长王厚贵出席会议，各市（区）人大常委会分管负责人、政府分管负责人、分管秘书长，市各（区）有关部门负责人等参加会议。

王振南（左二）、戈丽和（右二）、丁士宏（左一）、王厚贵（右一）

6月2日　市人大代表团一行15人到海陵区、高港区检查《江苏省水利工程管理条例》实施情况。

6月3日　《中国水利报》头版头条刊登了水利部祁正卫司长介绍泰兴市农田水利建设情况的文章——《土地出让收益破解农村水利难题》。

是日　市人大执法组到兴化，检查贯彻实施《江苏省水利工程管理条例》的情况。

6月30日　副市长丁士宏召开会议，研究泰州市区防洪保安资金征收、管理工作。市政府副秘书长毛正球、市财政局和市地税局相关负责人参加会议。

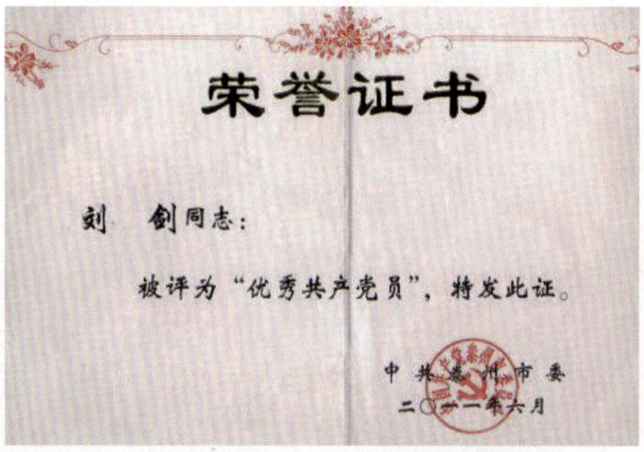
荣誉证书

刘　剑同志：

被评为“优秀共产党员”，特发此证。

中共泰州市委
二〇一一年六月

是月　市委授予刘剑优秀共产党员荣誉称号。

7月8日　市发改委组织泰州卤汀河工程4座桥梁（朱庄公路桥、朱庄生产桥、港口公路桥、董潭生产桥）调整标准后初步设计审查会。

徐郭平（一排右）、丁士宏（二排左）

7月12日　上午，市长徐郭平、副市长丁士宏一行冒雨视察兴化市海池河西闸站、海陵区五汊河闸站防汛工作，并听取市局汛情汇报，研究部署下一步防汛防灾工作。市政府秘书长王群、副秘书长毛正球，兴化市、海陵区党政负责人，市水利局唐勇兵等陪同视察，市财政局、建设局、气象局、水文局等相关部门的负责人参加会议。

是日　入梅以来至今日，全市累计梅雨量达351.9毫米，比常年梅雨量多128毫米，兴化水位达2.24米，超过警戒水位0.44米。市防指启动防汛应急级响应，高港枢纽开启9台机组抽排里下河涝水，瞬时流量319立方米每秒。

7月19日　姜堰市2011年度农村河道疏浚整治工程通过省级验收。

7月20日　省水利厅副厅长李亚平、省发改委副主任林一峰一行在泰召开泰东河跨河桥梁调整方案专题协调会。副市长丁士宏、市水利局唐勇兵、姜堰市副市长钱爱社、泰东河工程建设处主任龚荣山以及其他相关人员参加了会议。

是日　市人大常委会副主任王振南、戈丽和、陶幸蓉、王泓卫等领导视察水文化工程。副市长丁士宏，市水利局唐勇兵、龚荣山、谢雪锋陪同。

王振南(左一)、戈丽和(左二)

陶幸蓉(左)、丁士宏(右)

7月26日　市水利局举办水利重点工程征迁资金财务管理培训班，进一步规范范卤汀河、泰东河工程征迁资金管理，确保水利重点工程顺利实施。省南办拆迁办主任徐忠阳到会指导。

7月29日　唐勇兵、胡正平冒酷暑慰问泰州军分区官兵。军分区政委孙庆祥、副司令张颖峰、参谋长王元、政治部主任金全斌等参加会见。孙庆祥代表军区全体官兵向唐勇兵局长一行表示感谢。

8月2日　水利重点工程建设廉政座谈会在卤汀河工程建设处召开，泰州检察院汤处长进行专题辅导。

8月9日　省江都水利工程管理处汤超主任、徐明书记一行7人来泰州调研城市水利工程建设与管理运行工作。厉传进、钱卫清陪同调研。

8月17日　省水利厅水政监察总队副总队长、省砂管局局长徐殿洋一行至靖江指导打击长江非法采砂工作，并对区域内长江河道进行巡查。

8月18日　卤汀河工程建设管理工作会议在泰州召开。

8月30日　全市城市水利工程建设工作会议在高港召开。龚荣山出席会议，市局相关处室人员、各市（区）水利局分管城市水利建设的领导和相关科室负责人参加会议。

是日　市政府办公室印发《泰州市城市饮用水水源地环境保护规划实施方案的通知》。

是月　市委、市政府授予市城市河道管理处泰州市文明单位荣誉称号。

9月1日　市水利局、市水文化研究会召开泰州市水环境与水文化交流会。钱卫清主持会议，唐勇兵出席会议并讲话。

钱卫清（主席台）、朱小春（发言者）

9月6～7日　省南水北调办、江苏水源公司检查组至卤汀河工地进行进度、质量、安全大检查，主任岳修斌、副主任吴学春、鲍学高等参加检查。

9月22日　《泰州市“十二五”水利发展规划》通过市发展和改革委员会组织的评审。

9月23～24日　省南水北调办、江苏水源公司“三合同”检查组检查卤汀河工程建设情况。徐忠阳主任、王朝俊等参加检查。

9月26日　市委授予市水利局泰州市创建全国文明城市工作先进单位荣誉称号。

9月29～30日　省南水北调办公室副主任吴立生率队督察卤汀河工程拆迁安置工作。胡正平及姜堰市委副书记仲亚岭、兴化市委副书记张育林陪同。

是月　高港区申报的中央财政小型农田水利设施建设重点县项目通过国家验收，项目分3年实施，每年市级以上补助2400万元。

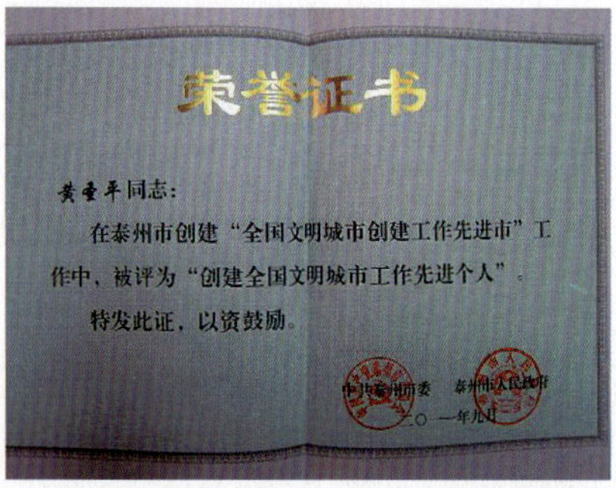

是月　市委、市政府授予黄圣平创建全国文明城市工作先进个人荣誉称号。

10月17日　副省长黄莉新到兴化督察卤汀河整治工程。省水利厅厅长吕振霖、省南水北调办公室副主任张劲松、省水源公司总经理邓东升、市局胡正平等陪同督察。

10月27日　唐勇兵一行赴靖江，视察夏仕港中小河流整治工程、冬春水利现场及夏仕港闸管所，并听取了靖江市水利局局长刘放的现场汇报。

11月5日　省水利工程建设局处长马志华率安全生产检查组来泰督察泰东河工程安全生产情况。省泰东河建设局副局长何勇、市泰东河建设处主任龚荣山陪同检查。

11月17日　泰州市水文化研究工作汇报暨理论研讨座谈会召开。副市长丁士宏，中国水利文协水文化工作委员会副会长李宗新，河海大学教授、中华水文化专家委员会副主任尉天骄，省水利厅信息中心主任、中华水文化专家委员会副主任委员潘杰，中国水利报社记者单小东应邀前来参会；市人大，市委宣传部、党校，市文化局、社科联、老科协、凤城河管委会，师范学院等部门领导应邀参会；市水利局胡正平、龚荣山、蔡浩、钱卫清及水文化研究咨询小组董文虎等参会。李宗新宣读中国水利文学艺术协会对泰州市水文化研究咨询小组成立10周年的“贺信”，董文虎作《十年探索　十年努力　成果丰硕》主题发言，丁士宏及与会领导、专家先后作了讲话和发言。

11月18日　市水利局在兴化水务局召开水利普查工作推进会。普查办公室主任钱卫清就如何做好下一阶段工作提出要求。各市（区）水利普查办公室主任、常务副主任及技术骨干参加会议。

11月24日　市水利局在姜堰召开全市冬春水利工作推进会。唐勇兵出席会议并讲话，胡正平主持会议，市局冬春水利建设督察指导小组成员和各市（区）水利（务）局分管负责人、业务科室负责人参加会议。

11月25日　市委书记张雷，副书记王守法，市委常委、秘书长卢佩民一行视察城区水生态环境控制工程之一的南官河控制闸工程施工现场。张雷指出，今后的水利工作重点不仅要搞好城市防洪建设，更要加强水生态环境建设，确保城区的水环境得以改善，真正做到改善水质、惠泽民生。市水利局唐勇兵、胡正平、谢雪锋陪同。

张雷(左上图右二)、王守法(左上图左二)、唐勇兵(左上图左一)、胡正平(左上图右一)

11月28日　市水利局召开全市水利系统窗口服务单位为民服务创先争优动员会。

唐勇兵(左四)、胡正平(右四)

是月　老通扬运河姜堰段(黄村河至宁盐公路桥)治理工程开工，次年9月竣工，工程总投资2626万元，完成护坡7.6公里，疏浚土方36.07万立方米。

12月12日　市人大副主任王泓卫、副秘书长颜忠林一行调研区域供水和水源水质的相关情况，并听取市水利局有关情况的汇报。

12月15日　泰兴天星闸通过省水利工程二级管理考核验收。

12月17日　市水利局在靖江召开全市冬春水利建设现场观摩会。局长唐勇兵作重要讲话，各地作交流汇报，与会者参观了四市两区高标准农田水利建设、中小河流治理现场、县乡河道疏浚、村庄河塘治理等水利建设现场。市水利局领导班子成员、市冬春水利督察组成员、各市（区）水利局局长和分管农村水利工作的副局长参加会议。

12月19日　市政府印发市水利局编制的《泰州市水利建设"十二五"专项规划》。

12月22日　部分省、泰州市和兴化市人大代表视察兴化水利基础设施建设。

12月31日　市政府印发《关于印发泰州市级水利建设基金筹集和使用管理办法的通知》。

是月　江苏省长江采砂管理泰州基地开工，项目占地面积2300平方米，建筑面积683平方米，总投资约521万元。执法基地的建成使用为泰州市长江采砂管理设置了前沿哨所，对打击非法采砂提供了灵活、迅捷有效的前沿阵地。

是年　全市解决27.92万农村人口饮水不安全问题，总投资14169万元，其中中央投资4531万元，省级投资3780万元，其余由县级财政配套。

是年　省水利厅授予靖江市水利局全省水利先进单位荣誉称号，授予刘伟省长江河道采砂管理先进个人荣誉称号。

2012年

1月4日　省水利厅副厅长张小马、省水政监察总队副总队长徐殿洋等领导慰问高港区水政监察大队。

1月10日　市政府召开全市水利工作会议。副市长丁士宏出席会议并讲话，市政府副秘书长毛正球主持会议。丁士宏在会上要求努力开启水利现代化的新征程，力争通过几年努力，初步建成现代化的水利综合保障体系。各市（区）政府分管负责人、水利（务）局局长、财政局分管负责人，市医药高新区、农业开发区分管负责人，市发改委、财政局、水利局、农委、农工办负责人参加会议。

丁士宏（中）、唐勇兵（左）、毛正球（右）

1月12日　姜堰市被省政府办公厅评为省节水型社会建设示范市。

1月16日　卤汀河工程年终建设管理工作会议在泰州召开。

2月1日　南官河永久性安全防护措施建设方案通过专家评审。

是日　高港区口岸闸管理所通过省二级水利工程管理单位验收。

2月3日　市长徐郭平等一行到周山河整治工程调研生态文明建设，徐市长指出，对非通航河道必须采用生态防护，真正做到民生水利、生态水利。

是日　市水利局农村水利处、姜堰市水利局被评为2010~2011年度全省农村水利工作先进集体。

2月6月　市水利局获市政府授予的2011年度泰州市安全生产工作先进集体荣誉称号。

2月9日　泰州市南水北调卤汀河拓浚工程指挥部被省南水北调工程建设领导小组办公室评为2011年度征迁安置工作先进单位。

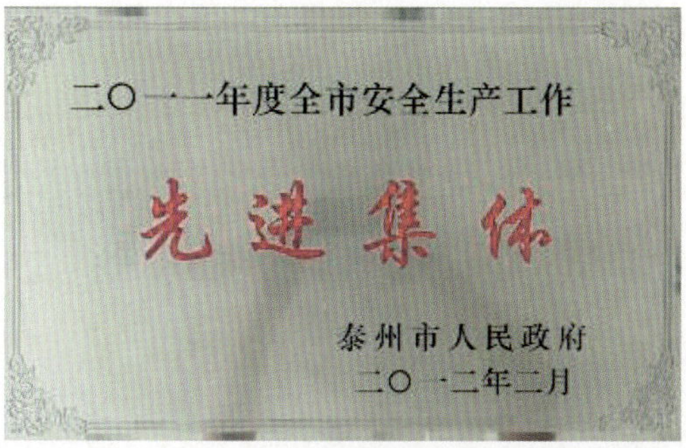

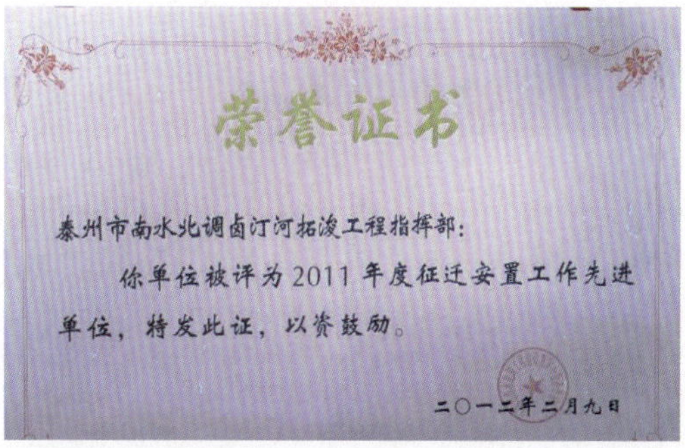

2月10日　市南水北调卤汀河拓浚工程建设处和徐元忠、陈敢峰分别被省南水北调工程建设领导小组办公室、南水北调东线江苏水源有限责任公司评为2011年度江苏南水北调工程建设先进单位和2011年度江苏南水北调工程建设管理先进工作者。

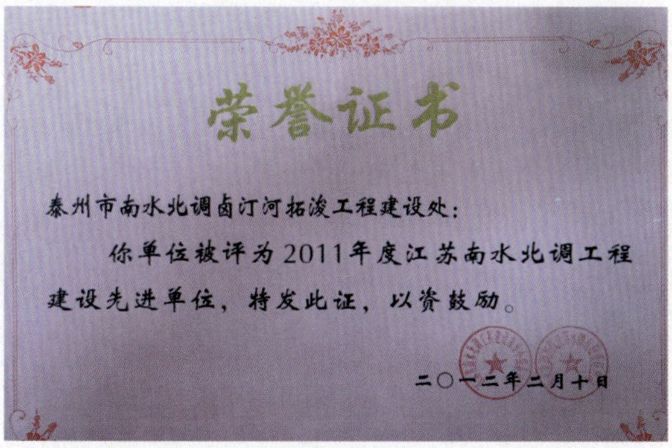

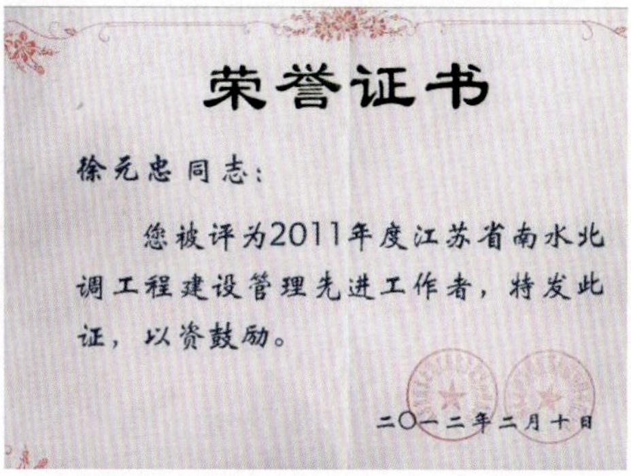

2月16日　市人大常委会副主任王泓卫一行到市水利局，就市区水环境治理和保护进行专题调研。局长唐勇兵分别就市区水系规划，水环境治理、保护的措施及成果，水功能区水质达标三个方面的情况进行了汇报，并提出了相关建议。

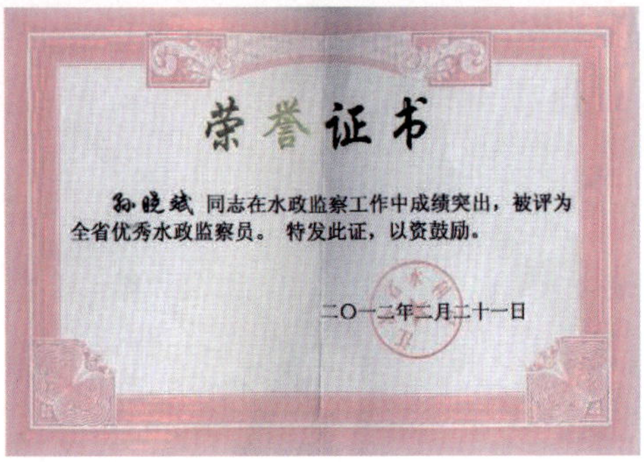
荣誉证书

孙晓斌 同志在水政监察工作中成绩突出，被评为全省优秀水政监察员。特发此证，以资鼓励。

二〇一二年二月二十一日

2月21日　省水利厅授予孙晓斌全省优秀水政监察员荣誉称号。

是月　崔龙喜获省水利厅授予的2010～2011年度全省水利系统财务审计工作先进个人荣誉称号。

3月1日　省南水北调办公室副主任张劲松在泰州召开卤汀河工程专题协调会。

是日　市纪委书记唐小英察看主城区水利建设工程，并听取了市水利局业务工作和反腐倡廉建设情况的汇报，对市局加强水利建设管理及党风廉政建设工作取得的成绩给予充分肯定。

3月6日　市人大副主任王振南一行来市水利局召开座谈会，专题听取关于《江苏省水利工程管理条例》执法检查报告审议意见整改落实情况的汇报，副市长丁士宏、副秘书长毛正球出席会议。唐勇兵作整改工作汇报。

3月7日　市人大常委会秘书长王厚贵及相关委员督察高港《江苏省水利工程管理条例》执法检查报告审议意见落实情况并召开调研座谈会。

3月12日　国家发改委稽查组对卤汀河工程建设情况进行专项检查。省水源公司副总经理刘军，泰州市水利局副局长、卤汀河工程建设处主任胡正平陪同检查。

刘军（左三）、胡正平（左二）

3月15日　市水利局召开全市农村水利工作座谈会。会议传达了省农村水利工作座谈会精神，四市三区交流了2012年农村水利建设进展情况、主要措施和下一步工作打算。

3月16日　国家发改委、国务院南水北调办领导视察卤汀河工地。

3月22日　徐丹任市水利局副调研员。

3月27日　泰州市水利局开发区分局更名为市水利局医药高新区分局。

3月29　水利部原副部长翟浩辉、长江水利委员会副主任杨淳一行至靖江、泰兴，检查防汛防旱和抗台风准备情况，并视察靖江下六圩港水利枢纽工程。省水利厅厅长吕振霖、副厅长陶长生，市长徐郭平、副市长丁士宏，靖江市和泰兴市有关领导陈明冠、张育林等陪同。

翟浩辉（正面左三）、吕振霖（前侧面）

翟浩辉（左五）、吕振霖（右四）、陈明冠（左三）

3月12～16日　省水利厅副厅长李亚平在溱潼镇湖滨村开展驻村调研。

是月　茅山河姜堰段治理工程开工，次年11月竣工。工程共疏浚河道12.3公里，新建圩堤1.25公里，加固圩堤10.32公里，新建圩口闸、泵站各1座，拆（移）建生产桥2座，总投资2428万元。

是月　省水利厅授予市水利局2011年度全省水利目标管理先进单位荣誉称号。

4月5日　省水利厅命名姜堰市为江苏省水资源管理示范县（市、区）。

4月8～9日　市水政监察支队会同市水警支队泰兴大队、市海事局、长航公安、高港水政大队等部门开展整治长江非法采砂联合执法行动。共出动执法人员30人次，执法艇2艘4航次，查获正在作业的非法采砂船只2条。

4月15日　省水利工程建设局绩效考核组一行4人考核泰州中小河流项目建设管理情况。市水利局纪检组长陆铁宏以及靖江、姜堰水利局负责人陪同检查。

4月23日～5月11日　国家审计署一行12人对泰州市南水北调卤汀河拓浚工程建设资金的使用和管理情况进行全面审计调查。

4月19～21日　省南水北调办公室副主任张劲松到姜堰市华港镇港口、董潭、下溪村开展驻村调研。

5月3日　市委书记张雷调研水利工作并视察卤汀河工地。副市长丁士宏，市委常委、秘书长卢佩民，市委办副主任丁志强，市水利局唐勇兵和胡正平陪同。

张雷（前）、胡正平（后）

张雷（左二）、丁士宏（左一）

5月10日　市水利局制定的《泰州市市区乡镇水利站财务管理办法》正式出台，并从今日起在全市施行。

5月16日　国务院南水北调办公室来泰州卤汀河工地检查施工质量。

5月28～31日　江苏省世行泰东河工程项目办在泰州举办“江苏省世行贷款项目财务管理培训班”。

5月31日～6月2日　市水政监察支队会同市武警支队组织开展全市水政监察业务骨干军事集训活动。30余名水政监察年轻业务骨干参加了集训。此次集训采取理论授课与军事训练相结合的方式，分别进行了国防知识教育、水行政执法业务学习、应急防卫技能、队列训练、轻武器射击等训练课目。

6月7日　周国翠任泰州市水利局副局长。

是日　泰州军分区政委孙庆祥、泰州军分区司令员李国强一行至靖江、泰兴和兴化检查防汛工作。

6月21日　市防指在东城河滨河广场组织防汛抢险军地联合演练，市消防支队、市武警支队及市城区河道管理处共100名防汛抢险队员参加了演练。这次军地联合演练增强了各防汛抢险队伍的协作配合能力，提高了市区防汛抢险应急救灾水平，增强了全民防汛救灾意识，实现了军地联合演练的预期目标。

6月29日　市水利工程验收组赴靖江，验收横港水下治理工程，一致同意此工程通过泰州市级验收。

7月3日　市委副书记杨峰检查防汛工作，市政府副秘书长毛正球，市水利局唐勇兵、胡正平陪同。

杨峰（前排）、毛正球（二排左一）、唐勇兵（二排右一）、胡正平（二排左二）

毛正球（中排右一）

7月7日　市检察院在卤汀河工地召开预防职务犯罪会。

7月15日　市水利工程验收组赴靖江，验收下六圩港枢纽水下工程，一致同意此工程通过泰州市级验收。

是月　市水利局王连民《大纵湖重现浩渺烟波》一文被中国报业协会党报分会、中国报业协会党报新闻评选委员会评为新闻三等奖。

8月2日　胡正平任市水利局党组书记，8月16日任市水利局局长。免去唐勇兵市水利局局长及局党组书记之职，8月20日，唐勇兵任市水利局调研员。

8月22日　市水利局举办水利基建工程财务管理培训班，并邀请省水利厅财审处处长朱克成、副处长张古军为培训班授课。有关乡镇水利站会计员共40余人参加了培训。

8月29日　市水利局局长胡正平调研城区水利建设，副局长蔡浩、相关处室(单位)负责人陪同调研。

是月　市水利局获市委、市政府、军分区授予的双拥工作先进集体荣誉称号。

9月12日　省水利厅副厅长陆桂华至高港，调研高港区节水型社会建设工作。

9月13～14日　作家张国擎来南水北调卤汀河工地采风。

9月21日　省直单位全国人大代表来泰调研水利改革发展及现代化建设情况。省人大常委会副主任柏苏宁、省水利厅厅长吕振霖等参加调研，市人大常委会副主任高纪明、丁士宏、秘书长赵留贯，副市长王斌及市局胡正平、龚荣山和周国翠陪同。代表们视察了卤汀河、引江河工程建设现场，周山河廉政文化园、凤城河水环境工程等，听取了市水利局关于加快水利改革发展、推进水利现代化建设情况汇报。

柏苏宁(前排右二)

柏苏宁(右三)、龚荣山(右二)

柏苏宁(前排左二)、吕振霖(前排左一)、周国翠(前排右一)

汇报会会场

9月28日　市长徐郭平调研生态河道建设。副市长王斌、市政府副秘书长方针、市水利局胡正平、医药高新区分局朱晓春陪同。

徐郭平(左三)、胡正平(左二)、朱小春(右一)

胡正平(左五)

10月16日　局长胡正平组织高港、海陵区、高新区水利部门负责人,以及局城水农水等相关处室单位察看高新区生态河道整治现场。

吕振霖(左四)、杨峰(左三)、朱海生(左一)、胡正平(左二)

10月22日　省水利厅厅长吕振霖带领参加全省重点水利工程建设推进会的部分代表视察兴化张郭世行贷款泰东河工程。泰州市委副书记杨峰、副市长王斌、市水利局局长胡正平等陪同。

10月23日　全省重点水利工程建设推进会在泰州召开。省水利厅厅长吕振霖出席会议并讲话,市长徐郭平到会致辞,市水利局局长胡正平在会上作交流发言。会议总结部署当前全省重点水利工作,交流各地冬春水利建设经验,组织参观了卤汀河拓浚工程朱庄公路桥、国家中小河流治理项目周山河、老通扬运河姜堰段、泰东河整治张郭段和姜堰市溱潼镇湖南村村庄河塘疏浚整治现场。市委副书记杨峰、副市长王斌等陪同。

推进会会场

胡正平在会上发言

10月30日　市水利局局长胡正平一行赴兴化视察陈堡、戴南、张郭等乡镇在建的水利工程，并进行现场指导。

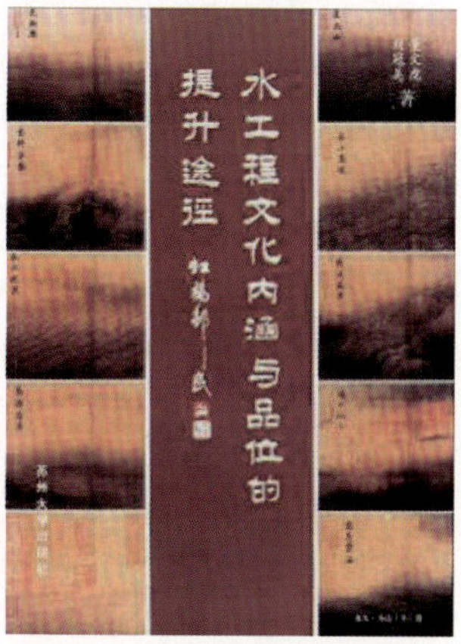

是月　董文虎与四川都江堰教授级高工刘冠美合著的《水工程文化内涵与品位的提升途径》一书由苏州大学出版社出版，全书252千字。

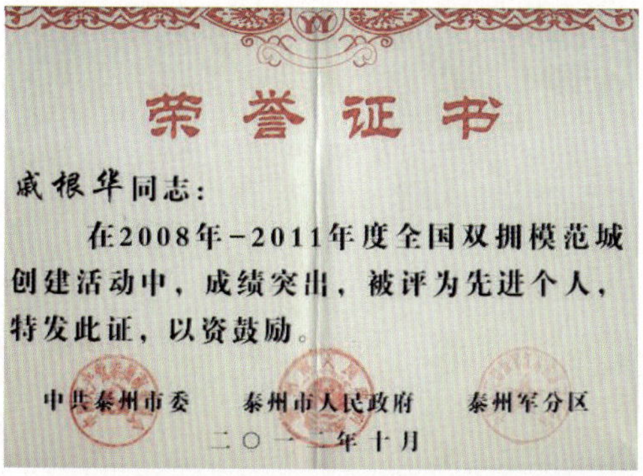
荣誉证书

戚根华同志：

在2008年－2011年度全国双拥模范城创建活动中，成绩突出，被评为先进个人，特发此证，以资鼓励。

中共泰州市委　泰州市人民政府　泰州军分区

二〇一二年十月

是月　市委、市政府、泰州军分区授予戚根华2008～2011年度创建全国双拥模范城工作先进个人荣誉称号。

11月8日　省水利厅督察组一行5人，抵兴化督察秋冬农田水利建设，并听取兴化市水务局的汇报。

11月10日　由省纪委、省水利厅、省财政厅组成的联合检查组检查指导姜堰市农村河道疏浚整治工作。

11月22日下午　泰州市水文化研究会召开理事会议。会议讨论通过了《泰州市水文化研究会工作意见》；增选曹静为副秘书长；增设书画摄影小组，明确王玉忠为组长。

11月26日　市水利局印发《泰州市水利局实施公务卡强制结算目录的管理办法（试行）》，规定纳入公务卡强制结算目录的公务支出，必须通过银行转账或公务卡结算，原则上不再使用现金结算。

11月27日　省水利厅副巡视员陆泽群一行视察如泰运河泰兴段整治工程项目指挥部及二期一标、二期三标工程建设现场。省水利工程建设局副局长胡为平、市局副局长周国翠等陪同视察。

是月至12月　泰州市十八大精神宣讲团成员董文虎，分别赴兴化、姜堰、泰兴和靖江水利局，作题为《在科学发展观指导下，继续推进中国特色社会主义——学习十八大报告》的宣讲报告，受众约500人。

12月10日　西姜黄河整治工程开工，次年6月14日竣工。该工程整治范围为周山河至生产河、跃进河至姜堰界共两段7.90公里，工程总投资2811万元。

泰州市人民政府文件

泰政发〔2012〕225号

市政府关于印发泰州市区水利现代化规划的通知

各市（区）人民政府，泰州医药高新区管委会，市各委、办、局，市各直属单位：

《泰州市区水利现代化规划》已经市政府同意，现印发给你们，请认真贯彻实施。

2012年12月15日

12月15日　市政府印发市水利局编制的《泰州市区水利现代化规划》。

12月17日　市政府任命朱晓春为副处级。

12月18日　泰州引江河二期工程正式开工。副省长徐鸣，省水利厅厅长吕振霖、省农委主任吴沛良及省有关部门负责人，市委书记张雷、市长徐郭平、副市长王斌等领导出席开工动员会议。省水利厅副厅长李亚平主持。

动员会会场主席台

12月25日　市委、市政府召开全市冬春水利建设现场会。副市长王斌在会上讲话，市委副书记杨峰主持会议，市政府与各市（区）签订了2013年度水利建设目标责任书，与会者参观了冬春水利建设现场。各市（区）党委、政府分管负责人，市及各市(区) 农工办、发改委、财政局、水利局等相关部门负责人参加会议。

大会会场

签订目标责任书

杨峰（左四）、胡正平（左三）

冬春水利现场

是月　董文虎的论文《“利水水利”——水利发展高级阶段的理性思维模式》获江苏省哲学社会科学界联合会第六届学术大会优秀论文二等奖。

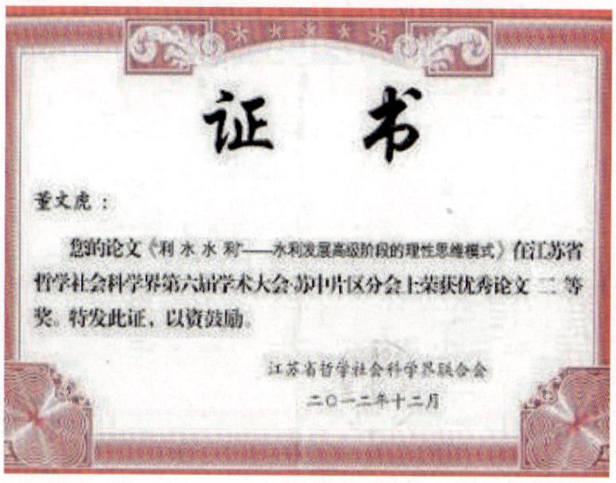

证　书

董文虎：

您的论文《利水水利——水利发展高级阶段的理性思维模式》在江苏省哲学社会科学界第六届学术大会·苏中片区分会上荣获优秀论文二等奖。特发此证，以资鼓励。

江苏省哲学社会科学界联合会

二〇一二年十二月

是月　卤汀河工程建设处财务科和崔龙喜分别获国务院南水北调工程建设委员会办公室南水北调系统资金管理工作先进单位和南水北调系统资金管理工作先进个人荣誉称号。

是月　市河管处获省精神文明建设指导委员会授予的2010～2012年度江苏省文明单位荣誉称号。

是年　省水利厅授予罗平全省农村水利工作先进个人荣誉称号。

是年　全市解决16.9万农村人口饮水不安全问题，总投资8401万元，其中中央投资2487万元，省级投资1658万元，其余由县级财政配套。共敷设供水管网719.3公里，新建增压站2座。

2013年

1月11日　省水利厅副厅长张小马、省砂管局局长徐殿洋等一行到泰州看望和慰问一线水行政执法人员。

1月15日　省水利厅厅长吕振霖、副厅长李亚平、省水利工程建设局局长朱海生来泰督察泰东河工程建设，市水利局局长胡正平等陪同。

1月17日　江苏水源公司考核组来卤汀河工地进行2012年度建设目标、党风廉政建设考核暨安全生产检查。

1月18日　江苏省南水北调办来卤汀河工地进行2012年度征迁安置工作考核。

1月22日　省水利厅纪检组俞雪生、印解陵、刘飞检查老通扬运河海陵区段治理工程的廉政文化建设情况，对水投公司的廉政文化建设情况予以了充分肯定。市水利局纪检组组长陆铁宏陪同检查。

1月25日　市水利局召开全市水利系统工作会议，局长胡正平作工作报告，副局长龚荣山主持会议。会议总结2012年度水利工作情况，全面部署2013年度工作任务，表彰2012年全市水利系统先进单位和先进个人。各市(区)水利(务)局主要负责人、办公室主任，市局各处室(单位)，海陵、高新区分局全体人员，海陵、高新区分局各水利站站长参加会议。

是日　省水利工程建设局副局长唐世国带队检查泰州在建水利工程的安全生产。

1月28日　市水利局被市政府以泰政发〔2013〕7号文表彰为2012年度泰州市安全生产工作先进集体。张洁明被表彰为2012年度安全生产工作先进个人。

1月31日　市长徐郭平视察卤汀河拓浚工程，并察看西坝大桥、港口公路桥等工程建设现场。他要求各参建部门优质高效推进工程建设，确保圆满完成任务。副市长王斌、市政府副秘书长方针、市水利局局长胡正平陪同视察。

徐郭平(右一)、王斌(左一)、胡正平(右二)

徐郭平(前排右二)、胡正平(二排右一)

2月1日　泰州市南水北调卤汀河拓浚工程建设处被省南水北调工程建设领导小组办公室评为2012年度江苏南水北调工程进度先进单位和2012年度征迁安置工作先进单位。陈敢峰、吴维升被表彰为2012年度江苏省南水北调工程建设管理先进工作者。

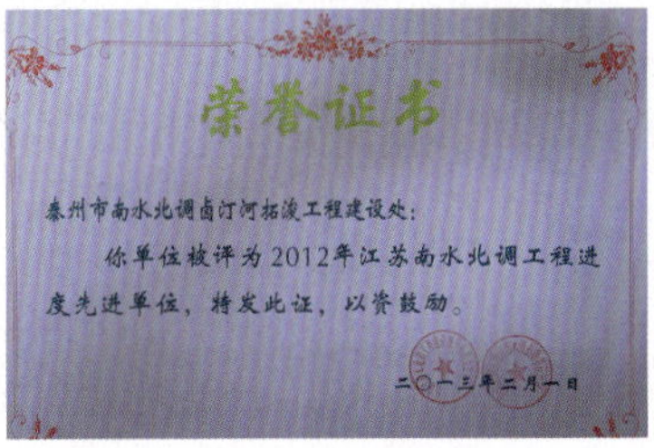

荣誉证书

泰州市南水北调卤汀河拓浚工程建设处：

你单位被评为2012年江苏南水北调工程进度先进单位，特发此证，以资鼓励。

二〇一三年二月一日

荣誉证书

泰州市南水北调卤汀河拓浚工程指挥部：

你单位被评为2012年度征迁安置工作先进单位，特发此证，以资鼓励。

二〇一三年二月一日

荣誉证书

吴维升同志：

您被评为2012年度江苏省南水北调工程建设管理先进工作者，特发此证，以资鼓励。

二〇一三年二月一日

2月17日　姜堰市水利局改称为泰州市姜堰区水利局。

2月28日　省水利厅副厅长陶长生至靖江检查涉河建设项目管理情况，市水利局局长胡正平、副局长龚荣山，靖江市水利局局长刘放陪同检查。

2月　胡正平等的研究成果《加快水利改革发展　推进泰州水利现代化研究》获泰州市第八届哲学社会科学优秀成果二等奖；董文虎的专著《泰州的文化桥梁》获市政府第八届哲学社会科学优秀成果一等奖。

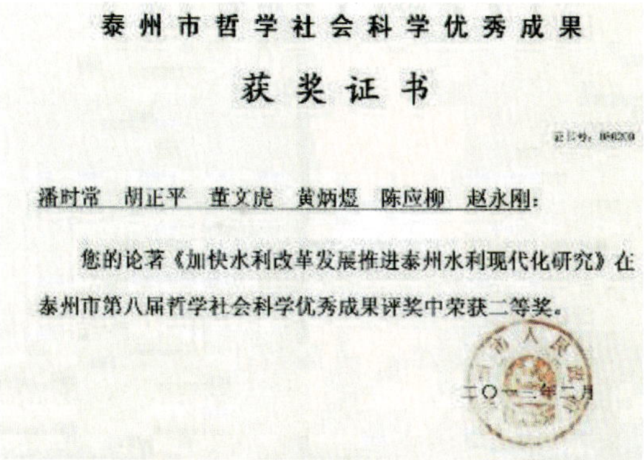
泰州市哲学社会科学优秀成果

获奖证书

潘时常　胡正平　董文虎　黄炳煜　陈应柳　赵永刚：

您的论著《加快水利改革发展推进泰州水利现代化研究》在泰州市第八届哲学社会科学优秀成果评奖中荣获二等奖。

二〇一三年二月

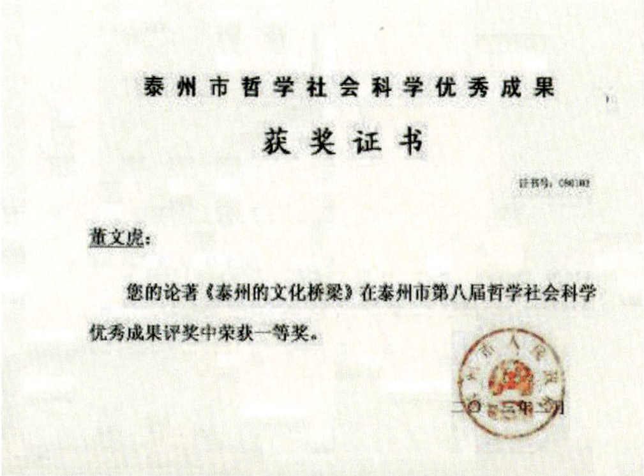
泰州市哲学社会科学优秀成果

获奖证书

董文虎：

您的论著《泰州的文化桥梁》在泰州市第八届哲学社会科学优秀成果评奖中荣获一等奖。

3月1～3日　省水利厅副厅长陶长生视察兴化、靖江、泰兴等地市城市防洪工程和沿江地区的涉河建设项目管理工作。市水利局局长胡正平、副局长龚荣山陪同视察。

3月5日　省水利厅总工程师叶健一行视察如泰运河泰兴段整治工程，调研靖江水利现代化试点工作。市水利局局长胡正平、总工程师钱卫清、泰兴市副市长顾刚、靖江市水利局局长刘放等陪同。

3月13日　省水利工程建设局局长朱海生带领“三解三促”调研小组到泰兴市水务局开展调研活动。市水利局副局长周国翠、泰兴市副市长顾刚等陪同调研。

3月14日　副市长王斌至靖江视察防汛防旱工作，市水利局局长胡正平、副局长龚荣山，靖江市水利局局长刘放等陪同视察。

3月15日　靖江市小型农田水利重点县项目通过省级验收。

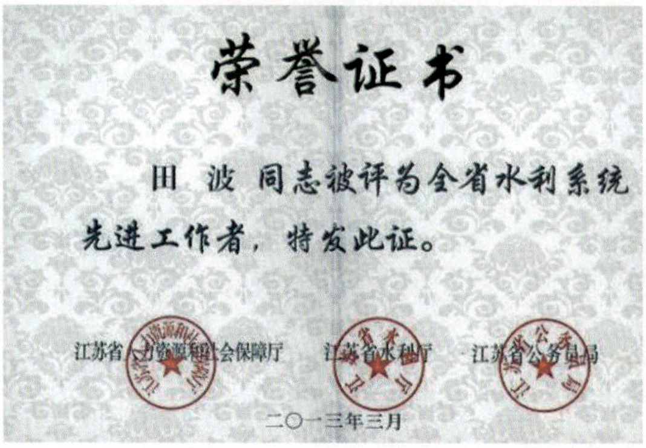
荣誉证书

田　波　同志被评为全省水利系统先进工作者，特发此证。

江苏省人力资源和社会保障厅　江苏省水利厅　江苏省公务员局

二〇一三年三月

3月18日　省人力资源和社会保障厅、省水利厅、省公务员局以苏人社发〔2013〕88号文授予市水利局田波副局长、靖江董因、姜堰许健全省水利系统先进工作者荣誉称号。

3月28日　省水利厅授予高港区水政监察大队2012年度全省水利系统先进单位荣誉称号。

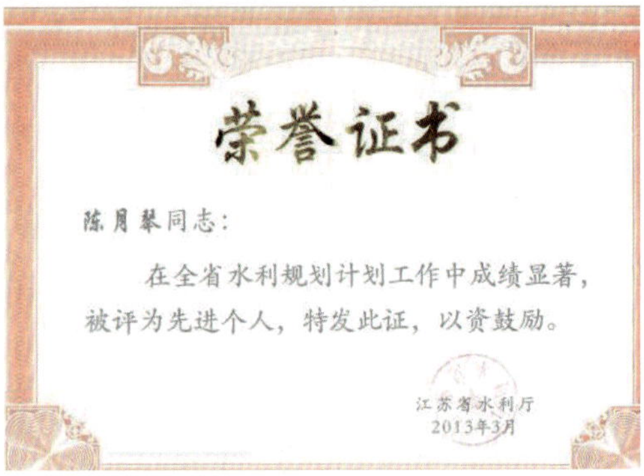

是月　陈月琴被省水利厅评为全省水利规划计划工作先进个人。

4月8日　胡正平、田波等赴淮委汇报泰州市节水型社会建设工作。

4月11日　江苏水源公司董事长邓东升来卤汀河工地检查指导工作。

4月12日　泰州市节水型社会建设评估报告接受徐俊仁等专家咨询。

淮委汇报现场

专家咨询会现场

4月15～16日　省南水北调办副主任张劲松来卤汀河工地检查指导工作。

4月16～17日　省水利厅副厅长张小马带领省水政监察总队、农水处等部门负责人到兴化开展“三解三促”驻点调研活动。

4月17日　省发改委副主任王汉春带领省发改委、水利厅专家，检查考核高港区水资源管理和节水型社会建设工作。

4月26日　市水利局局长胡正平检查主城区低洼易涝地的改造工程进度，副局长龚荣山及相关处室负责人陪同检查。

5月8日　市人大常委会副主任丁士宏，市水利局局长胡正平、总工程师钱卫清一行调研高港区水利工作。

5月14日　副市长王斌一行检查高港区防汛防旱准备工作。

5月15日　市纪委书记唐小英到卤汀河工地检查指导工作。

5月17日　市政府召开全市防汛防旱工作会议，研究分析今年全市防汛防旱形势，部署落实各项工作任务，动员全市上下做好防汛防旱工作，确保安全度汛。副市长、市防指指挥王斌出席会议并作重要讲话。市水利局局长胡正平通报了全市防汛防旱准备工作情况。

是日　市委副书记杨峰到兴化检查渭水河整治工程、陈堡镇排涝站新建工程和临城镇萌卉现代农业排涝工程。

泰州市人民政府办公室文件

泰政办发〔2013〕109号

市政府办公室
关于印发泰州市区水利现代化建设行动计划的通知

海陵区、高港区、姜堰区人民政府，泰州医药高新区管委会，市各有关部门：

《泰州市区水利现代化建设行动计划》已经市政府同意，现印发给你们，请认真贯彻实施。

泰州市人民政府办公室

-1-

5月20日　市政府办公室印发《泰州市（区）水利现代化建设行动计划》。

5月24日　兴化市“十一五”农村饮水安全整体工程通过省水利厅验收委员会验收。

5月28日　市人大副主任高纪明、丁士宏，副秘书长颜忠林、孙少为等一

高纪明（前排左二）、丁士宏（前排左三）、胡正平（前排右一）　高纪明（前排）、丁士宏（二排右二）

行视察高港区防汛工作，市水利局胡正平陪同。

5月30日　泰兴市第一次全国水利普查工作通过省验收组的验收。

5月31日　市水利局举办基层水利财务管理培训班，特邀请省水利厅财审处处长张古军做专题辅导。全市各市县和部分乡镇水利财务人员共50多人参加培训。

6月14日　江苏省水土保持生态环境监测总站泰州分站成立。人员编制在市水利局内部调剂解决。

是日　市政府办公室印发《关于开展长江泰州永安洲永正饮用水源地达标建设工作的通知》。

6月14～15日　省水利厅建管局副局长黄良勇、泰东河工程建设局局长何勇一行来到兴化张郭镇开展"三解三促"活动。兴化市委副书记吉天鹏、副市长刘文荣等陪同。

6月17～18日　市防指、泰州军分区在卤汀河姜堰区俞垛镇花庄段组织泰州市级军地联合防汛抢险演练，各市（区）民兵抗洪抢险专业分队骨干（民兵应急分队）、市武警支队、市消防支队计160人参加了演练。

6月20～21日　苏北供水区四届七次水利工程水费工作研讨会在泰州召开。

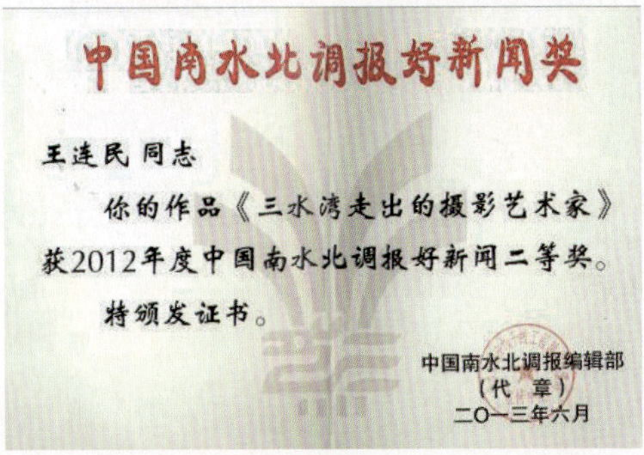
中国南水北调报好新闻奖

王连民同志

你的作品《三水湾走出的摄影艺术家》获2012年度中国南水北调报好新闻二等奖。

特颁发证书。

中国南水北调报编辑部
（代章）
二〇一三年六月

是月　王连民作品《三水湾走出的摄影艺术家》被中国南水北调报编辑部评为2012年度中国南水北调报好新闻二等奖。

7月3日　省水利厅副厅长张小马一行检查泰兴姚王镇2011年度小型农田水利重点县工程。

7月4日　市政府召开周山河整治（三期）和南官河疏浚整治工程搬迁工

作动员会。副市长王斌进行全面动员和部署，胡正平通报前期工作、搬迁补偿实施办法等。工程沿线的区、街道负责人参加会议。

7月11日　泰州市引江河河道工程管理处被泰州市精神文明建设指导委员会评为创建精神文明工作先进单位。

7月29～30日　水利部淮委、江苏省水利厅在泰州召开泰州市节水型社会建设试点专家评估会。水利部水资源管理中心、淮河流域水资源保护局，江苏省水资源服务中心，泰州市政府及各有关市（区）政府和有关部门等领导与代表出席会议。与会领导和代表一致同意泰州市节水型社会建设通过终期评估。

是月　市委、市政府授予市城区河道管理处泰州市文明单位标兵称号。

8月3日　市水利局专家验收组赴靖江，验收长江农场2010年度应急护岸工程和靖江十圩港套闸除险加固水下工程，一致同意两项工程通过验收。

聘书

兹聘请董文虎先生为“中华水文化专家委员会”专家。聘期三年。

中国水利职工思想政治工作研究会
2013年8月

8月21日　市水利局局长胡正平、董文虎应邀赴北京参加水文化建设经验交流会暨中华水文化专家委员会成立大会。胡正平向大会作了题为《以水为根，以文为魂，打造特色鲜明的泰州水文化》的发言。董文虎受聘为“中华水文化专家委员会”专家（聘期3年）。

9月17日　市水利局局长胡正平带领相关部门负责人赴兴化，检查幸福河工程沿线拆迁工作进展情况、川东港工程准备工作情况和戴窑车路河有关桥梁现状。

是日　省农村河道整治工作检查组检查泰兴市2013年度农村河道整治工作。

9月27日　市首届水行政执法技能竞赛在江苏省军区教导大队举行。全市共有10个大队20名水政监察员参加了由知识考试、体能测试和廉政教育等5大板块组成的竞赛活动。兴化、姜堰、靖江水政大队分获竞赛团体总分前三名，刘增兵等6人获得先进个人称号。

10月14～15日　省水利厅、监察厅会同省发展改革委、财政厅、审计厅组成联合检查组对泰州市水利改革发展政策措施贯彻落实情况及水利基础设施项目建设管理情况开展重点检查。市纪委常委、监察局副局长刘青萍、市水利局胡正平陪同。

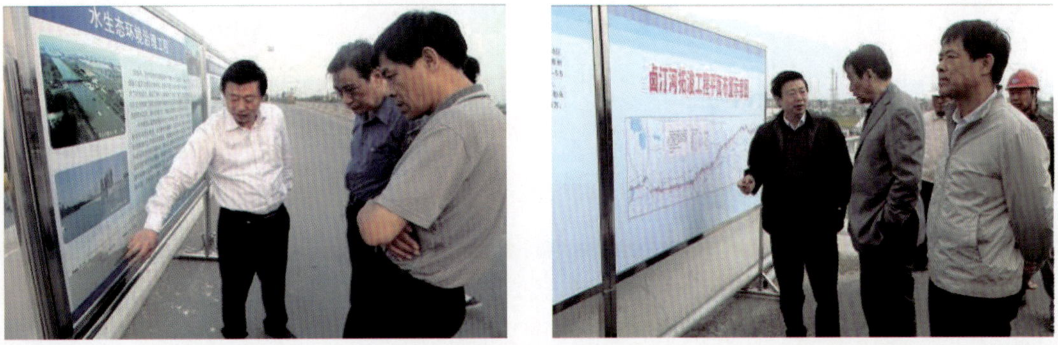

省监察厅领导深入工地检查，胡正平（左一）介绍项目进展情况

是月　省水利厅聘董文虎为党风廉政和行风特约监督员（聘期2年）。

11月2日　市水利局组织召开《泰州市海陵区水利现代化规划（2011～2020年）》审查会，要求此规划进一步与上位规划及相关专项规划相衔接，加强水生态文明建设内容，进一步完善报告文本。

11月5日上午　市水利局召开全市冬春水利工作座谈会，对下一步农村水利工作提出了明确要求。各县（市、区）水利部门总结交流了近期农村水利工作情况、存在问题和下一步工作打算。

11月6日　市节水型社会建设试点工作通过了水利部淮委和江苏省水利厅联合验收组的终期验收，市政府秘书长王群、市水利局胡正平参会。

市节水型社会建设试点工作终期验收会剪影

11月7日　省水利厅党组成员、省水利工程建设局局长朱海生一行至靖江调研水利现代化及“四位一体”评议政风行风工作，胡正平、钱卫清陪同。

是日　省水利厅副厅长陆桂华一行至靖江调研水资源管理工作，并听取靖江水资源管理工作情况的汇报。

11月21日　省水利厅党组成员、省水利工程建设局局长朱海生一行视察正在施工中的幸福河整治工程和即将开工的川东港工程。

11月22日　市水文化研究会召开全体会员会议。会议交流了年度水文化研究优秀成果，发放了《2013年度水文化研究成果汇编》。

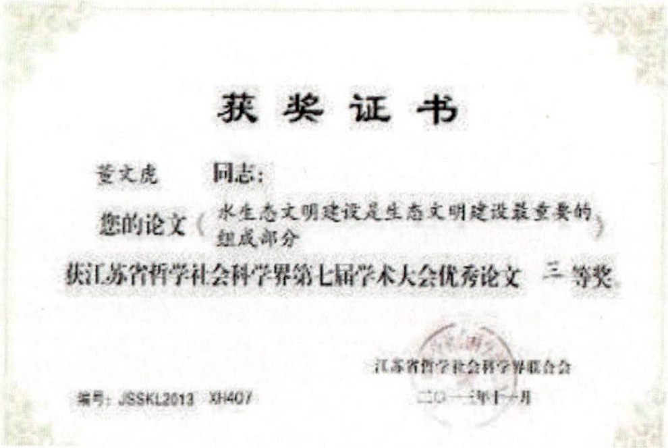

获奖证书

董文虎　同志：

您的论文（水生态文明建设是生态文明建设最重要的组成部分）

获江苏省哲学社会科学界第七届学术大会优秀论文 三 等奖

江苏省哲学社会科学界联合会

编号：JSSKL2013 XH407　二〇一三年十一月

11月25日　副市长贾春林视察市区水利建设，胡正平及市发改、国土、财政、规划、城投等部门负责人陪同视察。

11月　董文虎的论文《水生态文明建设是生态文明建设最重要的组成部

分》获省哲学社会科学界联合会第七届学术大会优秀论文三等奖。

12月17日　省水利厅厅长李亚平视察南水北调卤汀河拓浚工程，市水利局胡正平、周国翠及兴化市委书记陆晓声陪同视察。

李亚平(左四)、胡正平(左三)、周国翠(左二)

12月19日　市政协主席王守法、副主席王东及市政协部分委员视察卤汀河拓浚工程、泰东河整治工程和引江河二期工程。副市长陈明冠、市水利局局长胡正平陪同视察。

王守法(右一)、王东(右二)、胡正平(左三)、周国翠(左二)

王守法(右二)、陈明冠(左二)、王东(右一)、胡正平(左一)

12月26日　老通扬运河姜堰段(磨桥河—东兴家园)整治工程开工，次年6月6日竣工。工程全长7.1公里，新建干河护坡11.93公里、支河护坡2.18公里，维修护坡1.1公里，总投资2995万元。

12月30日　泰州市民政局印制泰州市区地图。

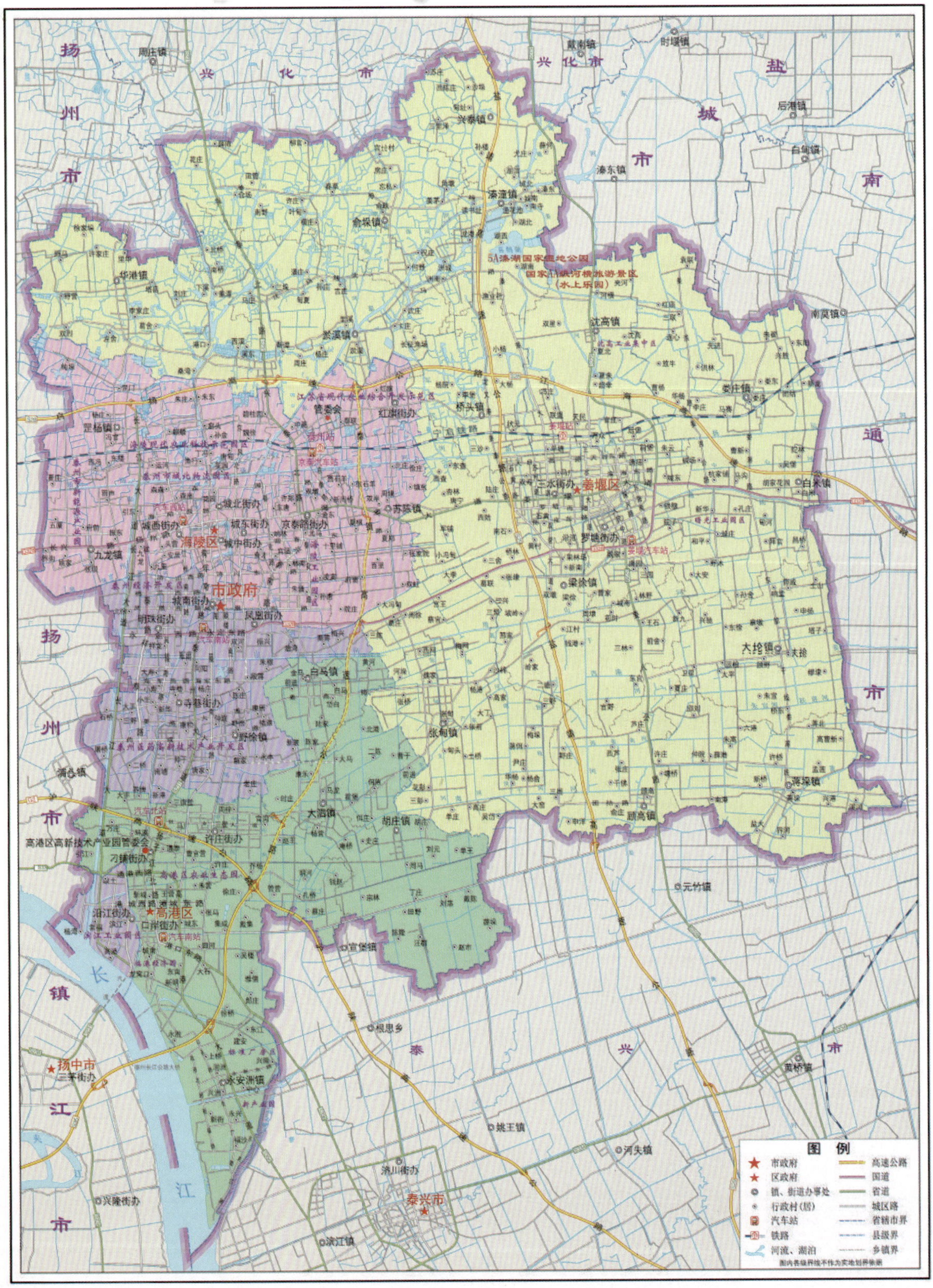

市政府
海陵区
姜堰区
高港区
扬中市
泰兴市
扬州市
兴化市
盐城市
南通市
泰兴市
镇江市
长江
城西街办
城东街办
城北街办
城中街办
京泰路街办
城南街办
凤凰街办
明珠街办
寺巷街办
野徐镇
九龙镇
罡杨镇
苏陈镇
红旗街办
华港镇
溱潼镇
俞垛镇
娄庄镇
桥头镇
三水街办
罗塘街办
梁徐镇
白米镇
大伦镇
张甸镇
顾高镇
蒋垛镇
沈高镇
兴泰镇
淤溪镇
白马镇
大泗镇
胡庄镇
许庄街办
刁铺街办
口岸街办
永安洲镇
宣堡镇
元竹镇
根思乡
姚王镇
河失镇
济川街办
滨江镇
兴隆街办
三茅街办
周庄镇
戴南镇
时堰镇
后港镇
白驹镇
溱东镇
南莫镇
曲霞镇
5A溱湖国家湿地公园
国家AA级河横旅游景区
（水上乐园）
高港区高新技术产业园管委会
图例
市政府
区政府
镇、街道办事处
行政村（居）
汽车站
铁路
河流、湖泊
高速公路
国道
省道
城区路
省辖市界
县级界
乡镇界

泰州市区地图

是月　江苏省老科协授予董文虎第六届江苏省老科协优秀老科技工作者荣誉称号。

是年　市水利局编制《泰州市县乡河道疏浚规划(2013～2015年)》。计划投资4.93亿元,疏浚县乡河道535条,1673.4公里,3142万立方米;疏浚整治1097个村庄河道,土方3246.47万立方米。解决19.78万农村人口饮水不安全问题,总投资10035万元,全部由县级财政配套。共敷设供水管网721公里。

是年　市委、市政府授予市水利局2013年度十佳人民满意机关荣誉称号。

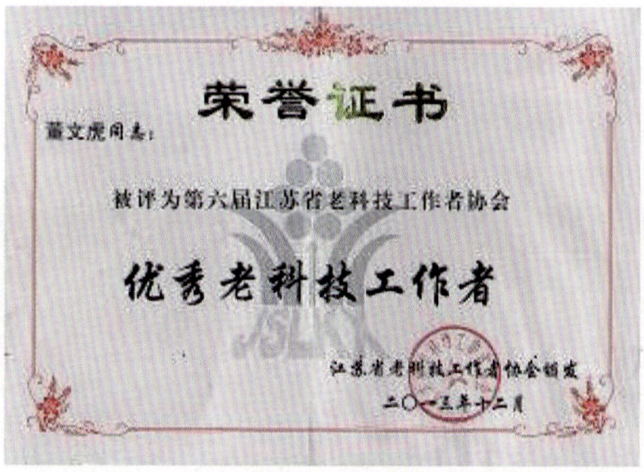

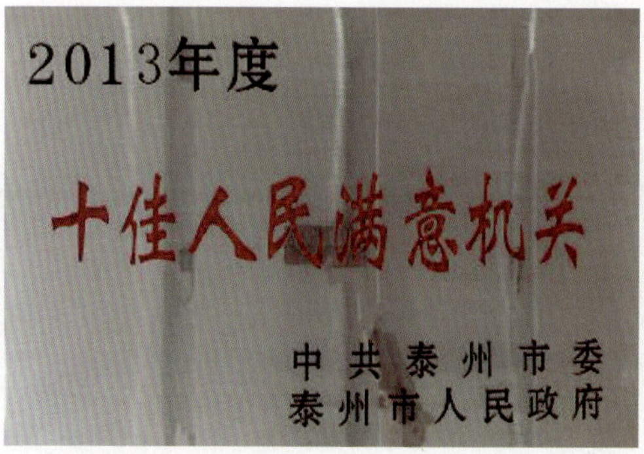

2014年

1月9日　淮委副主任肖幼及水利部中央财政小型农田水利重点县项目专项检查组一行5人,检查泰兴市第一批和第四批小型农田水利重点县项目实施情况。泰兴水务局副局长曾瑞祥陪同检查。

是日　市政府分别授予市水利局和陈敢峰2013年度泰州市安全生产工作先进集体和2013年度安全生产工作先进个人荣誉称号。

1月10日　市委、市政府召开全市水利工作会议，市委副书记杨峰作重要讲话，副市长陈明冠作工作报告。会议回顾总结2013年全市水利工作，部署2014年水利工作任务，着力推进冬春水利建设。会议提出牢牢把握水利改革发展新机遇，积极践行水生态文明建设新理念，坚持水利事业和其他产业融合发展、城乡水利建设统筹推进、水利建设和工程管理同频共振，着力推进"安全水利、民生水利、生态水利、法治水利"建设。

杨峰（左四）、陈明冠（右一）、胡正平（右三）

杨峰（左四）、陈明冠（左三）、胡正平（左一）

1月15日　胡正平带领相关处室负责人走访慰问局挂钩帮扶点——姜堰区张甸镇蔡官村困难户。

1月16日　市水政监察支队与省水利厅联合对长江河道采砂进行集中整治，动用执法艇5条次、水政执法人员46人次；在海事、长航公安的配合下，拆除1条非法采砂船设备。

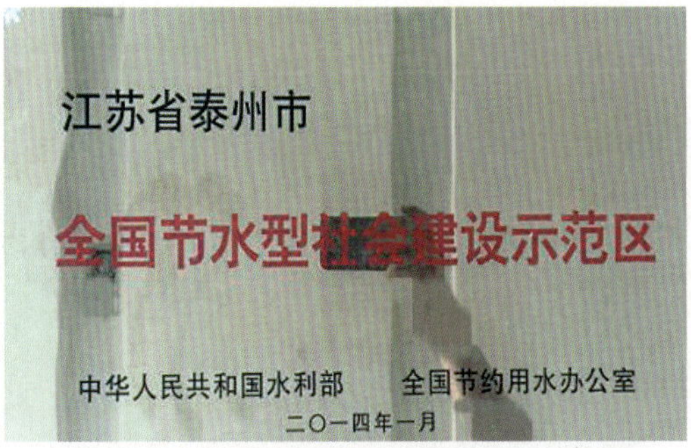

1月21日　水利部、全国节约用水办公室联合授予泰州市第三批全国节水型社会建设示范区称号。

1月23日　市水文化研究会召开全体理事会议。唐勇兵讲话，副理事长钱福军主持会议，常务副理事长钱卫清报告两个学会2013年的工作，部署2014年工作，财务处报告2013年研究会经费收支情况。

1月23～24日　卤汀河工程朱庄、董潭生产桥竣工并通过市水利局组织的验收。

1月24日　市水利局召开全市水利系统工作会议。胡正平作工作报告。

是日　8时，通南地区黄桥站水位降至1.83米，水生态环境、水上航运均受到一定影响。市水利局积极调度各水利工程，向主城区生态补水，努力维持主城区2.70米左右的景观水位。截至28日8时，省高港站累计向通南地区抽引江水2200万立方米，黄桥水位明显上涨，通南地区水生态环境明显改善。

2月6日下午　市水文化研究会在泰州水利局大会议室(水利礼堂)举办第二届“清水亲水”书画摄影优秀作品展，召开年度优秀水文化研究成果交流会，市水利局党组书记、局长胡正平讲话。

2月11日　市长陆志鹏专题调研水利工作，并研究部署水利三年建设计划。副市长贾春林、陈明冠，市政府秘书长王群和市相关部门负责人参加调研。

陆志鹏(中排左三)、贾春林(中排左四)、陈明冠(中排左二)

陆志鹏(左二)、陈明冠(左一)、胡正平(左四)

2月14日　泰州市水文化研究咨询小组修改完成由董文虎撰写的《南官河(腾龙河)记》,确定用于小游园景墙。

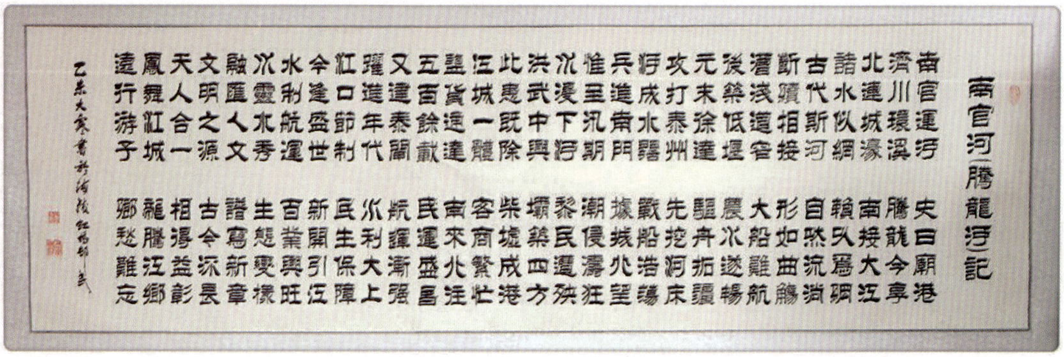

董文虎书《南官河(腾龙河)记》

2月19日　市水利局召开全市中小河流治理工程建设推进会。副局长周国翠,各中小河流治理工程项目法人、局相关处室、单位参加会议。

2月21日　市水利学会召开2013年度水利学会年会,理事长胡正平讲话。

是日　泰州市南水北调卤汀河拓浚工程建设处被省南水北调工程建设领导小组办公室评为2013年度江苏南水北调工程建设先进单位和2013年度征迁安置工作先进单位。吴维升被表彰为2013年度江苏省南水北调工程建设管理先进工作者。

2月25日　市水利局召开党的群众路线教育实践活动动员大会，对开展教育实践活动进行全面动员和部署。

2月26日　市水利局召开全市水资源工作座谈会，局长胡正平出席会议并作重要讲话。会议总结2013年全市水资源管理工作，听取各市（区）水利（务）局水资源管理工作情况汇报，明确了2014年水资源管理工作任务。各市（区）水利（务）分管局长、水资办主任，市水资源管理处全体人员参加会议。

2月28日　泰州市水政监察支队在省水利厅举办的第五届全省执法技能竞赛中获三等奖。

3月4日　省水利厅副厅长陶长生一行冒雨视察高港长江堤防、幸福闸和核心港区湿地公园。高港区领导周裕昌等陪同视察。

3月18日　泰州各地2013年实行最严格水资源管理制度的工作通过了省联合考核组的考核。市水利局局长胡正平陪同考核。

是日　溱潼镇入选2013年度省“水美乡镇”。溱潼镇湖北村、溱东村、洲城村，淤溪镇周庄村，沈高镇河横村，兴泰镇西陈庄、尤庄村，俞垛镇忘私村，华港镇葛舍村葛舍庄入选2013年度省“水美村庄”。

3月23日　水政监察支队联合市公安、海事部门组织开展了“春雷一号”专项整治行动，出动执法人员80余人，车辆6台次，执法船4艘，现场抓获非法采砂船只4艘，并依法进行了处罚。

4月1日　副市长陈明冠及相关人员到高港区调研水利工作。

4月3日　省委党的群众路线教育实践活动督导组副组长朱子华一行7人到市水利局检查教育实践活动进展情况，并听取局党组书记、局长胡正平的汇报。

4月8日　市防指副指挥、市水利局局长胡正平检查2014年度拟实施的市区暴雨积水点整治工程现场，市防汛办公室，海陵区防办、住建局负责人参加了检查。

4月11日　兴化市千垛菜花水利风景区通过省级考评验收。

4月15日　市水利局局长胡正平督察卤汀河桥梁工程，对下一步工作提出具体要求。市水利局副局长、市卤汀河工程建设处主任周国翠陪同督察。

4月22日　水利部淮委中小河流治理项目指导检查组一行检查泰兴市中小河流治理工作。省水利厅农水处、省水利工程建设局、市水利局及泰兴市水务局相关负责人陪同检查。

4月23日上午　市水利局局长胡正平参加泰州市人民广播电台新闻频道的“12345·政风行风热线”直播。

5月19日　副市长陈明冠、市水利局局长胡正平等一行，冒雨视察泰兴市、高港区的防汛工作。

5月22日　市政府召开全市防汛防旱工作会议。副市长、市防指指挥陈明冠出席会议并作重要讲话，市水利局局长胡正平通报全市防汛防旱准备工作情况。会上，各市(区)政府向市政府递交了今年的防汛防旱工作责任状。市防指各成员单位，各市(区)政府、防指、水利(务)局相关负责人参加会议。

5月28、29日　部分市人大代表视察马甸水利枢纽改建工程和泰兴、高港两地小型农田水利基础设施建设。市人大副主任高纪明、丁士宏、秘书长赵留贯参加视察。市政府副秘书长周天云，市水利局局长胡正平，泰兴市和

高纪明(前排右)、丁士宏(二排左一)、胡正平(前排左)

高港区人大有关领导陪同。

6月18日　省水利厅副厅长张劲松检查泰东河读书址大桥建设。

李亚平(左二)、杨峰(左四)、王建(右二)、胡正平(左一)

6月19日　省水利厅厅长李亚平一行至高港调研小型农田水利工程管理与体制改革工作。市委副书记杨峰,市人大常委会副主任、高港区委书记王建,市水利局局长胡正平陪同调研。

6月27日　副市长陈明冠主持召开城市水利重点工程建设推进会。城市水利重点工程建设指挥部各成员单位负责人,海陵区、高港区、姜堰区、高新区分管负责人、水利局局长,相关镇(街)主要负责人参加会议。会议明确了各区城市水利重点工程建设任务,各区分别向市政府递交了2014年度泰州市城市水利重点工程建设目标责任书。

7月1日　凌晨,市水政监察支队和海事局出动12余名执法人员,分乘2艘船艇,在长江泰兴、高港水域开展"护江——2014"行动。严厉打击非法采砂行为，全力维护长江河道水事秩序。

7月10日　市水利局召开重点工作推进会，总结上半年工作，布置下半年重点任务。胡正平作工作报告，龚荣山主持会议，局领导班子全体成员、全局干部职工参加会议。

7月14日　长江流域水资源保护局臧小平副局长一行7人来泰州检查重要饮用水源地安全达标建设。市水利局副局长田波就饮用水源地达标建设情况作了专项汇报。

7月15日　泰兴市水务局在2013年度全省小型农田水利重点县项目绩效考评中被评为优秀，获省财政厅、水利厅奖励资金300万元，用于农田水利建设。

7月17～18日　省水利厅陆桂华副厅长带领厅水资源处、水资源服务中心相关同志调研泰州市水生态文明城市创建工作，市水利局胡正平、龚荣山、田波等陪同。

陆桂华（右三）、胡正平（左一）、龚荣山（左二）

是月　泰州农业开发区秋雪湖生态景区、兴化市千垛菜花水利风景区、靖江市明湖水利风景区被评为省级水利风景区。

7月29日　省水利厅专家组检查泰兴市长江堤防白蚁防治工作。

7月31日　市水利局局长胡正平带领局工管处、河管处等相关处属单位负责人，对城区九里沟涵闸、景庄河西闸、老西河涵闸、鲍坝闸等近10座节制控制工程，进行现场检查指导。目前，城区通过开启14座节制涵闸自流活水，改善城区水生态环境，正常保持下排流量达20立方米每秒。

8月12日　《泰州市水利志》编纂委员会成立。主任胡正平，副主任张加雪、肖俊东、龚荣山、田波、钱卫清、陆铁宏、蔡浩、周周翠、谢雪锋、朱晓春。编纂办公室主任蔡浩。

8月20～21日　省水利厅厅长李亚平检查世行贷款泰东河工程现场。

9月2日　泰兴市城黄灌区项目通过省级验收。

9月3日　国家水利部建管司副司长祖雷鸣到高港区调研河道分级管理工作。他认为高港河道分级管理体制比较健全，责任主体明确，管护效果较好。市水利局副局长龚荣山等陪同调研。

9月10～11日　省水利厅副厅长陆桂华到兴化调研通榆河供水安全。

9月11日　下午，副市长陈明冠到市水利局调研水利工作，并听取了局长胡正平的汇报。

9月23～24日　省水利厅水利配套资金第二核查小组一行5人来泰州核查2013年度水利基建、农水项目等地方配套资金到位情况。市水利局副局长田波陪同，各市、区水利部门的财务负责人和基建会计参加了核查工作。

9月29日　中国内部审计协会授予市水利局叶拓泉2011～2013年全国内部审计先进工作者荣誉称号。

10月10日　下午，市委召开常委扩大会，传达学习总书记习近平、省委书记罗志军关于保障水安全的重要讲话精神，研究泰州市保障水安全工作，要求按照“节水优先、空间均衡、系统治理、两手发力”的基本思路，强化水治理、保障水安全、彰显水特色，让“一城清水”造福泰州人民。市委书记蓝绍敏主持会议并讲话。他强调要“护水显特色”“节水促转型”“治水保生态”“用水惠民生”“管水聚合力”。他特别指出：“我们要建设‘三个名城’，就必须把用好水资源、弘扬水文化、做足水文章作为泰州特色发展的永恒课题，以敬畏自然、尊重自然、保护自然的发展理念，彰显泰州‘双水绕城’的水城水乡特色。”市水利局胡正平汇报贯彻落实习总书记和省委罗书记重要讲话精神、加强泰州水安全保障的有关工作情况。

10月13日　省水利厅副厅长叶健检查指导泰东河工程。

10月20～21日　泰州市举办第二届水行政执法技能竞赛。

10月22日　市水利局召开党的群众路线教育实践活动总结大会。局党组书记、局长、局党的群众路线教育实践活动领导小组组长胡正平主持会议并作总结部署。顾弘庆代表市委督导组充分肯定市水利局教育实践活动所做的工作和取得的成效。

是日　王璧玉、刘剑和陈广禄的论文《关于改善行政事业单位固定资产核算管理方法的探讨》和《基于流程再造思想建立的水利基建管理系统——基建管理系统设计构想》获中国会计学会水利分会2014年水利财务管理征文三等奖，邵章君和费爱红的论文《浅谈如何规范乡镇水利站财务管理》和《浅谈对水利工程建设前期事项加强财务监管职能的思考》获优秀奖。

10月29日　市纪委副书记栾立平一行到市水利局督察党风廉政建设“两个责任”落实情况。市水利局局长胡正平，驻局纪检组长陆铁宏分别汇报了主体责任、监督责任落实情况。市水利局领导班子成员、相关处室（单位）负责人参加会议。

10月31日　市水利局召开全市水利局局长座谈会，交流回顾2014年全市水利工作，研究2015年及今后一个时期全市水利重点工作目标和任务。市局局长胡正平在会上提出2015年要重点推进的五大工程和要抓好的六项工作。

是月　市水利局成立小型水利工程管理体制改革试点工作领导小组，局主要负责人任组长，相关处室主要负责人为成员，局农水处负责日常工作。市水利局还下发了《泰州市小型水利工程管理体制改革实施方案》，进一步明晰农村水利工程产权，落实管护主体和责任，探索社会化和专业化的多种水利工程管理模式，确保工程安全运行和效益充分发挥。

11月6日　副市长陈明冠视察市区周山河整治三期1、2、3标工程建设现场，五里河整治现场，南官河凤凰路桥段、纬六路段、药城段施工现场，双寿河整治现场，引江河二期工程现场。市政府副秘书长周天云、市局局长胡正平、副局长蔡浩陪同视察。

11月15日　水利部淮委考察组一行对泰州市申报第二批全国水生态文明试点城市创建工作进行现场考察。副市长陈明冠、市政府副秘书长周天云、市水利局局长胡正平及各相关市区分管负责人陪同。

11月18日　市政府办公室印发《泰州市通南地区水利规划》。此规划经省水利厅技术审查通过，由南京市水利规划设计院编制，市局胡正平、钱卫清、祁海松、曹静参加编制。

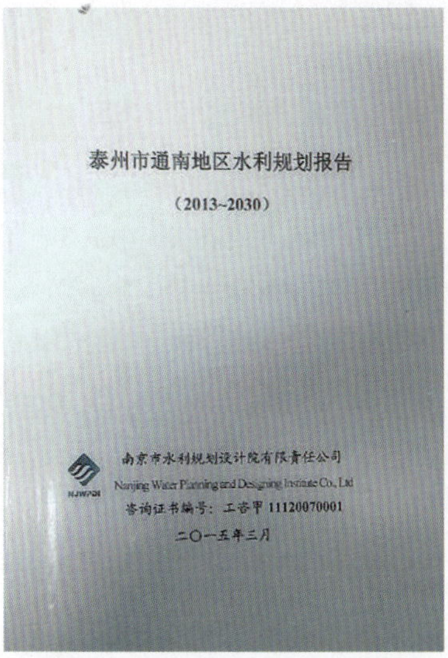

泰州市通南地区水利规划报告

（2013~2030）

南京市水利规划设计院有限责任公司

Nanjing Water Planning and Designing Institute Co., Ltd

咨询证书编号：工咨甲11120070001

二〇一五年三月

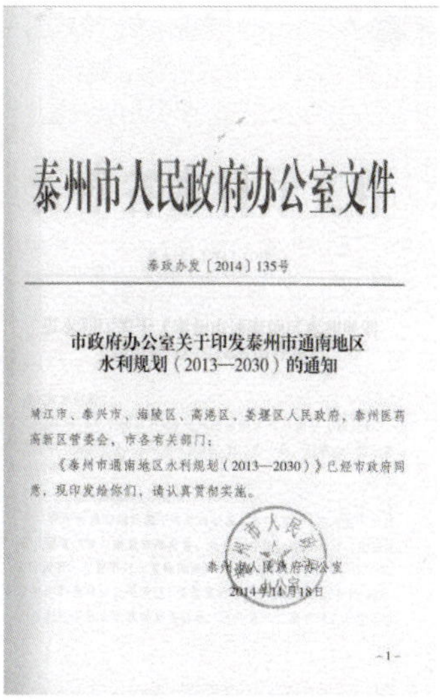

泰州市人民政府办公室文件

泰政办发〔2014〕135号

市政府办公室关于印发泰州市通南地区水利规划（2013—2030）的通知

靖江市、泰兴市、海陵区、高港区、姜堰区人民政府，泰州医药高新区管委会，市各有关部门：

《泰州市通南地区水利规划（2013—2030）》已经市政府同意，现印发给你们，请认真贯彻实施。

泰州市人民政府办公室

2014年11月18日

-1-

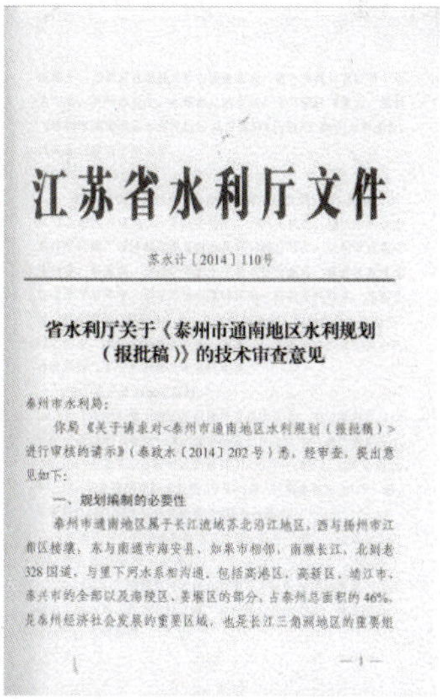

江苏省水利厅文件

苏水计〔2014〕110号

省水利厅关于《泰州市通南地区水利规划（报批稿）》的技术审查意见

泰州市水利局：

你局《关于请求对<泰州市通南地区水利规划（报批稿）>进行审核的请示》（泰政水〔2014〕202号）悉，经审查，提出意见如下：

一、规划编制的必要性

泰州市通南地区属于长江流域苏北沿江地区，西与扬州市江都区接壤，东与南通市海安县、如皋市相邻，南濒长江，北到老328国道，与里下河水系相沟通，包括高港区、高新区、靖江市、泰兴市的全部以及海陵区、姜堰区的部分，占泰州总面积的46%，是泰州经济社会发展的重要区域，也是长江三角洲地区的重要组

—1—

是月　市人大副主任丁士宏来市水利局调研泰州市通南地区水利规划编制和三泰水网建议案的办理情况。市局龚荣山、钱卫清、周国翠参加会议。

12月1日　泰兴市马甸水利枢纽改建工程正式开工。泰州市副书记杨峰，副市长陈明冠，市水利局局长胡正平、副局长周国翠以及泰兴市委书记孙耀灿、市长张育林等泰兴市四套班子负责人出席开工仪式。

12月3日　省长李学勇视察兴化市得胜湖退渔还湖工程。

12月17日　市集中式饮用水源地建设通过省水利厅、住建厅、环保厅、南京水务集团联合专家组的验收。

12月18日　市水利局局长胡正平现场协调卤汀河港口老桥拆除工作，姜堰区委副书记何光胜，姜堰区水利、交通、公安部门负责人，华港镇及泰州市卤汀河建设处相关负责人参加。

是日　姜堰区2010～2012年中央财政小型农田水利重点县建设项目通过市级验收。

12月19日　市政府印发《泰州市卤汀河泰东河管理办法》。

年底～次年3月　市水利局组织兴化、姜堰等市、区，在交界河面打捞水葫芦、水花生等漂浮物，共出工2030人次，采用机船作业520班次，打捞漂浮物19万吨以上，集中深埋。

是年　全市解决82.57万农村人口饮水不安全问题，总投资46166万元，全部由县级财政配套。敷设供水管网10031公里。

是年　市委、市政府授予市水利局2014年度十佳人民满意机关荣誉称号。

泰州市人民政府文件

泰政规〔2014〕7号

市政府关于印发
泰州市卤汀河泰东河管理办法的通知

兴化市、海陵区、姜堰区人民政府，市各委、办、局，市各直属单位：

《泰州市卤汀河、泰东河管理办法》已经市政府第20次常务会议讨论通过，现印发给你们，希认真贯彻执行。

2014年12月19日

-1-

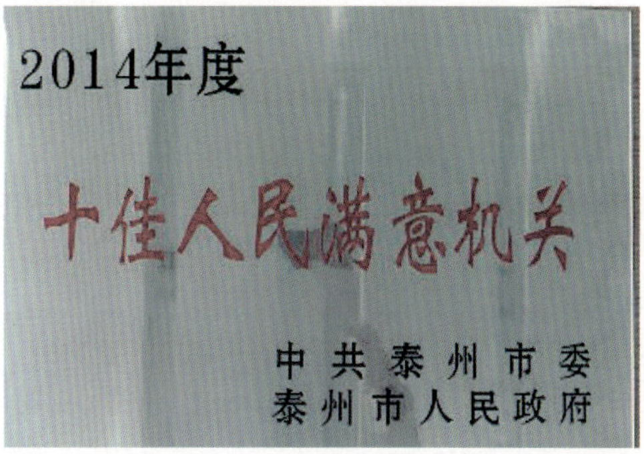

是年　由水利部门负责施工的卤汀河河道及桥梁工程竣工。

2015年

1月13日　市政府召开全市水利工作会议，副市长陈明冠、副秘书长周天云出席会议。会议提出以推进水利现代化建设、构建水安全保障体系为总目标，统筹水利工程建设、水资源管理、水环境整治和水生态涵养各项工作，进一步提升防洪保安、资源保障、生态保护和服务民生能力水平。会议还回顾总结2014年全市水利工作，部署2015年水利工作任务，着力推进冬春水利建设。

陈明冠

靖江市代表向市政府递交责任书

1月17日　国家有关部门检查了海陵区创建国家生态区备用水源泵站现场。

1月26日　副市长孔德平一行调研海陵区创建国家生态区备用水源泵站运行情况。

是月　董文虎与四川都江堰刘冠美教授合著的《水工程文化内涵与品位的提升途径》获市人民政府颁发的泰州市第九届哲学社会科学优秀成果二等奖。

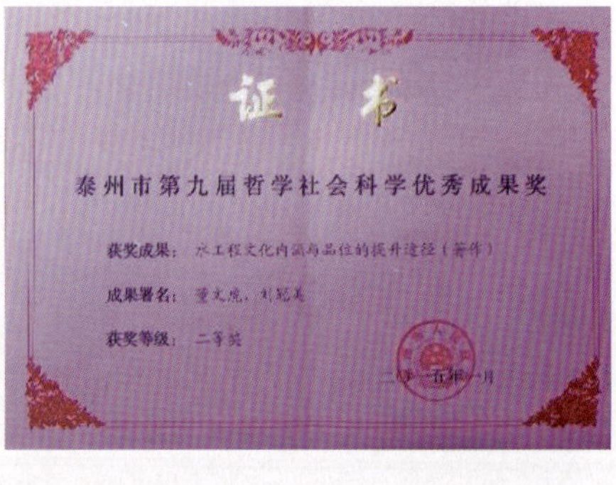
证书

泰州市第九届哲学社会科学优秀成果奖

获奖成果：水工程文化内涵与品位的提升途径（著作）

成果署名：董文虎，刘冠美

获奖等级：二等奖

二〇一五年一月

2月3日　全市水利系统工作会议召开。

是日　市政府分别授予市水利局和杨进2014年度泰州市安全生产工作先进集体和先进个人荣誉称号。

2月11日　省砂管局局长葛书龙至靖江检查水政监察工作，实地勘察上五圩港采砂船舶停靠点及执法基地建设情况，并听取靖江水政监察工作情况汇报，市水利局谢雪锋、靖江市水利局副局长刘坤陪同。

2月12日　省水利厅副厅长叶健一行视察兴化川东港工程，对兴化川东港青龙桥工程的质量和进度表示充分肯定。

2月13日　市委副书记史立军调研水利工作，实地考察了备用水源泵站及引江河城区调水泵站运行情况，市水利局胡正平陪同调研，并就今后水利工作作了汇报。

史立军（左）、胡正平（右）

史立军（右二）、胡正平（右一）、田波（左二）

史立军市长（左排一）听取水利局汇报工作

3月5日　陆志鹏市长、陈明冠副市长视察城市水利建设。

陆志鹏(前中)、陈明冠(前左)、胡正平(前右)

3月18日　省水利厅副厅长张劲松一行视察高港水利工作。高港区领导周裕昌、张兆洋、蔡秋云及高港水利局胡万源等陪同。

张劲松(左四)

是日　河海大学水利水电工程专业本科班(泰兴班)在泰兴市水务局举行开班典礼。

3月19日　市城市河道环境综合整治现场推进会在泰兴市召开，副市长孔德平要求各地、各部门以一抓到底的决心和毅力，扎扎实实地做好河道整治工作，确保6月底前全面消除城市河道黑臭现象。泰兴市副市长顾刚、水务局局长褚新华参加会议并介绍了泰兴市城市河道环境综合整治工作。

3月20~26日　水利部稽查组孟庆民等一行7人稽查市南官河(跃进河口—朱港河口段)治理工程，市水利局副局长蔡浩、周国翠陪同。

3月25日　省水利工程建设局朱海生局长督察长江扬中河段天星洲汊道段河道综合整治工程和马甸水利枢纽，市水利局周国翠陪同。

3月31日　副市长陈明冠率队视察姚王镇水生态环境打造现场。泰兴市委副书记孙云等陪同视察。

4月2日　全市水生态文明城市建设试点工作动员大会召开，市委副书记、市长陆志鹏作重要讲话，副市长陈明冠作动员报告，市政府秘书长王群主持会议。2014年5月19日，泰州被水利部列为第二批全国水生态文明城市建设试点市。2015年3月16日，省政府批复同意泰州市水生态文明城市建设试点实施方案，试点建设范围以主城区为主，辐射所辖县(市、区)。试点建设期限为2015年至2017年。

陆志鹏(中)、陈明冠(右)、王群(左)

4月9日　省发改委、水利厅联合考核组对泰州市2014年度实行最严格水资源管理制度进行考核。副市长陈明冠作情况汇报。

4月10日　胡正平、龚荣山带领局有关处室负责人调研泰兴市农村河道管护工作。泰兴市水务局局长褚新华等陪同调研。

4月14、15日　省水利厅规划办副主任苏长城带队来泰州调研骨干河湖治理现状与需求。调研组查勘了古马干河、周山河姜堰段、东姜黄河姜堰段现场，并召开专题调研座谈会。

是月　董文虎与刘冠美教授合作完成的“中央财政支持项目——中华水文化专题丛书”之一《水与水工程文化》一书，由中国水利水电出版社出版，全书452千字、附图700余幅。水利部部长陈雷为书系作总序，李宗新为丛书作序。

是月　里下河洪水风险图通过了省防汛办组织的专家评审。

是月　市防办牵头组织整治主城区暴雨易积水地段，施工单位为海陵区住建局市政养护处，当年整治24处，市财政投入约300万元，主汛期到来前(6月30日前)基本完工，主汛期发挥了工程效益。

是月　市水利局获泰州市创建全国文明城市集体三等功。

是月　水利部精神文明委考核组对原全国水利文明单位——市城区河道管理处近年来创建工作进行复查，经复查合格，继续确认其为全国水利文明单位。

是月　省水利厅授予董文虎全省水利系统老干部工作发挥作用突出荣誉证书。

5月7日　全市农村河道管护现场观摩会在泰兴市召开。胡正平主持会议并带领与会者参观泰兴市宣堡、姚王两镇河道管护现场，泰兴市水务局局长褚新华陪同。

5月9日　市防办组织省内专家分析境内沿江两市两区长江近岸水下地形测量结果、会商河势变化情况，并向沿江两市两区通报会商结果，督促各地采取措施维护长江河势稳定。

5月12、13日　市防指会同泰州军分区，在泰东河农业开发区南舍村段组织了180人参加的防汛抗洪抢险军地综合演练。市委副书记史立军和市委常委、泰州军分区司令员李国强观摩了汇报演练。

史立军（左六）、李国强（左七）

5月13日　市委副书记史立军检查泰州市沿江防汛工作，市委副秘书长陈正泉、市水利局局长胡正平、副局长龚荣山陪同。

史立军（右一）、胡正平（左二）、龚荣山（左一）

史立军（左三）、龚荣山（右二）

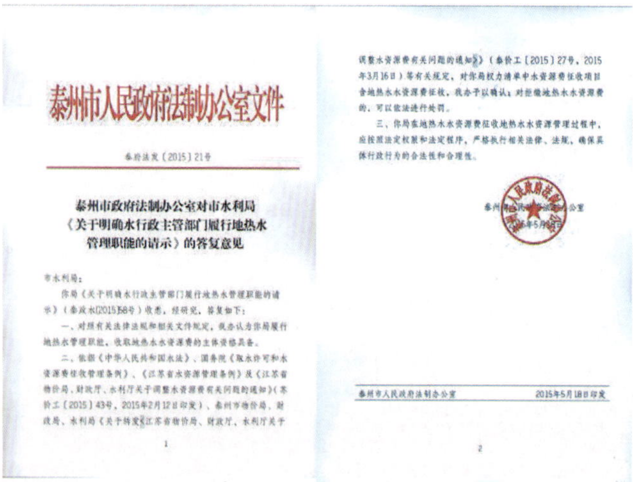

泰州市人民政府法制办公室文件

泰府法发〔2015〕21号

泰州市政府法制办公室对市水利局《关于明确水行政主管部门履行地热水管理职能的请示》的答复意见

市水利局：

你局《关于明确水行政主管部门履行地热水管理职能的请示》（泰政水〔2015〕58号）收悉，经研究，答复如下：

一、对照有关法律法规和相关文件规定，我办认为你局履行地热水管理职能、收取地热水水资源费的主体资格具备。

二、依据《中华人民共和国水法》、国务院《取水许可和水资源费征收管理条例》、《江苏省水资源管理条例》及《江苏省物价局、财政厅、水利厅关于调整水资源费有关问题的通知》（苏价工〔2015〕43号，2015年2月12日印发）、泰州市物价局、财政局、水利局《关于转发《江苏省物价局、财政厅、水利厅关于

1

调整水资源费有关问题的通知》》（泰价工〔2015〕27号，2015年3月16日）等有关规定，对你局权力清单中水资源费征收项目含地热水水资源费征收，我办予以确认；对拒缴地热水水资源费的，可以依法进行处罚。

三、你局在地热水水资源费征收地热水水资源管理过程中，应按照法定权限和法定程序，严格执行相关法律、法规，确保具体行政行为的合法性和合理性。

泰州市人民政府法制办公室

2015年5月

泰州市人民政府法制办公室　2015年5月18日印发

2

5月18日　市政府法制办公室以泰府法办〔2015〕21号文印发《泰州市政府法制办公室对市水利局〈关于明确水行政主管部门履行地热水管理职能的请示〉的答复意见》。《答复意见》决定按1994年国务院第152号令《矿产资源法实施细则》中“第四十四条”“地下水资源具有水资源和矿产资源的双重属性。地下水资源的勘查，适用《矿产资源法》和本细

是月　市政府授予刘剑泰州市劳动模范荣誉称号。

4月30日　泰州市民政局印制泰州市政区图(资料截至2013年4月30日)。

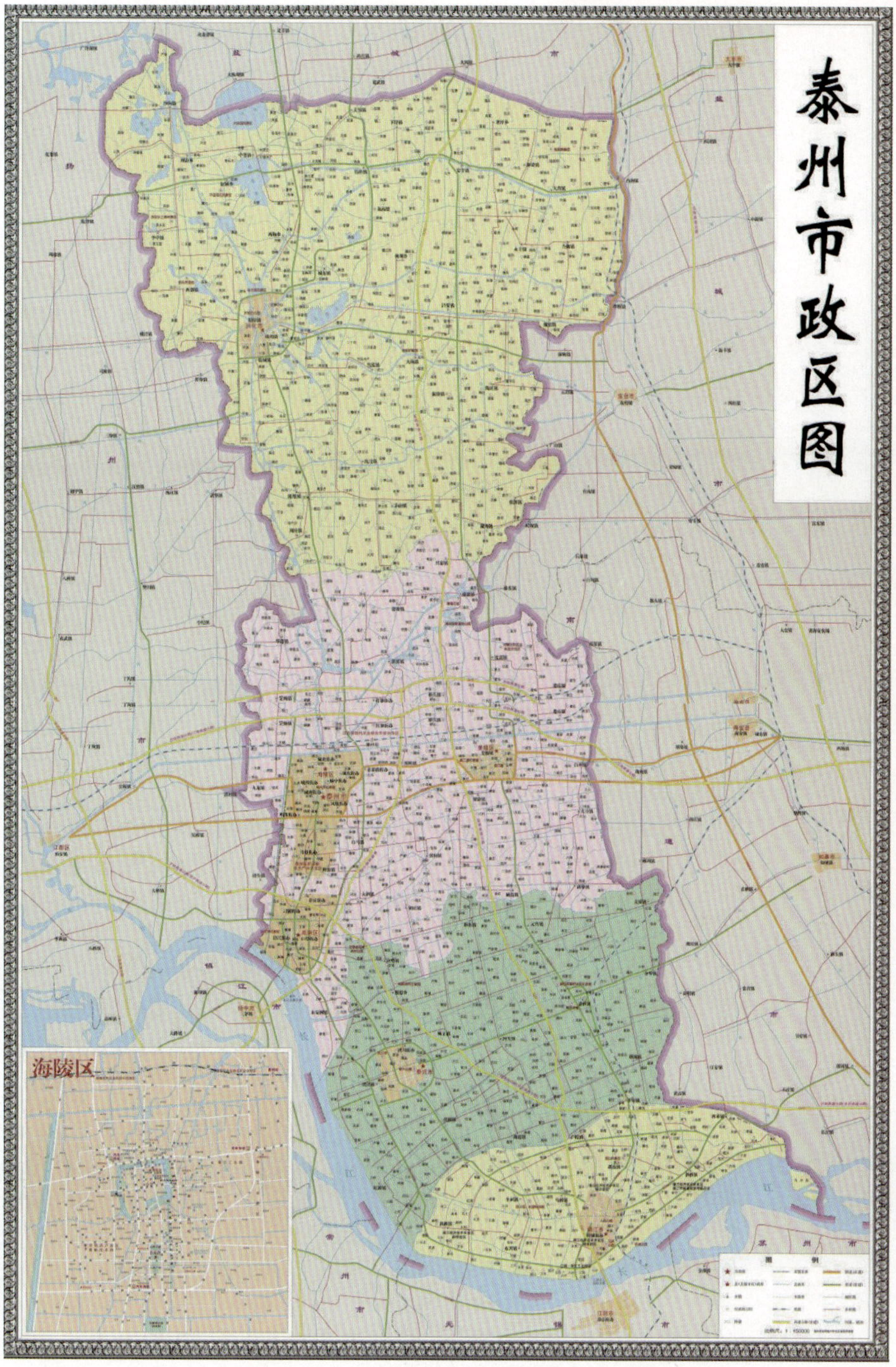

泰州市政区图

则;地下水资源的开发、利用、保护和管理,适用《水法》和有关的行政法规”规定执行的理念,依法解决了从1998年以来市水利、国土两个部门一直悬而难决的争议问题。

是日　市委副书记史立军、市水利局局长胡正平一行,视察泰兴市防汛工作,泰兴市市长张育林、副书记孙云等陪同。

是日　根据省水利厅指令,高港水利局成功抓获在长江嘶马水域非法采砂作业的大型吸砂船。《人民长江报》《中国水利报》均报道了这一行动。

5月20日　省人大常委会常务副主任蒋宏坤率省人大调研组,来兴化调研农田水利建设情况。市委副书记史立军、兴化市委书记陆晓声等陪同调研。

5月22日　省人大常委会副主任、党组副书记蒋宏坤一行至靖江调研农田水利建设工作。市人大常委会副主任、党组副书记丁士宏,靖江市领导高亚梓、孙宏建、赵国庆等陪同。

是日　市水利局配合省水利厅工管处、省引江河管理处、省水利工程勘测院完成姜堰区溱潼镇夏家汪湖区15个省管湖泊界桩的补栽工作。

5月28日　省军区参谋长戴滨辉到兴化检查防汛工作。

是月　《泰州市水系图》初稿完成,6月完成第一次修改,年底进行第二次修改完善。

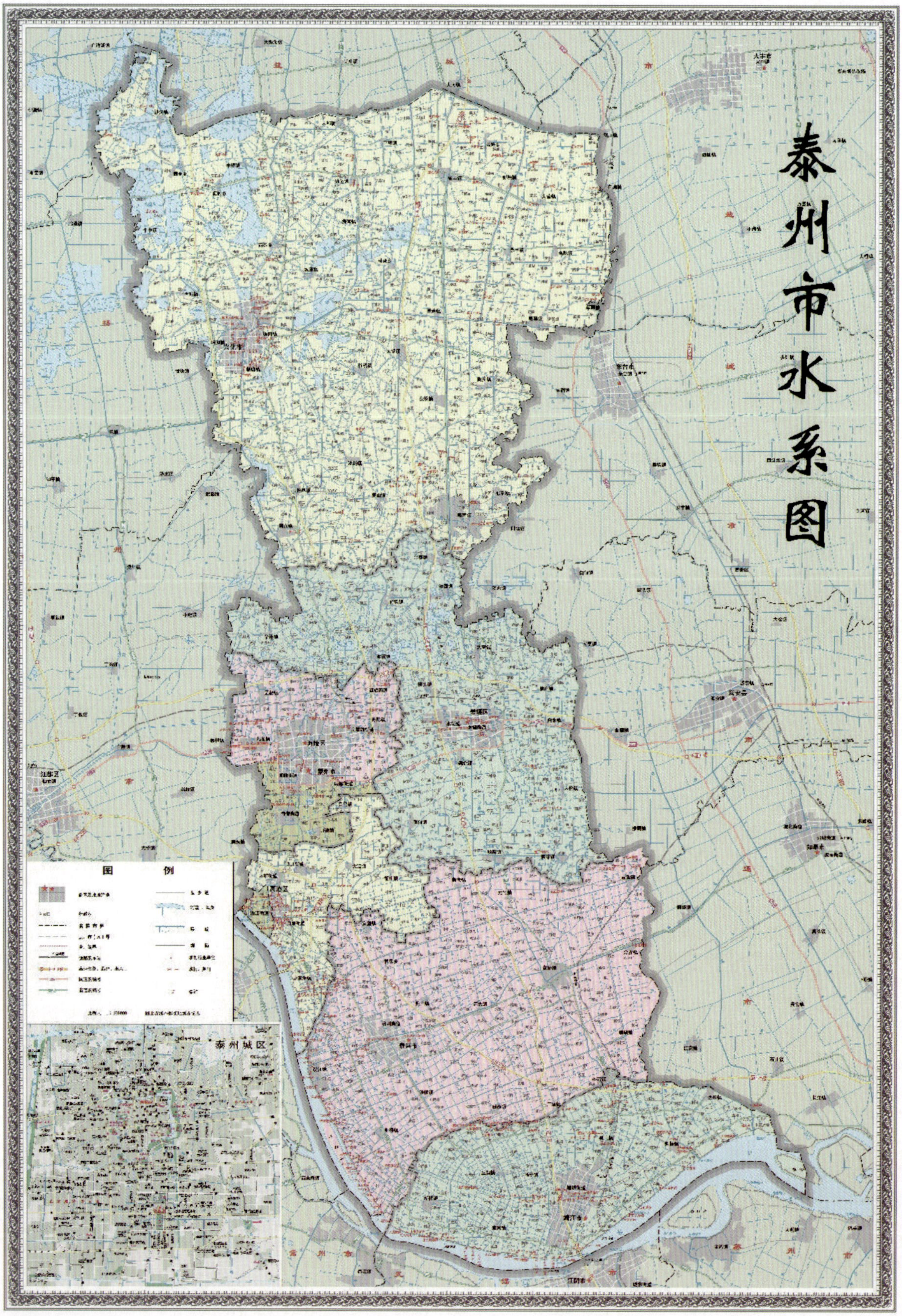
泰州市水系图
图 例
泰州城区

是月　市水政监察支队实施防汛清障，并取得了很好的效果。此次行动共下发清障通告850份，出动235人次、执法车辆75余次，清除水生植物65处，渔网、渔簖165张，拆除坝埂1处，签订了应急拆除堤坝协议12份。

6月3日　省水利工程建设局副局长唐世国等检查长江扬中河段天星洲汊道段河道综合整治工程和马甸水利枢纽安全生产。周国翠陪同检查。

6月5日　泰州、无锡两地水利部门组织靖江、高港、江阴水政执法人员，在长航公安以及两地公安、海事部门的配合下，开展了“护江——2015”专项联合行动。此次行动共出动执法人员75名。

6月15、16日　省委常委、副省长徐鸣来兴化查看通榆河及沿线河道水面漂浮物清理打捞工作，主持召开协调会，并听取泰州、盐城、南通、扬州以及兴化和大丰等地的相关情况汇报。

6月23日　市水利局以泰政水〔2015〕155号文出台《泰州市水利工程建设诚信管理实施办法(试行)》。

6月26日　市水利局以泰政水〔2015〕156号文出台《泰州市水利工程文明工地建设管理办法(试行)》。

6月27日　下午3时30分，永安洲镇兴隆社区福利农场河道堤防发生漫坝险情，高港区人武部、永安洲镇随即出动民兵100多人，地方干群300多人，动用编织袋1万余只填筑子堰，到晚上9时险情基本排除。

6月28日　由于强降水，南官河(周山河)水位暴涨至3.92米，加之长江大通来量大(多日维持在53000立方米每秒左右)，沿江潮位高，低潮不低，沿江各通江涵闸自排涝水困难，沿江圩区防汛形势严竣。市防指及时启动应急响应预案，派出工作组，督促地方政府组织紧急排涝。

6月30日　市长陆志鹏检查防汛工作，市政府秘书长王群、副秘书长周天云，市水利局局长胡正平、副局长龚荣山及朱晓春等陪同。

陆志鹏（右三）、胡正平（前排左二）、龚荣山（前排左一）

陆志鹏（前排左四）、王群（前排左三）、周天云（前排左二）、胡正平（前排右一）、朱晓春（前排右二）

7月1日　省水利厅副厅长叶健检查兴化防汛工作。市水利局副局长龚荣山、兴化市委副书记吉天鹏等陪同检查。

7月6日　市水利局对高港三福船厂违法填埋江滩建设栈桥平台之事实施市级挂牌督办，并下发督办通知书。高港区水利局立案查处，罚其款8万元，补办相关手续，经报省厅后获批准。

7月11日　市委书记蓝绍敏在泰兴市防汛防旱指挥部调度指挥中心主持召开防御9号台风专题会议，分析研判今年第9号台风“灿鸿”动向走势，部署落实各项防汛防台风工作。市委副书记史立军、副市长陈明冠以及相关市（区）、市有关部门的党政主要负责人参加会议；市防指副指挥、市水利局局长胡正平汇报了防台风准备工作情况，市气象局局长姜爱军分析了台风发展动向，泰兴市委副书记孙云汇报了泰兴市防台准备工作情况。

7月24日　水文化咨询小组董文虎等提出将老通扬运河（泰州段）申报国家级文保单位，得到市长陆志鹏及陈明冠、杨杰、张余松等市领导认可。

7月29日　省水利厅李亚平厅长一行来兴化检查川东港水利工程建设情况。

8月6日　省水利厅副厅长陶长生一行，检查泰州2014年以来投资计划执行情况和竞争立项省补市县项目的实施情况。对靖江市新小桥港闸站工程、泰兴市马甸水利枢纽工程、高港区蔡圩河闸站、王营河改造工程、双寿河整治工程、南官河城区段整治工程进行现场查勘，并召开调研座谈会，对泰州市这两项工作表示肯定。胡正平、钱卫清、周国翠及局规计处等相关人员参加现场查勘和座谈。

8月13日　泰州市水利电子招投标系统正式上线运行。

是月　市水利局印发《泰州市卤汀河、泰东河管理实施意见（试行）》。

是月　市政协领导视察引江河城区调水泵站，市水利局胡正平陪同。

胡正平（前排左二）

9月8日、10月15日　省水利厅巡视员陆桂华一行和水利部水资源司副司长石秋池一行分别来高港区调研凤栖湖水生态治理工程。副市

石秋池（前排中）、陈明冠（前排左）、顾萍（前排右）

陈明冠（右四）、胡正平（左四）、周天云（左三）、顾萍（右三）

长陈明冠、副秘书长周天云，市水利局局长胡正平、副局长田波，高港区委副书记、代区长顾萍，区委副书记张兆洋，副区长蔡秋云，区政协副主席胡万源等陪同视察。

10月24日　市委书记蓝绍敏带领部分人大代表察看兴化开发区葛家东河河道整治工程。

是月　泰州市取得地方立法权后的第一部实体法《泰州市水环境保护条例》启动立法编制，立法计划于10月26日获市人大法制委员会第二次全体会议通过。董文虎被聘为市人大常委会2015～2020年立法咨询专家。市人大、市政府指定将《泰州市水环境保护条例》初稿起草的具体工作交由市水利局牵头负责。2016年7月29日，《泰州市水环境保护条例》经江苏省第十二届人民代表大会常务委员会第二十四次会议正式批准立法。

11月3日　市水生态文明建设领导小组与市效能办领导赴兴化市督察2015年水生态文明建设工作进展情况。

是日　副市长孔德平一行视察泰兴市横港整治工程，泰兴市市长张育林陪同。

11月19日　省水利厅副厅长叶健带队检查泰兴市马甸水利枢纽安全生产。市安监局副局长张连华、水利局总工程师钱卫清等陪同检查。

12月15日　省水利厅建设局副局长唐世国一行到马甸水利枢纽改建工程工地督察工程进度及安全生产工作，市水利局总工程师钱卫清和泰兴水务局副局长朱雪林等陪同检查。

12月17日　市水利局、人力资源和社会保障局、总工会联合举办2015年全市水行政执法技能竞赛。21人参加市决赛。兴化水务局刘增兵获得一等奖，被授予泰州市五一劳动奖章。

12月29日　全市水利工作会议暨冬春水利建设现场会召开。市委副书记史立军、副市长陈明冠出席会议并讲话。各市(区)政府分管领导,水利、发改、财政等部门负责人参加会议。

史立军(左二)、陈明冠(右二)

年底　靖江市完成省级小型水利工程管理体制改革试点任务,并通过市级验收。

是年　全市创建水美乡镇5个,水美村庄45个。

是年　市委、市政府授予市水利局2015年度机关效能建设先进单位荣誉称号。

是年　市水政监察支队联合公安、海事等部门对长江非法采砂进行了8次整治,共查获采砂船10条,罚款53万元　。

是年　完成腾龙河(南官河)疏浚及由董文虎创意的腾龙河小游园文化景观工程。其中,徐达造型系省级大型石雕工艺大师何根金的作品。

陆镇余(左一)、董文虎(左二)、赵克俭(右二)、何根金(右一)

泰州腾龙河滨水小游园

后 记

泰州历史悠久，滨江临海。数千年前，勤劳智慧的泰州先民历经千难万险，垒土成垛，圈圩造田，筑坝开河，锲而不舍创建古城，创造了这片大地璀璨的文明，给今天的我们留下了老通扬运河等历史水文化遗产。中华人民共和国成立后、特别是地级泰州市成立后，泰州的水利事业得到快速发展，各业有水皆活，水利的基础设施和基础产业地位得到显著加强。

为使人们了解这艰苦创业的过程，为给后人留下一部泰州人治水的翔实史料，我们于2014年下半年组建班子，着手编写泰州水利大事记。我们本着对历史负责、对人民负责的精神，兢兢业业、一丝不苟，多处查阅资料，精心编写，今终成书。本书计28万字，约600幅图片。

此间，有关领导、各市（区）水利同仁都给予了大力支持和帮助，在此，一并表示我们最诚挚的感谢！同时，我们特别要感谢市政府陈明冠副市长为本书深情作序。

由于编纂时间仓促，人手少，加之我们水平所限，本书定会有一些不足之处，敬请水利专家和广大读者批评指正。

泰州市水利局副局长 蔡浩

2018年4月8日